DIE VARUSSCHLACHT

Rolf Bökemeier

Die Varusschlacht

Der Untergang der römischen Legionen im Teutoburger Wald

GRABERT–TÜBINGEN

Druck und Bindung: Kösel, Kempten
Satz und Umschlaggestaltung: Grabert-Verlag, Tübingen
Schutzumschlagmotiv: Werner Peiner, »Die Hermannschlacht«
Lektorat: Burkhart Weecke, Horn-Bad Meinberg

Die Deutsche Bibliothek – CIP-Einheitsaufnahme

Bökemeier, Rolf:
Die Varusschlacht : Der Untergang der römischen
Legionen im Teutoburger Wald / Rolf Bökemeier.-
Tübingen : Grabert-Verlag, 2000
ISBN 3-87847-190-4

ISBN 3-87847-190-4

Postfach 1629, D-72006 Tübingen

Gedruckt in Deutschland

Inhaltsverzeichnis

Ergänzende Texte

Im Lager ›ad caput Iuliae‹

Gelbrot spiegelt sich die Wintersonne in den Mäandern der Lupia. Der römische Tribun Marcellus Rufus von der V. Legion läßt die Blicke von der Höhe des Wachtturms über das weite Bruktererland schweifen. Er hört nicht die Kommandorufe der Centurionen, die ihre Legionäre anfeuern, den tiefen Graben für den Hafen gegenüber der Einmündung der Iulia in die Lippe auszuheben.

Er sieht auch nicht seinen Freund Marcus Aius, den kampfstarken Legionär der 1. Kohorte seiner Legion, der gerade auf dem Übungsplatz im täglichen Kampftraining zeigt, wie man das Pilum am wirkungsvollsten mit voller Wucht in den Schild des Feindes schleudert.

Die Gedanken des Marcellus weilen bei seinem Vater, der sich unter dem Feldherrn Lucitus Domitius Ahenobarbus zum Primus Pilus hochgedient hat und nun seit zwei Jahren als Veteran in seiner Villa links des Rheines lebt. Er hat sich seinen Ruhestand verdient, hat er doch mit den Drususoffensiven von Anfang an die seit 16 Jahren andauernden Eroberungskämpfe gegen das freie Germanien mitgemacht.

Marcellus sieht, wie sich Wall und Palisadenwand nördlich der Lippe von West nach Ost in der Ferne verlieren. Beide Anlagen schützen den Heerweg, der auf der südlichen Seite durch die Lippe gesichert wird.

Wie hatte doch sein Vater erzählt, daß dieses schon der zweite Limes sei, den er mit erbauen half. Die Stimme seines Vaters klingt ganz deutlich, als sie ihm weiter erzählt:

»Drusus hat uns mit seiner Tatkraft und seinem Optimismus alle mitgerissen. Mit vier Legionen sind wir vor 15 Jahren mit unseren überlegenen Waffen über die Sugambrer hergefallen und haben die fünf Jahre zurückliegende Niederlage der damaligen V. Legion unter Lollius gerächt. Mit ›furor‹ haben wir uns den Weg an der Lippe aufwärts gebahnt und sind bis an die Visurgis gestürmt. Dort haben wir bei Huxori unser Sommerlager angelegt. Die dort wohnenden südlichen Cherusker unter Segestes boten sehr bald Freundschaftsdienste an. So sehr sich jedoch Segestes mühte, Getreide für uns zu beschaffen – es war nicht genug. Wir begannen einen Limes durch das Eggegebirge zu legen, um Nachschub von der Lupia sicher nach Huxori zu geleiten. Gleichzeitig wurden nahe bei unserem Lager in einer Visurgisschleife Wall und Graben für eine große Civitas für die uns freundlich gesinnte cheruskische Bevölkerung angelegt.

Mein lieber Marcellus, erfahre nun, wie schnöde unser Vertrauen von den nördlichen Cheruskern unter Segimer mißbraucht wurde. Als wir uns nämlich von Huxori in unsere Winterlager am Rhein zurückziehen wollten, überfielen uns Segimer und seine Mannen im engen Tal von Arbalo, direkt an unserem Egge-Limes. Nur die Disziplinlosigkeit unserer Feinde beim vorzeitigen Beutemachen auf der einen Seite und die Geschlossenheit und große Tapferkeit bei unseren Legionären auf der anderen Seite erlaubten uns trotz widrigem Gelände, noch rechtzeitig einen ›agmen quadratum‹ zu formieren und dann doch noch zu siegen.

Wie zum Hohn und aus Verachtung ließ Drusus uns am Zusammenfluß von Ehson und Lupia das Kastell Aliso erbauen und dauerhaft mit unseren kampfstärksten Kohorten besetzen. Du sollst erfahren, daß Drusus zwei Jahre später mitten auf dem Heereszug an der Sala einen schweren Sturz mit seinem scheuenden Pferd erlitt. Die germanische Seherin an der Albis hatte vorher unseren geliebten Feldherrn als ›Unersättlichen‹ verflucht und ihm Unheil geweissagt.

So starb denn unser strahlender, schwer verletzter Held mit seiner schwärenden Wunde auf dem Transport in das Winterlager.

Für die beiden folgenden Jahre entsandte uns der göttliche Augustus seinen Stiefsohn Tiberius, den Bruder des toten Drusus. Wenn wir Drusus geliebt hatten, so hatten wir nun große Hochachtung vor unserem neuen Herrn, der ebenso jung, stark und trinkfest war. Er führte unsere Legionen zwei Jahre lang kreuz und quer durch Germanien. Als er sich dann jedoch mit seinem göttlichen Vater in Rom überwarf und grollend nach Rhodos zurückzog, schickte dieser seinen Schwager Lucius Domitius. Wir nannten ihn bald wegen seines roten Bartes ›Ahenobarbus‹. Dieser Feldherr war der größte Baumeister unter allen mir bekannten Feldherren. Alle Heerstraßen, die wir nun zogen, befestigten wir und versahen sie mit Brücken und Dämmen, so auch den Lippe-Limes und den Helweg vor dem Sandforde, der zwischen dem nördlichsten Gebirge und den großen Moorgebieten liegt. An einer schmalen Stelle zwischen Berg und Großem Moor bauten wir die ›pontes longi‹.

Auch wenn die ganze Liebe des Ahenobarbus den Pionieren und ihren Taten galt, vergaß er nicht den Kampf. So bahnten wir uns sogar den Weg bis weit über die Albis, so weit nach Osten, wie noch kein römisches Heer gezogen war. Als nach sechs Jahren erfolgreicher Eroberungs und Sicherungspolitik Germanien wie eine Provinz gefestigt und ausgebaut war, verließ uns der so erfolgreiche Feldherr.

An seiner Stelle kam Vincinius. Er konnte nicht die großen Erfolge seiner Vorgänger fortsetzen. Es fehlte ihm auch das Geschick im Verhandeln mit den germanischen Heerführern.

Du weißt es, vor drei Jahren hatten wir unter ihm den unermeßlichen Krieg, der uns viele tapfere Legionäre gekostet hat. So können wir uns jetzt, mein lieber Marcellus, mitten in Germanien immer noch nicht wie in unseren übrigen Provinzen bewegen und uns sicher sein.

Mein letztes Militärjahr als Primus Pilus in der V. Legion ging vor zwei Jahren zu Ende. Dennoch folgen in meiner schönen Villa am Niederrhein meine Gedanken weiterhin Deinen Einsätzen bei den Feldzügen jetzt unter dem zurückgekehrten Feldherrn Tiberius.

Du, Sohn, wirst als Tribun in unserer ruhmreichen Legion Aleudae noch viele erfolgreiche Schlachten bestehen und einst als Veteran in einer Villa mitten in Germanien leben können.«

Marcellus läßt seinen Blick über das Lager der V. Legion ›ad caput Iulia‹ – ›am Haupt der Iulia‹ gleiten. Ob die Kameraden der XVII. Legion im Lager ›ad ripam‹ – ›Anreppen‹, einen Tagesmarsch weiter nach Osten, und der XVIII. Legion in Aliso auch einen solch friedlichen Tag ohne Feindberührung gehabt haben? Immerhin hat die XIX. Legion zusammen mit der V. Legion im Lager unter seinem Wachtturm die strategisch beste Position, weil diese beiden Legionen den kürzesten Abstand von den Versorgungszentren am Niederrhein haben.

Aber im Grunde ist Sorge überflüssig. Seit der Rückkehr des Tiberius im Frühjahr haben sich die Erfolge im Kampf, aber auch in der Befriedung wieder eingestellt.

Marcus Aius, sein Freund in der 1. Kohorte der V. Legion, hat ihm von der Ankunft des Tiberius in Mogontiacum erzählt, während er selbst in der Villa des Vaters am Niederrhein weilte:

> »Die Soldaten vollends vergossen bei seinem Anblick Freudentränen. Dieser Eifer, dieser unerhörte Jubel bei der Begrüßung, diese Gier, seine Hand zu fassen, wobei sie sich nicht enthalten konnten hinzuzufügen: ›Du bist es wirklich, Feldherr! Wir haben Dich heil und gesund wieder! Ich war mit Dir, mein Feldherr, in Armenien, ich in Rätien, mich hast Du in Vindelicien, mich in Pannonien und mich in Germanien beschenkt!‹« (Velleius Paterculus II/104)

Marcellus lehnt sich zurück, um vom Wachtturm aus in die Ferne zu schauen. Am Horizont weit im Westen erscheinen jetzt kleine dunkle Schatten auf der Lupia. Sie lösen ihn blitzschnell aus seinen Tagträumen und versetzen ihn in die Gegenwart. Die langsam näherkommenden Schatten sind die lang ersehnten Nachschubschiffe für das Winterlager ›ad caput Iuliae‹.

Der junge Tribun läßt den Hornisten dreimal kräftig in das Horn blasen. Es ist das verabredete Zeichen für das Erscheinen der Nachschubschiffe an die Adresse des Löschkommandos. Sogleich wird es lebendig im Lager. Die mit dem Löschen der Ladung beauftragten Centurionen rufen ihre Befehle, und die ihnen unterstellten Legionäre der Löschmannschaft stellen sich auf. Bald darauf marschieren sie die ›via praetoria‹ entlang Richtung Hafen an der Lupia und nehmen die inzwischen anlegenden Lastschiffe in Empfang.

Dieses Lagerbild versucht, die Stimmung unter römischen Besatzern siebzehn Jahre nach Ausbruch des ersten Dreißigjährigen Krieges auf deutschem Boden an der Lippe einzufangen.

Welche Entwicklungen waren den römischen Eroberungszügen in das freie Germanien vorausgegangen?

Erster Dreißigjähriger Krieg auf deutschem Boden

Wie jeder langjährige Krieg, so hat auch der erste Dreißigjährige Krieg auf deutschem Boden seine Gründe und seine Vorgeschichte.

Die Eroberungspolitik der Römer hatte unter Caesar in den Jahren 58–51 v. Chr. einen Höhepunkt erlebt. Ganz Gallien war nach langen und verlustreichen Kämpfen römische Provinz geworden, ohne daß jedoch eine Absicherung im Osten an der bereits von Caesar angestrebten Rheingrenze erreicht worden wäre. Diese offene Ostflanke im römischen Gallien wurde in der Zeit des Kaisers Augustus (31 v.14 n. Chr.) durch Germaneneinfälle immer wieder in Gefahr gebracht.

Im Jahre 16 v. Chr. kam furchtbare Kunde nach Rom (Cassius Dio, 54/20/4–6):

> »Sugambrer, Usipeten und Tenkterer hatten nämlich zuerst in ihrem Lande einige Römer aufgegriffen und gekreuzigt; dann waren sie über den Rhein gegangen und hatten in Gallien und Germanien römischen Besitz geplündert. Die römische Reiterei, die gegen sie anrückte, lockten sie in den Hinterhalt. Bei der Verfolgung der flüchtigen Reiter stießen sie ganz unvermutet auf deren Befehlshaber Lollius [mit der V. Legion] und besiegten auch ihn.«

Cassius Dio stellt hier die drei germanischen Stämme als Aufrührer, Mörder und Räuber dar. Anders erfahren wir den Sachverhalt durch Velleius Paterculus, einen Zeitgenossen des Kaisers Augustus und späteren Reitergeneral unter Tiberius (11/97/1):

> »In Germanien erlitten die Römer eine Niederlage unter dem Unterfeldherren Marcus Lollius, einem Menschen, dem es bei allen Gelegenheiten mehr darum zu tun war, Geld zu erwerben als recht zu handeln, und der größte Schurke war, so sehr er auch sein Laster geheimzuhalten suchte.«

Angesichts dieses tributgierigen Unterfeldherrn Lollius, der in die eigene Tasche wirtschaftete, sind die Aufstände der Germanen verständlich. Genau nach dem gleichen Schema der vorausgehenden Überziehung germanischer Völker mit überharten, ungerechten römischen Tributforderungen und den sich daraus ergebenden germanischen Volkserhebungen entwickelten sich später die cheruskischen und friesischen Aufstände.

Augustus in Rom sah die Dinge natürlich ganz anders. Hier standen die Autorität und der Besitz der gallischen Provinzen auf dem Spiel. Voller Unruhe, Zorn und Besorgnis eilte er von Rom auf den Kriegsschauplatz im östlichen Gallien, um die Vernichtung der aufrührerischen germanischen Stämme selbst in die Hand zu nehmen.

Angesichts der neu zusammengezogenen römischen Legionen gingen die drei germanischen Stämme jedoch wieder hinter den Rhein zurück. Ihre Unterwerfung demonstrierten sie durch einen Nichtangriffspakt, den sie durch Gestellung von Geiseln untermauerten.

Diesen ersten Sieg des Augustus über rechtsrheinische Germanen besingt Horaz (*Oden* IV/2/37–40):

»Dir, Sänger des Erhabenen, gebühret,
Oktavians Triumphzug zu besingen,
Wenn Lorbeerkränze seine Stirn umschlingen,
Und er in Ketten die Sugambrer führt.«

Augustus selbst läßt sich jedoch keineswegs durch lyrische Lobpreisungen einlullen, sondern betreibt eine klare Macht und Eroberungspolitik. Unter »zeitweiliger Verlegung seiner Amtsgeschäfte nach Gallien« (J. S. Kühlborn, *Germaniam Pacavi,* Westfäll. Museum für Archäologie, Münster 1995) bildet er zunächst die drei gallischen Provinzen Aquitania, Belgica und Lugdunensis. Die Ostgrenze der Provinzen verlagert er bis an den Rhein. In Zusammenarbeit mit seinem Stiefsohn Drusus werden die ersten großen Militärlager in Nijmwegen (Hunerberg), Xanten (castra Vetera), Neuß (Novaesiurn), Asberg (Asciburgium), Bonn (castra Bonnensia) und Mainz (Mogontiacum) errichtet.

Dreißig Jahre römische Angriffskriege

n. Chr.

17
16
15
14
9
7
6
5
4
1
0
2
6
7
8
9
11
13

v. Chr.

Triumphzug des Germanicus in Rom
Tiberius beendet Eroberungsfeldzüge
Schlachten von Idistaviso und am Angrivarierwall

Caecina-Schlacht an den ›pontes longi‹
Besuch des Varusschlachtfeldes
Rachefeldzüge des Germanicus

Tod des Augustus, Aufstände

Varusschlacht im Teutoburger Wald
Totalvernichtung der XVII., XVIII. und XIX. Legionen
Varus Statthalter in Germanien
Saturnius Statthalter in Germanien

Tiberius überwintert am ›Haupt der Iulia‹ (*ad caput Iuliae*) und unterwirft Chaucen und Langobarden

Arminius wird 24jährig Anführer der cheruskischen Hilfstruppen
Vinicius führt den unermeßlichen Krieg (*immensum bellum*)

Arminius 19 Jahre alt

Lucius Domitius Ahenobarbus baut Heerwege, Brücken und Dämme, auch die ›pontes longi‹ im Paß von Kalkriese

Tiberius unterwirft die Stämme des freien Germaniens

Tod des Drusus 9. v. Chr. im ›*castra scelerata*‹

Züge des Drusus an Weser und Elbe mit Unterwerfung der Sugambrer, Chatten und Cherusker

Vorbereitung der römischen Angriffskriege

Drusus erhält im Jahre 13 v. Chr. den Oberbefehl über die Niederrheinarmee und spricht die ersten Feldzüge in das rechtsrheinische freie Germanien mit seinem Stiefvater ab.

Von Nijmwegen, besonders aber von Xanten (castra Vetera) aus beginnt Drusus im Jahre 12 vor Chr. die ersten Vorstöße über den Rhein.

Diese ersten Operationen darf man sich aber nicht als erste Unternehmungen eines großangelegten Eroberungsplanes für das ›Freie Germanien‹ vorstellen, wie es etwa Theodor Mommsen (*Römische Geschichte* 5, Berlin, 1904) darstellt, sondern man sollte sie als Antwort auf neue bedrohliche Entwicklungen sehen.

Cassius Dio (54/32) begründet den Vorstoß des Jahre 12 v. Chr., eindeutig die Mommsensche Hypothese widerlegend, folgendermaßen:

> »Als die Sugambrer und ihre Bundesgenossen mit Rücksicht darauf, daß Augustus in der Ferne weilte und die Gallier das römische Joch nur ungern trugen, wieder zum Kriege rüsteten, beugte Drusus einer Empörung in dem bereits unterworfenen Lande dadurch vor, daß er die Häupter des gallischen Adels angeblich eines Festes wegen, das noch jetzt in Lugdunum (Lyon) am Altar des Augustus gefeiert wird, zu sich entbot. Dann paßte er den Zeitpunkt ab, an dem die Germanen über den Rhein herüber kamen und schlug sie zurück. Danach rückte er über den Rhein in das der Batavinsel benachbarte Land der Usipeten, fiel von hier aus in das Land der Sugambrer ein und verheerte es zu einem großen Teile. Hierauf fuhr er den Rhein hinunter bis an die Nordsee und gewann die Friesen als Bundesgenossen.«

Drusus »beugte also einer (erneuten) Empörung« der germanischen Bundesgenossen unter Führung der Sugambrer vor, als er seine Einfälle in das rechtsrheinische Germanien begann. Da der Feldzug aber erst um den 1. August des Jahres 12 v. Chr. (Termin der feierlichen Einweihung des Altars des Augustus in Lyon) unternommen wurde und nicht vollendet werden konnte, mußte die Unterwerfung und Bestrafung der sugambrischen Bundesgenossen im darauffolgenden Jahre fortgesetzt werden.

Es erging Drusus somit wie dem Mann, der auch ›B‹ sagen muß, nachdem er zunächst ›A‹ gesprochen hat. Die Fortsetzung der Feldzüge war einfach eine Konsequenz aus dem Beginn der zunächst nur als Vorbeugungsfeldzug begonnenen Kampfhandlungen. Die überaus erfolgreichen Fortschritte bei den Kämpfen des Jahres 11 v. Chr., die großen Siege des Drusus, sie mögen nunmehr doch bei Augustus die Überzeugung geweckt haben, Germanien zur Provinz machen zu wollen. Im nachhinein beklagt Florus (11/30/21–28) diese Absicht des Augustus:

> »Hätte doch Augustus nicht so hohen Wert darauf gelegt, auch Germanien zu bezwingen. Die Schande, die uns sein Verlust brachte, war nämlich größer als der Ruhm, den uns seine Eroberung eintrug. Aber in Erinnerung daran, daß sein Vater, Gaius Caesar, zweimal über den Rhein gegangen war und die Eingeborenen Germaniens bekriegt hatte, wollte er das Andenken dieses Helden durch Verwandlung jenes Landes in eine römische Provinz ehren.«

Römische Heeresformationen auf dem Marsch

Wie die Legionäre auf dem Kriegszug in Germanien den Alltag an einem gewöhnlichen Marschtag erlebt haben, mag der Augenzeugenbericht von Josephus über einen Marsch des Vespasianheeres in Palästina im Jahre 70 n. Chr. zeigen:

Beim ersten Signal des Trompeters (*tubicen*) werden die Zelte abgebaut, beim zweiten die Maultiere und Pferde beladen. Beim dritten Trompetenstoß setzt sich die Marschkolonne in Bewegung. Josephus beschreibt, daß der Herold vor dem dritten Trompetensignal fragt, ob alle kriegsbereit seien, worauf sie dreimal rufen: »Wir sind bereit«. Danach rückt die Kolonne in Reih und Glied schweigend ab.

Da die Drususarmee ständig mit feindlichen Angriffen rechnen mußte, zog man im ›gefechtsbereiten Kolonnenzug‹ (›*agmen expeditum*‹). In den Kolonnen marschierten jeweils sechs Legionäre mit Helm, Schild und Waffen nebeneinander her. Die mitzuführenden Geräte und Lasten mußten im zusammengefaßten Troß auf Maultieren und Wagen mitgeführt werden, der vorn und hinten durch die Legionen geschützt wurde.

Man muß sich bildlich vorstellen, wie mehrere Legionen in über zehn Kilometer langen, schweigenden Heereszügen über die vielfach zerfurchten germanischen Heerwege marschierten. Die Stille wurde nur durch Befehle und Rufe für die Zug- und Tragetiere unterbrochen. Die Disziplin der täglich trainierten Truppe war unglaublich hoch.

Kam der Heereszug in Landstriche von befreundeten Stämmen, lockerte man die Marschordnung. Die Legionäre marschierten jetzt ohne Helm. Das Schwert saß in der Scheide, den Schild trug man auf dem Rücken. Das Gebrauchsgepäck von über 20 kg trug man an einer langen Stange über der Schulter. Als Panzer trug man während der augusteischen Zeit überwiegend den Kettenpanzer, der in spättiberianischer Zeit vom Gliederplattenpanzer abgelöst wurde.

Abb. 1–3: Legionäre

Oben links: Ein Offizier mit Helmbusch (Relief vom Domitius-Altar).

Oben rechts: Zwei Legionäre mit ovalen Schildern im Kettenpanzer, der auch in der Varus-Armee üblich war (Relief vom Domitius-Altar).

Links: Legionäre mit Gliederplattenpanzer. Diese neuen Panzer wurden in der späten Tiberius-Zeit eingeführt. Die Soldaten marschieren in der Formation des ›agmen impeditum‹. Sie tragen ihre Ausrüstungsgegenstände für den täglichen Gebrauch an der Stange (Relief von der Trajansäule in Rom).

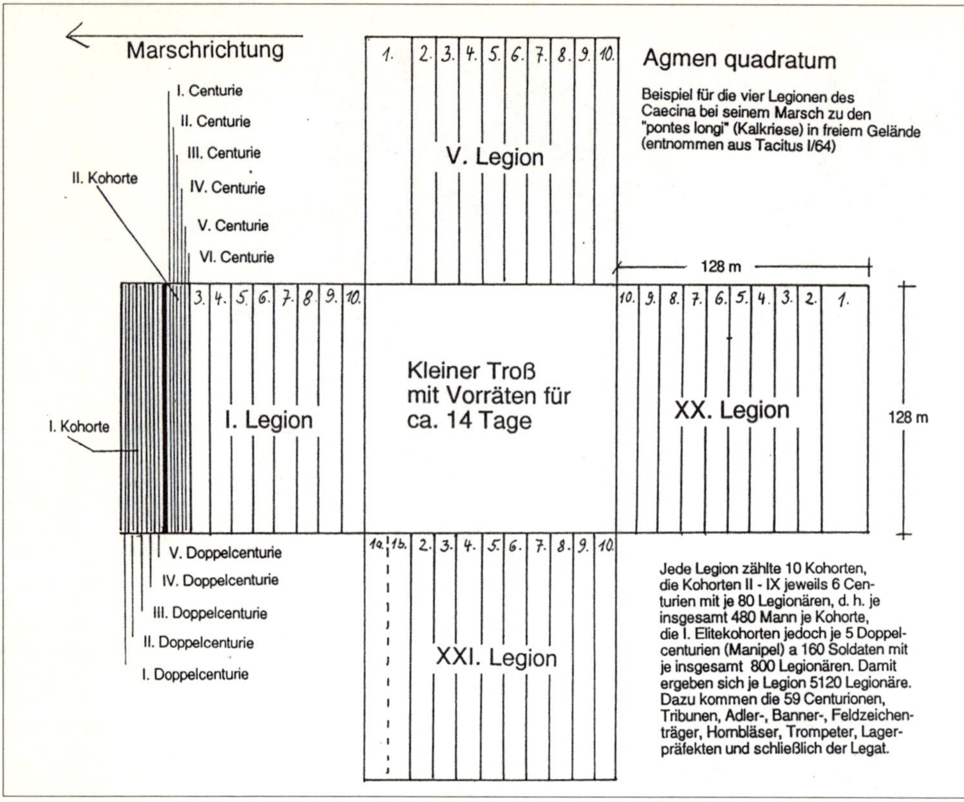

Abb. 4: Der ›Agmen quadratum‹

Jede Legion führte den eigenen Troß mit sich. Derartige Züge waren für Überfälle höchst verwundbar.

Bei bevorstehendem Kampf wählte man deshalb die sicherste und schlagkräftigste Formation des ›agmen quadratum‹. Hier wurde der zusammengefaßte Troß in die Mitte genommen. Vorn marschierte die Vorhut, hinten die Nachhutlegion. Die Flanken wurden ebenfalls durch die restlichen Legionen geschützt. Diese Formation konnte durch einfache Kehrtwen-

Abb. 5: Die Marschordnung der Vespasianarmee in Judäa
Modifiziert nach Peter Conolly, *Die römische Armee,* Tesloff-Verlag, Hamburg 1976.

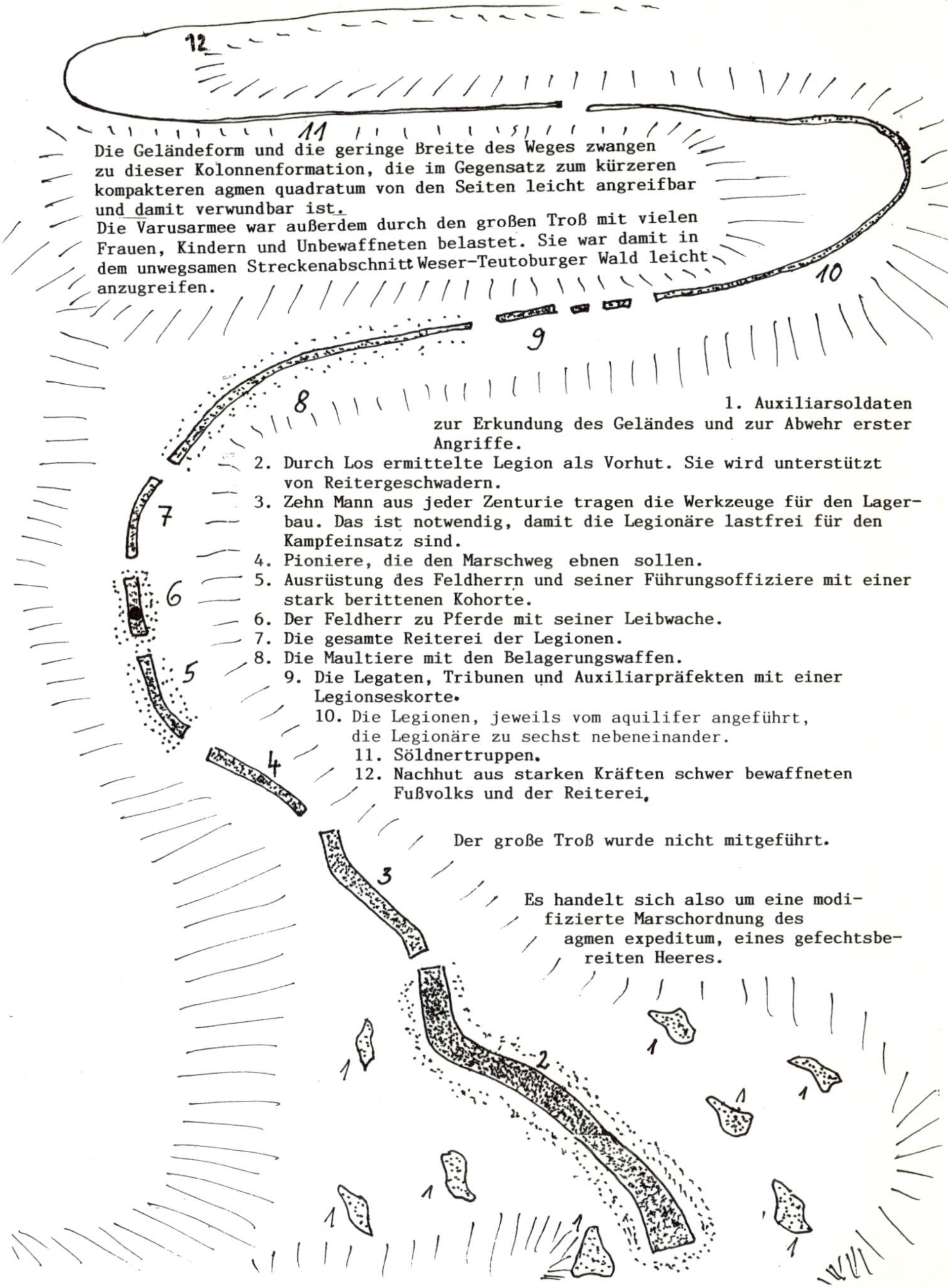

Die Geländeform und die geringe Breite des Weges zwangen zu dieser Kolonnenformation, die im Gegensatz zum kürzeren kompakteren agmen quadratum von den Seiten leicht angreifbar und damit verwundbar ist.
Die Varusarmee war außerdem durch den großen Troß mit vielen Frauen, Kindern und Unbewaffneten belastet. Sie war damit in dem unwegsamen Streckenabschnitt Weser-Teutoburger Wald leicht anzugreifen.

1. Auxiliarsoldaten zur Erkundung des Geländes und zur Abwehr erster Angriffe.
2. Durch Los ermittelte Legion als Vorhut. Sie wird unterstützt von Reitergeschwadern.
3. Zehn Mann aus jeder Zenturie tragen die Werkzeuge für den Lagerbau. Das ist notwendig, damit die Legionäre lastfrei für den Kampfeinsatz sind.
4. Pioniere, die den Marschweg ebnen sollen.
5. Ausrüstung des Feldherrn und seiner Führungsoffiziere mit einer stark berittenen Kohorte.
6. Der Feldherr zu Pferde mit seiner Leibwache.
7. Die gesamte Reiterei der Legionen.
8. Die Maultiere mit den Belagerungswaffen.
9. Die Legaten, Tribunen und Auxiliarpräfekten mit einer Legionseskorte.
10. Die Legionen, jeweils vom aquilifer angeführt, die Legionäre zu sechst nebeneinander.
11. Söldnertruppen.
12. Nachhut aus starken Kräften schwer bewaffneten Fußvolks und der Reiterei.

Der große Troß wurde nicht mitgeführt.

Es handelt sich also um eine modifizierte Marschordnung des agmen expeditum, eines gefechtsbereiten Heeres.

dungen nach allen Seiten oder auch nach hinten kämpfen, wobei der Troß jeweils gleichermaßen geschützt war. Diese Form des Heereszuges war unüberwindbar. Die Germanen haben den ›agmen quadratum‹ fast nie besiegen können. Eine Ausnahme gibt es. Sie entwickelte sich auf dem Marsch der vier Legionen unter Caecina im Jahre 15 n. Chr. an den ›pontes longi‹ (Kalkriese), als sie in der dortigen sumpfigen Ebene zwischen Moor und Berg in eine verzweifelte Lage gerieten. Hier zerbrach das sonst so sichere Quadrat unter großen römischen Verlusten.

Der Lippe-Weser-Limes des Drusus

Die großen Erfolge des Drusus bei seinen Heerzügen der nun folgenden Jahre 119 v. Chr. beruhten nicht nur auf der hervorragenden römischen Militärtechnik und Kriegskunst, sondern auch auf seiner Persönlichkeitsstruktur. Drusus wurde von seinen Soldaten geliebt. Er konnte sie begeistern. Er war ihr Vorbild. Velleius Paterculus charakterisiert Drusus, den Bruder seines Idols Tiberius, mit folgenden Worten (11/97/2):

»Drusus Claudius. . . ein Jüngling, der so viele und große Vorzüge besaß, wie sie bei der menschlichen Natur möglich sind oder durch sorgfältige Schulung ausgebildet werden können. Ob er mehr für die Aufgaben des Krieges oder des Friedens veranlagt war, lasse ich unentschieden. Jedenfalls besaß er, wie es heißt, ein sanftes und liebenswürdiges Wesen und bewies, wie kein anderer, seinen Freunden gegenüber eine richtige und stets sich gleichbleibende Wertschätzung. An körperlicher Schönheit war er seinem Bruder [Tiberius] höchst ähnlich.«

Drusus selbst hatte im Frühjahr des Jahres 11 v. Chr. keine Zeit, darüber nachzudenken, ob seine Friedensliebe nicht eventuell größer als sein kriegerisches Wesen sei, denn die harten Fakten zwangen ihn, kriegerisch zu handeln. Nach den ersten römischen Strafaktionen aus dem Vorjahr waren nämlich die Sugambrer, Sueben und Cherusker nicht untätig geblieben. Sie hatten einen ›Blutbund‹ gegen die Römer geschmiedet und ihn mit der »Kreuzigung von 20 Centurionen besiegelt und den Krieg eröffnet« (Florus 11/30/21–27).

Zuerst mußten also die nächst zum Niederrhein wohnenden Sugambrer im Bergischen Land zwischen Köln und Lünen niedergeworfen werden. Drusus tat dies, indem er in ihrem Rücken in Oberaden an der südlichen Lippe ein großes festes Zweilegionenlager errichtete, von dem aus er ihre Niederkämpfung vornahm.

Die Entdeckung dieses Lagers gelang schon 1905 Pfarrer Otto Prein, der hier den Ort des berühmten, schon damals allseits gesuchten Kastells Aliso sah. Die archäologischen Grabungen haben eindeutige Funde ergeben, die einen Bestand dieses Lagers nur für die Zeit von 118 v. Chr. erlauben. Aliso hat aber auch noch zur Varus- und Germanicuszeit, also mindestens noch 22 Jahre länger, bestanden. Oberaden kann deshalb nicht Aliso sein.

Nach dem Sieg über die Sugambrer zog Drusus die Lippe aufwärts durch das Cheruskerland bis in den Raum Höxter an die Weser.

Bei seinem Zug an der Lippe entlang hat er mit Sicherheit den langsam fließenden Fluß bereits als wichtige Nachschubstraße benutzt. Marschlager wurden in Abständen der täglichen Marschleistung von 18 bis 20 km Entfernung angelegt.

Da Drusus den ganzen Sommer über mit großem Heer an der Weser verblieb, mußte er natürlich die vielen Legionäre sinnvoll beschäftigen. Also wurden die Aufmarschstraße an der Lippe bereits für die Nachschubwagen mit einem Schotterauftrag befahrbar gemacht und ständig besetzte Wachtkastelle und Wachttürme errichtet. Eine derartige ausgebaute römische Heerstraße wurde bereits vor Beginn der römischen Kaiserzeit ›Limes‹ (Plural *Limites*) genannt.

Drusus erbaute also den ersten Lippe-Weser-Limes. Einen Teilbeweis für diese Marschlagerstrecke mit ausgebauten Straßentrassen und Wachttürmen hatte bereits Hölzermann 1878 in seinem Buch *Lokaluntersuchungen, die Kriege der Römer und Franken betreffend* (Münster, 1878, S. 266) geführt. Er schreibt über das Auffinden eines alten Straßenzuges:

»Die aus großen Sandsteinblöcken ohne jedes bemerkbare Bindemittel zusammengesetzte Steinbahn hatte eine Breite von etwa 6 Fuß. In derselben befanden sich parallellaufende, in die Steine getriebene Vertiefungen, gegen 3 Fuß voneinander entfernt, von den Rädern der Fuhrwerke herrührend. Dort, wo die Steine nicht fest zusammenstoßen,

Abb. 6: Lippe-Weser-Limes des Drusus 11 v. Chr.

I–VI Lager des Niederrhein-Limes

I Nijmwegen, Großlager Hunerberg, Zweilegionenlager, etwa 42 ha, und keineres Kommandolager Kops Plateau

II castraVetera, Fürstenberg/Xanten, Zweilegionenlager, etwa 54 ha groß, um 14 n. Chr. Sitz der V. und XXI. Legion

III Asberg, römisches castra Asciburgium

IV Neuß, römisches castra Novaesium, Einlegionenlager

V Köln, unter Drusus zunächst kein Militärlager, später Zweilegionenlager

VI Bonn, römisches castra Bonna, Einlegionenlager

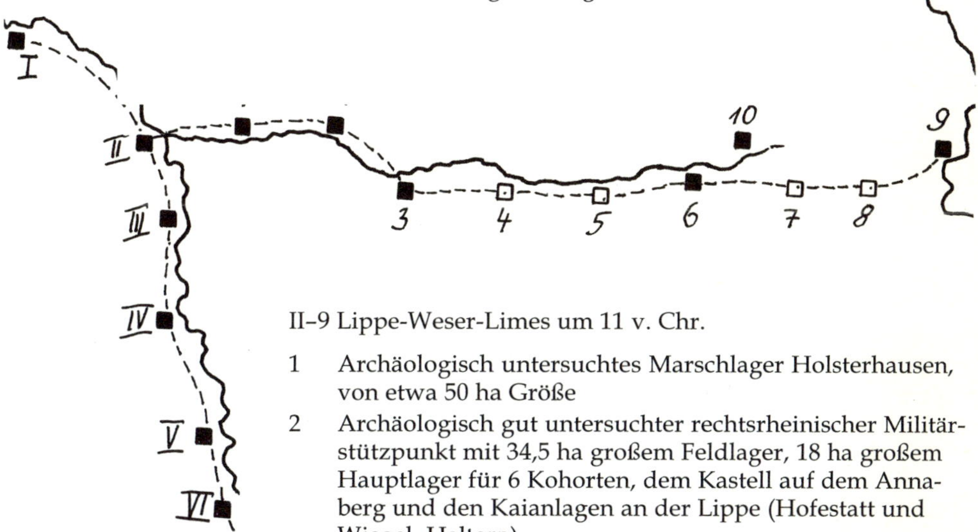

II–9 Lippe-Weser-Limes um 11 v. Chr.

1 Archäologisch untersuchtes Marschlager Holsterhausen, von etwa 50 ha Größe

2 Archäologisch gut untersuchter rechtsrheinischer Militärstützpunkt mit 34,5 ha großem Feldlager, 18 ha großem Hauptlager für 6 Kohorten, dem Kastell auf dem Annaberg und den Kaianlagen an der Lippe (Hofestatt und Wiegel, Haltern)

3 Zweilegionenlager Oberraden von etwa 56 ha Größe, bestand von 11–8 v. Chr.

4–5 Mögliche Marschlager bei Hamm-Uentrop und auf der Benninghauser Heide

6–8 Mögliche Marschlager bei Anreppen, Schwaney, Brakel

9 Größeres Marschlager und stark befestigtes Kastell von etwa 9 ha Größe an der Schelpe bei Höxter/Weser (nach Heribert Klabes, *Corvey*, Höxter 1997)

10 Kastell Aliso mit extrem hohen Wällen auf den Dünen des Wilhelmsberges von Neuhaus.

> wurden Hufeisen gefunden, deren Stollen übereinandergriffen, die aber nicht so groß wie die unserer Pferde waren, sondern vielmehr von Eseln und Maultieren stammen.«

Die von Hölzermann beschriebenen Vertiefungen entsprechen genau den Gleisen der Wagenräder auf antiken römischen Straßen. Auch die Art der Steinsetzungen ist völlig antik. Die kleinen Hufeisen, von denen heute noch Exemplare im Heimatmuseum Dringenberg aufbewahrt werden, sind natürlich Beweismittel für die Auffassung des Verfassers, daß die Römer bereits Hufeisen für ihre Pferde kannten. Ohne Hufeisen hätten die Zugtiere auf steinernen Römerstraßen nach kurzer Zeit blutige Hufe gehabt. Später soll darüber mehr berichtet werden.

Für Heribert Klabes war diese Notiz Hölzermanns ein »Schatzversteck« und »zwingende Herausforderung, diese versunkene Straße wiederzufinden«. Drei Jahre hat er benötigt, sie zwischen Schwaney und Neuenheerse zu entdecken. Er schreibt über seinen Fund:

> »Eng aneinander gepaßte Eggesand und Kalksteinblöcke von respektabler Größe kamen bei kleinsten Abdeckungen immer wieder ans Tageslicht. Sie bildeten flachliegend die ›Pflasterung‹ einer Fahrbahn. Diese kleinflächig abgedeckten Straßenabschnitte erweckten den Eindruck, ein Straßenpflaster aus Pompeji oder das anderer massiv ausgebauter antiker Straßen vor sich zu haben. Der glückliche Zufall, daß ein schwerer Traktor bei Waldarbeiten im Gelände tiefe Fahrspuren hinterließ und hierdurch wohlgesetzte Randsteine der gesuchten Römerstraße freilegte, führte auf die erste heiße Spur. Es konnten dann schnell über 1,5 km schnurgerade, polygonal im Verband gelegte Steinquader als Fahrbahndecke nachgewiesen werden. An einer Stelle, in einem älteren Eichenbestand, war sogar bergwärts ein parallel verlaufender flacher Wallgraben feststellbar. Von der Grabenmitte bis zur Fahrbahnmitte beträgt der Abstand 8 m.«

Direkt neben der alten Römerstraße fand Klabes außerdem in konzentrischen Kreisen eine dreifache Wallanlage. Da dort keine Steine zu finden gewesen seien, »könnte der vormals hier stehende Überwachungsturm noch aus einer Holzkonstruktion der ›ersten Stunde‹ bestanden haben«. Aus der derart befestigten, mit Wachttürmen, Wall und Graben gesicherten Rolbahn geht die Absicht von Drusus hervor, an gesicherter Straße den Nachschub über die Lippe vom Depot aus zu schützen und eine erschlossene germanische Provinz einzurichten. Der große Pioniereinsatz für den Bau des Limes war nur zu rechtfertigen, wenn man sich auf Dauer in der germanischen Provinz niederlassen

Abb. 7: Skizze der abgesicherten Römerstraße durch das Eggegebirge aufgrund von Funden, nach Heribert Klabes (*Corvey*, Höxter 1997). Am Berg enthielt die massive Straße eingearbeitete Fahrspuren.

wollte. Offensichtlich wurde Drusus durch diese umfangreichen Bauten am ersten Lippe-Weser-Limes daran gehindert, weiter über die Weser an die Elbe vorzustoßen, auch wenn Cassius Dio Nahrungsmangel als einen Grund für die Rückkehr der Drususarmee im Spätsommer 11 v. Chr. angibt.

Bei der Rückkehr zum Winterlager an den Rhein wurde Drusus im Eggegebirge bei Arbalo ein Hinterhalt gelegt, aus dem er sich jedoch freikämpfen konnte. Der Ort Arbalo ist zwar bis heute nicht gefunden worden, muß jedoch in gebirgiger Gegend zwischen Höxter und der oberen Lippe liegen. Damit kommt nur das Eggegebirge als Ort dieser Schlacht in Frage.

Die Schlacht fand in einem Tal des Eggegebirges statt, in dem überfallartig der römische Heereszug von den Cheruskern unter der Führung des damaligen Cheruskerfürsten Segimer, des Vaters des Arminius, beinahe aufgerieben worden wäre.

Arminius hat hier bereits als achtjähriger junge von der Feindschaft seines Vaters zu den Römern und der großen Schlacht von Arbalo gehört. Hier wurden vermutlich bereits die ersten Feindbilder des Knaben für die späteren Kämpfe gegen die Römer gebildet:

Im folgenden Jahre, 10 v. Chr., bekämpfte Drusus die Chatten und kam erst im Jahre 9 v. Chr. erneut an die Weser, um von dort bis an die Elbe vorzustoßen. An der Saale stürzte Drusus vom Pferd und zog sich schwere Verletzungen zu, an denen er auf dem Weg zum Rhein im ›Lager des Unheils‹ (*castra scelerata*) starb.

Heribert Klabes (*Corvey*, Huxoria Verlag, Höxter 1997) hat in einer wichtigen Studie nachzuweisen versucht, daß die heutige Klosteranlage Corvey mitten in einer ehemaligen, zur Römerzeit gegründeten Civitas steht.

Eine Vielzahl von akribisch bearbeiteten Einzelheiten scheint ihm darin recht zu geben, daß hier die Civitas der befreundeten Cherusker lag, wie ja in allen römisch besetzten germanischen Stammesgebieten eine Civitas begründet wurde. Köln ist zum Beispiel ursprünglich am Altar des germanischen Stammes der Ubier (›Apud aram Ubiorum‹) als Hauptstadt (*Civitas*) der Ubier erbaut worden und erhielt anschließend den römischen Namen ›Colonia Claudia Ara Agrippinensium‹ (CCAA).

Da Abraham Ortelius 1587 auf seiner berühmten Karte »Germania veteris typus« in der Gegend von Corvey aufgrund alter, nicht mehr vorhandener Quellen den ptolemäischen Namen ›Tulisurgium‹ plaziert, könnte das möglicherweise der Name der von Klabes vermuteten cheruskischen Hauptstadt gewesen sein (Abraham Ortelius, *Theatrum Orbis Terraruni,* Antwerpen, 1570–1612, 41 Auflagen).

Abb. 8: Historische Karte »Germania veteris typus« des Abraham Ortelius aus dem Jahre 1587 (Ausschnitt).

MANT
CAVCI. Maiores
CIMBRI.
SABALIN GII.
PHARODENI
Marionis altera
Cosōenum
Alisus
GAMBRIVII.
Lirimiris
Marionis
TEVTONOARI.
Albis flu.
CAVCI Minores.
Phabiranum
ANGRIVARII.
S
V
E
Lephana
LACCOBARDI.
Asteria
Byrchanis que et Fabaria insula
FRANCI.
BVSACTERI Maiores.
Visurgis flu.
Siatutanda
Tecelia
BVSACTERI Minores.
Cruptoricis
FRISIABONES.
SIC
FRI
SII.
TENCTERI.
CHAMAE.
SA XONES.
STVRII.
MARSI
BANTES.
Teuderum
CHAVBI.
DVLGVBINI, et DVLGVMNII.
B
AT AVI.
Navalia
ANSIBARII.
Fulifurdum
Mesuium
SEMNONES
Albis flu.
Rhenus flu.
CHAMAVII.
VSIPETES.
LONGOBARDI, qui et HERVLI.
Idistavus campus.
ANGILI.
BATAVORVM Insula
Teutoburgium
Alisõ castellum
BRVCTERI.
Teutoburgiensis saltus
Mosa flu.
TINGRI.
Lupias flu.
Batavodurum
Vetera
Germania Inferior, vel Secunda.
Dispargum
CASVARI, qui et CATTVARII.
Herculi sacra silva
Luppia
Traiana colonia
TVNGRI.
Gelduba
SVNICI.
MBRI.
Munitium
CATTI.
Her
cyni
a
Argelia
Alesum
Calegia
EBVRONES.
Novesium
Iuliacum
Tropæa Drusi
CHERVSCI.
CAMANI
Agrippina colonia
Diuitiense munimentum
Ara Vbiorum
Stereontium
Luphurdum
TVRINGI.
VBII A-
GRIPPINEN.
Pheugarum
Bonna
Bicurgium
Mosa flu.
enna
du
Traiana legio
CATTIMELIBOCI.
Bogadium
BACENIS Silua
BONOCHAE
Tolbiacum
INGRIONES.
Taurus mons
Antonacum
Amasia
Melibocus mons
PARS.
Vincum
Candnum
CASVARII
Nouesium
Mattiacum
NERTEREANES.
Confluentes
Tratani munimentum
silva.
Bodobriga
Rigodulu
Bingium
RHENI.
Mœnus flu.
CHATTE
DANDVTI
TVBANTI.
Moguntia
INTVERGI.
Gravionarium
MARVINGI
Aug. Trevirorum
VANGIONES.
FRA
NCI.
Bergini
Borbecomagus
RIOCHEMÆ
TRE
VIRI
CAPELLATIVM.
Meloeavus
TVRONI.
Locoritum
Nava flu.
Noemagus
Divodurum
Segusium
Pyri mons
CVRIONES.
Mosella flu.
NEMETES.
CARITNI
Rhufiana
Segodunum
Germania Superior vel Prima.
Saletio
TECTOSAGES.
Devona
Alema
PARMÆ Campi
TRIBOCES.
Durlacum
Bibacum
nia.
RHVNICATES.
Breucomagus
Budoris
VIRTINGVI.
Alcimoennis
Vallatum
CONSVANTÆ
VINDELI
Argentoratum
Febiana
VIRVCINATES
Elcebus
Tarodunum
VISPI.
GAL
Argentuaria
Helvetiorum nemus quæ et Martiana silva
Viana
BRIXANTAE.
LICATII
Ambra
BENLAVNI.
Olino
Dracuina
Damasia
Basilia
Lupodum
Iuliomagus
VINNONES.
Robur
AB NOBA
RHAETIA.
Aug. Rauricorum
LIAE
SVANITAE.
BREVNI.
Inutrium
Medullum
BERNENSES.
Confluentes
RHIGVSCAE.
Parthanum
Masciacu
Hectodurum
Aventicum
Vindonissa
TVREGVM Arbor Felix
TII.
Brigantium
Ebodurum
HELVE
Forum Tiberii
Hectodurum
PYRENÆVS Mons
AMBISONTII.
PARS
Vimania
Adula mons
Rhetico M.
IVTVNGI.
Fortia castra
Viriteum

Der Vorbegriff ›Tuli‹ ist möglicherweise über ›Tilledi‹, im späteren Sachsengau ›Tilithi‹ (für die Gegend zwischen Hameln und Höxter) erhalten geblieben. Da ›Tuli‹ aber auch in ›Tulifurdum‹ für die Mittelweser bei Minden auftaucht, ist es wahrscheinlich, daß dieser Wasserbegriff die besondere Landschaftsform der Weser mit ihren damals zweifellos vorhandene Verzweigungen in Seitenarme meint.

Der Wortstamm ›surgium‹ ist jedoch völlig verschwunden. Da er in den Ursprungswerken der antiken Historiker in griechischer Sprache niedergeschrieben worden war, ist es mög-

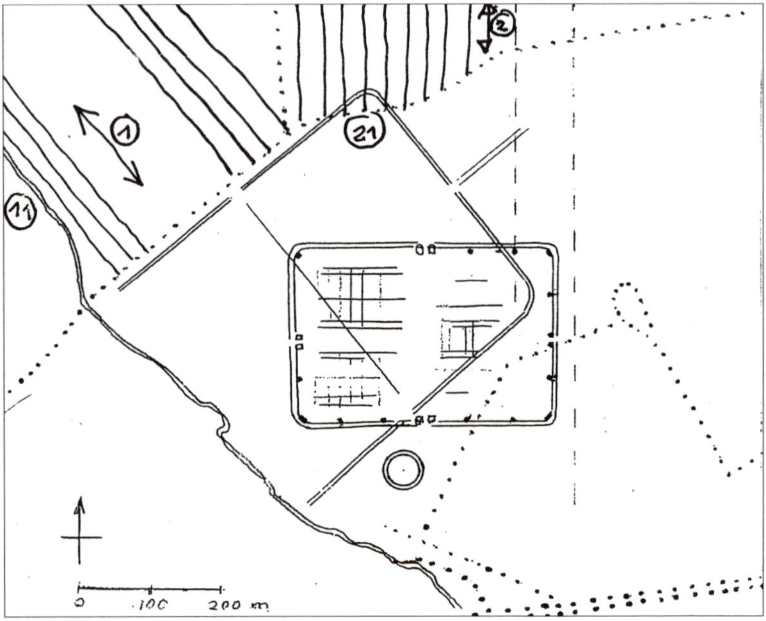

Abb. 9: Modifizierte Zeichnung der Umrisse der beiden Römerlager von Höxter aufgrund eines Luftbildes des Landesvermessungsamtes Nordrhein-Westfalen (nach Heribert Klabes).

Beide Lager sind mit einem Doppelgraben umgeben, waren also Standlager für die längere Benutzung. Das in der Abbildungsmitte waagerecht gezeichnete Lager ist etwa 9 ha groß. Es zeigt in der Mitte aller vier Seiten deutlich die befestigten Lagertore. Das diagonal in der Mitte aller vier Seiten erkennbare größere Lager mag etwa 20 ha groß gewesen sein. Ihm sind nach Leiermann die noch heute sichtbaren Feldstrukturen unter (1) zuzuordnen. Da die dem kleineren Lager zuzuordnenden Feldgrenzen (2) bis in die Ecke des größeren Lagers hineinführen (21), muß folgerichtig das kleine Lager das jüngere sein.

lich, daß in den späteren Abschriften des Urtextes aus ›b‹ ein ›s‹ gemacht worden ist. Der ursprüngliche Ortsname wird vermutlich ›Tuliburgium‹ (Tuliburgos) gewesen sein. Damit konnte die Brunsburg gemeint sein, die möglicherweise zur Cheruskerzeit diesen Namen trug. Auf eine entsprechende Parallele wird später im Zusammenhang mit dem Sommerlager des Varus zurückzukommen sein. Ein Indiz hierfür mag der römische Statuettenfund in Godelheim am Fuße der Brunsburg sein.

Abb. 10: Eines der drei von Dobbertin, Klabes und Gose (Erich Gose, Trier, Mitteilung nach Vergleich mit Trierer römischen Funden an Heribert Klabes im Jahre 1964) als römische Legionärsköpfe bezeichneten Fundstücke aus dem Nordtor-Graben von Corvey. Die nicht dazu passenden kopflosen Büsten weisen nach den Vorgenannten einen lyraförmigen römischen Lederpanzer auf (Foto: H.Klabes).

Darüber hinaus fand Klabes auf Fotos des Landesvermessungsamtes Nordrhein-Westfalen nördlich von Höxter, direkt in senkrechter Straßentrasse mit Corvey verbunden, die Umrisse zweier sich überlagernder ›Römerlagen mit Doppelgräben (s. Abb. S. 30). Bei dem kleineren Lager von 9 ha Größe lassen sich im Achsenkreuz an den Umrandungen die Fundamente von vier ehemaligen steinernen Toren erkennen, so wie sie in römischen Standlagern, aber auch in den späteren obergermanischen Limeslagern üblich waren.

Klabes führt historische Dokumente für das ehemalige Vorhandensein der Steintore an, die dann im 18. Jahrhundert abgerissen worden seien.

Die feinen Doppellinien beider Rechtecke mit Rundecken lassen kaum Zweifel an der Richtigkeit der Deutung durch Klabes, der lange Jahre vergeblich versucht hatte, die amtliche Bodendenkmalpflege zu einer Sondagegrabung zu bewegen. Die Genehmigung kam schließlich zu spät, so daß in der verbleibenden Zeit vor der Industriebebauung keine fundierten Grabungen mehr erfolgen konnten. Heute hat sich das Thema durch die weitgehende Bebauung des Geländes an der Schelpe erledigt. Aber es könnten immerhin noch auf dem Gelände des Klosters Corvey gezielte Grabungen nach der ehemaligen Cheruskerstadt erfolgen.

Die sogenannten ›Römerköpfe‹, die ›römische Inschriftentafel‹ vor dem Westflügel der Klosterkirche (nach Heribert Klabes), die ehemalige ›Villa Selicasa‹ (nach Hans Dobbertin), die

Abb. 11: Reste von römischen Freskenmalerein in Corvey.

1 Herkules mit Schild und Lanze auf dem Unterweltfluß Acheron mit dem dreiköpfigen Höllenhund Cerberus und Medusa, die die schwebende Seele des Meleager gefangenhält; **2** Herkules mit Pfeil und Bogen im Kampf gegen den Centaur Nessus; **3** Apollo (Spezialgott des Augustus) auf dem Capricornus (Sternbild des Augustus); 4 Apollo auf dem Delphin; **5/6** Schiffe des Aeneas, des Stammvaters des Jupiter.

Aus: Beitrag von Hilde Claussen/Nikolaus Staubach, in: *Festschrift für Karl Hauck,* Berlin–New York 1994, S. 341–402. – Entgegen den Festellungen anderer Autoren unterstützt der Verfasser die Deutung Hans Dobbertins (briefliche Mitteilung).

Reste der ›römischen Freskenmalerei mit Delphin‹ sollten Anlaß genug sein, eine derartige Grabung großzügig anzusetzen und zu finanzieren (s. Abb. S. 32).

Nach den bisherigen Betrachtungen muß man annehmen, daß Drusus gewillt war, über den Ausbau seines Limes von Aliso nach Höxter und die dortige Begründung der Civitas hinaus von hier aus das Land bis zur Elbe als Provinz zu erschließen.

Nach seinem Tod verfolgten seine Nachfolger offensichtlich andere Strategien und bevorzugten andere Orte für ihre Sommerlager.

So zogen Tiberius 8–7 v. Chr. und Lucius Domitius Ahenobarbus 6–2 v. Chr. kreuz und quer durch Germanien, um es völlig unter Kontrolle zu bekommen. Mit Sicherheit wurde unter ihnen der Lippe-Limes vollständig mit Wall, Graben und Wachttürmen abgesichert.

Velleius Paterculus beschreibt die Feldzüge des Tiberius für die Jahre 8–7 v. Chr. (11/97):

> »Die Last des Krieges mußte jetzt Nero [Tiberius] auf sich nehmen, der ihn mit dem eigenen Mut und Glück führte. Siegreich durchzog er alle Teile Germaniens, ohne daß das ihm anvertraute Heer, das ihm immer ein Gegenstand besonderer Fürsorge war, irgendeinen Schaden nahm. Er bezwang das Land so vollständig, daß es beinahe eine steuerpflichtige Provinz wurde.«

Da es am Ende des Jahres 7 v. Chr. zwischen Tiberius und seinem Schwiegervater Augustus zu erheblichen Meinungsverschiedenheiten über Ehefrau bzw. Tochter Julia gekommen war, zog sich Tiberius auf die Insel Rhodos zurück.

Die unruhig gewordenen germanischen Stämme sollte nun Lucius Domitius Ahenobarbus, Schwager des Augustus, unter Kontrolle halten. Über diesen Zeitraum von 6–2 v. Chr. haben die antiken Schriftsteller und Historiker wenig berichtet. Von Tacitus (IV/44) erfahren wir, daß L. Domitius Ahenobarbus mit seinen Legionen auf seinen Kriegszügen die Elbe weit nach Osten überschritt und die berühmten ›pontes longi‹ erbaute.

Im Jahre 1 n. Chr. fand dann unter Marcus Vinicius der uneingeschränkte Krieg (*bellum immensum*) gegen die Germanen statt. Leider sind auch hier aus der Feder der antiken Historiker keine genaueren Angaben über seinen Verlauf zu entnehmen. Offensichtlich war aber wohl nach den Viniciusjahren die erneute überlegene Führung des Heeres durch Tiberius notwendig geworden, die er denn auch auch nach seiner Rückkehr im Jahre 4 n. Chr. unter großem Beifall durch die Truppe souverän übernahm.

Der Triumph des Tiberius

Über den triumphalen Empfang des Tiberius durch seine Soldaten bei seiner Rückkehr ist bereits berichtet worden. Wie Tiberius seine Aufgabe anpackt, beschreibt Velleius Paterculus (II/105):

> »Tiberius rückte sofort in Germanien ein, bezwang die Kanninefaten, die Attuarier [Chattuarier] und die Brukterer, während sich die Cherusker – aus ihrem Stamme wurde bald danach Arminius durch die Niederlage, die er uns beibrachte, nur zu berühmt – von selbst unterwarfen. Dann setzte er über die Weser und unternahm einen Vorstoß in das jenseitige Land...
>
> Der Sommerfeldzug dieses Jahres wurde bis in den Dezember ausgedehnt und brachte Tiberius den Vorteil des glänzenden Sieges. Die Kindesliebe war es, die ihn nach Rom zurückkehren ließ, wiewohl der Winter die Alpenpässe beinahe unwegsam gemacht hatte.
>
> Liebevolle Fürsorge führte ihn zu Beginn des Frühlings (5 n. Chr.) nach Germanien zurück, wo er mitten im Lande, am Haupte der Iulia (ad caput Iuliae), die Truppen bei seiner Abreise nach Italien Winterquartiere hatte beziehen lassen.«

Versucht man die Wege des Tiberiusheeres während des Jahres 4 n. Chr. nachzuvollziehen, so ist es sicher, daß das Heer nach Niederwerfung der Kanninefaten und Chattuarier (am nördlichen Niederrhein) die Brukterer zwischen Ems und Lippe besiegte. Damit geriet Tiberius auf die alte Aufmarschlinie der Römer an der Lippe. Von hier aus stieß er bis über die Weser vor.

Bei diesem Zug zur Weser hätte er nun wiederum den Egge-Limes des Drusus Richtung Höxter benutzen können. Die weitaus wichtigere Trasse, der Hellweg, führte von der oberen Lippe von jeher über die Große Egge/Externsteine und Horn, Schieder, Lügde nach Ohsen/Hameln an der Weser.

Auf dieser Trasse durchzog Tiberius das südliche Zentrum der Cherusker und konnte dann in der Hildesheimer Gegend die wichtige östliche Kornkammer der Cherusker besetzen.

Alle logistisch-strategischen Überlegungen sprechen dafür, daß Tiberius diesen uralten Heerweg während des Jahres 4 n. Chr. gezogen ist, der im wesentlichen auch etwa dem Verlauf der heutigen Bundesstraße 1 entspricht.

Auch Karl der Große benutzte mehrfach diese Trasse. So feierte er zum Beispiel das Weihnachtsfest des Jahres 785 n. Chr. in Lügde/Schieder, ehe er vermutlich dieselbe Furt bei Latferde (sächs. ›Lofurdi‹) über die Weser nach Osten benutzte.

Gibt es Hinweise, Indizien, für die Benutzung dieser Trasse? Gehen wir zunächst von strategischen Überlegungen aus. Von Schloß Neuhaus, dem Standort von Aliso, sind es bis zum Rande des Teutoburger Waldes beim Kreuzkrug unterhalb der Paßstraße Große Egge etwa 14 km. Für die Überwindung des Teutoburger Waldes bis zum Gelände der heutigen Stadt Horn benötigt man weitere 6 km. Selbst unter der Berücksichtigung der Tatsache, daß im Teutoburger Wald ein allmählicher Anstieg zu bewältigen war, konnten die Römer diese Strecke dennoch in einem Tag schaffen. Die Römer werden alle Anstrengung unternommen haben, um ihr Lager knapp jenseits des Waldgebirges aufzuschlagen. So konnte man auch die Sammlung möglicher Feindverbände im Gebirge oder jenseits davon verhindern.

Unter den Mauern der Stadt Horn ist natürlich heute kein römisches Marschlager mehr nachzuweisen. Nun hat es schon immer Hinweise auf die ›berühmten Hufeisen‹ von Horn gegeben. August Schierenberg (*Die Kriege der Römer. . .*, Reitz und Köhler, Frankfurt 1888) berichtet über das massenhafte Auffinden von kleinen »Römereisen« in anderthalb Metern Tiefe, die bei Kanalbauarbeiten zu Tage traten. Karrenweise hätten die Kanalbauarbeiter die Eisen zum Trödler gefahren. Etwa 30 habe er retten können. Sie würden größtenteils im Horner Burgmuseum aufbewahrt. Ob es sich hier wirklich um römische Hufeisen gehandelt hat, wird später in den »Ergänzenden Texten« unter ›Römische Hufeisen‹ zu beantworten versucht.

Setzt man also das erste Marschlager von Neuhaus/Aliso am Hellweg/B1 (Richtung Weser) in Horn voraus, so bietet sich in dem nun folgenden sehr bergigen Gelände erst in Schieder wieder freies Gelände für ein größeres Römerlager an. Hier in 14 km Entfernung von Horn gibt es ein ideales Lagergelände von mindestens 20 bis 30 ha Größe auf einem erhöhten Plateau zwischen den Flüssen Emmer und Nethe.

Dieses Plateau ist so gleichmäßig rechteckig mit steilen Böschungen und sogar noch mit kleinen Teilstücken von Wallresten, daß es kaum erklärbar ist, daß hier noch niemand bereits früher die ehemalige Existenz eines Römerlagers vermutet hat. Erst Horst Leiermann (briefliche Mitteilung) wies auf dieses Gelände hin. Gleichzeitig lieferte er den Rekonstruktionsvorschlag für das künstliche Gelände. Die Idee Leiermanns ist, aus der heute vorliegenden, möglicherweise durch Menschenhand in vergangener Zeit veränderten Topographie den Ursprungszustand des Geländes zu rekonstruieren. Durch diese Rekonstruktion wird dann deutlich, auf welche Weise und zu welchem Zweck das Gelände durch Menschenhand verändert wurde.

Der Verfasser hat die Vorschläge Leiermanns für das mögliche römische Feldlager Schieder modifiziert. Nach diesem modifizierten Rekonstruktionsversuch (s. S. 38) wurde an den ursprünglich vorhandenen Steigungen des leicht rundlichen Plateaus ein Umfassungsspitzgraben durch die Legionäre ausgehoben. Die anfallende Erde warf man nach oben, wodurch die Böschung automatisch höher und steiler wurde. Das Plateau

Abb. 12: Römerlager in Schieder?

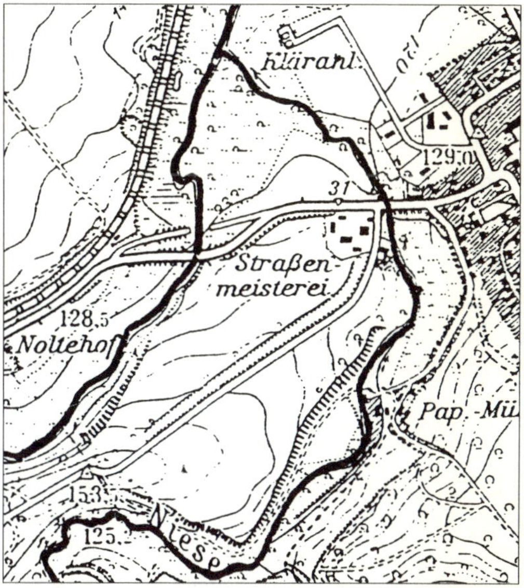

Die wahrscheinliche Fläche des Römerlagers Schieder ist im Westen, Süden und Osten von künstlichen Böschungen und Gräben umgeben, die heute mit Buschwald bewachsen sind. Die Nordseite ist vermutlich eingeebnet. Da die Nordbegrenzung nicht erkennbar ist, kann die Größe der möglichen Lagerfläche nur auf etwa 20 ha geschätzt werden, Niese und Emmer umgeben das Gelände.

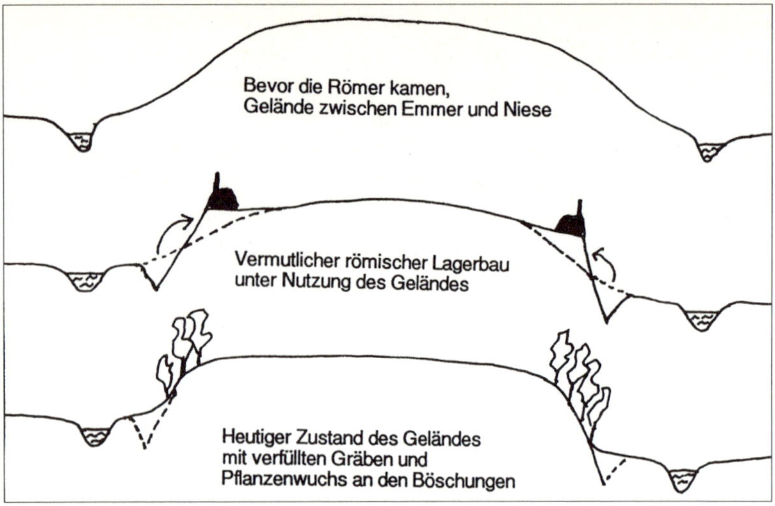

Abb. 13: Topographisch-technische Rekonstruktion des möglichen Römerlagers Schieder auf dem höher gelegenen trokkenen Gelände zwischen Emmer und Niese.

ebnete sich durch die aufgeworfene Erde außerdem stärker ein. Am Rande der Böschung warf man noch einen Wall auf, auf dem dann die mitgebrachten Palisaden eingerammt wurden. Nach dem späteren Verlassen des Lagers schwemmte die Erde im Laufe der vielen Jahrhunderte vom Wall und dem oberen steilen Stück der Böschung wieder zurück in den umgebenden Spitzgraben. Dadurch entstand das heutige Bild des vermutlichen Lagerplateaus.

Karte und englisches Luftbild 3077 vom 19. März 1945 zeigen sehr schön die rechteckige, künstliche geschaffene Struktur des Plateaus von rund 25 ha Größe. Schaut man genauer auf dieses Luftbild, so erkennt man im Wald unten rechts Teile von rechteckigen Strukturen mit Rundecken.

Horst Leiermann ging gleich am nächsten Morgen auf die telefonische Mitteilung dieser Beobachtung durch den Verfasser zur fraglichen Stelle und meldete abends »Erfolg«: Teilweise ist nämlich diese Umrandung noch als relativ tiefer Graben vorhanden. Das mögliche Lager ist jedoch nur wenige Hektar groß gewesen, groß genug für eine Kohorte oder eine Ale Reiter.

Durch das Plateaugelände und den anschließenden Wald zieht sich eine schnurgerade Trasse eines uralten Weges. Von den Römern ist bekannt daß sie ihre Heerstraßen, wenn immer es möglich war, derartig gerade anlegten.

Das Plateau ist darüber hinaus zu den beiden Flüssen hin leicht zu entwässern. Andererseits stellten die Flüsse die Wasserversorgung sicher und boten gleichzeitig vor dem angenommenen Spitzgraben ein weiteres schwer überwindbares Hindernis.

Alles spricht dafür, daß auf dem Emmer-/Netheplateau das zweite Etappenlager von Neuhaus/Aliso bis Ohsen an der Einmermündung lag. Es ist praktisch neben einer Lagermöglichkeit in Lügde das einzige derartig prädestinierte Lagergelände in etwa des Abstandes eines Tagesmarsches von dem ersten Etappenlager Horn aus weiter in Richtung Ohsen/Weser. Die archäologische Bearbeitung dieses Lagerplatzes dürfte jedoch noch einige Arbeit kosten.

Folgt man von Schieder aus der heutigen Straße Richtung Ohsen südlich der Emmer entlang, so gelangt man bald zum Gelände unterhalb der Herlingsburg. Diese Wallburg war zur Cherusker- und auch zur Sachsenzeit nach C14-Datierungen Friedrich Hohenschwerts (*Ur- und frühgeschichtliche Befestigun-*

Abb. 14: Blick aus dem südlichen Teil des wahrscheinlichen ehemaligen Römerlagers Schieder nach Norden.

Der Pfeil zeigt auf die Herlingsburg (Arminiusburg?). Im Hintergrund sind die Häuser von Schieder erkennbar. Hinter diesen im Sattel zwischen den Bergen verläuft die alte Heerstraße an der Emmer entlang nach Kirchohsen/Grohnde an der Weser.

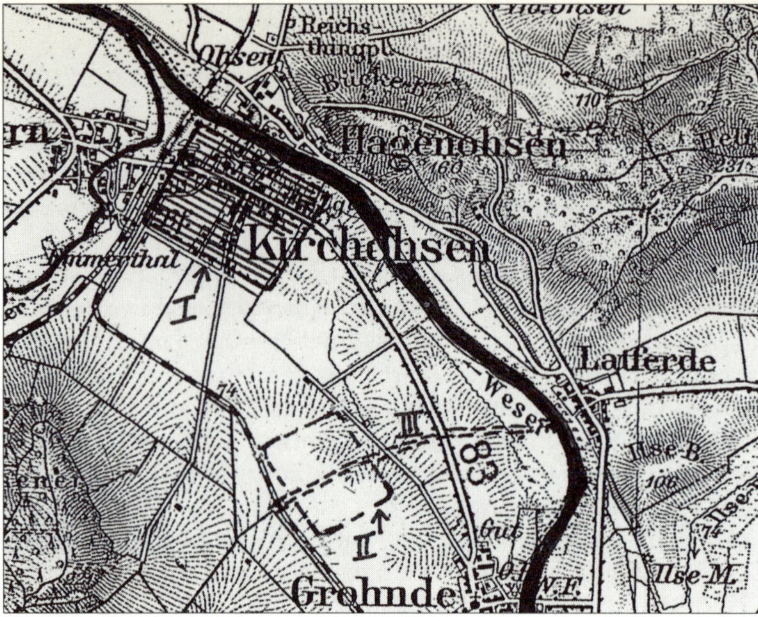

Abb. 15: Ausschnitt aus der Karte des Deutschen Reiches, Blatt 310, Hameln (Ausgabe 1937, Maßstab 1:50000)

I Mögliches Römerlager Ascalingium unter den Häusern Kirchohsens.
II Mögliches Römerlager am Hellweg (III) zur Römerfurt (doppelt gestrichelt).

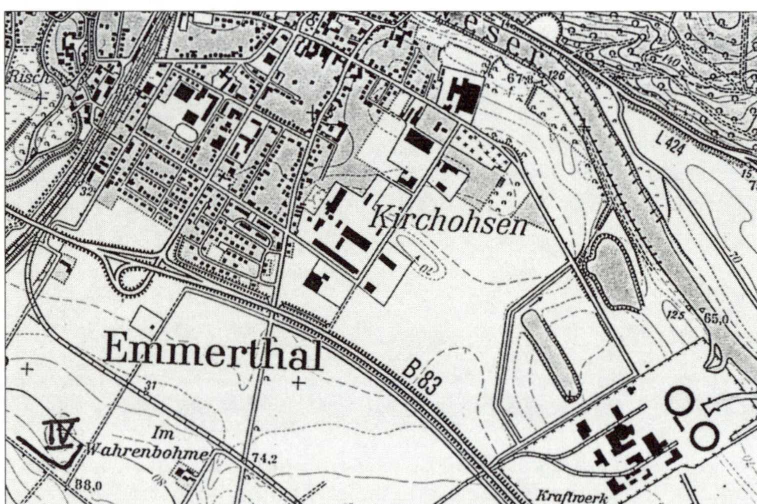

Abb. 16: Moderner Kartenausschnitt (Maßstab 1:25000): Kirchohsen/ Emmerthal mit Atomkraftwerk Grohnde auf dem Gelände der ehemaligen germanischen Siedlung.

IV = Standort des von Kahrstedt vermuteten Römerlagers.

gen in Lippe, Wagner, Lemgo 1978) besiedelt. In der Nähe dieser von vielen Heimatforschern als Arminiusburg angesehenen Höhenfestung und etwas weiter Richtung Lügde wurden zwei augusteische Münzen gefunden. Erst 1998 gesellte sich ein weiterer Fund einer römischen Großbronzemünze hinzu, die jedoch leider stark abgegriffen ist und deshalb nicht mehr datiert werden kann.

Diese Funde sind weitere Indizien für die Benutzung dieses alten Hellweges durch die Römer, der dann nach 20 km Entfernung von Schieder bei Ohsen/Grohnde auf der Höhe von Latferde aus dem Wald heraustritt, um auf den großflächigen Feldern der Domäne Grohnde nach Ohsen abzuknicken. So zeigen auf jeden Fall die alten englischen Luftbilder diese alte Trasse unter den heute einheitlichen Ländereien als helles Band.

Der Verfasser hatte hier in Ohsen schon immer, auf den ersten Hinweisen Ulrich Kahrstedts (mitgeteilt bei Johannes Norkus, *Die Feldzüge der Römer in Nordwestdeutschland. . .,* August Lax-Verlag, Hildesheim 1963) fußend, nach einem Römerlager gesucht.

Das Ergebnis der jahrelangen Recherchen ist nicht gerade groß. Wenn man nach den Erfahrungen aus den andauernden Luftbildauswertungen alle Zweifel berücksichtigt, so muß man sagen, daß immer noch nicht mit absoluter Sicherheit Reste von römischen Lagerumrandungen auch nicht auf den besten englischen Luftfotos, z. B. 4123 vom 24. 3. 1945, auf dem fraglichen Gelände Kahrstedts feststellbar sind. Die von Kahrstedt angeführten parallelen Strukturen innerhalb des von ihm angegebenen, wahrscheinlichen Römerlagers sind zweifellos Drainagesysteme, wie sie den Verfasser auch schon oft genarrt haben.

Jedoch gibt es andere Indizien:

- Zunächst sei darauf hingewiesen, daß im fraglichen Gelände der Flurname ›Im Wahren Bohme‹ auftaucht. Das Wort ›Wahren‹ kann natürlich seinen Ursprung in ›Varus‹ haben. Jedoch sagen die Landwirte, daß dieser Flurname bei der Flurbereinigung umgesetzt worden sei. Das angebliche Kahrstedt-Lager liegt demnach nicht ›Im Wahren Bohme‹.

- Das englische Luftbild 7011 vom 3. 7. 1944 zeigt eindeutig den bereits erwähnten alten Heerweg auf den Feldern der Domäne Grohnde, direkt auf die alte Furt von Latferde zuführend. Der Verfasser hatte sich in einem trockenen Sommer in den achtziger Jahren selbst von der Furt überzeugt, indem er auf völlig ebenem plattigen Gestein bei einer bis zur Brust gehenden Wasserhöhe durch die Weser waten konnte. Die Anwohner Latferdes nennen diese vorzügliche, jedoch von den Schiffern gefürchtete Furt noch heute ›Römerfurt‹. Nicht nur Karl der Große hat diese Furt genutzt, sondern auch NATO-Panzer sind wiederholt hindurch gefahren.
- Die alte, auf dem Luftbild sichtbare Trasse schneidet unweit der Weser eine bei ›gutem Willen‹ als rechteckiges Gebilde anzusehende Struktur von etwa 20 ha Größe. Rein strategisch hätte dort auf der Weserterrasse dicht am Strom ein Römerlager einen besseren Standort gehabt als auf dem von Kahrstedt angegebenen Ort. Zwingend ist diese Annahme vom Luftbild jedoch nicht.
- Jenseits der ›Römerfurt‹ hinter Latferde gelangt man nach Börry. Hier wurde einst ein Drusus-As im Klingelbeutel der Kirche entdeckt. Dieser Fund könnte ein Indiz für einen ehemaligen römischen Heereszug sein.
- Will man jedoch technisch den Ort des Römerlagers rekonstruieren, so kommt man nicht an dem Ortsgelände des heutigen Kirchohsen, Gemeinde Emmerthal, vorbei.

  Das Ortsgelände liegt so günstig im Winkel von Emmer und Weser auf leicht erhöhter Terrasse, daß einfach nicht verständlich wäre, wenn die Römer, sich einmal in dieser Gegend befindend, nicht auf dem Gelände des heutigen Kirchohsen gelagert hätten.
- Für das Ortsgelände Kirchohsen spricht auch die Tatsache, daß dort der Kartograph Ortelius den Ortsnamen ›Ascalingium‹ für das erste nachchristliche Jahrhundert plazierte. Nach dem Muster der Namenswerdung von Asberg aus Asciburgium hätte nach Hans Bahlow (*Deutschlandsgeogra-*

phische Namenswelt, Suhrkamp, Frankfurt/M. 1985) an der Weser aus ›Asci‹ über ›as‹ oder ›os‹ das Wort ›osen‹ (Ohsen) werden können. Wir hätten dann noch die keltische Wortsilbe ›lingium‹, ein Wasserwort, ersatzlos zu streichen.

- Einige hundert Meter südlich vom Ortsrand von Kirchohsen liegt das heutige Atomkraftwerk Grohnde. Noch lange nach seiner Erbauung ragten aus den Sicherungsgräben die Keramikscherben einer ehemaligen germanischen Siedlung heraus. Waren es die Scherben des dem ehemaligen römischen Lager zugeordneten germanischen Dorfes, des ›Vicus‹? Mindestens sind die Scherben ein Hinweis darauf, daß in germanischer Zeit Siedlungen so dicht an der Weser standen wie eben heute Kirchohsen.

  Ein Hinweis auf das hohe Alter von Ohsen ist auch das dortige frühe Archidiakonat. Ohsen hatte die älteste und absolut zentrale Kirche des Sachsengaues Tilithi. Sie wurde bereits im 9. Jahrhundert erbaut.

- Letztes Indiz ist der rechteckig geometrische Aufbau des Ortskerns von Kirchohsen, während zum Beispiel benachbarte Dörfer reine typisch germanische Haufendörfer sind.

In wichtigen Trassenlagern mit Standlagercharakter hatten offensichtlich die Legionäre der Besatzung häufig den Auftrag, unter anderem Getreide anzubauen. Diese Schlußfolgerung jedenfalls zieht Leiermann, der auf alte, rechtwinklig zueinander stehende Feldstrukturen in der Gegend von Ohsen hinweist.

Römische Feld- und Lagerstrukturen sind erfahrungsgemäß sehr langlebig. An vielen Beispielen aus Italien, Frankreich, am Niederrhein erkennt man noch heute die stets senkrecht aufeinander stehenden Feldbegrenzungen in der Nähe von ehemaligen Römerlagern.

Ein Musterbeispiel sei hier gezeigt. Es ist das französische Marnestädtchen Vitry-le-François. Es hieß übrigens vor 1545 Vitry-en-Perthois und war in seiner Geschichte durch kriegerische Verwicklungen mehrmals schwer zerstört worden. Die Katastrophe ereignete sich 1545, als Karl V. die Stadt völlig

Abb. 17: Luftfoto von Vitry-Le-François. In der Bildmitte, dunkel nachgezogen, die via principalis des ehemaligen Römerlagers, das der Stadt die rechteckig verlaufenden Straßen vererbt hat.

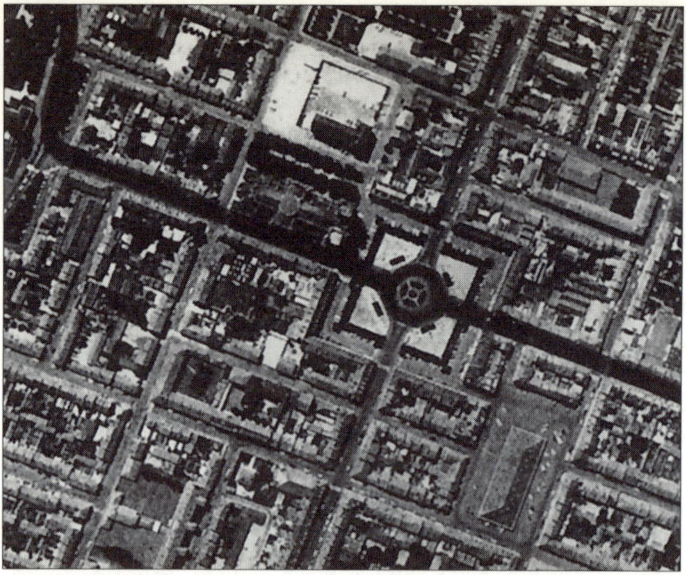

Abb. 18: Vitry-Le-François auf den Fundamenten eines römischen Lagers.

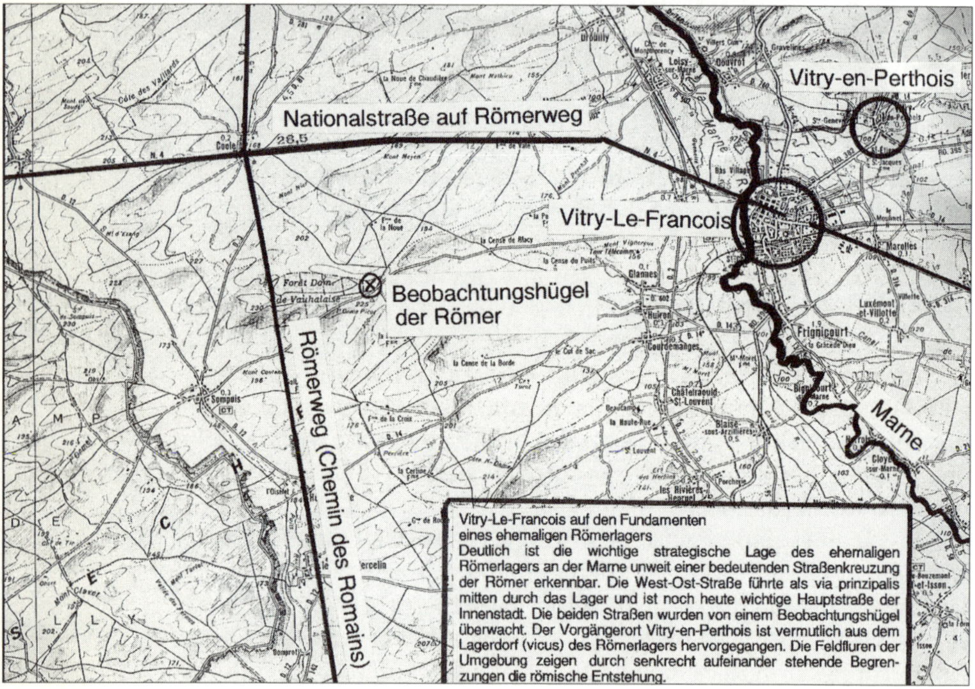

abbrannte. Der französische König François I. ermöglichte den schwer geprüften überlebenden Bürgern nun den Neuaufbau an einem völlig neuen Standort direkt an der Marne auf den Restfundamenten des großen ehemaligen Römerlagers. Natürlich wurden die Straßen genau nach den Lagerstrukturen gegründet. Die Form des Römerlagers wurde in den Straßenzügen konserviert. Auch die rechteckigen Feldstrukturen wurden abermals beibehalten. Zum Dank für die Hilfe des Königs nannten die Bürger ihre Stadt nunmehr ›Vitry-le-François‹.

Das war aber noch nicht das Ende der Leidensgeschichte dieser Stadt. Im Zweiten Weltkrieg wurde sie erneut total zerstört. Aber erneut wurde die Stadt wieder aufgebaut, getreu dem römischen Straßen und Feldraster. Nirgends kann man die Zählebigkeit der römischen Lager-, Feld- und Heerstraßenstrukturen so gut studieren wie in Vitry-le-François.

Am Ende des Feldzuges im Jahre 4 n. Chr. beschließt nun Tiberius, an der oberen Lippe »ad caput Iuliae« (Velleius Paterculus, II/105) das Winterlager zu beziehen. Offensichtlich war das Klima jenes Jahres günstig, so daß Tiberius das Wagnis des Winterlagers mitten in Germanien eingehen konnte, zumal er dadurch große logistische Vorteile für den geplanten großen Feldzug für das kommende Jahr 5 n. Chr. erreichte. Er stand dann nämlich bereits zu Beginn der neuen Offensive mitten in Germanien.

Es ist in der Vergangenheit viel gerätselt worden, wo denn der Fluß Iulia im Lippegebiet liege. Für fast alle Nebenflüsse der Lippe hat es durch die Vielzahl der Forscher mehr oder weniger atemberaubende, teilweise abenteuerliche Versuche von Namensableitungen gegeben. Auch gibt es zwei Gruppen von Forschern, die das ›caput‹, das Haupt eines Flusses, unterschiedlich an der Mündung oder aber an der Quelle plazieren. Nimmt man jedoch weitere Textstellen bei Velleius Paterculus und Tacitus hinzu, so wird deutlich, daß unter ›caput‹ eigentlich immer die Mündung gemeint ist.

Bewegung in die Lokalisierungsfrage der ›Iulia‹ brachte Friedrich Wilhelm Dustmann, der brieflich darauf hinwies, daß die heutige Gieseler, die bei Cappel (westlich von Lippstadt) in die Lippe mündet, zwei Nebenflüsse mit dem Namen ›Güller‹ und ›Gülle‹ besitzt. Da es häufig Namensänderungen an deutschen Flüssen gegeben hat, hätte zu Römerzeiten das heutige Flußsystem der Gieseler durchaus ›Gülle‹ und in altdeutscher, germanischer Form ›Gulia‹ als Stammnamen gehabt haben können. ›Gülle‹ ließe sich dann leicht über ›Gulia‹ zur römischen Julia rekonstruieren. Folglich könne nach seiner Meinung das Tiberiuslager des Winters 4/5 n. Chr. im Quellgebiet der Gieseler gelegen haben.

Da der Verfasser jedoch die Mündung der Julia‹ als ›caput‹ (Haupt) ansieht, war jetzt der Verlauf weiterer Recherchen vorgegeben.

Zunächst also der Blick auf die topographische Karte des Landesvermessungsamtes Nordrhein-Westfalen in Benninghausen aus dem Jahre 1982 (s. Karte S. 47)! Gleich war die erste Überraschung fällig. Denn genau gegenüber der Einmündung der Gieseler/Iulia rechtseitig der Lippe hatte der Verfasser in den achtziger Jahren eine Terrassenfläche als prädestinierten Standort für ein Römerlager umkreist. Unmittelbar vor dem umkreisten Ackerplateau stach ein merkwürdiger Stummelseitenarm der Lippe ins Auge, während die Lippe selbst und der rechtsseitig einmündende Baagebach reguliert waren.

Während nun F. W. Dustmann im Frühjahr 1998 aus eigenem Antrieb das fragliche Gelände überflog und fotografierte, bekam der Verfasser inzwischen die angeforderten englischen Luftfotos 1091 vom 22. 3. 1945 und 4154 vom 25. 3. 1945, die sich als außerordentlich brillant zeigten.

Der stummelige Seitenarm der Lippe erwies sich auf diesen Fotos als ein trapezförmiger, künstlicher Seitenarm, der in seiner Funktion nur als ehemaliger Hafen gesehen werden kann. Ein derartig aufwendiger Hafen in dieser bevölkerungsarmen Landschaft hat aber kaum irgendeinen Sinn, es sei denn, irgendwann gab es dort mehr Menschen. Etwa in einem Römerlager? Dem Tiberius-Winterlager?

Auf dem Foto 1091 zeichnet sich felderübergreifend ein etwa 20 ha großes dunkles Rechteck mit Rundecken direkt vor der vermutlichen ehemaligen Hafenanlage ab. Indizien für ein

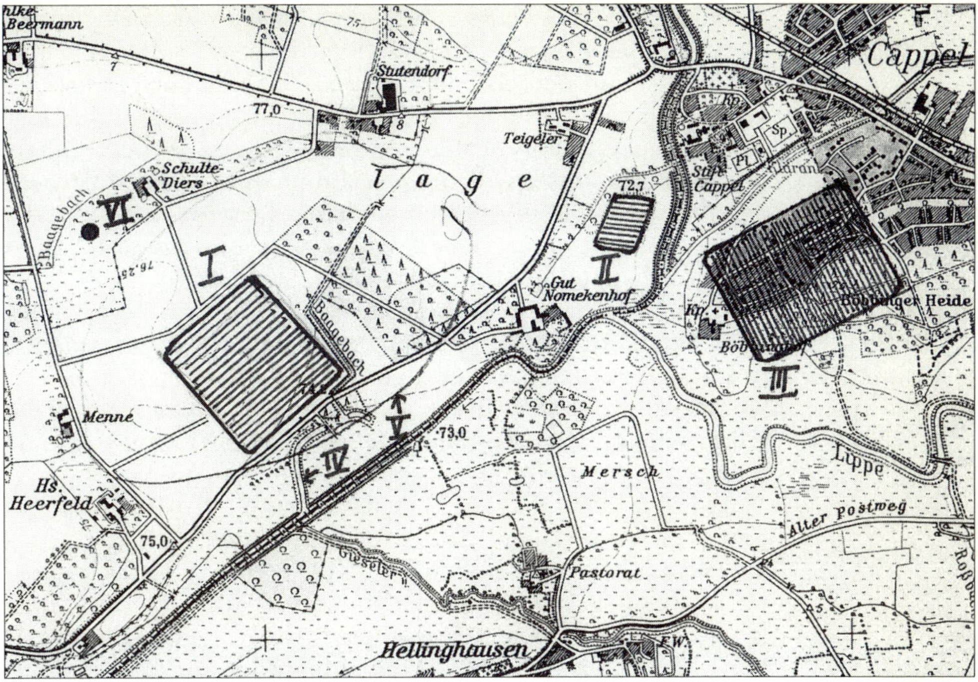

Schraffiert: Mögliche Standorte römischer Lager ›ad caput Iuliae‹

I Vermutliches Römerlager auf dem Plateau vor der Mündung der Gieseler (ca. 20 ha)

II Standort eines möglichen Römerlagers mit noch vorhandenen Wallresten (ca. 3 ha).

III Von Oberstleutnant Schmidt lokalisierter Standort eines »großen Römerlagers«.

IV Linker Arm des möglichen ehemaligen römischen Hafens.

V Verdacht auf ein Römerlager (Bleistift-Umrandung aus den achtziger Jahren durch den Verfasser.

Abb. 19: Gelände am Zusammenfluß von Glenne und Lippe.

Römerlager, nach der Vielfalt der Strukturen besser gesagt für mehrere zeitlich nacheinander folgende Römerlager?

Diese Indizien verstärken sich durch ein mit Wall/Böschung und teilweise Graben umgebenes, genau rechteckiges Plateaugelände, einige hundert Meter weiter östlich in unmittelbarer

Nähe des Nomekenhofes. Zudem sollen dort nach Dustmann augusteische Münzen gefunden worden sein.

Nimmt man noch die von August Schierenberg (*Römer im Cheruskerlande,* Frankfurt 1862, S. 32) gemachte Mitteilung über die Entdeckung von Resten eines ehemaligen großen Römerlagers im Winkel von Glenne und Lippe durch Oberstleutnant Schmidt hinzu, so ergibt sich ein ganzes römisches Lagerzentrum ›ad caput Iuliae‹. Oberstleutnant Schmidt gehört zu den erfolgreichsten Römerforschern der ersten Hälfte des 19. Jahrhunderts in Norddeutschland. Auf ihn geht zum Beispiel mit dem Annaberg die Entdeckung der ersten römischen Anlagen in Haltern zurück. Der sandige Dünenrücken im Winkel von Glenne und Lippe ist heute weitgehend überbaut, so daß die Überprüfung der Angaben des Oberstleutnants Schmidt schwierig sein dürfte.

Auf den Luftfotos von F. W. Dustmann nun kann man genau dort, wo das englische Luftfoto 1091 den Westrand eines möglichen Römerlagers am Lippehafen signalisiert, vier parallele dunkle Bänder erkennen, die schräg über den Acker verlaufen. Sollten dort die Gräben ehemaliger Lager gelegen haben? Nach den heutigen Erfahrungen des Verfassers kann gesagt werden, daß diese Luftbildstrukturen keine Drainagesysteme darstellen, die natürlich auch an vielen Stellen auf beiden Luftbildern zu erkennen sind. Die Strukturen der englischen Luftbilder und die auf dem Foto von F. W. Dustmann verlaufen deckungsgleich. Eine archäologische Untersuchung wäre sicher hochinteressant.

Geht man von vier Legionen als der Gesamtstärke des Tiberiusheeres aus, so konnten hier an der Einmündung von Gieseler und Glenne (s. farb. Abb., S. 116) möglicherweise nur zwei bis drei Legionen lagern; möglicherweise lag die Führungslegion im nicht weit entfernten Lager Anreppen, dessen archäologische Befunde für die Datierung in die Zeit der Tiberiusoffensive sprechen.

Jedenfalls waren diese Beobachtungen Anlaß für den Verfasser, das einführende Phantasiebild für die Vorgänge im Winterlager ›ad caput Iuliae‹ zu formulieren und die römischen Legionsangehörigen Marcellus Rufus und Marcus Aius zu erfinden.

Totaler römischer Sieg bis an die Elbe

Nach Überwinterung seines Heeres vom Spätherbst des Jahres 4 bis zum Frühjahr des Jahres 5 n. Chr. in den Lippelagern findet sich Tiberius sehr frühzeitig von seiner Romreise zur Familie wieder zurück bei seinen Truppen ein. Sein Reitergeneral Velleius Paterculus berichtet als späterer Schriftsteller über den Verlauf der sich jetzt anschließenden Zeit (II/106):

> »Ihr guten Götter! Welch stattlichen Band könnte die Erzählung der Taten füllen, die wir im folgenden Sommer [5 n. Chr.] unter des Tiberius Führung vollbrachten. Durch ganz Germanien brachen sich unsere Waffen Bahn; bezwungen wurden Völkerschaften, die bis dahin kaum dem Namen nach bekannt waren; die Stämme der Caucher [Chaucen] wurden in das Reich aufgenommen. Ihre gesamte waffenfähige Jugend, eine zahllose Menge, riesenhafte Gestalten, durch die Natur ihres Landes gegen jede Gefahr gesichert, lieferte mitsamt ihren Führern die Waffen aus und beugte sich vor dem Tribunal des Imperators, rings eingeschlossen von unseren Heerscharen im Schmuck der blitzenden Waffen.«

Versuchen wir, den Weg des Tiberiusheeres vom Lippe-Winterlager aus zu den Chaucen an der Unterweser zu verfolgen.

Zunächst wird wegen des im Jahre vorher gerade neu geschlossenen Freundschaftsvertrages zwischen Cheruskern und Römern das römische Heer zweifellos mit cheruskischen Hilfstruppen verstärkt worden sein. Der jetzt 24jährige Arminius wird die cheruskischen Reiteralen angeführt haben. So kann das verstärkte Tiberiusheer früh im Jahr seinen großen Zug nach Norddeutschland beginnen.

Wahrscheinlich wird man sich im Depot des Kastells Aliso vor dem Übergang über den Teutoburger Wald noch einmal mit allen Vorräten versehen haben, ehe man den ersten Tagesmarsch bis vor die Pässe von Stapelage und Wistinghausen hinter sich brachte. Die dortigen vielen Welschnamen in der Nähe Stukenbroks (Welschhof, Welschenmeier) und im anliegenden Abschnitt des Teutoburger Waldes (Welschen Egge, im Welschen) weisen nach H. Kuhn (»Welschnamen zwischen Weser und Rhein«, *BNF*, Neue Folge 8, 1973, S. 309–342) im rechtsrheinischen Germanien auf ehemalige römische Vormarschstraßen hin. Möglicherweise war das sandige Sennegelände vor den beiden genannten Pässen wiederholt durch Römerlager aller der Truppen besetzt, die als Ziel das cheruskische Zentrum zwischen den Städten Bielefeld, Herford, Minden und Lemgo oder Norddeutschland an der Mittel- und Unterweser hatten. Nicht auszuschließen ist auch, daß der Weg durch die von Aliso aus als breiteste und niedrigste Paßstraße erscheinende Dörenschlucht genommen worden ist. Die Spuren der möglichen Römerlager von Hörste könnten darauf hinweisen. In diesem Fall jedoch hätten die Römer in einer Tagesetappe von 25 km noch den flachen Paß überwunden und jenseits des Waldgebirges Lager genommen. Die zukünftigen Untersuchungen in Hörste werden darüber Auskunft geben.

Alle drei Pässe aber legen den Weitermarsch des Römerheeres über die sandigen westlichen Terrassen der Werre in den Raum Bad Salzuflen nahe. Dort bieten sich bei Knetterheide ausgezeichnete Lagerplätze an, ehe man die schwierigere Etappe bis an die Weser bewältigen mußte.

Die vermutlichen Heerwegsverläufe nördlich der Pässe lassen sich auf den alten englischen Luftfotos noch nachvollziehen. Sie zeichnen sich dort deutlich aufgrund der damals noch nicht durch Flurbereinigung zerstörten alten Feldstrukturen ab. Sie führen meist auf heute noch vorhandene schnurgerade Straßenstücke von mehreren Kilometern Länge.

Die später vorzustellenden Funde an augusteischen und republikanischen Münzen und weiteren bezeichnenden römischen Fundstücken befanden sich jedoch in der Nähe der etwas weiter westlich gerade nach Norden aus der Wistinghäuser Schlucht herausführenden Trasse.

Es sollte auch nicht außer Betracht bleiben, daß von Lippstadt bzw. dem nahe westlich davon liegenden Gelände ›ad

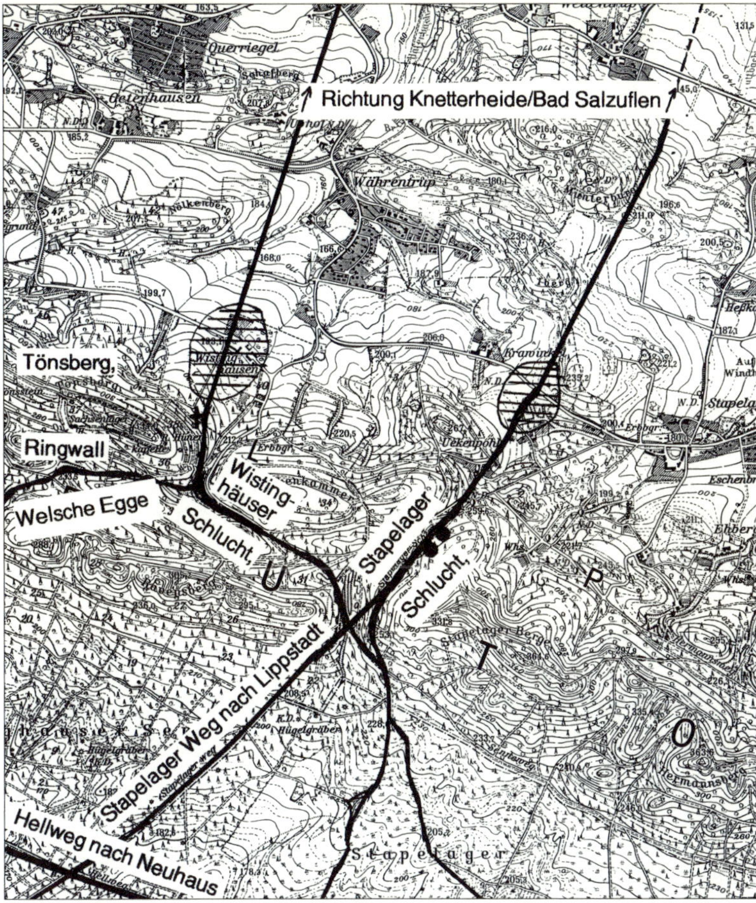

Abb. 20: Wistinghäuser und Stapelager Schlucht, die bequemen Pässe durch den Teutoburger Wald.

Linke Schraffur: Felder des Gutes Huneken, erster möglicher Bereich der wiederholten Funde an augusteischen Münzen (nach Oberstleutnant Schmidt).

Rechte Schraffur: Felder des Gutes Krawinkel, zweiter möglicher Bereich der wiederholten augusteischen Münzfunde, darunter eines aureus (nach Oberstleutnant Schmidt).

Kreuz: Fundort eines römischen Kurzschwertes (nach P. Höfer).

Schwarze Kreise: Augusteische Münzfunde (nach P. Höfer).

Schwarze Linien: Alte Heerwege (gerade Linien im oberen Teil der Karte teils aufgrund von Spuren, teils von alten Feldstrukturen auf den englischen Luftaufnahmen 7013, 1014 vom 22. 3. 1945).

caput Iuliae‹ aus ein alter Heerweg direkt auf die Stapelager und Wistinghäuser Schlucht zuführt (s. Karte, S. 51).

Außerdem führte auch ein direkter Weg vom Lager ›ad caput Iuliae‹ bei Lippstadt zum bequemsten und für ein Heer sichersten aller Pässe, dem Paß von Bielefeld. Immerhin be-

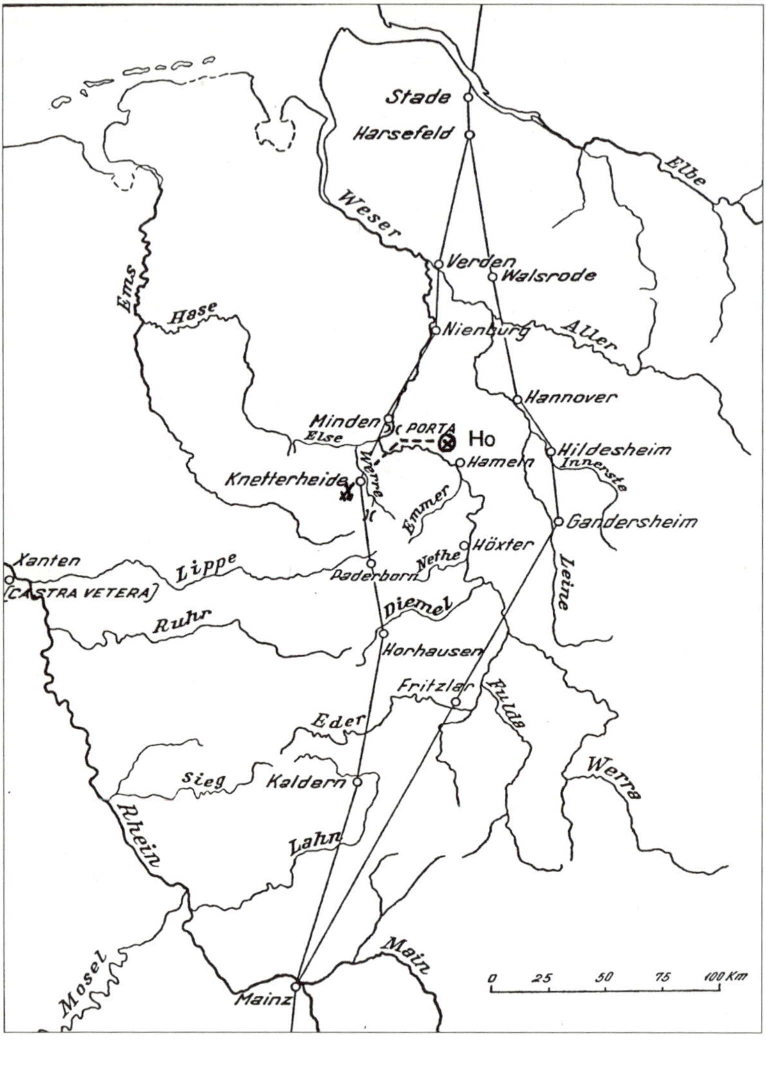

Abb. 21: Die beiden vom isländischen Abt Nikulas (gest. 1159) skizzierten Trassen großer Heerwege von Stade (Unterelbe) nach Mainz (nach Otto Höfler modifiziert). Ho = Hohenstein, der vermutliche Göttersitz, den der Schwedenkönig Gylfi besuchte.

schreibt Daniel Bdrenger (in: Kühlborn, J. S., *Germaniam Pacavi,* Landschaftsverband Westfalen-Lippe, 1995) einen römischen Wachtposten auf der Sparrenburger Egge vor dem Eingang zum Bielefelder Paß. Unter den dortigen Münzfunden befinden sich zwei Bronzemünzen aus Nemaususprägungen der gleichen Art wie bei den eben genannten Münzfunden nördlich des Wistinghäuser Passes.

Aber auch wenn das Tiberiusheer in zwei Tagesetappen vom Winterlager an der Lippe direkt auf den Bielefelder Paß zu zog, der weitere Weg führte wie bei den anderen drei Pässen wiederum zu dem Heidflächengelände von Knetterheide bei Bad Salzuflen, mitten im Cheruskerland.

Nicht wenige Forscher sind der Meinung, daß Knetterheide mit der berühmten Gnitaheide der *Edda* identisch sei, auf der Sigurd (Siegfried) den Lindwurm Fafnir erschlug. Der isländische Abt Nikulas erwähnt in seiner Reisebeschreibung *Island-Rom* (in: Otto Höfler, *Siegfried Arminius und die Symbolik,* Carl Winter Universitätsverlag, Heidelberg 1961) die Gnitaheide. Der Abt beschreibt dabei zwei Wege von Harsefeld/Stade nach Mainz, nämlich einen westlichen und einen östlichen Weg. Uns interessiert hier der westliche Weg von Staduborg (Stade) in zwei Tagen nach Ferduborgar (Verden). Anschließend geht es über Nyio-burgar (Nienburg) nach Mundio-burg (Minden), von wo er in zwei Tagen nach Poddu-bronna (Paderborn) gelangt. Von Paderborn aus erreicht er in vier Tagen Mainz, wobei die Reise über Horus (Horhausen an der Diemel) und Kiliandr (Kaldern an der Lahn) verläuft. Ehe Nikulas den östlichen Reiseweg beschreibt, sagt er, daß die westliche Route über die Gnitaheide führt, wo Sigurd den Fafnir bezwang (»ok par er Gnitaheidr, er Sigurdr va ath Fabni«).

Ehe wir den Heereszug des Tiberius von dem wahrscheinlichen Marschlager auf der Gnitaheide aus wieder aufnehmen, soll hier noch eine alte schwedische Sage zur Gnitaheide erzählt werden.

August 1998: Der Algesdorfer Horst Krause legt dem Verfasser eine handschriftliche Notiz des Hamelner Heimatforschers Timmermann etwa aus der Zeit um 1900 vor. Timmermann hatte nach alten, nicht mehr auffindbaren schwedischen Quellen (Krause) die Reise des Königs Gylfi zu dem Sitz der Götter im Cheruskerlande beschrieben. Der Text Timmermanns in feiner Antiqua-Handschrift lautet:

»König Gylfi stieg nach der Sage [nach der alten schwedischen, aufgezeichneten Sage, die Timmermann kannte bzw. besaß] nach Niflheim hinab, um von den Zwergen Näheres über die Götter und deren Wohnsitz zu erfahren. Von den Zwergen erfuhr er, dieser liege im Cheruskerlande. Gylfi begab sich auf die Reise dahin. Nach der Fahrt über die Nordsee landete er mit seinen Begleitern in der Emsmündung und wanderte von hierab allein bis zur Gnittaheide. Von hier wanderte er gegen Abend und kam an eine lange ›Mauer‹, wanderte an dieser entlang. Ehe diese zu Ende war, gelangte er an eine bewohnte Höhle, wo man ihm sagte, wohin er gehen müsse. Als die Mauer zu Ende war, erreichte er das Idafeld, dann stieg er den Hlidsgalf hinauf, wo er den Göttersitz, die Walhalla, fand.«

Diese Reise Gylfis mußte in einer Zeit stattgefunden haben, als die Cherusker noch existierten, denn die Zwerge hatten ihm ja erzählt, daß der Göttersitz im Cheruskerland läge. Aus dieser Sicht hat die schwedische Sage ihre Wurzeln in einem frühen nachchristlichen Jahrhundert, als die Cherusker noch nicht in den Sachsen aufgegangen waren.

Versuchen wir nun, von Gnitaheide/Knetterheide aus den Weg Gylfis zu verfolgen:

Gegen Abend, also nach Norden/Nordwesten, kommt man von der Furt von Schötmar (Königsbrücke) auf dem uralten Heerweg (*via regia antiqua*) an die Weser, wo man auf die lange ›Mauer‹ des Wesergebirges trifft. Gylfi wanderte nun auf der rechten Weserseite an dieser Wesergebirgsmauer entlang nach Osten. Hinter der Gegend des heutigen Rintelns gibt es mehrere Höhlen im Wesergebirge. Hier erfuhr er von Höhlenbewohnern den Ort von Walhalla, den er von dort aus nicht sehen konnte.

Dabei kam er auf das Idafeld, das vermutlich identisch ist mit dem Idistaviso-Schlachtfeld zwischen Hessisch Oldendorf und Fischbeck. Hier endet nämlich die Kette des Wesergebirges. Zurückspringend beginnt dort der heutige Süntel mit der etwa 200 m gewaltig aufragenden Felswand des Hohensteins. Wer jemals unter diesem Felsen gestanden hat, hat die Wucht und Dramatik dieses Ortes empfunden. Hier war der Herkuleshain, den Tacitus erwähnt, und hoch oben auf dem Felsplateau, oft genug in die Wolken ragend, lag Walhalla, der Sitz der Götter. (s. farb. Abb. S. 256)

Abb. 22: Teilstück des ehemaligen Heerweges von der Gnitaheide (Knetterheide/Bad Salzuflen) in Richtung auf den Wistinghäuser Paß (rechts hinter der Häuserzeile). Die schnurgerade Richtung läßt Anlage durch die Römer vermuten, die möglicherweise mehrere Jahre lang ihr Sommerlager auf dem Werler Feld/Bad Salzuflen besessen hatten.

König Gylfis Fahrt zu den Göttern in das Cheruskerland bestätigt so die spätere Festlegung des Schlachtfeldes von Idistaviso zu Füßen des Hohensteins im Süntel.

Zugleich erfahren wir, daß der Hohenstein vermutlich zu Cheruskerzeiten ›Hlidsgalf‹ hieß und als das Walhalla der Asengötter anzusehen ist. Weiter ist es interessant, daß wahrscheinlich ein kultisch-mythischer Zusammenhang mit der Gnitaheide unterhalb des heutigen Asenberges von Schötmar-Bad Salzuflen bestand. Denn von der Gnitaheide am Fuße des Asenberges aus machte sich Gylfi zum Hlidsgalf bzw. Hohenstein, dem Sitz der Asengötter, auf.

Durch diese alte, von Timmermann überlieferte schwedische Sage wird also die Gnitaheide als wichtiger Ort im Cheruskerland dokumentiert. Dort war nicht nur ein kultisches, sondern auch das geographische Zentrum des Cheruskerlandes. Dort

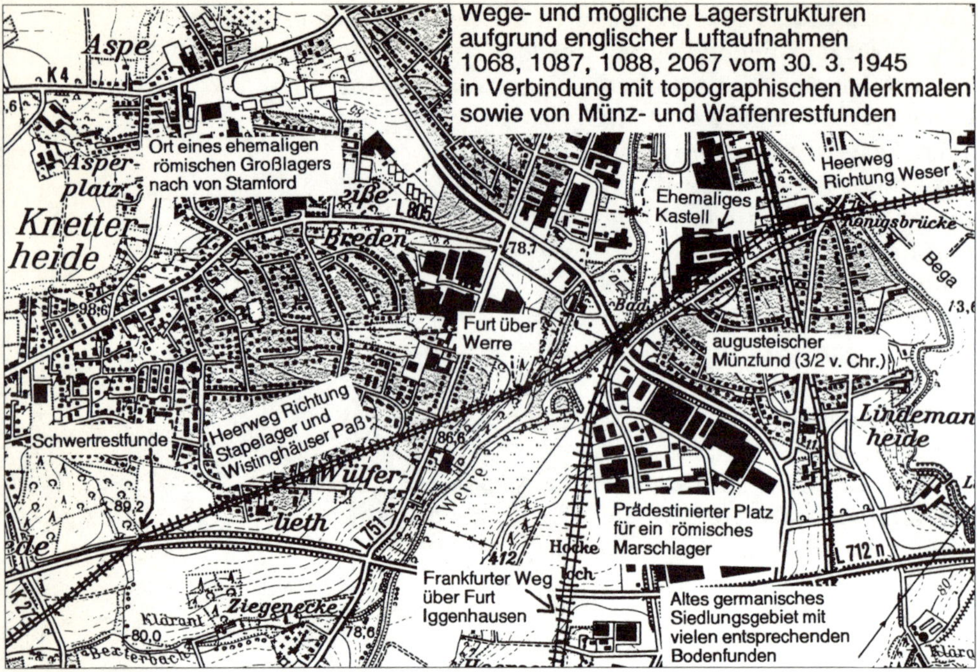

Abb. 23: Wege und mögliche Lagestrukturen aufgrund englischer Luftaufnahmen.

waren ideale Lagerplätze für Römerheere. Konnten für weitere Recherchen die englischen Luftfotos aus dem Zweiten Weltkriege weiterhelfen?

Der Verfasser ließ sich also Fotos vom englischen Luftbildarchiv aus Keele schicken. Nach längerer Auswertung zeigte sich eine dunkle, rechteckige Umrandung eines möglichen ehemaligen Kastells von rund 1,2 ha Größe auf dem leicht erhöhten Gelände einer Keupernase zwischen den beiden Flüssen Werre und Bega. Mitten durch dieses vermutliche ehemalige Kastell führt ein 10 bis 12 m breiter alter, schnurgerader Weg zur berühmten Königsbrücke von Schötmar über die Bega. Dieser ehemalige Heerweg läßt sich auch auf anderen englischen Luftfotos weiter nach Westen verfolgen, bis er eine große, in den siebziger Jahren erbaute Umgehungsstraße kreuzt. Dort fand man nach den mündlichen Mitteilungen von fünf Augenzeugen Waffen, besonders Schwertreste. Diese seien am nächsten Tag von zwei Männern, angeblich Abgesandten vom

›Landesmuseum‹, abgeholt worden. Nachforschungen ergaben, daß die Museumsleitung von den Funden nichts wußte und auch keine Männer zur Abholung geschickt hatte. Wie viele ähnliche Fälle wird es bereits gegeben haben, in denen mit krimineller Energie wichtige Fundstücke für die archäologische Forschung beseitigt worden sind?

Gab es weitere Fundreste? Zunächst sei auf Korzus verwiesen (*Die Fundmünzen der römischen Zeit in Deutschland*, VI, Bd. 4 und 6, Gebr. Mann-Verlag, Berlin 1971). Er erwähnt den Fund 6083, der unter anderem ein As des Augustus, 3/2 v. Chr., enthielt, das beim Bau der Bahntrasse Herford–Detmold auf der Lindemanns-Heide in Nähe des vermutlichen Kastells südlich Schötmars/Bad Salzuflens gefunden wurde.

Leider sind die möglichen Kastell- und die Trassenreste in weiten Teilen dort überbaut. An diesem Beispiel zeigt sich wieder einmal, daß das Prinzip der alleinigen Rettungsgrabungen nicht erreichen kann, daß wichtige Bodendenkmale überhaupt archäologisch untersucht werden. Vorbeugende Sondagegrabungen auch unter archäologisch geschulten Heimatforschern würden wenigstens manche Bodendenkmale dokumentieren helfen.

Aus den Berichten und den Erfahrungen der begleitenden Cherusker wußte Tiberius genau, daß der beste Weg in das Chaucenland an der Ostseite der Weser entlang führte. Er kannte auch den zwar nicht gerade bequemen Weg durch das nordlippische Bergland zur Weser, der nach einer Tagesetappe von Schötmar/ Bad Salzuflen aus auf ein ideales Lagergelände auf dem Aberg-Plateau, 30 m über der ›Alten Weser‹ westlich vom heutigen Varenholz, führte. Nirgends sonst in der ganzen dortigen bergigen Region gab es einen derartigen idealen Lagerplatz. Die Römer müssen ihn einfach immer wieder benutzt haben, so wie er schon in der Mittel- und der Jungsteinzeit nach den Feuersteinartefakten besiedelt worden war.

Die Porta Westfalica war zu dem damaligen Zeitpunkt für ein großes Heer mit umfangreichem Wagentrain durch das vorgelagerte schmale, sumpfige Gelände am linken und den steilen Bergabhang am rechten Weserufer kaum benutzbar.

Abb. 24: Die Züge des Tiberius im Jahre 5 n. Chr. und des Germanicus im Jahre 16 n. Chr. im Mittelweserraum.

Für Tiberius konnte eigentlich nur der Weg über den Aberg und die daran anschließende flache, bequeme Weserfurt nach Veltheim in Frage kommen.

Die Indizien für die Benutzung dieses Heerweges von Schötmar/Bad Salzuflen aus sind vielfältig. Gleich nordöstlich nach Überquerung der Königsbrücke von Schötmar gibt es die Flurnamenbezeichnung ›Römerweg‹. Einige Kilometer weiter heißt die Höhentrasse heute noch ›Hellweg‹. Ganz in der Nähe liegt

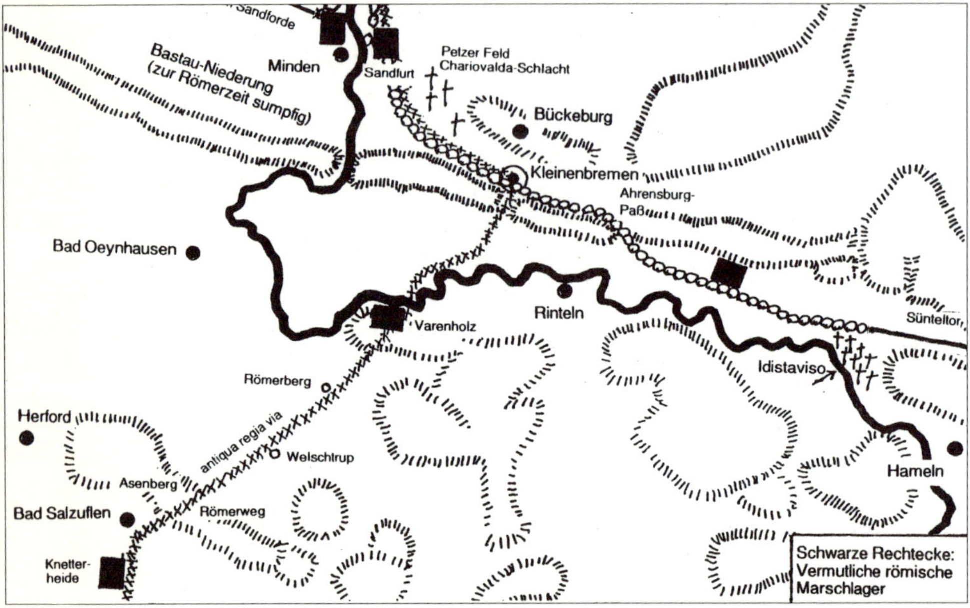

Kreuzchen-Trasse: wahrscheinlicher Zug des Tiberius im Jahre 5 n. Chr. auf der ›antiqua regia via‹ von der oberen Lippe über Schötmar, Varenholz, Kleinenbremen, Sandfurt und östlich der Weser in das Land der Chaucen an der Unterweser.

Kreischen-Trasse: wahrscheinlicher Zug des Germanicus von der mittleren Ems nach Minden, wo an der Sandfurt vermutlich die Schlacht der Reitertruppen des Chariovalda mit den Cheruskern stattfand. Der Zug ging dann über den Ahrensburg-Paß zum Schlachtfeld von Idistaviso zwischen Hessisch Oldendorf und Fischbeck. Von dort führte durch das Sünteltor dieser alte Heerweg, der auch im 18. Jahrhundert ›Alter Berlinscher Postweg‹ hieß, bis an die Elbe.

der Ort Welstorf, der noch 1805 als Welschtrup auf alten Karten (Le Coq, *Karte in XXII Blättern,* Sect. 13, Potsdam 1805) eingetragen ist. Hier zeigt sich also wieder der die Römer anzeigende Welschbegriff.

Wieder einige Kilometer weiter gelangt man zu einem die Landschaft wie ein Wachtturm überragendes Plateau, das einem Höhensportplatz ähnlich sieht. Es ist im Volksmund der ›Römerberg‹. Topographische Sondagen lassen erkennen, daß diese Form des Berges auf natürliche Art und Weise entstanden ist. Aber das für ein Lager ungeeignete schmale Plateau konnte natürlich ein bester Standort für einen römischen Wachturm sein, von dem aus man diesen schwierigsten Teil des Heerweges zur Weser überschauen konnte.

In Wesernähe taucht dann der Ort Valdorf auf, der wiederum (neben dem Welschbegriff) den die Römer kennzeichnenden ›Wal‹-Namen trägt.

Auf dem Aberg-Plateau mit beherrschender Fernsicht über das Wesertal weisen nicht nur die rechteckigen Feldbegrenzungen und rechtwinklig zueinander stehenden Feldwege auf alte Lagerstrukturen von insgesamt 50 bis 100 ha Größe hin, sondern es führen auch drei Wege direkt zu der noch heute erkennbaren ehemaligen Furt über die ›Alte Weser‹. Nach Osten und Norden gibt es steil abfallende Böschungen, so daß nur der Süden stärker befestigt werden mußte.

Hier im zugehörigen Ort Varenholz wurde auch eine dokumentierte augusteische Bronzemünze gefunden. Leider ist der Fundort nicht genau bekannt. Hart westlich vom wahrscheinlichen Lager sind ein ›römisches Hufeisen‹ ebenso wie eine typische ›Geschützkugel‹ gefunden worden. Das Aberg-Plateau müßte dringend archäologisch untersucht werden.

Metallsonden-Prospektionen auf kleineren Flächen ergaben eine derartig hohe Anzahl von alten Hufnägeln, daß vorausgesetzt werden kann, daß diese Fläche seit dem frühen Mittelalter, also langjährig, Acker gewesen ist.

Nördlich an der alten Furt und der späteren Fähre liegt Veltheim. Auch dieser Ortsname enthält den typischen ›Wal‹-(Velt)Begriff. Hier sind bis in germanische Zeit zurückgehende

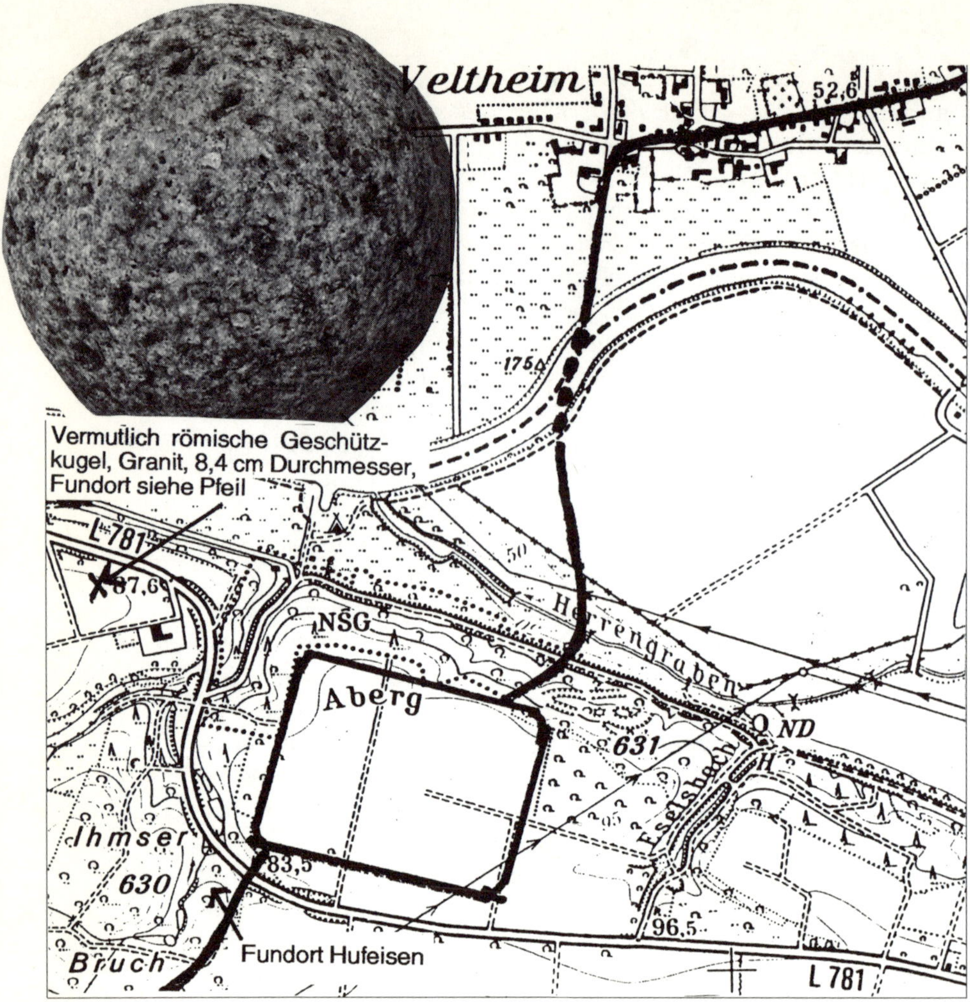

Abb. 25: Das Aberg-Plateau – Ort eines Römerlagers?

Das hier etwa 50 ha große Rechteck ist geradezu prädestiniert für ein Römerlager dicht an der Alten Weser (jetzt Herrengraben), deren altes Bett im Gelände genau verfolgt werden kann. Direkt unterhalb des wahrscheinlichen Lagergeländes ist das ehemalige Flußbett rund 200 m breit und äußerst flach. Dort lag die Alte Furt über die Weser. Nirgends zwischen Minden und Rinteln gibt es dicht an der Weser einen vergleichar günstigen Platz für ein großes Römerlager, so wie er stets von den Römern bevorzugt wurde.

Einbaumfährkähne entdeckt worden sowie auch augusteische Terra sigillata.

Im naheliegenden Paß von Kleinenbremen, der auf den Ostufer-Heerweg an der Weser führt, wurde ein augusteischer Münzschatz gefunden, der leider verschollen ist.

Von Kleinenbremen ab verlaufen ›Helweg vor dem Sandforde‹ und ›antiqua regia via‹ bis zur heutigen Sandfurt zusammen auf einer Trasse.

An der vom Aberg-Plateau einen Tagesmarsch entfernten Sandfurt war wiederum ein Marschlager notwendig. Möglicherweise hat hier am Kreuzungspunkt der beiden wichtigen Fernstraßen elf Jahre später Germanicus an gleicher Stelle über die Weser gesetzt, als er Arminius folgte, der sich auf die Idistaviso-Ebene zurückzog. Darüber aber folgt später mehr.

Nachdem die Römer nun das Ostufer der Weser an der Sandfurt bei Minden erreicht hatten, konnten sie auf breiter, bequemer Heerstraße weserabwärts bis in das Chaucenland ziehen.

Die einzelnen Etappen bis zur Unterweser bei Bremen mitten in das Chaucenland sollen nicht mehr näher untersucht werden. Ein möglicher Lagerstandort bei Rohrsen nördlich Nienburgs soll jedoch noch erwähnt werden.

Hier bildet die Weser eine weit nach Osten reichende Schleife aus, während von Osten eine sandige Dünenformation direkt an die Trasse des Heerweges heranreicht. An dieser Engstelle springt im Walde ein starker, von Menschenhand geschaffener Wall mit typischer Rundecke ins Auge. Damit wird der strategisch günstige Standort also noch durch einen Teil eines Lagers oder einer Schanze demonstriert. Der Name ›Schanzenberg‹ tut ein übriges, um eine Befestigung am Wege des Tiberius in das Chaucenland anzuzeigen (s. Abb. S. 62).

Etwa fünfhundert Jahre später reitet Wideke, der Sohn Wielands, diesen Heerweg von Dänemark an den Rhein, um bei Verden die Furt durch die Aller zu überschreiten. Während er, bis zum Halse im Wasser stehend, die Furt sucht, nähern sich die drei Mannen Dietrichs von Bern Hillebrand, Heim und Hornboge-Jarl, die sich auf dem Rückweg vom Vinnlande (Wendland) nach Bern (Bonn) befinden. Von diesem Treffen

Abb. 26–27: Der Schanzenberg mit dem Rest eines starken Walles mit Rundecke (zwischen Rohrsen und Haßbergen im Kreis Nienburg).

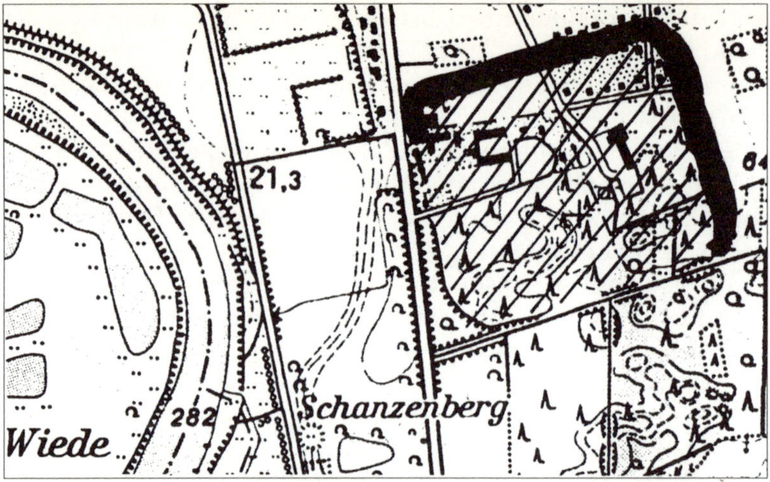

Die ›antiqua regia via‹ zwischen Minden und Bremen führte hier auf der Mittelterrasse durch eine Engstelle zwischen Dünengelände und einer weit nach Osten ragenden Weserschleife. An dieser Stelle konnte der Heerweg durch ein Kastell oder eine Schanze gut kontrolliert werden.

der vier Helden wissen wir aus der *Svava,* der ursprünglichsten Fassung der *Thidrek-Saga,* deren Übersetzung wir Heinz Ritter-Schaumburg (*Dietrich von Bern,* Herbig-Verlag, München 1982) verdanken.

Die nach Querung der Allerfurt durch das römische Heer folgende Unterwerfung der Chaucen wird angesichts der riesigen Übermacht der Römer und der Hilfstruppen der Cherusker wohl kaum ein größeres Blutvergießen erfordert haben. Die Chaucen haben sich vermutlich in ihr Schicksal ergeben und lieber ebenfalls, wenn auch erzürnt über die verräterischen Cherusker, einen Freundschaftsvertrag mit den Römern abgeschlossen.

Bei einem parallelen früheren Abschluß eines Friedensvertrages über die Bundesgenossenschaft hatten die Friesen nach ihrer Unterwerfung durch Drusus im Jahre 12 v. Chr. die Errichtung des festen römischen Lagers Flevum hinnehmen müssen. Von dort aus wurden dann die Steuerzahlungen an Rom eingeholt. Tacitus berichtet über einen Aufstand der Friesen im Jahre 28 n. Chr. gegen die harten Steuerforderungen des römischen Statthalters im Lager Flevum.

Interessanterweise bestätigt der später vorzustellende Mattiaker Hildemund in Diensten des römischen Praefekten Pontius Pilatus von Judäa voller Hochachtung diesen Aufstand der von ihm bis dahin nicht ernst genommenen Friesen, indem er seinem Bruder Harigast schreibt, »der Lagerpraefekt von Flevum, Olennius, sei bereits geflüchtet«.

Aus einem Bericht von Tacitus (I/38) über eine Meuterei der römischen Besatzung des Lagers im Chaucenland 14 n. Chr. geht hervor, daß auch im Chaucenland ein Lager bestanden haben muß.

Dieses Lager wird entsprechend wie bei Drusus im Friesenland jetzt im Jahre 5 n. Chr. durch Tiberius als Depot und Tributlager an der Unterweser mit Schiffahrtsanbindung an den Niederrhein eingerichtet worden sein. Die Tatsache, daß das Bestehen dieses Lagers noch für das Jahr 14 n. Chr. angezeigt wird, macht deutlich, daß die Chaucen auch nach der Varusschlacht weiter bundesgenossenschaftliche Treue zu den Römern bewahrt und nicht das römische Lager gestürmt hatten. Offensichtlich ist dabei auch ihr Unmut über die Cherusker ausschlaggebend gewesen, von denen sie ja zusammen mit den Römern im Jahre 5 n. Chr. unterworfen worden waren.

Das Lager im Chaucenland hat wahrscheinlich ›Phabiranum‹ geheißen, so wie es von Ptolemaeus an der Unterweser lokalisiert wurde. Sprachlich ist die Ableitung des Namens Bremen aus ›biranum‹ anzunehmen.

Die drei Züge des Drusus im Jahre 11 v. Chr., des Tiberius in den Jahren 4 und 5 n. Chr. bis Phabiranum/Bremen sollen jetzt noch einmal in einer Skizze zusammen dargestellt werden.

Den weiteren Verlauf des tiberianischen Heerzuges im Sommer des Jahres 5 n. Chr. schildert uns wiederum Velleius Paterculus als Augenzeuge (II/106):

> »Gebrochen wurde die Macht der Langobarden [damals an der linken Unterelbe], eines Volkes, das sogar die Germanen an Wildheit übertrifft. Was man endlich bis dahin noch nie gehofft, geschweige denn auszuführen gewagt hatte, einen Marsch von 400 Meilen [600 km] vom Rhein bis an die Elbe, die der Semnonen [zwischen Elbe und Weichsel] und Hermunduren [Thüringen] Land bespült, hatte ein römisches Heer mit seinen Fahnen zurückgelegt.
>
> Dem gleichen, ganz wunderbaren Glück, der gleichen Umsicht des Feldherrn, der klugen Ausnützung günstiger Gelegenheiten hatte man es zu danken, daß die Flotte von ihrer Fahrt um die Buchten der Nordsee herum (aus einem Meere, von dem man bisher nichts gehört und nichts gekannt hatte) in die Elbe einlief und sich als Siegerin über eine Menge Völker, mit Schätzen aller Art reich beladen, mit dem Heere und dem Caesar selbst wieder vereinigte.«

Diese Flottenfahrt muß eine nicht zu überschätzende große Bedeutung für die Römer gehabt haben, denn Augustus hebt sie in seiner Selbstbiographie, dem *Monumentum Ancyranum,* besonders hervor.

Velleius war als Reitergeneral seines von ihm hochverehrten Caesars Tiberius natürlich voll erfüllt von den Taten und

Abb. 28: Die Züge des Drusus 11 v. Chr. und des Tiberius 4 und 5. n. Ch. an die Weser

Drusus zog an der Lippe aufwärts und über das Eggegebirge nach Höxter, errichtete dort ein Sommerlager, baute einen Limes durch das Eggegebirge und legte offensichtlich den Grundstein für Civitas Tulisurgium.

Tiberius zog im Jahre 4 n. Chr. über die Lippe höchstwahrscheinlich an die Mittelweser bei Ohsen/Grohnde und gründete dort möglicherweise die Siedlung Ascalingium.

Im zeitigen Frühjahr des Jahres 5 n. Chr. brach Tiberius aus dem Winterlager ›ad caput Iuliae‹ zu seinem großen Feldzug nach Norddeutschland auf. Er besiegte die Chaucen an der Unterweser und errichtete dort ein Standkastell (vermutlich Phabiranum), das noch im Jahre 14 bei Tacitus (1/38) erwähnt wird.

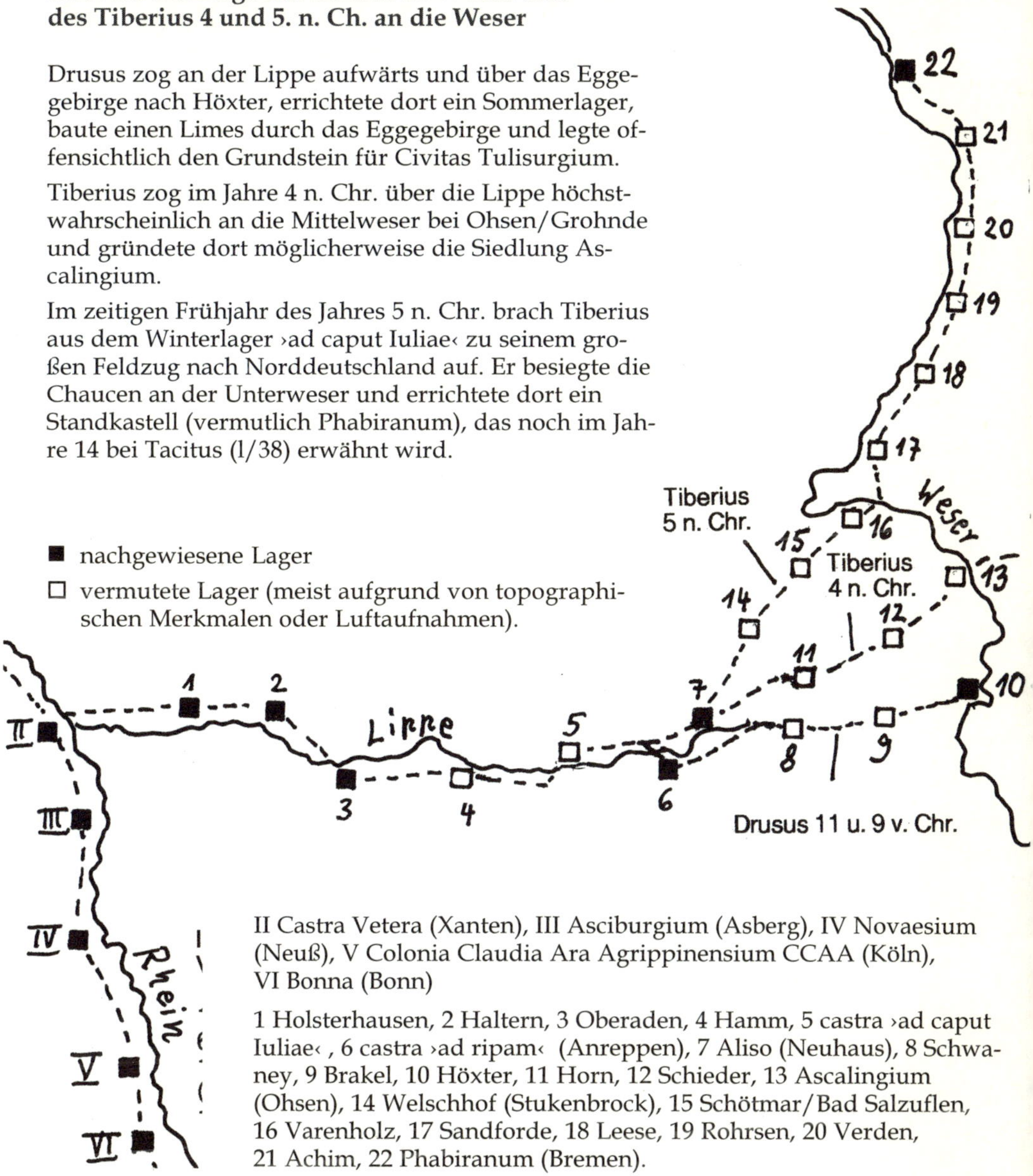

■ nachgewiesene Lager

□ vermutete Lager (meist aufgrund von topographischen Merkmalen oder Luftaufnahmen).

II Castra Vetera (Xanten), III Asciburgium (Asberg), IV Novaesium (Neuß), V Colonia Claudia Ara Agrippinensium CCAA (Köln), VI Bonna (Bonn)

1 Holsterhausen, 2 Haltern, 3 Oberaden, 4 Hamm, 5 castra ›ad caput Iuliae‹ , 6 castra ›ad ripam‹ (Anreppen), 7 Aliso (Neuhaus), 8 Schwaney, 9 Brakel, 10 Höxter, 11 Horn, 12 Schieder, 13 Ascalingium (Ohsen), 14 Welschhof (Stukenbrock), 15 Schötmar/Bad Salzuflen, 16 Varenholz, 17 Sandforde, 18 Leese, 19 Rohrsen, 20 Verden, 21 Achim, 22 Phabiranum (Bremen).

den Erfolgen der römischen Armee. Er erzählt dabei auch einen Vorfall, der ihm zwar unbedeutend erscheint, aber dennoch den Glanz seines Herrn Tiberius deutlich macht (II/107):

»Unsere Truppen hatten auf dem linken Elbufer ein festes Lager bezogen, während auf dem rechten Ufer die Waffen des jugendlichen Heerbanns der Feinde blitzte, der aber bei jeder Bewegung und Unternehmung unserer Flotte eiligst flüchtete. Da bestieg einer der Barbaren – es war ein älterer Mann von stattlichem Wuchs und, seinem Schmucke nach, von hohem Rang einen nach Landessitte aus einem Baumstamm ausgehöhlten Nachen. In eigener Person diese Art Fahrzeug lenkend, ruderte er bis zur Mitte des Stromes vor und bat um Erlaubnis, ungefährdet an dem von uns besetzten Ufer landen und Tiberius schauen zu dürfen. Seine Bitte wurde ihm erfüllt, und er ruderte seinen Nachen ans Land.

Lange betrachtete er den Tiberius schweigend. Schließlich sagte er: ›Wahnsinn ist es von unserer Jugend, Euch, solange Ihr fern seid, wie eine waltende Gottheit zu verehren, wenn Ihr aber so nahe seid, lieber Eure Waffen zu fürchten als sich unter Euren Schutz zu stellen. Ich aber, Tiberius, verdanke es Deiner Güte und Gnade, daß ich heute mit eigenen Augen die Götter geschaut habe, die ich bisher nur durch Hörensagen kannte. Das ist der glücklichste Tag, den ich mir mein Leben lang gewünscht und bisher erlebt habe.‹

Als er dann noch des Tiberius Hand hatte berühren dürfen, bestieg er wieder seinen Nachen und fuhr, unablässig nach ihm zurückschauend, ans andere Ufer zu den Seinen zurück.«

Diese kleine Begegnung an der Elbe ist einerseits anrührend, andererseits soll sie die Gefühle der Germanen gegenüber den propagandistisch als übermächtig und göttlich dargestellten Eroberern zeigen. Mag auch manchem Germanen oder sogar einzelnen Stämmen diese Sicht der Eindringlinge zu eigen geworden sein, so wird doch eher die imperial geprägte, geschlossene militärische Organisiertheit der Römer erklären, weshalb so viele Germanenstämme sich ihnen mehr oder weniger kampflos unterwarfen,

Um so größer erscheint dadurch die spätere Leistung des Arminius im Kampf gegen noch größere römische Heere. Sicherlich wird Arminius als Anführer seiner Cherusker auf der römischen Elbseite hier bereits angesichts des alten Semnonenkönigs zwiespältige Empfindungen gehabt haben.

Tiberius befand sich also am Ende des Jahres 5 n. Chr. auf dem Höhepunkt seiner Feldherrenmacht. Alle germanischen Stämme waren besiegt oder hatten sich unterworfen. Nur noch ein einziger Stamm leistete Widerstand, auch wenn er sich nach Böhmen zurückgezogen hatte. Es war der Markomannenstamm unter der Anführerschaft von Marbod. Marbod hatte laut Velleius Paterculus sein Heer von etwa 70 000 Kriegern und 4000 Reitern nach römischer Kampftechnik geschult und umgab sich stets mit einer Leibwache von ausgewählten Markomannenkriegern. Er hatte wie möglicherweise Arminius seine Jugendjahre in Rom verlebt und deshalb den römischen Waffendienst genau kennengelernt.

Es galt also für Tiberius, dieses letzte kriegerische Volk in Germanien zu besiegen, um dann ganz Germanien zur römischen Provinz machen zu können.

Tiberius beschloß für das Jahr 6 n. Chr., die Markomannen in Böhmen durch einen Zangenangriff mit zwei großen römischen Heeren anzugreifen. Sentius Saturnius sollte seine Truppen von Westen über das Gebiet der Chatten heranführen, während er selbst von Carnuntum an der Donau aus seine in Illyrien stehenden Legionen von Südosten her anführen wollte.

Die beiden Heere waren bereits bis auf fünf Tagesmärsche an die Vorhut der Markomannen herangerückt, als sich die Völker Pannoniens (Ungarns) und Dalmatiens gegen Rom erhoben.

Jetzt mußte Tiberius die ganze Kriegsmacht von acht Legionen nach Pannonien werfen, wo sie drei Jahre lang bis zum Jahre 9 n. Chr. gebunden sein sollten.

Aufmarsch in Marktbreit gegen die Markomannen

Für die Glaubwürdigkeit antiker Texte lieferte der Luftbildarchäologe Otto Braasch 1985 einen überzeugenden Beweis.

Wenn die Aussagen des Velleius Paterculus nämlich richtig sind, daß Sentius Saturnius im Jahre 6 n. Chr. mit seinen Legionen durch das Land der Chatten Richtung Böhmen gezogen ist, um Marbod mit seinem Markomannenheer von Westen zu fassen, so mußten auf dem Weg dorthin vom Hauptlager Mogontiacum nach Osten Marsch- oder Standlager zu finden sein.

Otto Braasch hatte mit seiner Methode, Luftaufnahmen im Juli zur Zeit der Reifung des Getreides zu machen, am Limes und im weiteren süddeutschen Raum bereits große Erfolge erzielt.

Das von ihm dabei ausgenutzte Phänomen ist, daß das gelb werdende reifende Getreide an Orten besseren Wachstums länger grün bleibt. Nicht nur dort, wo Getreide besonders gut ge-

Abb. 29: Luftbild vom Kapellenberg in Marktbreit (Aufnahme: Otto Braasch) In der rechten Bildhälfte die dunkle Doppelspur des Doppelgrabens; unten links Spuren der ehemaligen Holzbauten.

düngt ist, bleibt es länger grün, sondern auch über ehemaligen Gräben, in denen sich die umgebende Feuchtigkeit des Bodens sammelt, zeichnen sich grüne und in den Fotos dunkle Streifen im übrigen gelben und damit helleren Getreide ab.

Am 20. 7. 1985 flog Otto Braasch über den Kapellenberg von Marktbreit, Landkreis Kitzingen, Unterfranken, als er einen dunklen Doppelstreifen mit sanften Rundecken einer polygonalen Fläche und Spuren einer Innenbebauung erblickte.

Die bald folgenden Grabungen unter der Leitung von Martin Pietsch (Bayrisches Landesamt für Denkmalspflege) brachten schnell die Erkenntnis, daß ein großes römisches Truppenlager von etwa 37 ha Größe entdeckt worden war. Dieses Lager hatte, ähnlich wie das Lager Mainz, einen polygonalen Umriß und lag über einem älteren Lager von etwa 9 ha Größe.

Es ließ sich auf der Grundlage von Magnetogrammen von Helmut Becker eine Innenbebauung feststellen, die durch Grabungen genauer bestätigt werden konnte. Das Lager zeichnete sich durch eine ausgesprochene Fundleere aus, die auf eine nur relativ kurze Besetzungszeit hinweist. Dennoch zeigen die gefundenen Münzen und *terra sigillata*-Scherben eine große Verwandtschaft mit den Funden aus dem Hauptlager Haltern, wodurch eher eine Benutzung in nachchristlicher Zeit in Frage kommt.

Das für die beiden damaligen Mainzer Legionen (V. und XXI.) ausreichend große Lager ist vermutlich nach Ausbruch des Aufstandes in Pannonien mit einer zurückgebliebenen Einheit auch noch im folgenden Jahr besetzt geblieben. Wahrscheinlich wurde dabei eine kurzfristige Niederschlagung des Aufstandes in Pannonien angenommen. Als aber im Jahre 7 n. Chr. noch kein Ende des Krieges in Pannonien abzusehen war, zog man sich wieder ganz an den Rhein zurück. So ließ sich erklären, weshalb zwar sehr viele Holzbauten errichtet worden waren, das Lager aber nicht längerfristig benutzt wurde.

Martin Pietsch (»Das augusteische Legionslager Marktbreit«, in Rainer Wiegels, Winfried Woesler: *Arminius und die Varusschlacht,* Ferdinand Schöningh, Paderborn-München-Wien-Zürich 1995) beschreibt diese These so:

Modifiziert nach Martin Pietsch, »Das augusteische Legionslager Marktbreit«, in Rainer Wiegels, Winfried Woesler: *Arminius und die Varusschlacht,* Paderborn 1995

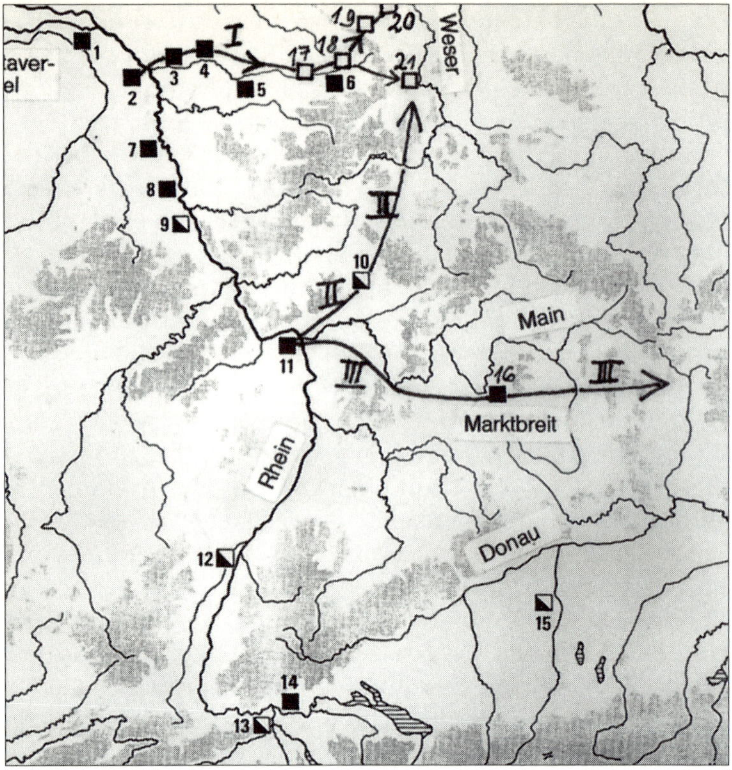

Abb. 30: Drei Aufmarschstraßen in augusteischer Zeit:
I Lippe-Limes Richtung Weser (alle römischen Heere),
II Heerweg von Mainz durch die Wetterau nach Norden (Drusus),
III Weg des Sentius Saturnius von Mainz Richtung Böhmen.

Archäologisch nachgewiesene Römerlager:

1 Noviomagus (Nijmwegen), 2 Vetera/Xanten, 3 Holstershausen, 4 Haltern, 5 Oberaden, 6 Anreppen, 7 Novaesium (Neuß), 8 Colonia Claudia Ara Agrippinensium (Köln), 9 Bonna (Bonn), 10 Rödgen, 11 Mogontiacum (Mainz), 12 Argentorate (Straßburg), 13 Vindonissa (Windisch), 14 Dangstetten, 15 Augusta Vindelicum (Augsburg-Oberhausen), 16 Marktbreit.

Wahrscheinliche Lager nach Luftbildern und topographischen Merkmalen:

17 Ad caput Iuliae (Cappel), 18 Aliso (Neuhaus), 19 Werler Feld (Bad Salzuflen), 20 Varenholz, 21 Höxter.

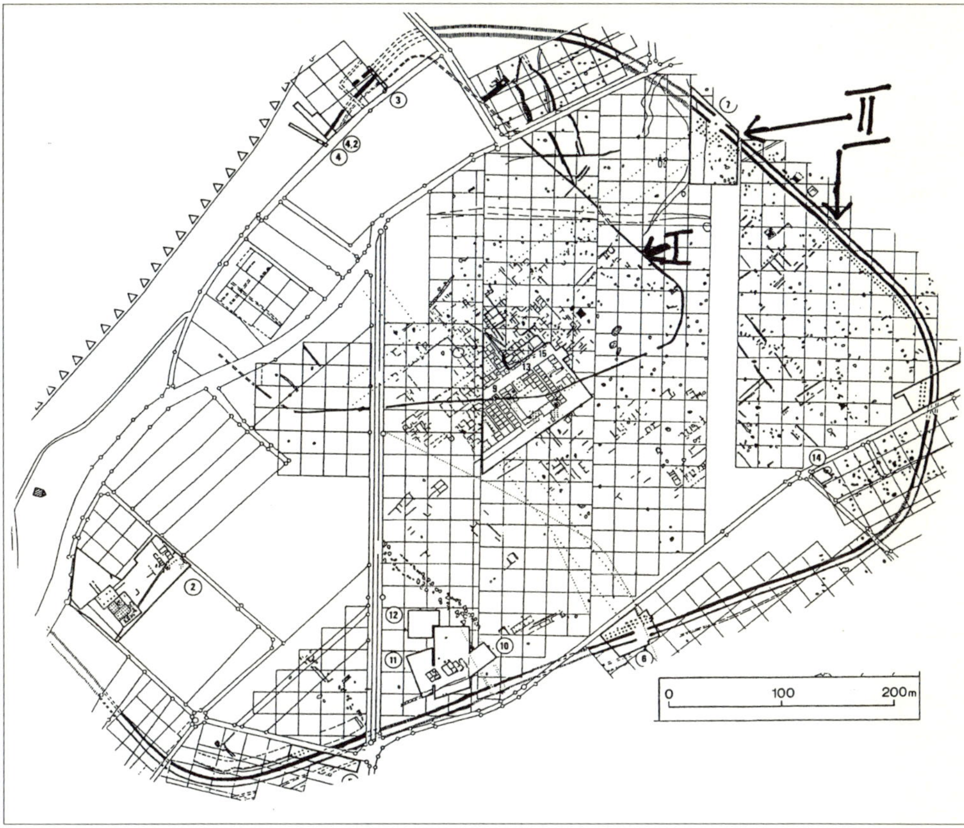

Gitterquadrate zeigen die Flächen der Magnetogramme an.

I Älteres überbautes Lager von etwa 9 ha Größe,
II jüngeres Großlager von 37 ha Größe.

Abb. 31: Römerlager Marktbreit mit polygonaler Umrandung, ähnlich wie beim Lager Anreppen (nach Martin Pietsch).

»Das alles zusammen, also die weitgehende Fundleere, nicht benutzte Latrine im Tribunenhaus, die eingefallene Vorratsgrube im Centurionenhaus und die Anzeichen einer allenfalls schwachen Nutzung des Wirtschaftsgebäudes lassen vermuten, daß in Marktbreit ein großes Lager für einen Truppenverband von der Stärke etwa zweier Legionen einschließlich eventueller Hilfstruppen zwar geplant und zumindest teilweise ausgebaut, dann aber nie voll oder längerfristig belegt wurde.

Der Gesamtbefund spricht somit für eine Änderung der ursprünglichen Konzeption, wie sie im Zusammenhang mit dem abgebrochenen Markomannenfeldzug des Jahres 6 n. Chr. bezeugt ist.«

Die Übereinstimmung des Textes des Velleius Paterculus bezüglich des Heereszuges des Sentius Saturnius im Jahre 6 n. Chr. mit der archäologischen Fundsituation in Marktbreit beweist: Die Texte haben auf der Grundlage dieses Beispiels offensichtlich einen hohen Wahrheitsgehalt.

Wir werden diesen Wahrheitsgehalt im Verlauf der Schilderung des Geschehens im dreißigjährigen Krieg der Römer im freien Germanien noch einige Male in Anspruch zu nehmen haben.

Kastell Aliso

Tiberius zog also mit großem Heer nach Pannonien. Der dortige Aufstand hätte natürlich auch am Rhein zu germanischen Aufständen führen können. Folglich mußte das Heer des Sentius Saturnius zurück in die rheinischen Lager ziehen. Offensichtlich handelte es sich um die V. und XXI. Legion, die im Raum Mainz/Obergermanien für Sicherheit zu sorgen hatten, während die Legionen XVII, XVIII und XIX die Lager von Neuß, Xanten und Haltern am Niederrhein beziehen mußten.

Vermutlich wurde auch der Lippe-Limes durch Abordnung von Legionsteilen (*Vexillationen*) besetzt. Besonders der Endpunkt der Lippelinie bis zu ihrer Schiffbarkeit mußte abgesichert sein. Offensichtlich lag dort seit den Zeiten des Drusus das ständig besetzte Kastell Aliso.

Der Ort des berühmten Römerkastells Aliso ist nahezu ähnlich umstritten wie der Ort der Varusschlacht. Weil Aliso für die Lokalisierung der Varusschlacht eine Schlüsselrolle spielt, andererseits mit den Jahren 7 bis 9 n. Chr. die Zeit des Varus in Germanien und damit das Debakel der Varusschlacht im Teutoburger Wald herannaht, sollte jetzt vorweg ein Versuch zur Lösung des Aliso-Problems unternommen werden.

15. Februar 1997: Es sollte ein eindrucksvoller Tag werden, den sich vier Heimatforscher ausgesucht hatten, um der Einladung Helmut Schüttes zu folgen, das ›Kastell Aliso‹ im Wilhelmsberg von Schloß Neuhaus bei Paderborn zu ›besichtigen‹.

Da waren die gewaltigen Wälle des Dünengeländes, eines Ausläufers der Senne, eines großen Sanders bis zu 80 m Stärke aus der Saaleeiszeit, südwestlich vor dem Teutoburger Wald. Die Wälle liegen nördlich der Lippe genau vor der Almemündung. Aber obgleich man die natürliche eiszeitliche Entstehung des Sanders erkennen kann, so ist eine Umformung, eine dammartige Erhöhung von Menschenhand, nicht zu übersehen.

Links: Helmut Schütte legt einen durch die Wünschelrute entdeckten, verrotteren Palisadenpfahl auf dem Westwall des Wilhelmsberges frei.

Rechts: Helmut Schütte am äußeren Graben des nördlichen Doppelgrabens vor der Stellwand des Wilhelmsberges. Rechts außerhalb des Fotos verläuft der innere Graben.

Abb. 32–34: H. Schüttes Untersuchungen am Kastell ›Aliso‹.

Hier ist der manuell erhöhte Westwall des Wilhelmsberg-Sanders zu erkennen. Auf ihm befinden sich im Abstand von rund 1 m etwa 20 x 20 bis 20 x 30 cm starke, völlig verrottete Eichenpalisaden. Links außerhalb des Fotos verläuft der auf Seite 76 abgebildete westliche Doppelgraben.

Daß dieser erste Eindruck richtig ist, beweist dann gleich der Gastgeber:

Fast wie ein Spielzeug sieht seine kleine Wünschelrute aus. Plötzlich beginnt sie zu vibrieren, und zwar in so raschen Ausschlägen, wie es durch gewollte Muskelbewegung nicht erreicht werden könnte. An der Ausschlagstelle wird nach Wegscharren von 10 cm bedeckendem Boden der schwarze Umriß eines Pfahls bzw. eines ehemaligen Pfahls von etwa 20 mal 20 cm sichtbar.

Helmut Schütte ist offensichtlich ein erfolgreicher Wünschelrutengänger. In Abständen von jeweils einem Meter spricht seine Wünschelrute auf der Dammhöhe immer wieder an. An der Wallecke hat Schütte zwei Reihen Pfahlreste zur Demonstration freigelegt.

Die anwesenden Forscher decken die freigelegten Stellen wieder sorgfältig zu. Kein Zweifel, auf der Wallhöhe liegen die morschen Reste einer Holz-Erde-Mauer, so wie sie in den Lagern Anreppen und Haltern erbaut worden war. Die Ähnlichkeit der Befestigung vom Wilhelmsberg mit der in Anreppen und Haltern wird geradezu erdrückend, wenn der Doppelgraben mit einbezogen wird, der ringsum an den beiden erhaltenen Seiten der künstlich erhöhten Wallböschungen verläuft. Auch der Hunerberg, das große Militärlager des Drusus, ist ähnlich befestigt worden, während die Drususlager Oberaden und das Feldlager Haltern nur einen vorgelagerten Spitzgraben aufwiesen. Die Ostseite des ehemaligen Kastells ist durch Industriebauten, Eisenbahntrasse und ehemalige Karpfenteiche der Fürstbischöfe von Neuhaus restlos zerstört und umgewandelt worden. Innerhalb des Kastells haben die Fürstbischöfe versucht, Weinbau zu betreiben. Auch dort sind alle alten Strukturen zerstört.

An der Südseite des Kastells haben neben einem noch sichtbaren Wall ein tiefer Bachlauf und, etwa 100 und 140 m weiter vorgelagert, zwei weitere breite, heute noch gut sichtbare Gräben gelegen.

Diese beiden Gräben führten offensichtlich Wasser und gehörten zur Südbefestigung des Kastells. Schütte sieht in dem

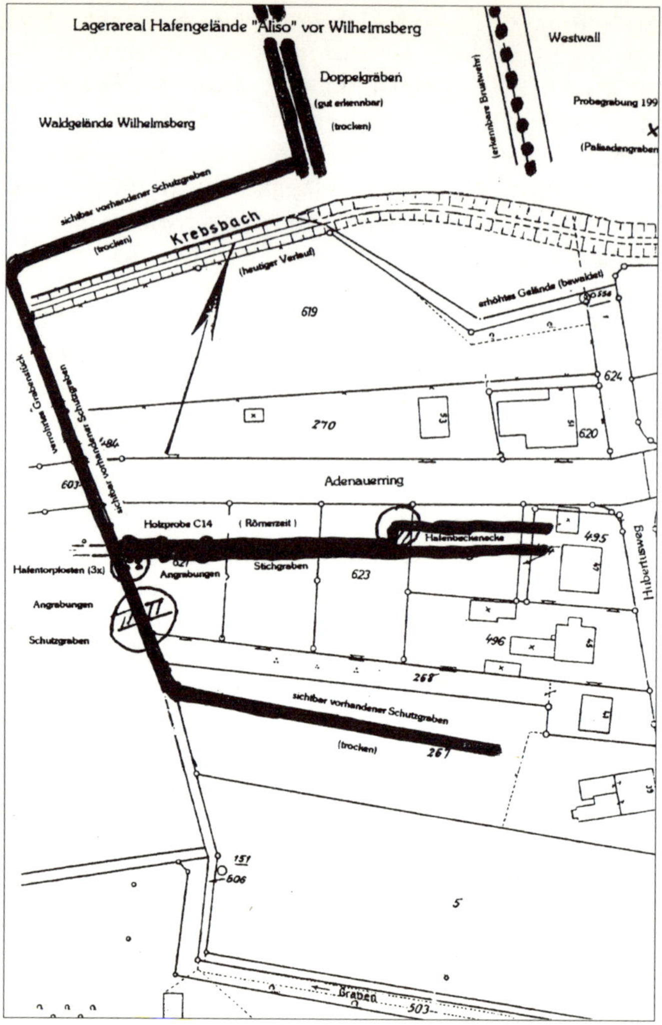

Abb. 35: Westteil des ›Vorkastells‹ Wilhelmsberg/ Schloß Neuhaus mit Stich- und Schutzgraben und Teil des ›Hafens‹

Zeichnung von H. Schütte auf Grund von Grabungen auf eigenem Grundstück und von Geländeprospektionen. Insgesamt ergrub Schütte sieben Eichenpfähle im ›Stichgraben‹ zur Lippe. *Oben*: Wall mit ›Brustwehr‹ und Doppelgraben im Bauprinzip der Lager Anreppen und Haltern.
Das Hauptkastell mit ›Vorkastell‹ und ›Hafen‹ ist vermutlich das viel gesuchte Kastell Aliso.

inneren etwa 10 m breiten Graben einen Hafenstichgraben. Der Aushub eines sich im Bau befindlichen Hauses im möglichen Hafenbecken zeigte den typischen schwarzen humosen Schlamm eines lange Zeit stehenden Gewässers.

Im Gelände nördlich des bewaldeten Wilhelmsberges gab es eine Reihe weiterer, oft mehrere hundert Meter langer Einfachgrabenreste, die möglicherweise ehemaligen römischen Marschlagern zugeordnet werden könnten.

Daß hier viele Menschen viele Gräben und Wälle errichtet haben, ist sicher. Sprechen logistische Rekonstruktionen dafür, daß es sich wirklich um römische Anlagen gehandelt hat?

Taktisch spricht vieles dafür, daß am Endpunkt der Schiffbarkeit der Lippe ein wichtiges Depotlager für das römische Heer des Weserraums lag. Konnte diese Funktion nicht von dem seit 1968 einige Kilometer weiter westlich entdeckten Lager von Anreppen wahrgenommen werden?

Nach allen bisherigen Grabungsergebnissen geht dieses Lager auf keinen Fall auf die Drususzeit zurück. Alles spricht für etwa den Zeitraum des Bestehens des Hauptlagers Haltern um Christi Geburt bis 9 n. Chr. Dann war Anreppen auf keinen Fall mit dem Lager des Drusus gleichzusetzen, das dieser 11 v. Chr. nach der Schlacht von Arbalo am Zusammenfluß von Elison und Lupia errichtete. Damit schwindet auch die Wahrscheinlichkeit, daß Anreppen das gesuchte Kastell Aliso war.

Dazu spricht J. S. Kühlborn Anreppen eindeutig die Depotfunktion ab:

> »Offensichtlich wurde der Lage direkt an der Lippe eine hohe Priorität beigemessen. Daher hat man gelegentlich in dem Lager Anreppen eine größere Nachschubstation für die im Weserraum operierenden römischen Truppen gesehen. Den jüngsten Grabungsergebnissen kann jedoch entnommen werden, daß sich die Funktion des Lagers kaum auf eine logistische Rolle im Sinne eines Stapelplatzes einengen läßt.«

Versuchen wir nun, zwischen den historischen Quellen, den topographischen Merkmalen, den Flur- und Ortsnamen und schließlich den Phänomenen auf den englischen Luftaufnahmen einen Zusammenhang herzustellen. Möglicherweise erlaubt diese ganzheitliche Schau eine Absicherung der Lokalisierung des Kastells Aliso auf dem Wilhelmsberg von Schloß Neuhaus.

Die historischen Quellen:

- Cassius Dio (*Historia Romana* 54/33) schreibt im Zusammenhang mit Berichten über den glücklich für die Drususlegionen im Jahre 11 v. Chr. ausgehenden Überfall durch die Germanen bei Arbalo im Eggegebirge aus römischer Sicht:

  ». . . so daß Drusus seinerseits jetzt auch gering von ihnen [den Germanen] dachte und ihnen ein Kastell am Zusammenfluß der Lupia und der Elison vor die Stirn setzte«.

Auf dem Rückzug aus dem Eggegebirge bei Arbalo kamen die Römer geographisch an den Oberlauf der Lippe. Dort endete mit Sicherheit, vom heutigen Lipperland aus gesehen, das Cheruskerland. Von dort aus sieht man den Teutoburger Wald wie die ›Stirn‹ des Cheruskerlandes. Im zweiten Teil des Buches »Ergänzende Texte. . . « wird dieses Thema photographisch näher dargestellt.

Allein am Oberlauf der Lippe gibt es die Situation, daß sich zwei gleich große Flüsse vereinigen, nämlich die Flüsse Alme und Lippe. Cassius Dio spricht von Vereinigung, und nicht von Einmündung des Elison in die Lippe. Am weiteren Lippefluß abwärts mündet stets ein kleinerer Fluß in die größere Lippe. Schon von dieser Formulierung im Text des Cassius Dio her gesehen, ist die Lokalisation dieses frühen Römerkastelles in die Nähe des heutigen Schloß Neuhaus an der Vereinigung von Lippe und Alme vorzunehmen.

Genau gegenüber dem Almezulauf auf dem rechten Lippeufer liegt der eiszeitliche Sander des Wilhelmsberges mit natürlichen Steilwänden, die offensichtlich manuell erhöht worden sind und mit der bereits erwähnten Holz-Erde-Mauer befestigt wurden.

- Gaius Sueton, I, berichtet über den Tod des Drusus im Jahre 9 v. Chr.:

  »Als er [Drusus] . . . seinen Feldzug in Germanien wiederholt hatte, starb er infolge einer Krankheit im Sommerlager, das danach das ›Lager des Unheils‹ (*castra scelerata*) genannt wurde. . . Übrigens errichtete das Heer ihm zu Ehren einen Hügel [vermutlich mit Drususaltar], um den dann in der Folge an einem bestimmten Tage alljährlich Truppen einen Waffenlauf veranstalten.«

Daraus folgt die Erkenntnis: Das ›Lager des Unheils‹ war das ständig besetzte römische Sommerlager, in dem alljährlich ein Waffenlauf stattfand.

Drusus befand sich auf dem Weg vom Unfallort (nahe der Elbe) »zum Rhein« (Cassius Dio, 54/33). Deshalb kommen für den Ort des ständig besetzten Sommerlagers geographisch zwei Orte in Betracht, an denen Drusus Sommerlager angelegt hatte, nämlich das Lager von Höxter an der Weser und das Lager an der oberen Lippe ›vor der Stirn‹ der Feinde.

- Für die richtige Festlegung auf eines der beiden Lager gibt Valerius Maximus einen wichtigen geographischen Hinweis (*Factorum et dictorum memorabilium liber* IX, in V/4/3) durch seine Schilderung, wie Tiberius, der Bruder des Drusus, diesen von Italien aus noch lebend zu erreichen suchte:

  »So innige Liebe zu seinem Bruder Drusus hegte unser Fürst und Vater [Tiberius], daß er von Ticinum [Pavia], wohin er nach Besiegung der Feinde gekommen war, um seine Eltern zu umarmen, auf die Nachricht, daß sein Bruder in Germanien infolge einer schweren und gefährlichen Krankheit in Lebensgefahr schwebe, ohne Verzug, von Furcht und Sorge niedergeschmettert, zu ihm eilte. In welch stürmischer Hast er diesen Weg gleichsam wie in einem Atemzuge zurücklegte, geht auch daraus hervor, daß er die Alpen und den Rhein überschritt und bei Tag und Nacht, indem er rasch hintereinander die Pferde wechselte, 200 Meilen [etwa 300 km] durch eben bezwungenes Barbarenland zurücklegte. Dabei begnügte er sich nur mit einem Begleiter, seinem Führer Antabagius. . .

  Auch Drusus, der eigentlich bei dem Verfall seiner geistigen und körperlichen Kräfte eher an seinen Tod als an des

Bruders Empfang zu denken hatte, gab gerade in der kurzen Spanne Zeit, die ihn noch vom Tode trennte, den Legionen den Befehl, seinen Bruder mit den Feldzeichen feierlichst einzuholen und und ihn als Imperator zu begrüßen. Auch ließ er zu seiner Rechten für ihn das Feldherrnzelt aufschlagen.«

Diese ungemein plastische Darstellung des Parforcerittes des Tiberius vom Rhein durch gerade bezwungenes Barbarenland birgt konkrete Hinweise für den Ort des Sommerlagers, des Lagers des Unheils, in welchem Drusus dahinsiechte:

Von Italien, vermutlich über den von den Römern viel benutzten Julierpaß in der Schweiz, kommend, konnte Tiberius sinnvollerweise frühestens den Rhein bei Mainz, vom damaligen Legionslager Mogontiacum aus, queren. Dann konnte er den von Drusus gebahnten Heerweg durch die Wetterau (durch das im Jahre vorher von Drusus niedergeworfene Chattenland) in etwa 300 km Entfernung (Luftlinie 240–250 km) sowohl nach Höxter als auch an die obere Lippe zum Kastell an der Vereinigung von Alme und Lippe kommen. Durch den Text des Valerius Maximus werden sowohl Höxter als auch das Lager an der oberen Lippe fixiert. Welches von beiden Lagern ist es denn nun?

- Hier bringt ein Tacitustext (II/7) die Lösung, indem er den Frühjahrszug des Germanicus im Jahre 16 n. Chr. beschreibt:

  »Aber der Caesar [Germanicus] . . . führt auf das Gerücht hin, daß das am Lippefluß liegende Kastell [offensichtlich das immer seit Drusus' Zeiten besetzte Kastell] belagert werde, sechs Legionen dorthin. . . Doch hatten sie [die germanischen Belagerer] den den varianischen Legionen errichteten Tumulus [er wurde nach der Beerdigung der gefallenen Varuslegionäre nach Tacitus (I/62) im Jahre 15 n. Chr. erbaut] und den alten, dem Drusus erbauten Altar auseinander gerissen. Es stellte der Fürst [Germanicus] den Altar wieder her und führte selbst zur Ehre seines Vaters mit den Legionen den Umlauf [keinen unbestimmten, sondern den bereits seit Drusus' Zeiten alljährlich im Lager an Elison und Lippe ausgeführten Waffenlauf] aus. Den Grabhügel zu erneuern, hielt er nicht für angemessen [weil er auf dem 25 km entfernten Varusschlachtfeld stand]. Die ganze Gegend zwischen dem Kastell Aliso [in welchem man sich befand] und dem Rhein sicherte er vollständig durch neue Landwehren und Dämme.«

Die Argumentationskette aus den historischen Texten lautet:

- Nach Valerius Maximus lag das Sommerlager, das Lager des Unheils, entweder in Höxter oder an der oberen Lippe. Andere Standlager aus der Drususzeit sind nicht bekannt.
- Nach Tacitus führte das Heer des Germanicus im Kastell an der Lippe, wo zu Ehren seines dort verstorbenen Vaters Drusus, bestätigt durch Sueton, ein Altar errichtet worden war, den Waffenlauf aus. Auch hier erfolgt die Bestätigung, daß sich der Drususaltar im Lager an der Lippe befand, wo auch folgerichtig Drusus verstorben war.
- Nach Sueton fanden im Sommerlager, dem Lager des Unheils, nach dem Tod des Drusus alljährlich Waffenläufe statt. Also ist das Sommerlager, erneut dokumentiert, das Lager des Unheils, gleichzeitig das Kastell an der Lippe, in welchem Drusus starb, aber auch das Lager ›vor der Stirn‹ der Feinde am Zusammenfluß von Elison und Lupia.
- Das Kastell an der Lippe liegt aber auch in großer Nähe des Varusschlachtfeldes, da dort ein Grabhügel errichtet worden war, den man vom Kastell an der Lippe hätte erneuern können, es aber nicht für ›angemessen‹ hielt.
- Gleichzeitig ist dieses Lager auch das ständig besetzte und damit außerordentlich stark befestigte Lager Aliso, zwischen dem und dem Rhein man alle Befestigungen erneuerte.

Es ist immer wieder dasselbe Lager Aliso an der Lippe.

Die enge Verbindung von Aliso mit dem Varusschlachtfeld geht auch noch daraus hervor, daß übereinstimmend, teils sich ergänzend, Texte von Zonaras (X/37), Velleius Paterculus (II/117) und Frontinus (III/15/4) über Flüchtlinge aus der Varusschlacht berichten, die im Kastell Aliso Unterschlupf fanden.

In einem geeigneten Augenblick gelang diesen ›der Varusschlacht Entronnenen‹ unter der Führung des umsichtigen Lagerpraefekten L. Caedicius die Flucht an den Rhein, dabei half jedoch der römische Heerführer Asprenas mit, der den Flüchtlingen mit seiner V. und XXI. Legion entgegenzog.

Asprenas hatte diese Legionen in Eilmärschen aus dem Raum Mainz in Obergermanien an den nach der Varusschlacht von militärischem Schutz entblößten Niederrhein geworfen.

Die erfolgreiche Flucht legt nahe, daß das Kastell Aliso nicht allzu weit entfernt vom Varusschlachtfeld im Teutoburger Wald und in Fluchtrichtung zum Rhein liegen mußte.

Wahrscheinlich konnte die Flucht nur gelingen, solange die Kämpfe anhielten und die germanischen Kämpfer gebunden waren. Eine Flucht über größere Strecken bis in Rheinnähe weit durch das Feindesland der Brukterer, etwa zum Lager Haltern, ist wenig wahrscheinlich. Andererseits konnte Asprenas von castra Vetera aus das knapp 50 km entfernt liegende Haltern schnell und leicht entsetzen, während er das weiter entfernte Aliso am Oberlauf der Lippe tatsächlich nicht schnell genug erreichen konnte.

Topographische Hinweise für die ehemalige Anwesenheit von Römern gibt es am Wilhelmsberg reichlich. Abgesehen von den schon erwähnten Doppelgräben um die erhöhten Wälle des Wilhelmsberges herum, zeigen sich dem aufmerksamen Beobachter mehrere weitere Grabenreste, die oft einige hundert Meter lang als schnurgerade Senke durch das Gelände verlaufen.

Auf russischen Satellitenaufnahmen, die man im PC mit CD-ROM über die Diskette 641 der Fa. TOP WARE sichtbar machen kann, sind diese Gräben teilweise erkennbar. Weitere kastellartige Umrandungen treten hinzu und festigen die Auffassung, daß hier die Römer mehrfach auch in einfachen Marschlagern haltgemacht haben.

In der Flur- und Ortsnamenforschung haben bereits viele Forscher darauf hingewiesen, daß der Name Aliso in dem Namen des Dorfes Elsen erhalten sei. Elsen liegt an der Alme, kurz vor ihrem Zusammenfluß mit der Lippe.

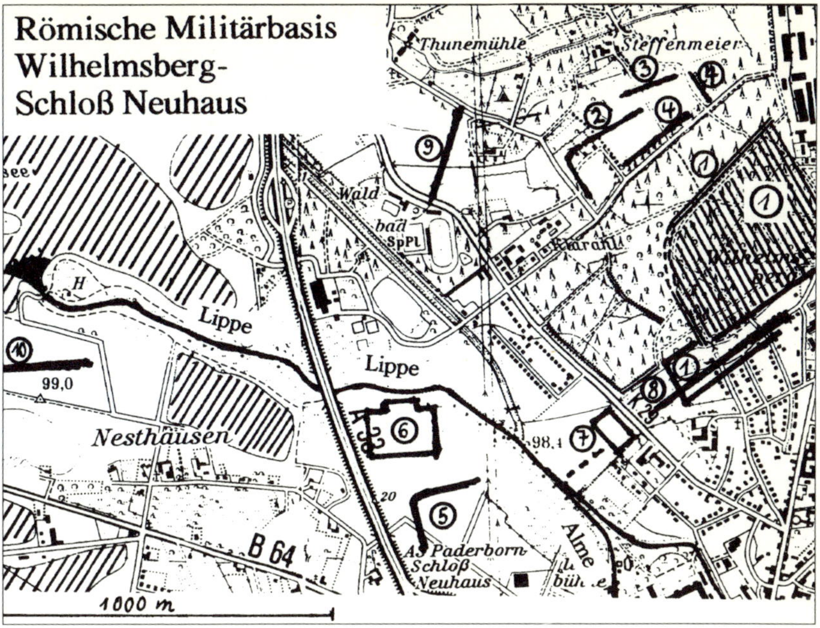

Abb. 36: Auf dem Gelände ist eine Reihe von Gräben erkennbar, die vermutlich mehreren ehemaligen römischen Feldlagern zuzuordnen sind. Die Kastellanlage (6) hat in Form und Größe ein ähnliches Gegenstück im Kastell IV von Arae Flaviae (Rottweil). Kastell Wilhelmsberg (1) ist in seinem Ostteil durch die ehemalige Anlage von Fischteichen der Bielefelder Straße und der Bahntrasse mit Gleisanlagen zerstört, so daß die ehemalige Größe des Kastells nur geschätzt werden kann.

Der schraffierte Teil umfaßt etwa die Fläche von 20 ha (400 x 500 m), die aber auch im vorderen Teil gestört ist (ehem. Weinberg).

1 Kastell Wilhelmsberg einschließlich ›Vorkastell‹ (nach Prospektionen und Grabungen von H. Schütte), umgeben von einem Doppelgraben;
2 Graben mit Rundecke (nach Besichtigung und Satellitenaufnahme);
3 Graben (nach Besichtigung und Satellitenaufnahme);
4 Gräben (nach Besichtigung);
5 Rundecke (nach Satellitenaufnahme);
6 Kastell (nach Satellitenaufnahme), Feststellung von drei vorhandenen Grabenseiten und deutlichen Ecken (danach Besichtigung);
7 Nicht deutbares Rechteck (nach Satellitenaufnahme);
8 Vermutlicher Stichkanal des Vorkastells zur Lippe (›Hafenanschluß‹);
9 Mögliches Teilstück einer Straße (nach Satellitenaufnahme);
10 Nicht deutbares dunkles Band (nach Satellitenaufnahme).

Die Form des Kastells Aliso war wie beim Lager Marktbreit aufgrund der noch vorhandenen Doppelgräben im Norden und Westen offensichtlich polygonal.

Paul Höfer (*Die Varusschlacht,* Duncker und Humblot, Leipzig 1888) hat in Wortvergleichen nachgewiesen, daß die Verbindung der beiden Buchstaben ›ls‹, zum Beispiel in Elsen, auf altdeutsche bzw. germanische Vorläuferwörter zurückgeht und beide Buchstaben nicht durch Lautmetamorphose ausgestoßen wurden. Vergleichbar sind:

- ›Civitas Alisinensis‹ hieß auf einer alten Inschrift um 200 n. Chr. eine römische Stadt an der heutigen Elsenz bei Heidelberg.
- Die ›Aliza‹, in alten Urkunden erwähnter Nebenfluß des Nekkars, heißt heute ›Elz‹.
- Das Elsaß war altdeutsch ›Alisaz‹.
- ›Alisa‹ (plural ›Aliso‹) hieß in Niederdeutschland einst die heutige Else oder Eller, in Oberdeutschland jedoch heute Erle. ›Alisa‹ (›Aliso‹), ›Else‹, ›Ellen und ›Erle‹ sind also in ihrer Bedeutung gleichzusetzen.

Aus diesen Sprachvergleichen folgt: Das römische Kastell an der Vereinigung von Lupia und Elison, Aliso, lag an der Alisa (Aliso) = Else = Eller = römisch ›Elison‹.

Und nun ist es ganz einfach. Einer der größten und längsten Nebenflüsse der Alme heißt heute noch ›Ellen = Alisa (Aliso) oder auch Ellerbach und entspringt östlich von Schwaney im Eggegebirge. Vermutlich hat zur Römerzeit nicht nur dieser bedeutendste Nebenfluß der Alme den alten Namen ›Aliso‹ getragen, sondern auch ihr ganzes Flußsystem. Wir hätten hiermit den bereits beschriebenen Parallelfall zur ›Gülle‹, die höchstwahrscheinlich vor 2000 Jahren als Nebenfluß der Gieseler dieser damals nach dem gleichen Muster den Namen ›Gulia‹ (römisch ›Julia‹) gegeben hatte.

Die Fluß- und Ortsnamenableitung ergibt also eine volle Übereinstimmung mit den antiken Texten für die Lokalisierung des berühmten Römerlagers Aliso an den Zusammenfluß von Alme und Lippe. Schließlich bestätigen Luftfotos und topographische Merkmale diese Lokalisierung auf den Wilhelmsberg von Schloß Neuhaus. Nichts wäre leichter, als durch eine C14-Datierung der Palisadenreste im Wilhelmsberg diese

Aussagen nachzuprüfen. Aliso lag als ständig besetztes, schwer befestigtes Römerlager an der Vereinigung von Lippe und damaliger Alisa (Aliso) = Else = Eller, dort wo sich von jeher wichtige Fernstraßen gekreuzt haben, und nirgends sonst. Hier am Zusammenfluß von Lupia und Elison errichtete Drusus schon im Jahre 11 v. Chr. das 27 Jahre lang fast ständig besetzte wichtigste Römerlager mitten in Germanien.

Anreppen dagegen gehörte gemäß den ›Gedanken‹ unseres fiktiven Helden der Eingangsgeschichte im Lager ›ad caput Iuliae‹, des jungen Tribuns Marcellus Rufus, zu den Winterlagern der Tiberius-Armee 45 n. Chr.

Arminius und Varus

Spätestens ab 7 n. Chr. wurde Varus von Augustus zum Statthalter von Germanien gemacht. Er übernahm von seinem Vorgänger Saturnius die XVII., XVIII. und die XIX. Legion mit ihren Stammquartieren in den Winterlagern am Rhein und in Haltern an der Lippe. Seinen Truppen waren aber auch die cheruskischen Hilfstruppen unter Arminius zugeordnet.

Man kann sich kaum gegensätzlichere Partner vorstellen. Vernehmen wir die Charakterisierung des Varus durch seinen Zeitgenossen Velleius Paterculus (II/117):

> »Quinctilius Varus stammte aus einer angesehenen, wenn auch nicht gerade altadligen Familie. Er war ein Mann von sanftem und ruhigem Charakter, geistig und körperlich etwas schwerfällig und mehr an das ruhige Lagerleben als an den Kriegsdienst gewöhnt. Wie wenig er ein Verächter des Geldes war, bezeugte seine Verwaltung der Provinz Syrien. Als armer Mann war er nämlich in ein reiches Land gekommen, und als reicher Mann hatte er ein armes Land verlassen... Er lebte in dem Wahne, die Einwohner des Landes [Germaniens] seien Menschen, die außer Sprache und Gliedmaßen nichts weiter von Menschen an sich hätten und mit Juristerei könne er denen beikommen, die mit dem Schwerte nicht zu bändigen waren... Er füllte die Sommerszeit dadurch aus, daß er ihnen Recht sprach und ordentliche Gerichtsverhandlungen vor seinem Richterstuhl führte.«

Demgegenüber wird Arminius (Vell. II/118) als junger Mann vornehmer Abkunft, als Sohn Segimers, des Fürsten des Volkes, dargestellt:

> »Er war persönlich tapfer und besaß eine rasche Auffassungsgabe und größere Gewandtheit als andere Barbaren. Seines Geistes Feuer leuchtete ihm aus Antlitz und Augen. Auf unseren Feldzügen bisher war er unser ständiger Begleiter gewesen; außer dem römischen Bürgerrecht hatte er auch die Ritterwürde erlangt.«

Cassius Dio (54/1819) schreibt etwa 200 Jahre später über Varus, daß

> »er ihnen [den Cheruskern] Befehle gab, als ob sie seine Sklaven seien, und verlangte von ihnen wie von Untertanen Steuern. Das ließen sie sich nicht gefallen. Die Fürsten wollten ihre einflußreiche Stellung nicht einbüßen, und die große Masse des Volkes zog die gewohnte Ordnung der Dinge der fremden Zwingherrschaft vor«.

Dennoch ließen die Cheruskerfürsten ihren Unmut und Zorn nicht erkennen. Im Gegenteil, sie taten alles, um Freundschaft zu heucheln:

> »Die Häupter der Verschwörung und die Hauptanstifter des tückischen Anschlags und der Empörung waren u. a. Arminius und Segimer. Beide waren fortwährend um Varus und aßen auch oft mit an seiner Tafel. So war denn dieser guten Mutes und argwöhnte nichts Böses.«

Bei dem Überfall der vereinten Germanenstämme im Jahre 9 n. Chr. auf die Varustruppen, der große Ähnlichkeit mit dem Überfall auf die Legionen des Drusus bei Arbalo im Jahre 11 v. Chr. hatte, ist Segimer, der Anführer des damaligen germaniscen Heeres, nicht mehr dabei. Vermutlich fand er vor Ausbruch des Aufstandes seinen Tod, ohne daß dieser jedoch besonders von den antiken Historikern vermeldet wird. Die Vorbereitung des erneuten Kampfes gegen die Römer wird jedoch noch weitgehend von Segimer in Zusammenarbeit mit seinem Sohn Arminius konzipiert worden sein. Segimers Rat konnte nur lauten: Angriff auf den langen Heerzug der Römer in unwegsamem Gelände mit Sperrung der Täler und Pässe. Diese Sperrung war in Arbalo nicht erfolgt, weswegen die Römer sich aus dem Tal herauskämpfen konnten.

Die Motivation des Arminius, der zur Zeit des Überfalls auf die Varustruppen mit 28 Jahren nach dem Tod seines Vaters Fürst der Cherusker und alleiniger Befehlshaber war, erfahren wir von Tacitus (I/59). Segestes hatte seine Tochter Thusnelda, die Ehefrau des Arminius, im Jahre 15 n. Chr. an die Römer ausgeliefert. Arminius machte daraufhin mobil, zog durch

Abb. 37: Darstellung des »Großmüthigen Feldherrn Arminius« nach Joachim von Sandrart (in: Daniel Caspar von Lohenstein, *Großmüthiger Feldherr Arminius oder Hermann nebst seiner durchlauchtigsten Thusnelda,* 2 Bde., Leipzig 1689–1690), Kupferstich nach zeitgenössischer Art des 17. Jahrhunderts, der noch nicht die pathetisierende Darstellungsweise des 18. Jahrhunderts eigentümlich war.

Abb. 38: Die Hermanns-Schlacht (Kupferstich nach Schnorr von Carolsfeld, in: Klopstock, *Sämmtliche Werke*, 1823). Hier setzt sich der Einfluß des Biedermeiers durch, weshalb auch keine rauhen Kampfszenen, wie im 18. Jahrhundert üblich, dargestellt werden. Man wird an christliche Huldigungsszenen erinnert - es fehlen nur die Engel. Schön werden jedoch die eroberten römischen Legionsadler dargestellt.

die germanischen Gaue und rief zum erneuten Kampf gegen die Römer auf:

> »Der treffliche Vater [Segestes]! Der große Feldherr [Germanicus]! Das tapfere Heer [das römische]! So viele Arme waren nötig, ein einziges schwaches Weib fortzuschleppen. Mir dagegen sind drei Legionen und ebensoviel Legaten erlegen. Denn nicht mit Verrat gehe ich zu Werke und nicht gegen schwangere Frauen führe ich Krieg, sondern ich kämpfe einen ehrlichen Kampf mit bewaffneten Männern. Noch heute kann man in den Hainen der Germanen römische Feldzeichen sehen, die ich zu Ehren der einheimischen Götter dort aufgehängt habe. . . Die Germanen werden es nie und nimmer ganz verzeihen, daß sie im Lande zwischen Elbe und Rhein Ruten, Beile und die Toga zu sehen bekommen haben. Anderen Völkern, die mit Roms Macht nicht in Berührung gekommen sind, blieben Hinrichtungen und Tributzahlungen erspart. . .
>
> Wenn Euch Euer Vaterland, Eure Eltern und die alten Verhältnisse lieber sind als Zwingherren und neue Kolonien, so folgt nicht dem Segestes, der Euch zu Schande und Sklaverei führt, sondern dem Arminius, der Euch zu Ruhm und Freiheit den Weg weist.«

Ganz ähnliche Begründungen ruft Arminius ein Jahr später (16 n. Chr.) seinem Bruder Flavus in ihrem berühmten Streitgespräch an der Weser zu, in dem dieser »die Größe Roms und die Macht des Germanicus« lobpreist (Tacitus II/10):

> »Arminius dagegen sprach vom heiligen Rechte des Vaterlandes, von der Ahnen Freiheit, von den heimischen Göttern Germaniens, von der Mutter, die sich seinen Bitten anschließe; er [Flavus] möge doch nicht sein Haus, seine Sippe, ja nicht sein ganzes Volk schnöde verlassen und verraten, sondern lieber als Feldherr sich an seine Spitze stellen.«

Aus diesen Zeilen geht das Sendungsbewußtsein des Arminius für Volk und Familie hervor. Ihm waren jedes Mittel und jede List recht, um sein Volk von der tributgierigen römischen Besatzung zu befreien. Einem derartig erfüllten jungen Mann mit einer großen Ausstrahlung und Überzeugungskraft mußte der als ruhig und bedächtig beschriebene Varus unterliegen.

Das Drama der Varusschlacht im Teutoburger Wald hat seit Hunderten von Jahren die Volksseele bewegt. Über siebenhundert Publikationen haben sich mit dieser Schlacht beschäftigt. Generationen von Heimatforschern haben nach dem Ort der Varuschlacht gesucht. Ernst von Bandel erbaute auf der Grotenburg (der germanischen Teutoburg?) das Hermannsdenkmal, das 1875 unter großer Anteilnahme des ganzen deutschen Volkes eingeweiht wurde.

Auch die Maler vergangener Jahrhunderte haben versucht, dem Mythos des Arminius als Befreier Deutschlands vom römischen Joch zu huldigen.

Sie haben, jeweils ihrer Zeit entsprechend, Arminius als Landsknecht des 17. Jahrhunderts oder als schönen Mann, von engelhaften Frauen umgeben, ganz im Stil des Biedermeiers zu Beginn des 19. Jahrhunderts, dargestellt.

Bereits Ende des 19. Jahrhunderts hat Theodor Mommsen, die Autorität unter den Historikern und Kenner der römischen Geschichte wie kein anderer, die These vertreten, die Schlacht habe statt im Teutoburger Wald in der Senke von Barenau/Kalkriese stattgefunden. Die Osnabrücker Archäologen unter Wolfgang Schlüter haben nach über hundert Jahren Mommsens These erneut aufgegriffen und durch eine beispiellose Grabungskampagne zu untermauern versucht.

Es gibt in der nordwestdeutschen Region fast keine Landschaft, in die nicht die aus den *Annalen* des Tacitus übernommene topographische Lokalisierung ›Schlacht im Teutoburger Walde‹ festgeschrieben worden ist. Bei dieser praktisch flächendeckenden Suche muß ja wenigstens irgendeiner dieser Forscher, ähnlich wie beim Spiel ›Schiffe versenken‹, den richtigen Ort der Varusschlacht getroffen haben. Welcher bzw. welche Forscher hatten recht, wo und auf welche Weise wurden die Varuslegionen von den Kämpfern des Arminius vernichtet?

Läßt sich dieses Rätsel heute lösen?

Sommerlager des Varus

30. April 1945: US-Flug 33. Der Captain hält seinen Lightning-Jagdbomber genau auf Kurs über der Reichsstraße 239 Detmold–Herford. Sein Auftrag ist klar umrissen. Mit Hilfe seiner Spezialfotoeinrichtung soll er mögliche deutsche Kampfeinheiten und Straßensperren ausmachen, Beschaffenheit der Vormarschstraßen und Brücken über Werre und Weser fotografieren. Der Vormarsch aus dem westfälischen Tiefland heraus über den Teutoburger Wald und die Weser für die Heeresverbände General Eisenhowers steht nämlich unmittelbar bevor.

Eben hat die Kamera den Paß der Reichsstraße 1 Paderborn-Hameln über den Teutoburger Wald fotografiert. Vereinzelte Panzersperren und unübersichtliches Gelände lassen es geraten sein, als alternative Vormarschstraße die Reichsstraße 66 Bielefeld–Lemgo–Hameln auszuspionieren. Also Kurs Nordwest Richtung Bielefeld nehmen, dabei aber gleichzeitig Reichsstraße 239 aufnehmen.

Diese Straße ist vollkommen leer. Silbern zieht sie sich als breites Band westlich der Werre entlang. Die Nachmittagssonne wirft lange Schatten hoher Buchen aus kleinen Waldstükken über die uralte Siedlungslandschaft. Bad Salzuflen, das vornehme lippische Badestädtchen, taucht rechts voraus auf. Die Kameraverschlüsse klicken unaufhörlich. Der Captain drückt die Maschine tiefer, und die Kamera schießt das Foto 1087.

Die Lightnings mit ihren kennzeichnenden Doppelrümpfen wurden als leichte Jagdbomber sowohl für Aufklärungszwekke als auch für Tieffliegereinsätze verwendet. Sie konnten Truppenverbände in allen Waldwinkeln aufspüren und bekämpfen durchaus, haben aber bei ihren blitzartigen Angriffen leider nicht die Zivilbevölkerung verschont. Der Verfasser hat in seinem lippischen Heimatdorf Ende März 1945 erlebt, wie eine Staffel dieser Doppelrumpfjäger in waghalsigen Manövern im Tiefflug, immer um den kegelförmigen Berggipfel des Habichtsberges kreisend, eine kleine deutsche Wehrmachtseinheit am Rande einer Waldlichtung zusammenschoß. Da kein nennenswerter Widerstand mehr geleistet wurde, schienen die Lightning-Piloten anschließend ein unbändiges Vergnügen an ihren ständig wiederholten waghalsigen ›Achterbahnkurven‹ um den Berggipfel zu haben.

Nachdem einige Tage später in letztlich auswegloser Situation der Bielefelder Paß von den deutschen Verteidigern nicht mehr gehalten werden konnte, löste sich auch die Frage nach der aus dem Ruhrgebiet–Westfalen heraus Richtung Berlin zu nutzenden Aufmarschstraße. Die motorisierten Verbände der Eisenhower-Armee hatten sich für die Reichsstraße 66 Bielefeld–Hameln entschieden, um dann ab Hameln weiter über die Reichsstraße 1 über Hildesheim–Magdeburg vorzustoßen. Der Verfasser hat noch heute das kontinuierliche Dröhnen der Motoren der amerikanischen Lastwagen und Panzer bei ihrem drei Tage und drei Nächte dauernden Vormarsch im Ohr.

Die Besatzung des Aufklärerfluges US 33 hat hervorragende Luftbilder hinterlassen. Der Verfasser entnahm im September 1998 aus einer Serie von 25 Fotos, die ihm Mrs. M. C. Beech, Air Photo Archive Manager der University Keele, geschickt hatte, auch das oben bereits früher genannte Foto 1087.

Damit begann jetzt die persönliche Jagd des Verfassers nach dem Sommerlager des Varus. Zuvor sollte jedoch noch erklärt werden, weshalb Luftfotos vom Gelände südwestlich von Bad Salzuflen angefordert worden waren.

Dort liegt nämlich der Ort Knetterheide, von dem bereits früher angenommen wurde, daß es die ›Gnitaheide‹ der *Edda* gewesen sei und daß dort »Sigurd den Fafnir erschlug«. Besonders Otto Höfler, Universitätsprofessor aus Wien, hatte in seiner Publikation versucht, zwei Anliegen zu formulieren:

- Zunächst bemühte er sich zu begründen, weshalb der Drachentöter Siegfried über eine viele Jahrhunderte währende Sagentradition hinweg der germanische Volksheld Arminius gewesen sein müsse.
- Dann aber führte er viele Indizien dafür an, daß auf der Knetterheide/Gnitaheide einst das Sommerlager des Varus gelegen haben müsse.

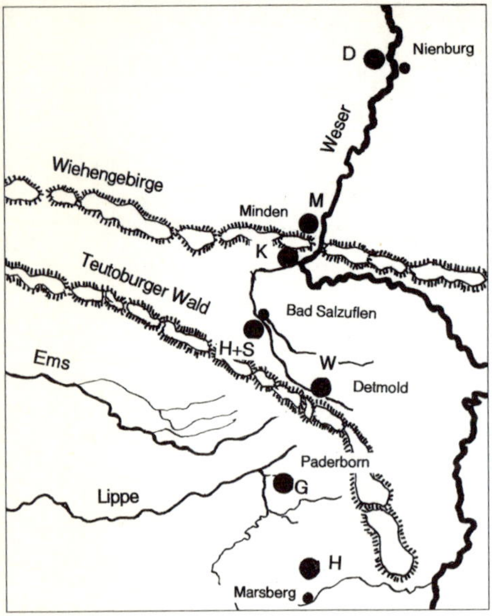

Abb. 39: Lokalisierung des Sommerlagers des Varus von folgenden Autoren: H = Dünzelmann, M = Mommsen, K =Knoke, H+S = Höfer u. von Stamford, W = Wilms, G = Giefers, H = Hülsenbeck.

In der Zwischenzeit las der Verfasser auch von den Lokalisierungen dieses Sommerlagers bei Paul Höfer und Th. von Stamford (*Das Schlachtfeld im Teutoburger Walde,* Eigenverlag, Cassel 1892) für denselben Ort Knetterheide/Gnitaheide. Von Stamford sprach sogar von 1892 noch vorhandenen Wallresten auf dem Asper Plass der Knetterheide/Bad Salzuflen.

Dem gegenüber standen natürlich Lokalisierungen anderer Varusschlacht-Forscher in den verschiedensten Landschaften Westfalens und Niedersachens. So haben O. Henke und B. Lehmann (*Die neueren Forschungen über die Varusschlacht,* Bertelsmann, Gütersloh 1910) allein sechs Autoren mit ihren unterschiedlichen Lokalisierungen des Sommerlagers erwähnt:

- Dünzelmann: nordwestlich Nienburgs, links der Weser
- Mommsen: westlich von Minden, links der Weser
- Knoke: bei Rehme/Bad Oeynhausen, links der Weser
- Wilms: bei Detmold
- Giefers: bei Paderborn
- Hülsenbeck: südlich des Sindfeldes, bei Marsberg.

Gegenüber diesen Festlegungen waren jetzt also vier Luftfotos rund um die Knetterheide/Gnitaheide zu analysieren.

Wer jemals Luftfotos ausgewertet hat, weiß, daß dazu immer wieder stundenlange Betrachtungen nötig sind. Erschwerend wirken sich bestimmte Phänomene auf den Fotos aus, die zu Fehlannahmen führen können. Besonders irreführend können Drainagen aus den dreißiger Jahren sein, die damals in großem Stil in weiten Teilen Deutschlands ausgebaut worden sind. Sie haben manches Bodendenkmal zerstört, ohne daß diese ausgewertet worden wären. Ärgerlich sind ihre oft rechteckigen Strukturen mit Rundecken. Sie können zu leicht ein Römerlager vortäuschen. Erst ein örtlicher Geländevergleich zeigt dann häufig für derartige Strukturen eindeutig die Anlage von Drainagesystemen. Dazu erweist sich oft ein derartiges Gelände in einer Senke als völlig ungeeignet für das Errichten eines Römerlagers.

Mit diesen zur Vorsicht mahnenden Überlegungen geht es nun an die vier Luftfotos von Knetterheide/Gnitaheide heran.

Da sind sie natürlich wieder zuhauf, die die Auswertung sehr störenden Drainagesysteme. Rechtecke, wie mit dem Lineal gezogene gleichmäßige Strukturen, tauchen in großer Anzahl neben Parallelogrammen auf. Immer sind die Drainagestränge als Querverbindungen deutlich erkennbar. Auf dem Werler Feld gibt es sogar senkrecht aufeinander stehende Rohrstränge, eine besonders kostspielige Art der Drainierung in haargenau gleichgroßen Rechtecken, die auch noch durch eine rund 20 m breite ›Straße‹ voneinander getrennt sind. Fast ist man versucht, dort die Zeltflächen zweier Legionen zu erkennen, wenn nicht die Umrandung die gleiche wäre wie bei anderen, zweifellos echten Drainageanlagen. Dazu kommen auch noch mehrere alte Feldstrukturen, die sich dort überlagern.

Aber halt, schräg über die dortigen Feldgrenzen hinweg verläuft eine dunkle, parallele Doppellinie im Abstand von schätzungsweise etwa 15 m. Derartig (nämlich durch die dort im Boden vorherrschende größere Wasserfeuchtigkeit) stellen sich immer ehemalige Gräben dar. Über die Straßenkreuzung hinweg lassen sich diese Doppelgräben direkt vor weiteren alten Feldstrukturen aus kleinsten ›Handtuchfeldern‹ zu einem 20 bis 30 ha großen Rechteck ergänzen. Es reicht dann auch noch auf einer leichten Terrasse an die nach der Einmündung der Bega und Salze schiffbare Werre heran. Dieses Rechteck hebt sich geradezu demonstrativ und damit ›hochverdächtig‹ innerhalb der sonst anders verlaufenden Feldstrukturen ab. Es wäre schon ein idealer Platz für ein großes Römerlager gewesen.

Was sagen die Meßtischblätter? Große Enttäuschung! Genau in dem möglichen Lagerinneren liegt heute ein riesengroßer Kiesteich. Auch die ehemaligen Doppelgräben sind weggebaggert. Nur südlich der Straßenkreuzung ist der Acker, wenn auch flurbereinigt und damit die rechteckigen Begrenzungen des möglichen ehemaligen Römerlagers beseitigend, unversehrt vorhanden. Dort müßte eine Sondagegrabung ansetzen, um festzustellen, ob die anzunehmenden Grabenstrukturen tatsächlich ihre Fortsetzung finden.

Recherchen im Gelände folgen natürlich bald der Luftbildanalyse nach. Es zeigt sich, daß ein etwa 100 ha großes Terrassengelände über der rund 10 m breiten Werre tatsächlich ein idealer Lagerplatz gewesen wäre. Er lag an einer von jeher wichtigen Heerstraße an der Werre abwärts über Herford bis an die Weser bei Rehme und war leicht von Süden aus Richtung Aliso/Neuhaus über trockene Heideflächen erreichbar.

Zur großen Überraschung wird westlich ein etwa 4 m tiefer, oben 10 bis 12 m breiter Trockengraben sichtbar, der aufgrund von Oberflächenmerkmalen ehemals bis zur Werre ging. Ein Bachlauf ist es nie gewesen. Der Graben beginnt unvermittelt und drängt den Charakter seiner Künstlichkeit geradezu auf. Sollte es ein ehemaliger Hafengraben für das Römerlager gewesen sein?

Rücksprachen mit Ortskundigen und den Ämtern ergaben keine Klarheit. Fest steht, daß dieser Graben teilweise mit Schutt und Kies aus der Kiesgrube angefüllt worden ist. Wie weit der Graben jedoch vorher schon vorhanden war, ließ sich nicht genau klären. Noch im Jahre 1999 wird er im Rahmen der Durchführung eines Bauvorhabens verfüllt sein. Wir werden es nie erfahren, welchen Zweck der künstliche Graben gehabt hat.

Gehen wir nun mit der Methode der logistischen Rekonstruktion an die Lösung der Frage nach dem Sommerlager des Varus heran.

Dazu bauen wir zunächst auf zwei Voraussetzungen auf. Zunächst nehmen wir den Aufmarsch der Varusarmee aus den Winterlagern in Xanten, Neuß und Haltern an der Lippe aufwärts an. Man marschierte unter Mitführung des Nachschubs auf der Lippe bis an das Ende ihrer Schiffbarkeit, also bis Aliso/Neuhaus.

Abb. 40: Gelände von Kriegerheide/ Knetterheide.

Im Hintergrund, in 5 km Luftlinienentfernung, zeigt sich der Stadtwald von Bad Salzuflen mit dem Asenberg und Vierenberg (Pfeil). Das weitläufige ehemalige Heidegelände konnte natürlich sowohl für Getreidebau als auch als Manövergelände für das römische Heer genutzt werden. Nicht weit vom Standpunkt des Fotografen wurden 1955 von Rudolf Reipke zwei republikanische Münzen gefunden, die heute im Bädermuseum Bad Salzuflen aufbewahrt werden, davon 1 Denar, Republik 137/134, Münze 6081 (nach Bernard Korzus, *Die Fundmünzen der Römischen Zeit in Deutschland*, Abt. 6, Bd. 6, Berlin 1971).
Die Baumgruppe rechts im Bild wäre ein hervorragender Standort für einen römischen Wachtturm gewesen. Von dort kann man die ganze ehemalige cheruskische Siedlungskammer von rund 250 Quadratkilometern Größe übersehen. Das Werler Feld an der Werre liegt genau in 2 km Entfernung, Richtung Asenberg (Pfeil).

Dann zitieren wir die Textstelle bei Cassius Dio (56/18): »und sie lockten ihn [Varus] weit ab ins Land der Cherusker und an die Weser [oder in Richtung zur Weser].«

Das Wort ›Weser‹ ist umstritten. Schon 1892 schrieb Th. von Stamford, daß im griechischen Text nicht ›Visurgos‹, sondern ›Usisurgos‹ stehe. Auch dieses Wort sei beim Abschreiben möglicherweise falsch gehört worden, und es hätte vermutlich ursprünglich ›Usiburgos‹ geheißen. Damit hätte man das Urwort für den heutigen ›Asenberg‹ bei Bad Salzuflen. Tatsächlich liegt das Werler Feld zu Füßen des weithin von Süden sichtbaren und dominierendem Asenbergs. (s. farb. Abb. S. 116)

Wie dem auch immer sei, berücksichtigen wir nur den Hinweis, daß die Cherusker Varus mit seinen Legionen in ihr Land lockten.

Um den Raum für das vielgesuchte Sommerlager logistisch zu erschließen, müssen wir erstens das Cheruskerland lokalisieren und zweitens darin vorhandene Großflächen mit besten Möglichkeiten für einen umfangreichen Getreideanbau für das römische Heer erschließen. Lassen sich mehrere derartige geeignete Landschaftsräu-

Abb. 41: Blick vom Vierenberg am Asenberg vorbei auf die Siedlungskammer bis zum etwa 13 km entfernten (Luftlinie) Stapelager Berg im Teutoburger Wald (Federzeichnung von Karl Meier, Lemgo).

Die Siedlungskammer ist wie mit einem starken Teleobjektiv perspektivisch stark verkürzt, was aus dem vorstehenden Foto mit ungekehrter Blickrichtung leicht hervorgeht.

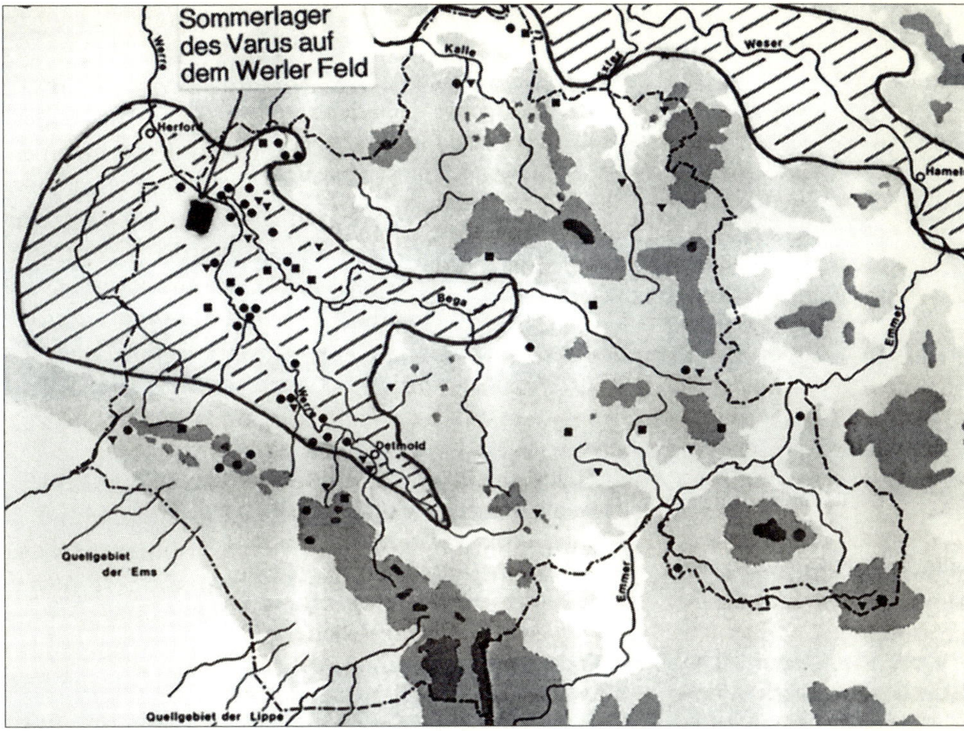

Modifizierender Eintrag der beiden schraffierten Kammern in einer Karte aus: Hohenschwert, *Fundstellen der jüngeren Bronze und älteren Eiszeit.*

■ Standort des Kastells Aliso an der Lippe,
● Urnenfunde der älteren Eisenzeit,
▪ Siedlungsfunde der älteren Eisenzeit,
▼ Einzelfunde der jüngeren Bronze- und älteren Eisenzeit.

(Das Wesertal befand sich außerhalb des Arbeitsgebietes von Hohenschwert. Hier ist nur der Kreis Lippe erfaßt.)

Abb. 42: Die beiden großen cheruskischen Siedlungskammern im westlichen Lipperland und im Wesertal.

me innerhalb des Cheruskergebietes finden, so hätte aus der Sicht des Varus derjenige Raum den Vorrang, der am bequemsten und auf kürzestem Wege von Aliso/Neuhaus aus zu erreichen wäre. Wenn dann diese Lagerfläche auch noch an einem schiffbaren Wasserweg zur Weser läge, dann wäre auf rein logistischer Basis der Ort für das Sommerlager des Varus gefunden.

Zunächst also müssen wir auf unserer logistischen Suche das Cheruskerland umreißen.

Die Hinweise der antiken Schriftsteller sind meist nur indirekter Natur. Dennoch kann man aus ihren Angaben in etwa das Siedlungsgebiet der Cherusker erschließen. So sagt zum Beispiel Cassius Dio (54/33), daß Drusus vom Land der Sugambrer »ins Land der Cherusker bis zur Weser« kam. Da andererseits das Land an der Lippe bis zur Ems mehrfach den Brukterern zugeschrieben wird, bleibt damit nur das Land von den Quellen der Lippe und Ems bis zur Weser als Cheruskerland übrig. Es ist der Raum zwischen Teutoburger Wald, Wesergebirge und Harz.

Im Zentrum dieses Gebietes liegt das Lipper Land, das sich durch unterschiedliche Landschaftsstrukturen auszeichnet.

Legt man die fundierten Untersuchungen Friedrich Hohenschwerts (*Lippe, Historische Entwicklung,* Ferdinand Schöningh, Paderborn 1993) über die Urnen und Siedlungsfunde der jüngeren Bronze- und älteren Eisenzeit (500 v. Chr. – 0) zugrunde, so ergibt sich ein eindeutiger Siedlungsschwerpunkt im westlichen Lipperland, dort, wo die besten Böden gute Getreideerträge ermöglichten.

Ein weiterer Siedlungsschwerpunkt stellt das Wesertal von Varenholz/Veltheim im Westen bis Ohsen/Grohnde im Osten dar. Das dritte, aber wesentlich kleinere Ackerbaugebiet gruppiert sich um die heutigen Städte Holzminden und Höxter. Möglicherweise lag das vierte und größte östlich von Hameln einschließlich des Calenberger Landes und der Hildesheimer

---

Abb. 43: Germanische Stammesnamen nach römischen Schriftstellern des 1. u. 2. Jahrhunderts n. Chr. Die Kreise zeigen Fundstellen germanischer Altertümer. Neufunde beweisen, daß der ostfriesische Küstenraum ebenso dicht besiedelt war wie das Elbe-Weser-Dreieck (nach E. Cosack 1985).

Modifizierung: Der Kreis umschließt das Hauptsiedlungsgebiet der Cherusker, in dem das Sommerlager des Varus zu suchen ist.

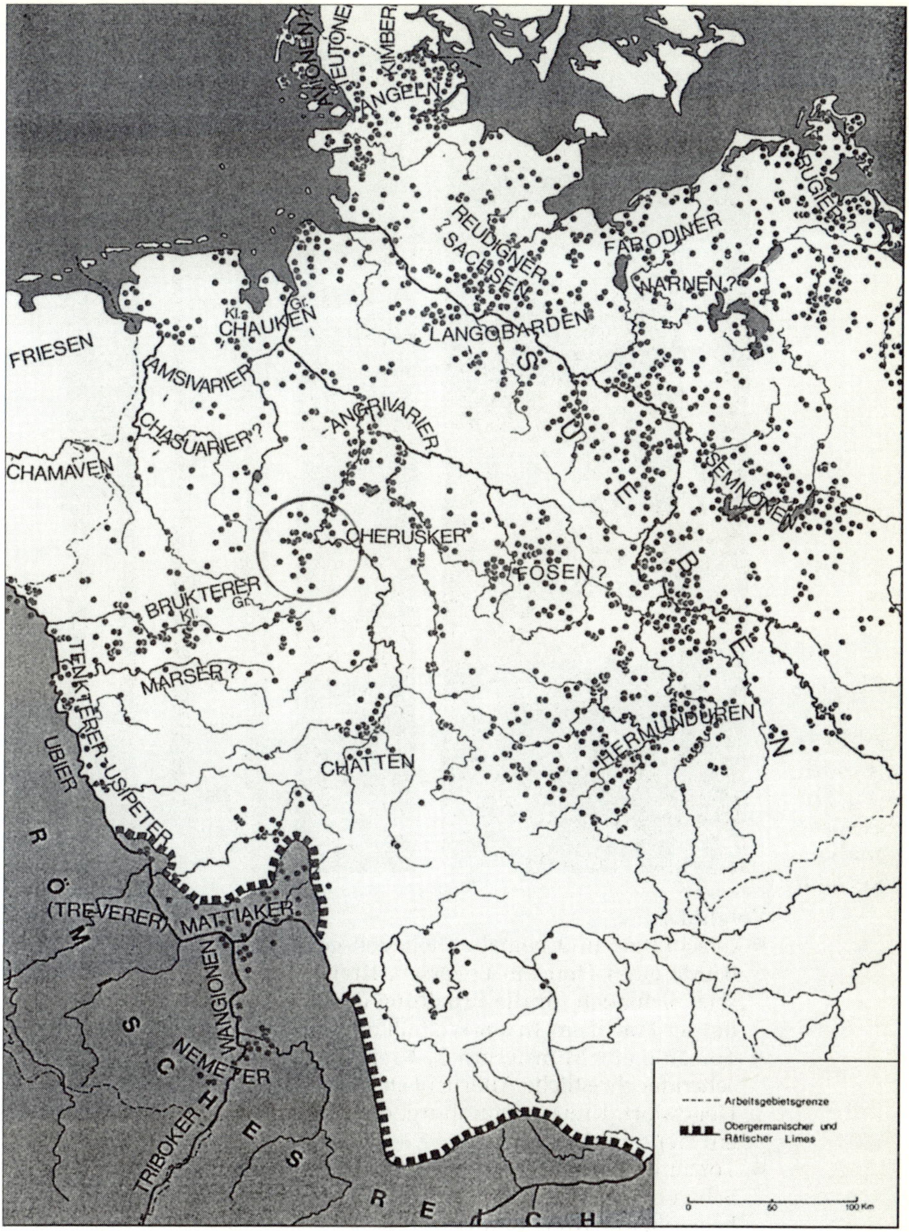
TEUTONEN
KIMBERN
ANGELN
REUDIGNER
?SACHSEN
FARODINER
RUGIER?
WARNEN?
LANGOBARDEN
Kl.
Gr.
CHAUKEN
FRIESEN
AMSIVARIER
ANGRIVARIER
CHASUARIER ?
CHAMAVEN
CHERUSKER
SEMNONEN
FOSEN ?
BRUKTERER
Kl.
Gr.
TENKTERER
MARSER ?
HERMUNDUREN
S U E B E N
CHATTEN
UBIER
USIPETER
R Ö M I S C H E S R E I C H
(TREVERER)
MATTIAKER
WANGIONEN
NEMETER
TRIBOKER
Arbeitsgebietsgrenze
Obergermanischer und Rätischer Limes
0
50
100 Km

Abb. 44: Beispiele modifizierter Torsäulen aus dem ehemaligen Cheruskerland.

Von links:

- Geschnitzte und bemalte, liebevoll gepflegte Torsäule am Stallgebäude eines Hofes in Leversen, Kreis Schaumburg. Die Besitzerin setzt sich auch für die Erhaltung der dort vorherrschenden Bückeburger Tracht ein. In der Weltallkugel befindet sich der ›Nagelstern‹.
- Torsäule aus Münsterbrock, Kreis Höxter, auf der das ›entheidnischende‹ christliche Altarlicht steht. – Aufgemalte Torsäule in Groß Hegesdorf, Kreis Schaumburg, die modifizierend statt des Weltalls ein Herz trägt.
- Torsäule mit angedeutetem Weltall, in dem die Flamme brennt. Schwer zu deutende Modifikation auf einem Kötterhaus in Wahmbeckerheide, Kreis Lippe.

Börde. Letztere konnte aber bereits teilweise von Sueben bewohnt sein.

Es gibt aber noch ein ganz anderes, im Grunde überraschendes Merkmal für das Cheruskerland - die Irminsul.

Folgende Überlegungen und Beobachtungen führen dorthin: Es ist aus der Sachsenzeit bekannt, daß Karl der Große das zentrale Stammesheiligtum, die Irminsul, fällen ließ. Über den Standort dieser großen Irminsul, zu deren Zerstörung das Heer immerhin einige Tage benötigte, gibt es widersprüchliche Hypothesen. Die Mehrzahl der Forscher plädiert für die Eresburg bei Niedermarsberg, eine durchaus beachtliche Minderheit nimmt die Externsteine als Standort dieser Großirminsul an. Letzere These hat wegen der dort vorhandenen Kunstwerke, die bis in die Jungsteinzeit zurückgehen, einiges für sich, vor allem, weil gut ein Viertel des markanten Felsens II in unbekannter Zeit gewaltsam abgesprengt worden ist. Möglicherweise stand dort die Irminsul der Sachsen.

Vor allem aber ist nach neueren Forschungen (Ralph Konekkis, Hg., *Geheimnis Externstein*, topp und möller, Detmold 1995) das Großrelief der Kreuzabnahme mit der dort in Stein gehauenen abgeknickten Irminsul in die Zeiten Ludwigs des Frommen mit der Herstellungszeit 816–822 zu setzen. In dieser Zeit wurde alles Heidnische kompromißlos vernichtet. Entsprechend steht im Kreuzabnahmerelief Nikodemus, provokativ in sächsische Tracht gekleidet, auf der Irminsul, die klein und niedergebogen neben dem übergroßen Kreuz erscheint.

Die alten Mythen von der Irminsul als der das Weltall tragenden Säule, dem Weltstützenbaum, ließen sich jedoch nicht völlig ausrotten. Im Gegenteil, noch heute prangen die Nachkommen dieser Irminsul, teilweise modifizierte und christianisierte Weltsäulen, auf den vertikalen Balken der Tore vieler Bauernhäuser im ehemaligen Sachsenland. (s. Abb. S. 104)

Nach Rudolf von Fulda (850 n. Chr.) trug die »Weltsäule gleichsam das All«. Bereits Elard Hugo Meyer (*Deutsche Volkskunde,* Trübner-Verlag, Straßburg 1898) zog aus dieser Feststellung die Schlußfolgerung, daß im Raum der »Weserfestung« die Türsäulen mit der Kugel »eine Erinnerung an die Vorstel-

Abb. 45: Eines der Hoftore der alten Fachwerkhäuser im Dorf Welsede im Wesertal, unweit des alten cheruskischen Heiligtums ›Hohenstein/Walhall‹. – Alle heute noch vorhandenen Fachwerkhäuser in Welsede tragen diese geschnitzte klassische Form der Türsäulen mit der Kugel als Weltall. Sie stellen ein wichtiges Indiz für das ehemalige Cheruskerland dar.

lung der Irminsul« seien. (Über die Integration von Torsäule und Weltbaum s. farb. Abb. S. 114, Huneckenhof)

Diese »Türsäulen« gibt es jedoch nicht nur im Wesertal, sondern auch im ganzen Lipper Land bis in das Schwelmer Land, in der Gegend um Höxter und im ganzen Kreise Schaumburg. Türsäulen sucht man jedoch vergeblich westlich des Teutoburger Waldes, im südlichen Hessen, im Verdener Land oder an der Unterweser.

Die Erklärung ist ganz einfach. An der Unterweser lebten die Chaucen, im Verdener Land die Angrivarier, westlich des

Teutoburger Waldes die Marser und Brukterer und im Hessenland die Chatten. Diese Stämme pflegten keine Irminsulen auf ihre Türpfosten zu schnitzen oder zu malen. Das taten nur die Cherusker. Obwohl nun die Chaucen, Angrivarier, Marser und Brukterer zusammen mit den Cheruskern im späteren Stammesverband der Sachsen aufgingen, so haben die Sachsen nur im ehemaligen Cheruskerland den Irminsulkult in Form der Türsäulen weitergeführt. Anders ausgedrückt: Man könnte annehmen, daß die sächsische Übersiedlung schwächer war, als man allgemein annimmt, und die cheruskische Bevölkerung wohnen blieb. Später hätten dann die direkten Nachkommen der Cherusker als sächsische Angehörige den Irminsulkult kontinuierlich fortgeführt.

Wie dem auch immer sei: Überall dort, wo Türsäulen auf den Toren alter Bauernhäuser auftreten, ist altes Cheruskerland. Durch großflächige Erfassung der Reste dieser einstmaligen Türsäulen würde man die Grenzen des ehemaligen Cheruskerlandes zuverlässig festlegen können.

Sicherlich gibt es neben den klassischen Säulen mit Kugeln herrliche christianisierte Türsäulen, wie zum Beispiel auf dem seit 1188 bestehenden Hof de Wecke in Hörste (s. farb. Abb. S. 115), gleich nördlich der Dörenschlucht im Teutoburger Wald.

Die bisherige Torsäulenerfassung des Verfassers ergibt also eine Übereinstimmung mit der oben angegebenen Lokalisierung des Cheruskerlandes.

Somit können wir nun mit größerer Sicherheit als erstes Stammgebiet der Cherusker den Raum westliches Lipperland bis Herford und Bielefeld angeben. Es ist ein Gebiet von etwa 250 Quadratkilometern, das rund 20 000 ha Acker und Grünland entspricht. Da auf etwa 10 ha Nutzland eine Hofgemeinschaft mit ca. 10 Personen ihre Selbstversorgung sicherstellen konnte, haben in diesem zentralen Gebiet der Cherusker mindestens 20 000 Menschen gelebt. Für das Wesertal zwischen Varenholz/Veltheim und Ohsen/Hameln kommen noch einmal 20 000 und aus dem 3. Zentrum in Höxter/Holzminden weitere 10 000 Menschen dazu. Der ganze Stamm muß jedoch mindestens 250 000 Menschen umfaßt haben, um ebensoviele

Krieger aufstellen zu können, wie sie Marbod in seinem Markomannenstamm mit 70 000 zur Verfügung hatte. Nach dem Rückzug der Römer im Jahre 17 n. Chr. zog Arminius nämlich gegen die Markomannen. Das hätte er nicht tun können, wenn sein Heer kleiner als das der Markomannen gewesen wäre.

Die Zahl an 250 000 Stammesangehörigen konnte nur erreicht werden, wenn auch Cherusker in den heutigen Kreisen Minden, Schaumburg, Hannover, Hameln/Pyrmont, wahrscheinlich bis zum Kreis Hildesheim, lebten.

Kehren wir zur Logistik zurück. Varus wurde also von der oberen Lippe aus in das Land der Cherusker gelockt. Da Varus als bequem lebender Feldherr von den antiken Historikern dargestellt wird, wird er mit Sicherheit nur in das nächstgelegene Zentrum des westlichen Lipperlandes mit großen Ackerflächen gezogen sein. Diese Ackerflächen konnten dann auch von seinem Heer für den Anbau von Getreide genutzt werden. Für die in Gallien stationierten Legionen war es zum Beispiel selbstverständlich, einen großen Teil des benötigten Hauptnahrungsmittels Getreide selbst zu erzeugen, wie ja auch alle anderen handwerklichen Betriebe, wie Ziegeleien, Steinbrüche, Töpfereien, unterhalten wurden.

Im nur zwei Tagesmärsche entfernt liegenden Cheruskerzentrum auf dem Werler Feld von Knetterheide/Gnitaheide an der schiffbaren Werre waren die logistischen Probleme für ein Römerheer am geringsten, die Vorteile aber am größten.

Auch die Logistik plaziert das Sommerlager des Varus auf das Werler Feld unterhalb des Asenberges von Bad Salzuflen. Nur dort konnte das Sommerlager des Varus liegen.

Die Varusschlacht

Im Sommerlager auf dem Werler Feld residierte Varus wie der Praetor von Rom. Wenn es Probleme bei der Eintreibung der Tribute gab oder aber wenn die germanischen Häuptlinge ihm irgendwelche Rechtshändel vorspielten, ließ er die streitenden Parteien vor seinen Richterstuhl kommen. Varus gefiel sich dann in seiner Richterrolle so sehr, daß er die drohenden Indizien für eine Verschwörung unter den Cheruskern gar nicht wahrnahm oder nicht wahrnehmen wollte, so auch, als ihm Segestes, der römerfreundliche Schwiegervater des Arminius, den Verschwörungsplan der germanischen Stämme verriet. Offensichtlich blendeten ihn die Schmeicheleien der Cheruskerfürsten. Allen voran verstellten sich Arminius und sein Vater Segimer, die fast täglich an seiner Tafel zu Gast waren.

Wie es nun zur römischen Katastrophe kam, ist nicht ganz klar.

Ausführlichere Berichte sind nur von Velleius Paterculus (II 117–119), Cassius Dio (56/18–22) und Florus (II/30/29–30) erhalten geblieben. Diese antiken Historiker widersprechen sich teilweise, während manche Aussagen sich entsprechen. So werden bei allen drei Quellen die Richtertätigkeit und die Arglosigkeit des Varus erwähnt. Auch der Verrat der Verschwörung findet sich in allen drei Texten.

Die größeren Unterschiede treten leider bei der Schilderung des Überfalls auf. So findet bei Florus der entscheidende Überfall auf das Sommerlager des Varus statt, während er auf dem Richterstuhl sitzt. Dennoch scheint er sich selbst zu widersprechen, indem er zuerst vom Überfall und der Plünderung des Lagers spricht, um anschließend vom Gemetzel durch Sümpfe und Wälder hin zu berichten:

> »So fallen sie denn über ihn, der nichts Schlimmes befürchtet, unversehens von allen Seiten her, während er gerade – o über die Sorglosigkeit – vor sein Tribunal Parteien ladet. Das Lager wird geplündert, drei Legionen werden überwältigt.

Varus überlebte den Verlust des Lagers nicht. Sein Geschick und sein Sinn erinnern an Paullus in der Schlacht bei Cannae. Nichts war gräßlicher als jenes Gemetzel durch Sümpfe und Wälder hin. «

Wenn man den Versuch macht, Florus von Widersprüchlichkeit freizusprechen, dann muß man annehmen, daß Varus mit einem Teil seiner Truppen im Lager starb, während ein weiterer Teil der Legionen aus dem Lager entkommen konnte. Dieser Heeresteil wurde dann auf der Flucht zum Rhein in Sümpfen und Wäldern dahingemetzelt.

Eine gewisse Unterstützung erfahren die Ausführungen des Florus durch Tacitus (I/55), der zwar nicht über die Varusschlacht, aber von den wiederholten Warnungen des Segestes an Varus berichtet, sogar noch von der am letzten gemeinsamen Festmahl, »nach welchem man zu den Waffen griff«.

Dieser eine Satz wiederum legt den unmittelbar nach dem letzten Festmahl erfolgenden Überfall nahe. Diese Auffassung wird durch die Aussage von Velleius Paterculus gestützt, daß nach der Warnung des Segestes für »eine zweite keine Zeit mehr blieb«. Nach diesen drei übereinstimmenden Feststellungen bei Florus, Tacitus und Velleius Paterculus gibt es kaum einen Zweifel, daß der Überfall auf die Römer unmittelbar nach dem letzten Festmahl erfolgte. Dennoch muß die Hauptwalstatt inmitten von Wäldern und Sümpfen abseits vom Lager in Richtung obere Lippe zum sicheren Kastell Aliso hin gelegen haben, denn alle drei Historiker sprechen von Kämpfen in derartigem Gelände. Dem Zeitgenossen von Varus und Arminius, Velleius Paterculus, selbst erfahrener Kämpfer in Germanien und damit landschaftskundig, sollte die höchste Authentizität zugebilligt werden (II/119):

»Das allerbeste Heer, das an Zucht, Tapferkeit und kriegerischer Erfahrung die erste Stelle in der römischen Kriegsmacht einnahm, wurde als ein Opfer der Trägheit seines Führers, der Treulosigkeit des Feindes und der Ungunst des Geschicks in die Falle gelockt. Nicht einmal die Gelegenheit, zu kämpfen oder sich durchzuschlagen, erhielten die Soldaten in dem

Maße, wie sie es sich wünschten. Ja, einige mußten es sogar schwer büßen, daß sie ihre Römerwaffen auch mit Römermut geführt hatten. Eingeschlossen in Wälder, Sümpfe und Hinterhalt, wurden die römischen Krieger von eben dem Feinde bis auf den letzten Mann niedergemetzelt, den sie sonst jederzeit wie das Vieh abgeschlachtet hatten.«

Nach dieser klaren Aussage des ehemaligen Reitergenerals des Tiberius sind die Römer in nicht kampfbereitem Heereszug in einen Hinterhalt in waldreicher und sumpfiger Umgebung gelockt worden. Damit ergibt sich wiederum eine starke Übereinstimmung mit Cassius Dio, der seinen Schlachtbericht offensichtlich auf der Grundlage der römischen Senatsakten rund 180 Jahre nach der Varusschlacht schrieb (56/19):

»Da empörten sich zunächst einige weitab wohnende Volksstämme, so wie es verabredet war. Wenn nämlich Varus gegen sie zog, hofften die Germanen, ihm leichter beikommen zu können, da er annehmen mußte, er marschiere durch Freundesland.«

Das also war die Falle, wie sie Velleius Paterculus erwähnt. Weit vom Sommerlager entfernt, wohnten die mit den Cheruskern früher schon verbündeten Sugambrer unweit des Rheines im Bergischen Land. Wenn Varus diese 8 bis 10 Tagesreisen entfernten Aufrührer strafen wollte, dann konnte er gleichzeitig seinen Troß mitnehmen, um am Rhein in das jetzt gefährdete Winterlager zu gehen. Tatsächlich hat es Unruhen bei den Sugambrern im Jahre 9 n. Chr. gegeben (Werner Böcking, *Die Römer. . .*, Societätsverlag, Frankfurt 1974). Die ersten beiden Tagesmärsche bis zum Kastell Aliso an der oberen Lippe konnte demnach Varus in lockerem ›*agmen impeditum*‹, also mit nicht kampfbereitem Heer, durch die Heidegebiete westlich der Werre auf den Teutoburger Wald zu ziehen.

Die Hinterhalte waren den Römern in den Pässen dieses Waldgebirges bereitet.

Th. von Stamford hat die Wegsperren in den Paßstraßen des Teutoburger Waldes noch in den Jahren 1886–1892 zwischen Bielefeld und Detmold in intensiven Sondagen, die meist 12 bis 16 Stunden lang am Tag dauerten, vorgefunden. Er beschreibt sie als Mehrfach-Paralleldämme quer über die alten Wege hin, die offensichtlich in großer Eile aufgeworfen worden seien.

An den Seiten seien sie flankiert worden durch Schanzen, die ihrerseits von Wällen umgeben gewesen seien. Einige dieser Sperranlagen seien an den Ausgängen der Pässe zur westfälischen Tiefebene, aber jedoch mit entgegengesetzter Sperrwirkung Richtung Norden ausgerichtet worden. An den nördlichen Ausgängen dagegen seien die Sperren nach Süden gerichtet gewesen, so, als hätte man feindliche Heerzüge in das einige Kilometer lange Tal hinein-, aber nicht hinauslassen wollen. Von Stamford unterstellt also die ersten blutigen Kämpfe im Wistinghäuser und Stapelager Paß bzw. auch mit den sich vor den Pässen stauenden römischen Abteilungen.

Teilweise dokumentierte, leider jedoch meist verlorengegangene Funde aus dem 19. Jahrhundert bekräftigen diese Annahmen. So wurde im Eingang vor der Wistinghäuser Schlucht ein römisches Schwert gefunden. Dazu Paul Höfer in seinem Buch *Die Varusschlacht* (1888):

> »Auch in neuerer Zeit ist in jener Gegend ein römisches Schwert, welches im Museum zu Detmold (nicht mehr vorhanden) aufbewahrt wird, gefunden worden, nämlich unterhalb der Befestigung des Tönsberges, 1½ Fuß unter der Erdoberfläche.«

Mit »jener Gegend« meint Höfer die von der *Westfälischen Zeitschrift* (20 von 1859 /299) genannten Flächen vor den Eingängen des Wistinghäuser und Stapelager Passes:

> »In der Gegend von Stapelage, 1½ Stunde nordwestlich von der Dörenschlucht, besonders auf den Feldern der großen Höfe Hunecken und Kraewinkel, werden häufig römische Münzen ausgepflügt, welche, soweit sie dem Verfasser bekannt geworden, nicht jünger als Augustus. Verschollen.«

Der Verfasser ist der Entdecker des Kastells Annaberg von Haltern, der bekannte Oberstleutnant Schmidt. In einer anderen

Notiz der *Westfälischen Zeitung* wird als Fundjahr 1839 angegeben. Bündeln wir alle dokumentierten Fundnachrichten von römischen Münzen, ergibt sich der Weg der Varusarmee vom Sommerlager auf dem Werler Feld bis zu den Orten des Untergangs von ganz allein.

Daß die Fundmengen auch an Waffenresten und dergleichen nur sehr gering sind, darf nicht verwundern, denn das Schlachtfeld (campus) wurde ja sechs Jahre nach der Katastrophe von 8 Legionen des Germanicus besucht und unter Bestattung der »bleichenden Gebeine« gründlich aufgeräumt. Lediglich das abgelegene Winnfeld wurde von ihnen nicht gefunden, wo die Gebeine, Waffenreste und Münzen, vermutlich der römischen Reiterei unter Vala Numonius, liegenblieben, bis im 15. und 16. Jahrhundert nach dem Zeugnis des Lemgoer Pfarrers Hamelmann die Bauern große Mengen an goldenen und silbernen augusteischen Münzen, Dolch, Schwert und Lanzenresten neben Pferdezeugresten beim Urbarmachen des Landes auspflügten.

Versuchen wir nun, aufgrund der historischen Texte, der dokumentierten Funde und der Hinweise auf Luftbildaufnahmen den Verlauf der Varusschlacht nachzuzeichnen.

Varus hatte also zusammen mit seinen Legaten der drei Legionen beschlossen, für den Spätsommer des Jahres 9 n. Chr. mitsamt dem Troß zu den Winterlagern am Rhein zu ziehen. Auf dem Weg dorthin wollte man die aufrührerischen Sugambrer unterwerfen. So konnte der Zug an den Rhein gleich einen doppelten Zweck erfüllen. Einmal war es möglich, den Aufstand niederzuschlagen, zum anderen aber, wieder einmal in bequemen, festen Gebäuden den germanischen Winter am wärmeren Rhein leichter zu ertragen.

Am letzten Abend wurde noch einmal zum Abschied vom Cheruskerland festlich getafelt. Arminius und Segimer hatten große Gastgeschenke mitgebracht. Segestes hatte zwar von einem bevorstehenden Aufstand unter der Anführerschaft des Arminius gesprochen und Varus geraten, Arminius und seine Anhänger und auch ihn, Segestes selbst, zum Beweis seiner Römertreue in Ketten zu legen. Jedoch glaubte Varus, diese

Abb. 46: Römische Funde, zumeist Münzen, weisen den Weg der Varusarmee in das Verderben

1. Denar, 137/134 v. Chr., Bädermuseum Bad Salzuflen + 1 republikan. Kupfermünze, Lockhausen/Kriegerheide (Korzus 6081)
2. Viele augusteische Münzen vor 1859, *Westfl. Zeitschrift*, 20/1959 (299), außerdem neueste republikan. Münzfunde durch H. Hörig, 1995
3. 1 Aureus 28 v. / 14 n. Chr., 1839 auf einem Acker von Gut Krawinkel erpflügt (Korzus 6036; Höfer, *Varusschlacht*, S. 101, 258 u. 269)
4. 1 Denar, 2 v./14 n. Chr., Lugd. Cajus und Lucius, 1839 in der Dörenschlucht gefunden (Korzus 6029; Höfer, *Varusschlacht*, S. 258 u. 269)
5. 1 Denar, 2 v. / 14 n. Chr., zusammen mit weiteren Münzen 150 m östlich des Wegeknicks bei Gastw. Alfs, am Eingang der Dörenschlucht, ergraben (Korzus 6042)
6. 1 Denar, 49 v. Chr., um 1868 in der Nähe des Donoper Teiche Hiddessen gefunden
7. Viele augusteische Aurei und Denare neben Waffen- und Gemmenresten auf dem Winnfeld (nach Hamelmann, Piderit, Wasserbach, Neubourg, s. Literaturverzeichnis)
8. Augusteische terra sigillata-Scherben in Heidenoldendorf rechts des Heidenbaches ergraben (nach Korzus)
9. Römisches Schwert, am Fuße des Tönsberges, Eingang Wistinghäuser Schlucht (nach Höfer, *Varusschlacht*, S. 262)
10. Augusteische Bronzemünze nach C. G. Clostermeier (*Wo Hermann den Varus schlug*, Meyersche Hofbuchhandlung, Lemgo 1822)
11. Republikanische Familienmünze des Caius Maenius Antiacus (ebenfalls nach Clostermeier, S. 94).

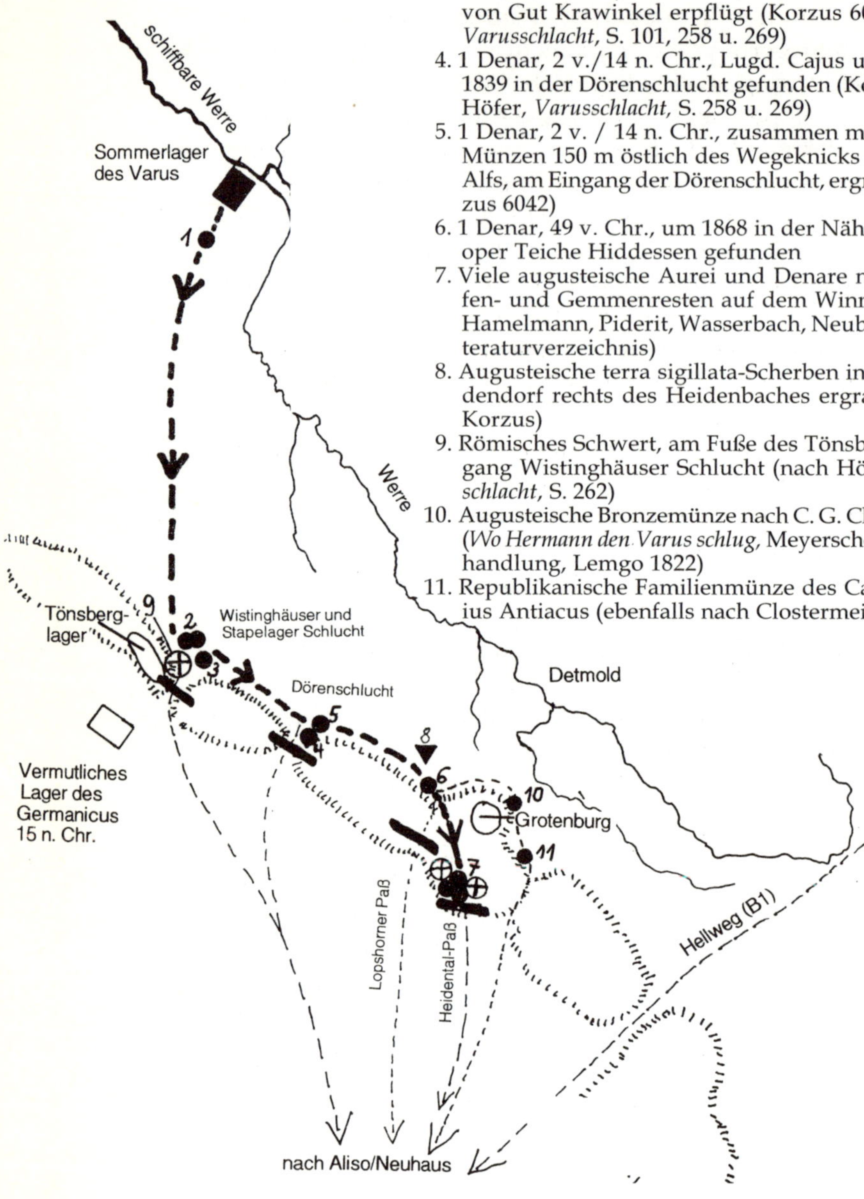

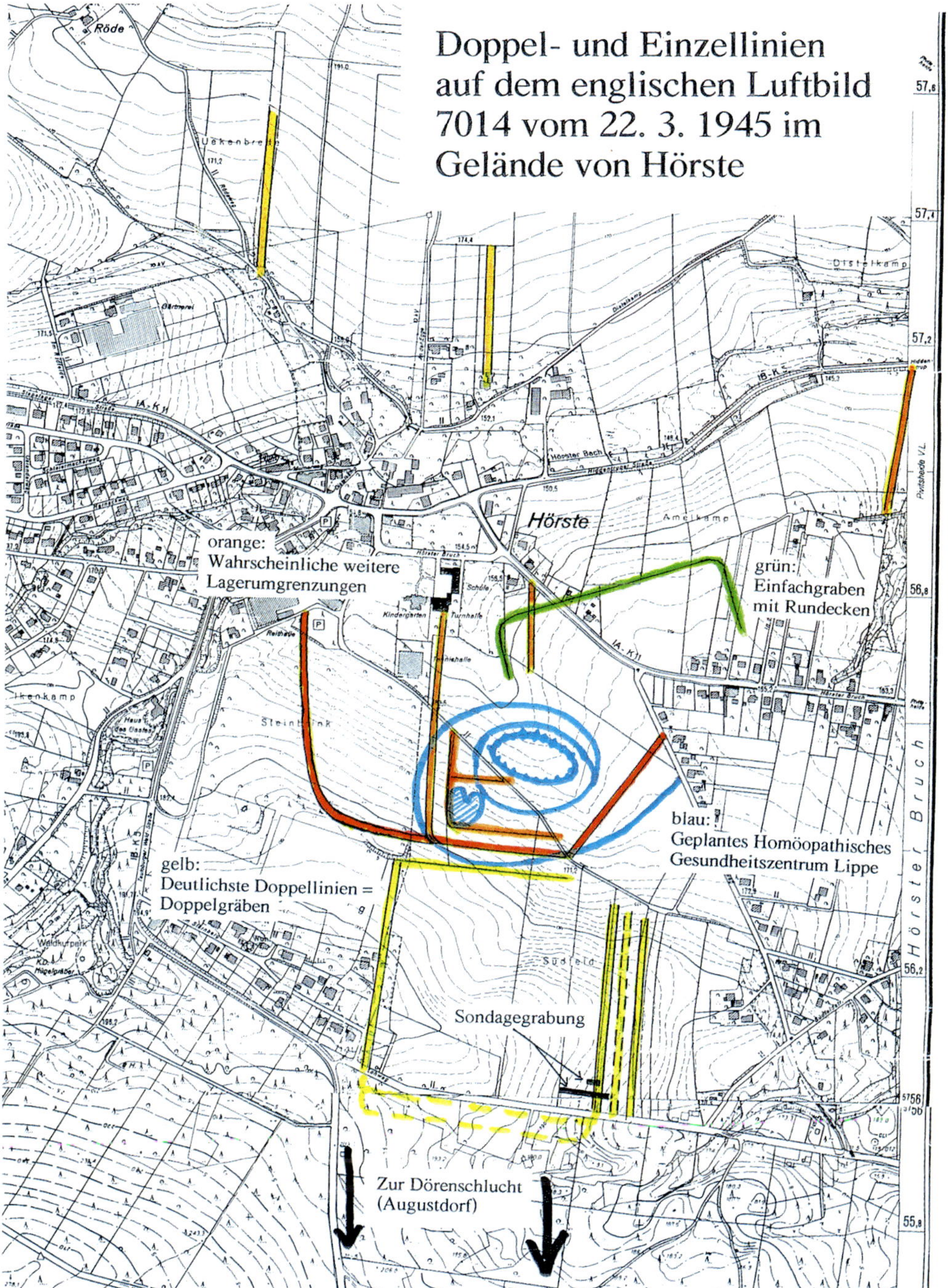
Doppel- und Einzellinien
auf dem englischen Luftbild
7014 vom 22. 3. 1945 im
Gelände von Hörste
orange:
Wahrscheinliche weitere
Lagerumgrenzungen
grün:
Einfachgraben
mit Rundecken
blau:
Geplantes Homöopathisches
Gesundheitszentrum Lippe
gelb:
Deutlichste Doppellinien =
Doppelgräben
Sondagegrabung
Zur Dörenschlucht
(Augustdorf)
Hörste
Röde
Hörster Bruch
Amelkamp
Distelkamp
Steinbrink
Südfeld
Kindergarten
Turnhalle
Schule

Abb. F/2: *(zu Seite 104)* Dieser herrliche Torbogen des Fachwerkhauses des Huneckenhofes von 1784 ist bei der Sanierung hervorragend freigestellt und mit modernen Wohnbedürfnissen integriert worden. Der dargestellte Weltbaum ist stark künstlerisch abgewandelt worden und dokumentiert die hohe Schnitzkunst des einheimischen Zimmermanns Johann Fermann Plöger. Der rechte Weltbaum enthält wie auch beim gegenüberstehenden Torbogen de Weeke einen doppelten Stern. Der doppelte Stern wurde aus einem vermutlich 500 bis 600 Jahre alten Torbalken des Vorgängerhauses des Huneckenhofes entnommen, der als damaliger einziger großer Hof vor der Wistinghäuser Schlucht ebenso alt sein dürfte wie der de Weeken-Hof (1188 erwähnt). Beide Großhöfe bestehen heute nicht mehr als landwirtschaftliche Betriebe. Sie rahmen das vermutliche Varusschlachtfeldgelände der ersten Phase ein.

Abb. F/3: *(zu Seite 105)* Dieses 1751 erbaute, auf ältere Ausführungen zurückgehende herrliche Tor des Hofes de Weeke (seit 1188 urkundlich erwähnt) zeigt eine überaus seltene Kombination früherer germanischer mythischer Symbole. Auf den Spitzen der jeweils gestauchten Irminsulen stehen unzweifelhaft die Weltbäume, die ihrerseits die Sonne tragen, in der dann links das Landesemblem, die lippische Rose, und rechts der Stern, wohl der Nagelstern, integriert sind.

Abb. F/4: *(zu Seite 48)*. Plateau vor der Einmündung der Gieseler in die Lippe Auf dem hellen Ackerstück (vorn rechts: vier parallele, jedoch schräg verlaufende dunkle Bänder der möglichen Lagerumrandung. Der helle Kreis im dunkleren Acker (oben links) erscheint als möglicher Standort eines ehemaligen Wachtturms, die zu Anfang des 1. Jahrhunderts runde Strukturen aus Holz besaßen.

Abb. F/5, rechts oben *(zu Seite 98)*. Blick auf den Ostteil des Werler Feldes, des vermutlichen Standortes des Sommerlagers des Varus vor der lippischen Bäderstadt Bad Salzuflen. – Das Zentrum des Werler Feldes ist heute in einem Kiessee aufgegangen, der sich hinter der Buschreihe hinter dem Fichtenstreifen (links im Bild) verbirgt. Rechts am Horizont erstreckt sich der Vierenberg. Ihm vorgelagert ist der Asenberg (Pfeil).

Abb. F/6, rechts unten *(zu Seite 122)*. Vor der Wistinghäuser Schlucht. Hier lag vermutlich sowohl das Aufmarschgelände der Varusarmee unmittelbar vor der Schlacht als auch das erste Lagergelände der Armee des Germanicus sechs Jahre nach der Varusschlacht nach Überwindung des Teutoburger Waldes. Links im Bild zeigen sich die Häuser von Währentrup.

Abb. F/7: *(zu Seite 126).* Blick auf den vermutlichen ›Campus‹, das eigentliche zentrale Varusschlachtfeld. *Rechts außen* (Kreuz) liegt vor der breiten Dörenschlucht das Südfeld von Hörste mit den in der Sondage angegrabenen Doppelgräben eines wahrscheinlichen Römerlagers. *Links außen* ist die Grotenburg/ Teutoburg mit dem Hermannsdenkmal zu erkennen.

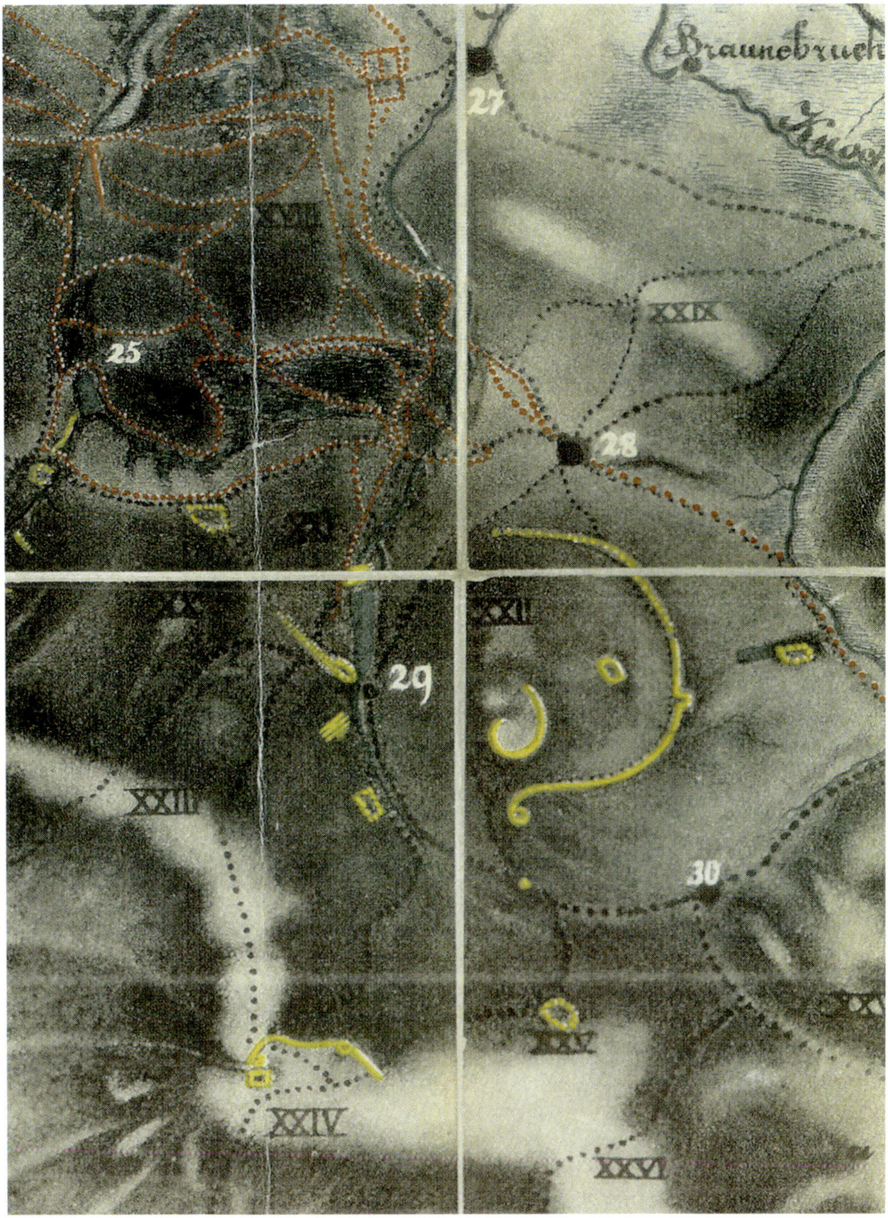

Abb. F/8: *(zu Seite 315).* Kartenausschnitt (nach von Stamford) vom Endstadium der Varusschlacht. 27 Heidenoldendorf (links davon ein Römerlager), 28 Hiddesen, 29 teuthof im Heidental, XXII Teutoburg/Grotenburg, XXVI Winnfeld, Gelb = germanische Befestigungsanlagen, rot gepunktet = mögliche Bewegungen von Teilen der Varusarmee.

Abb. F/9: *(zu Seite 112).* So, wie der nebenstehende außerordentlich wichtige römische Denarfund von der Kriegerheide (137–134 v. Chr., Korus 6081) den alten Heerweg von Herford über das Werler Feld/Bad Salzuflen (Sommerlager des Varus) zur Wistinghäuser Schlucht bestätigen mag, so gibt es neben römischen Münzen vom 2. bis 4. Jahrhundert n. Chr. weitere bedeutende Funde, die die Benutzung der alten Heerwege auch durch Händler über Jahrhunderte und Jahrtausende hinweg demonstrieren.

Obige Auswahl von Gewandfibeln und Anhängern überwiegend aus karolingischer und ottonischer Zeit mag die langfristige Benutzung der vom Verfasser angegebenen Heerstraßen und Hellwege beweisen.

Verdächtigung des Segestes sei mißgünstigerweise erlogen. Er selbst hielt große Stücke auf die Treue und Kampfkraft der Cherusker unter Arminius, zumal dieser nach dem Gastmahl weitere Hilfstruppen heranholen wollte, um mitzuhelfen, die Sugambrer zu unterwerfen. Ähnlich hatte es Arminius bereits vier Jahre zuvor unter Tiberius gegen die Chaucen getan. So nahm dann am nächsten Morgen das Schicksal seinen schlimmen Lauf für die Römer.

Zunächst brachen sie im lockeren ›*agmen impeditum*‹, durchsetzt mit den Troßteilen, auf, um auf den trockenen Heideflächen westlich der Werre Richtung Wistinghäuser und Stapelager Paß durch vermeintlich befreundetes Cheruskerland zu ziehen. Daß sie unvorbereitet für den Kampf waren, bezeugt nach Tacitus (II/46) Marbod, als er Arminius verspottet, dieser habe ja »drei ungerüstete Legionen und ihren vertrauensseligen Führer treulos hintergangen« *(»quoniam tres vacuas legiones et ducemfraudis ignarum perfidia deceperit«)*. Leider enthalten die meisten Tacitusübersetzungen hier einen verzerrenden Fehler. Statt »ungerüstete (nicht kampfbereite) Legionen« zu übersetzen, schreibt man sinnverwirrend »verirrte Legionen«.

Die nicht kampfbereiten Legionäre waren im festen Glauben, den etwa 9 Meilen entfernten Teutoburger Wald noch am selben Tag überschreiten und jenseits in der sandigen Senne ein bequemes Marschlager errichten zu können. Einen Tag später würde man bereits das Cheruskerland verlassen haben und am festen Kastell Aliso an der Lippe lagern.

Arminius mit seiner Gefolgschaft war noch in der Nacht vom Werler Feld zu seinen verstärkten Reitertruppen im Raum Herford/Bielefeld geeilt. Sie waren vermutlich gleich weiter von Westen auf die beiden Pässe zu galoppiert, um somit das Ausweichen des Varusheeres auf das offene Land östlich Bielefelds zu verhindern.

Die inzwischen versammelten Bruktererkrieger waren durch verabredete Feuerzeichen aufgefordert worden, die Pässe und auch das Tönsberglager von Westen aus zu besetzen.

So zog denn nun der bunte lange Heereszug des Varus ohne

Mißtrauen auf die Pässe zu. Als die Vorhut sich bereits in den Paßstraßen befand, wurde sie plötzlich von vorn und hinten zugleich angegriffen. Sie waren im Tal der Paßstraße wie in der Falle eingeschlossen.

Gleichzeitig stürmten die Brukterer vom Tönsberg herab und warfen sich zusammen mit den Reitern des Arminius von Westen auf die römischen Kohorten der Vorhutlegion.

Höchstwahrscheinlich warteten nunmehr die noch nicht wesentlich geschwächten Kohorten der Führungslegion in Kampfstellung auf das Heranziehen der übrigen, ebenfalls inzwischen angegriffenen Verbände. Der Zeitaufwand für den Gesamtaufmarsch ist sicherlich mit mehreren Stunden anzunehmen. Auf jeden Fall muß es jedoch den drei Legionen noch gelungen sein, ohne größere Verluste ein Lager unweit der beiden Pässe, mög-

Abb. 47: Blick von Nord nach Süd auf den Tönsberg mit vorgelagerten Flächen für mögliche Römerlager

Die Paßstraße Wistinghäuser Schlucht verläuft östlich und südlich am Fuß des Tönsberges entlang und heißt im südlichen Teil auch ›Welschen Egge‹. Auf der Höhe des Tönsberges bis an den Bildrand liegt der große germanische Ringwall, der sowohl zur cheruskischen als auch sächsischen Zeit benutzt wurde. Aus der linken unteren Bildecke heraus verlief etwa der alte Heerweg direkt auf den Fuß des Tönsberges zu.

licherweise aber schon vor dem einige Kilometer östlich liegenden Dörenpaß im Gelände von Hörste/Lage, zu errichten.

Dieses erste Lager des Varus (›*prima Vari castra*‹) wurde sechs Jahre später als erstes Lager von den Germanicustruppen gefunden, nachdem sie von den »Äußersten der Brukterer« (vom Rhein aus gesehen) vom Oberlauf der Ems im nicht weit entfernten Teutoburger Wald das Varusschlachtfeld betraten.

Von Stamford ist sich noch Ende des 19. Jahrhunderts sicher, an den Quellen der Ems bei Welschhof und Welschenmeier, unweit von Stukenbrock und Dalbke (auf der Südwestseite des Teutoburger Waldes), Reste der großen Germanicus-Marschlager gesehen zu haben. Sie hätten dann, wie bereits früher erwähnt, direkt vor der ›Welschenegge‹, dem beqemsten Weg der Wistinghäuser Schlucht, gelegen.

Offensichtlich wußte Arminius, daß die Römer sich vor dem Teutoburger Wald nur nach Westen Richtung Bielefeld und dem sehr breiten, flachen Bielefelder Paß hätten retten können. Deshalb mußte der Druck der vereinigten germanischen Kampfverbände von Westen aus erfolgen, damit das römische Heer nach Osten auswich.

Nach den Münzfunden in Hörste, Pivitsheide, Heidenoldendorf, den römischen Wagennägeln im Heidental und den Funden auf dem Winnfeld ist diese Strategie des Arminius voll aufgegangen. Möglicherweise ging Varus davon aus, am nächsten Tag den Durchbruch durch den flachen Dörenpaß zu schaffen.

Das ›prima Vari castra‹ stand auf jeden Fall, von Wistinghausen aus gesehen, bereits auf dem Weg nach Osten. Dort auf den Feldfluren von Stapelage oder Hörste wird es errichtet worden sein. Es gibt dort einige gut geeignete Flächen für dieses Lager. Auch englische Luftfotos zeigen dunkle Doppellinien eines möglichen doppelten Spitzgrabens.

An diesem ersten Lager konnten die Germanicuslegionäre noch die Schanzarbeit dreier intakter Legionen erkennen. Dann aber stießen sie auf ein weiteres Lager. Tacitus formuliert den dramatischen Anblick (I/61):

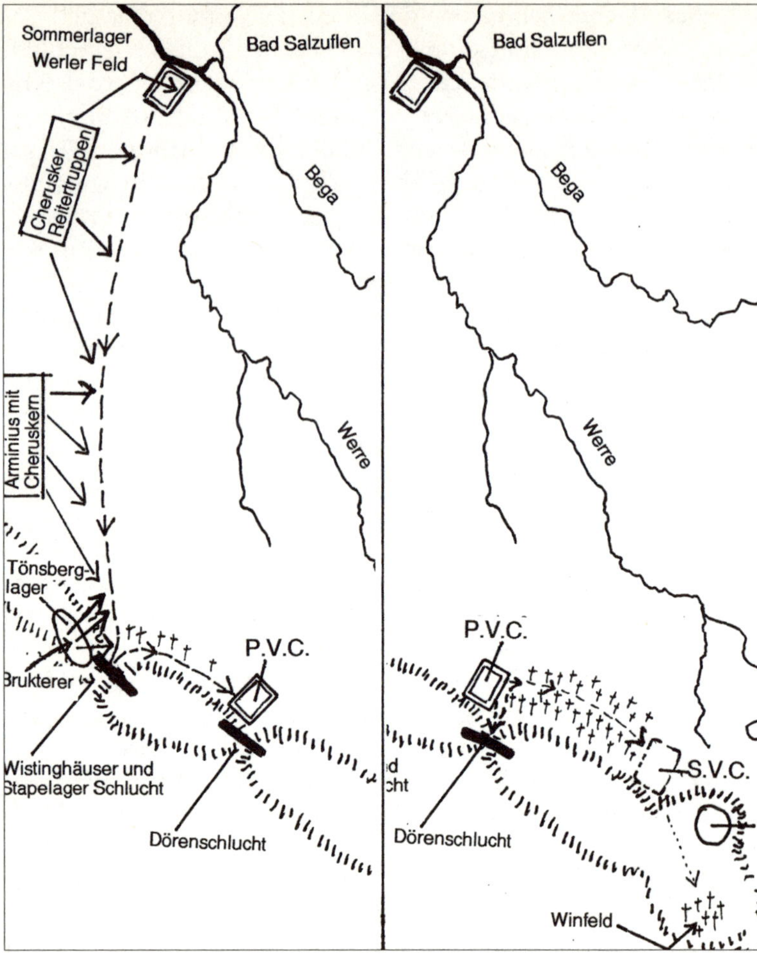

Abb. 48:
Verlauf der Varus-Schlacht

1. Tag der Varusschlacht: Marsch vom Sommerlager, Angriffe gegen den 13 km langen, bis zu 200 m breiten Heereszug, ›Wegnahme des Lagers‹, Errichtung des P.V.C. = Prima Varis Castra

2. Tag der Varusschlacht: Zurückweichen aus der verschlossenen Dörenschlucht, Erleidung schwerster Verluste auf dem Schlachtfeld (Campus) Richtung Heidental als dem letzten möglichen Paß, Errichtung eines letzten, unvollständigen Lagers (Secunda Varis Castra, S.V. C.), die Reiter werden auf dem Winnfeld vernichtet.

»Das erste Lager ließ an seinem bedeutenden Umfange und der Absteckung der Hauptquartiere die Arbeit dreier Legionen erkennen. Sodann merkte man an dem halbeingestürzten Wall und dem nur wenig tiefen Graben [des zweiten Lagers], daß sich hier die schon halb vernichteten Reste des Heeres gelagert hatten: inmitten der Ebene [*campus*] sah man bleiche Gebeine, zerstreut oder in Haufen, so wie die Römer geflohen waren oder Widerstand geleistet hatten. Daneben lagen Bruchstücke von Waffen und Gliedmaßen von Pferden; auch waren an Baumstämmen Menschenschädel angenagelt zu sehen. Unter den Baumgruppen der Nähe standen noch die Altäre, an denen der Feind die Tribunen und Centurionen erster Klasse hingeschlachtet hatte.«

Zwischen dem zuerst von den Germanicuslegionären aufgefundenen ›prima Vari castra‹ und dem zweiten nur sehr unvollständig errichteten Lager war also der ›*campus*‹, das eigentliche Schlachtfeld. Wenn im ersten Lager nämlich noch die drei Legionen intakt waren, so gelangten nur noch Reste bis zum zweiten Lager. Also lag das Hauptschlachtfeld als Campus zwischen beiden Lagern. Mit dieser klaren Angabe, der einzigen in dieser Deutlichkeit in allen antiken Texten, ist die Überfallthese des Florus für das Sommerlager mit dem Richterstuhl hinfällig. Auch die mehrtägige Schlachtfeldthese des Cassius Dio stimmt nicht mit Tacitus überein. Wohl aber passen die Funde, die Topographie des Geländes nördlich des Teutoburger Waldes zwischen Hörste/Stadt Lage und Heidenoldendorf /Stadt Detmold sowie die Beschreibung des Schlachtfeldes durch Tacitus nahtlos überein.

Die Reiterschlacht auf dem Winnfeld

Der Schlachtverlauf auf dem Campus zwischen den beiden wahrscheinlichen Lagern in Hörste und Heidenoldendorf (s. farb. Abb. S. 118) selbst läßt sich aufgrund des vorgenannten Tacitusberichtes über das Auffinden der Gebeine der Legionäre leicht vorstellen.

Man muß davon ausgehen, daß noch während der Nacht, welche die fast noch vollständigen drei Legionen im ›prima Vari castra‹ verbrachten, umfangreiche Verstärkungen an germanischen Kampfeinheiten aus den nahe gelegenen Gauen der Brukterer und Marser herangeströmt waren. Arminius konnte nun mit Sicherheit über mehr Kämpfer befehlen, als den Römern zur Verfügung standen. So vollzog sich an diesem entscheidenden Tag das ›Waterloo‹ der Römer.

Zunächst versuchten sie, den Durchbruch durch die Dörenschlucht zu erzwingen. Hier trafen sie jedoch auf Querwälle, die ringsherum von massierten Einheiten der besten germanischen Kämpfer besetzt waren. Weder konnten sie ihre Fahrzeuge über die Dämme bringen noch die Reihen der Germanen durchbrechen. Im Gegenteil sie mußten in wilder Flucht zurückweichen, wenn sie ein Desaster im Paß vermeiden wollten. Durch das Zurückweichen wurden die Reihen der größtenteils noch im Lager befindlichen römischen Kohorten in Unordnung gebracht. Jetzt erfolgte der massive germanische Angriff auf die in totaler Verwirrung begriffenen Römer innerhalb des eigenen Lagers. Wie verheerend die Wirkung der germanischen Kampfkeile im inzwischen von den Zelten geräumten Lager sein mußte, kann man sich vorstellen. Die Cherusker, Brukterer und Marser waren bald Herr im Lager. Jetzt trifft die Aussage des Florus (»das Lager wurde geraubt«) völlig zu.

In wilder Flucht zogen sich nun einzelne Kampfverbände weiter nach Osten, in Richtung auf den nächsten Paß, das Heidental.

Blick nach Osten auf das vermutliche Hauptgelände der Varusschlacht (»campus« nach Tacitus) zwischen Hörste und der Grotenburg/Teutoburg mit dem Hermannsdenkmal.

Die liebliche Landschaft ist vielgestaltig, für die germanischen Angreifer auf den zersplitterten römischen Heereszug aber ein ideales Gelände gewesen.

Abb. 49: Vermutliches Hauptgelände der Varusschlacht

Dabei mußten sie den in tiefen Schluchten fließenden Rethlager Bach überqueren. Am Donoper Teich kamen sie in Sumpfgebiete, das heute noch vorhandene Hiddeser Bent. Offensichtlich stürmte und regnete es. Es waren die idealen Verhältnisse, um ein angeschlagenes, in Auflösung begriffenes römisches Heer zu vernichten. Am Abend konnten sich nur noch Reste der kampfstärksten Kohorten unter einigen beherzten Centurionen in ein nur noch unzureichend ausgebautes Notlager retten.

Cassius Dio (56/20–21) beschreibt das entscheidende Kampfgeschehen folgendermaßen:

»Da zeigten sie sich [Arminius und seine Auxiliarsoldaten] auf einmal als Feinde statt als Untertanen und richteten unermeßliches Unheil an. Denn das Gebirge war reich an Schluchten und ungleichmäßig gestaltet, die Bäume dicht und übergroß, so daß die Römer, schon ehe die Feinde über sie herfielen, durch das Fällen der Bäume, Bahnen von Wegen und das Anlegen von Brücken, wo es das Gelände erforderte, in arge Bedrängnis gerieten. Sie führten auch viele Wagen und Saumtiere mit sich, wie mitten im Frieden. Auch zahlreiche Burschen und Weiber und der übrige riesige Troß folgten ihnen. Auch dieser Umstand veranlaßte sie, den Marsch in aufgelöster Ordnung zu machen. Da brachen ein heftiger Regen und Sturm los und zersprengten die Kolonne noch mehr; der Erdboden wurde von den Wurzeln und den Stammenden der Bäume schlüpfrig, so daß sie fast bei jedem Schritt ausglitten; Baumkronen stürzten, vom Sturm zerschmettert, hernieder und brachten sie in Verwirrung. Während die Römer in dieser verzweifelten Lage waren, umzingelten die Barbaren sie plötzlich von allen Seiten, indem sie gerade aus dem dichtesten Gebüsch – kannten sie doch Weg und Steg – hervorbrachen. Anfangs schleuderten sie nur aus der Ferne ihre Geschosse, dann aber, wie sich keiner wehrte und viele Römer verwundet waren, begannen sie das Handgemenge. Denn da die Römer weder in einer bestimmten Ordnung, vielmehr bunt durcheinander marschierten, noch sich ohne große Schwierigkeiten dicht aneinander schließen konnten und da ihre einzelnen Trupps schwächer als ihre jeweiligen Angreifer waren, so hatten sie viele Verluste, während sie selbst dem Feinde keinen Schaden zufügten. Dort nun schlugen sie ein Lager auf, nachdem sie einen geeigneten Platz – soweit davon im waldigen Gebirge die Rede sein konnte – besetzt hatten.

Als sie von dort aufgebrochen waren, gelangten sie aufs neue in Wälder. Dabei wehrten sie sich gegen die Angreifer, doch hatten sie gerade hierbei bedeutende Verluste. Denn, wenn sie sich auf engstem Raume dicht aneinanderschlossen, damit Reiter und Legionäre den Feind angriffen, dann kamen sie oft ins Gedränge miteinander, oft auch über Baumwurzeln zu Fall... ja, das Wetter machte ihnen sogar den Gebrauch ihrer Waffen unmöglich, denn sie konnten weder ihre Pfeile noch ihre Wurfspieße oder ihre Schilde, die völlig durchnäßt waren, ordentlich gebrauchen. Den Feinden dagegen, die größtenteils leicht bewaffnet waren und ohne Gefahr die Möglichkeiten zum Angriff oder zum Zurückweichen hatten, war dies weniger hinderlich. Außerdem waren diese weit in der Überzahl – denn es waren auch viele von den übrigen, die vorher Aufklärerdienste geleistet hatten, von anderen Gründen abgesehen, vor allem um Beute zu machen zusammengeströmt – während die Zahl der Römer zusammenschmolz, denn viele waren in den vorhergehenden Gefechten gefallen.

Daher umzingelten sie die Römer mit geringer Mühe und hieben sie nieder. Da entschlossen sich Varus und die übrigen hohen Offiziere aus Angst, gefangengenommen oder gar von ihren erbitterten Feinden getötet zu werden, zumal sie bereits verwundet waren, zu einer schrecklichen, aber unvermeidbaren Tat: Sie stürzten sich in ihr eigenes Schwert. Als sie dies bekannt wurde, da gab auch jeder andere, selbst wenn er noch im Vollbesitz seiner Kräfte war, die Gegenwehr auf – die einen ahmten das Beispiel ihres Feldherrn nach, die anderen warfen sogar ihre Waffen fort und ließen sich von den ersten besten niedermachen, denn an Fliehen war nicht zu denken, selbst wenn sie es noch so gerne gewollt hätten. So wurde denn von den Barbaren ohne Scheu alles niedergemetzelt, Mann und Roß.«

In dieser ausweglosen Situation ließen die Reitertruppen unter ihrem Führer Vala Numonius ihre verzweifelt um das Überleben kämpfenden Kameraden in Stich. Velleius Paterculus läßt in seinem Bericht (II/ 119) deutlich seiner Entrüstung freien Lauf:

»Vala Numonius, ein Legat des Varus, sonst ein besonnener und braver Mann, beging eine abschreckend ruchlose Tat. Er flüchtete mit seinen Reitergeschwadern nach dem Rheine zu und ließ auf diese Weise das Fußvolk, dem nun die Unterstützung der Reiterei fehlte, im Stich. Doch das Schicksal rächte diese Tat; es war ihm nämlich nicht vergönnt, diejenigen, die er so schnöde im Stich gelassen hatte, zu überleben, sondern er fiel als Deserteur auf der Flucht.«

An dieser Textstelle sollten wir einhalten und den Militärfachmann Oberstleutnant a. D. Th. von Stamford mit seinen Überlegungen zu Wort kommen lassen, die er 1892 zu Papier brachte.

Von Stamford hatte als Teilnehmer am Deutsch-Französischen Krieg von 1870 /71 eigene Erfahrungen mit Reitertruppen. Seine taktischen Vorstellungen verraten seine praktischen Kenntnisse. So sind nach seiner Meinung die germanischen Reiter westlich des Teutoburger Waldes in der Ebene der sandigen Senne postiert. Sie sind bereit, mit schnellen Angriffen durch das Gebirge durchgebrochene Römer zu umzingeln und zu vernichten. Im Nahkampf in unübersichtlichem Gelände auf der Nordseite des Gebirges wären sie nur von geringem Nutzen gewesen.

Neben dieser Aufgabe, flüchtende Römer auf der Südseite des Gebirges zu töten, konnten sie aber auch gleichzeitig noch Verpflegungsaufgaben für die auf der Nordseite kämpfende germanische Fußtruppe übernehmen.

Die Reiterei konnte natürlich mit zunehmender Verlagerung des Kampfgeschehens vom Wistinghäuser Paß zum Heidental auf der Südseite ebenfalls mit nach Osten ziehen.

Der germanischen Reiterei wurde rechtzeitig durch Beobachter der Durchbruchsversuch der römischen Reiterei mitgeteilt. So trafen sie denn gleichzeitig mit den Reitern des Vala Numonius auf der Hochebene des Winnfeldes ein.

In der Zusammenfassung stellt von Stamford folgende Überlegungen an:

- Auf dem Winnfeld sind durch Hamelmann (1586), Piderit (1627) und Wasserbach (1698) augusteische Gold- und Silbermünzfunde bezeugt. Wasserbach zeichnet sogar eine »Varusmünze«, auf dem Winnfeld ergraben (*efossus*).

- Weiter sind dort Gemmen, Waffen- und Pferdezeugreste, neben Knochenresten, beim Pflügen nach dem Urbarmachen des Geländes entdeckt worden.
- Die Münzen sind in der umfangreichen Sammlung des Predigers Althoff 1796 versteigert worden und damit der Forschung verlorengegangen. Ein weiterer Teil aus der Wasserbachschen Sammlung ist nach Helmstedt gekommen und dort verschollen.
- Da es sich weitgehend um Gold- und Silbermünzen gehandelt hat, haben sie einst jungen, adligen römischen Reitern gehört, denn diese stammten aus vermögenden Häusern, in denen man sich diese Münzen leisten konnte. Das Fußvolk dagegen besaß überwiegend nur Kupfer- und Bronzegeld (Soldatengeld).
- Das Fußvolk hätte auf einer großen Hochebene nicht schnelle Reitertruppen zum Kampf stellen können. Sie wären von den römischen Reitern einfach umritten worden.
- Die römische Reiterei konnte nur durch ebenfalls schnelle germanische Reiterei gestellt und vernichtet werden.
- Die vorgefundenen Gräber am Rande des Winnfeldes konnten nur germanische Gräber sein, da die Römer von ihren Kameraden sechs Jahre später nicht auf diesem Platz gefunden und deshalb auch nicht beerdigt worden sind. Deshalb konnten hier auch im 15. bis 17. Jahrhundert die vielen Funde gemacht werden.

Von Stamford zieht den Schlußstrich so:

> »Wir haben somit als Schluß des Dramas hier eine Reiterschlacht, es kann gar nicht anders sein, soll man nicht irgendwie und wo auf Unwahrscheinlichkeiten und Widersprüche stoßen. Ein Reiterkampf fügt sich am ehesten in den Rahmen unserer früheren Ausführungen, in das Terrain und die Belege. . .
>
> Das Winnfeld läßt sich nun mit keinem anderen bekannten Römerkampf in Verbindung bringen. Hier kann auch nur eine Truppe gekämpft haben, welche abgekommen war. . .

Wir sehen aber, daß dies nur durch die Reiterei (aufgrund des Terrain!) anging, und somit auch nur die römische unter Vala Numonius hier abgefaßt wurde.«

Für den Verfasser bedeuteten diese Ausführungen von Stamfords die eigentliche Lösung des Problems. Bisher war es ihm aus genauer Kenntnis des Geländes immer wieder ein Rätsel gewesen, wie denn ein Kampf mit Römern ausgerechnet auf das Winnfeld hätte stattfinden können. Von der bisherigen Annahme ausgehend, daß das Varusheer von Osten (Ohsen, Rinteln oder Höxter) auf den Teutoburger Wald zumarschiert sei, war es logistisch und topographisch nahezu unmöglich, daß sich über Schluchten und Berge hin römische Verbände in völlig falsche Richtung zum Winnfeld verirrt hätten. Das Wissen darum hatte dem Verfasser immer ein unbehagliches Gefühl verschafft.

Jetzt nach dem Erfahren der Thesen von Stamfords lösten sich die Zweifel.

Wenn man die reichhaltigen Funde des Winnfeldes aus früheren Zeiten nicht bezweifelt, so ist zwingend vorgegeben, daß die Römer dorthin nur von Nordwesten, also aus dem Raum Bad Salzuflen, kommen konnten. Nur von Heidenoldendorf aus ist eine Fluchtrichtung über das Heidental und das Winnfeld strategisch vorgegeben und sinnvoll, aber auch erst dann, wenn man die Sperrung des Paßweges nach Lopshorn auf der Südseite des Gebirges annimmt.

Ein Schlüssel zum Beweis für die Lokalisierung der Varusschlacht liegt auf dem Winnfeld. Dort müßten wissenschaftlich vorbereitete Sondagen nach dem Arbeitsmuster in Kalkriese durchgeführt werden. Es wird der Tag kommen, an dem das geschieht und die Rätsel um die Varusschlacht durch Beweisen des Reiterkampfes auf dem Winnfeld gelöst sein werden.

Berger hält es für ausgeschlossen, daß die Varusmünzen auf dem ›Wintfelt‹ und in einem Lippelager gefunden worden sind. Der Verfasser sieht dagegen keinen Grund, weshalb die Aussagen Wasserbachs angezweifelt werden sollten.

Sicherlich ist die Arminiusmünze zu Beginn der Neuzeit geprägt worden und von ›Heimatforschern‹ am Fuße der ›Armi-

Abb. 50: Münzabbildungen aus E.C. Wasserbachs, *Ausführlicher Erörterung der herausragenden Bildnisse Hermanns* aus dem Jahre 1698

Kennzeichnung durch F. Berger, Kestner-Museum, Hannover:

1. Kupfermünze des Varus aus der Stadt Achulla, 87 v. Chr.

2. Phantasiemünze des 17. Jahrhunderts

3. Kupfermünze des Varus aus Beritos (Beirut), 64 v. Chr.

4. Sesterz des Claudius (41–50 n. Chr.) auf seinen Bruder Drusus

5. Sesterz des Gaius (37–41 n. Chr.) auf seinen Vater Germanicus

6. Kolonialbronze Tarraco/Spanien (15–19 n. Chr.), Hälften zweier Münzen

(aus: Wasserbach, Ernst Casimir, *Dissertatio De Statua Illustri Harminii,* Heinrich Wilhelm Meyer, Lemgo 1698).

niusburg‹, der heutigen Herlingsburg, deponiert bzw. verloren worden.

Die unter 4–6 abgebildeten Münzen sind nach Wasserbach »im Acker von Xanten bei castra Vetera einstmals ergraben worden« (*»In agro Santensi apud Castra vetera olim efossa.«*). Wasserbach weist darauf hin, daß diese Münzen von Dr. Goetzius, Rektor in Lippstadt, in dessen Dissertation so »elegantissime« erklärt worden seien.

Auch die Ergrabung dieser Münzen auf dem Gelände der ehemaligen großen römischen Veteranenstadt Colonia Ulpia Traiana (CUT) nahe bei dem Zweilegionenlager castra Vetera ist durchaus glaubwürdig, denn diese gewaltige Stadt mit ihren vielen Steinbauten diente das ganze Mittelalter über als Steinbruch für Xanten.

Ein wichtiger Augenzeuge für Fundstücke aus den Überresten des Römerheeres vom Winnfeld ist der Lemgoer Pastor und Heimatforscher Hamelmann (*Genealogien und Familien der angesehensten und edelsten Grafen, Freiherren und Herren,* Heinrich Wilhelm Meyer, Lemgo 1582). Er schreibt 1582 über das ›Wintfelt‹:

> »Dann befindet sich dort in der Nähe ein Meier, gen. ›de Teutgenmeyger‹, so von altersher bezeichnet, womit das Wort bei Tacitus vom Teutoburger Wald (saltu Teutenbergensi) übereinstimmt; es wurde dort auch von 30 Jahren ein Haufen Steine gefunden, gleichsam ein Anzeichen, daß dort eine Befestigung gewesen ist, und Überreste von Steinen werden noch jetzt dort ohne Zweifel gefunden. Alsdann möge auch bedacht werden, daß ein Bach an der nach dem Siege benannten Ebene (Wintfelt) vorbeifließt, der nach der Menge des vergossenen Römerblutes nach der gemeinen Mundart dieser Gegend den Namen ›Rodenbecke‹ [heute ›Roter Bach‹, d. Verf.] führt. Schließlich hat es sich vor unserer Zeit zugetragen, daß, wenn Bauern begannen, mit dem Pflug die Erde aufzureißen und zum Acker geeignet zu machen, dort nicht nur menschliche Gebeine gefunden wurden, sondern auch Stücke von Schwertern, Lanzen, Dolchen und eisernen Verteidigungswaffen verschiedener Art. Man

fand dort auch verschiedene römische Münzen, teils von Gold, teils von Silber, auf denen Bild und Inschrift des Julius, Augustus, Agrippa und anderer römischer Helden wie auch immer zu erkennen waren; ich habe diese Münzen und Inschriften selbst vor 26 Jahren [1556] in Lemgo gesehen.«

Römerlager in Hörste?

Die vorausgehende Darstellung der Varusschlacht wurde aus technisch-logistischen Rekonstruktionen unter Auswertung alter Quellen und Münzfunde entwickelt. Gibt es denn auch Grabungsbefunde?

Sie gibt es, wenn auch erst aus jüngster Zeit. Und so lief das Grabungsabenteuer ab:

Monatelang hatte der Verfasser bereits die von den Rintelner Stadtwerken gesponserten englischen Luftfotos in der Hand; auch die beiden aus großer Höhe fotografierten Aufnahmen 7014 und 7023 vom 22. März 1945, die etwa ein Gebiet von 60 bis 70 Quadratkilometern abdecken. (s. farb. Abb. S.113)

Schon oft hatte der Verfasser versucht, auch diese beiden Fotos systematisch auszuwerten. Eines Tages wurde über die bisherigen Recherchen nördlich des Wistinghäuser und Stapelager Passes hinaus auch vor dem Dörenpaß Quadratzentimeter auf Quadratzentimeter der Fotos mit der Lupe abgesucht. Plötzlich schreckte ein Adrenalinstoß den Suchenden hoch. Genau nordwestlich vor dem Dörenpaß, dort, wohin die Varustruppen nach der bisher geäußerten These hätten ziehen müssen, gab es zwei zarte, parallel verlaufende, dunkle Doppellinienpaare südlich des Ortsteils Hörste der Stadt Lage. Die Doppellinienpaare schienen ein rechteckiges Lager zu umfassen.

Ein Römerlager mit Doppelspitzgräben wie beim erst kürzlich entdeckten Römerlager Marktbreit? Es wäre zu schön, um wahr zu sein.

Gerade waren die Grabungen in Rinteln abgeschlossen worden, die zwar archäologisch durchaus erfolgreich gewesen waren, aber die Blütenträume von der Entdeckung römischer Anlagen hatten welken lassen. Also Vorsicht!

Dennoch wird die Denkmalspflege in Ostwestfalen-Lippe um Grabungsgenehmigung gebeten. Nach gemeinsamer Vorbesprechung wird diese dann auch erteilt. Auch die Stadt Lage unterstützt die Sondagegrabung durch Gestellung eines Baggers und der notwendigen Hilfskräfte. Der Eigentümer, Landwirt Walter Uekermann, bittet darum, erst die Aberntung des aufstehenden Weizens abzuwarten.

26. August 1999. Es ist so weit. Die Sondagegrabung in Anwesenheit der zuständigen Denkmalspflegerin und eines weiteren Archäologen kann beginnen:

Der Baggerfahrer zieht einen 50 bis 60 cm tiefen und 1,50 m breiten Graben senkrecht durch das Gelände, in dem der Doppelgraben erwartet wird. Etwa 70 m soll der Sondagegraben maximal lang werden. Schnell wird das Bodenprofil deutlich. Unter einem schwarzen humosen A-Horizont (Mutterboden, Ackerkrume) liegt, klar abgetrennt, reiner gelber Sand des B-Horizontes (Unter-Boden), der hier bekannterweise am Ende der Eiszeit aus der sandigen Senne, des südlichen Vorlandes, durch die Pässe des Teutoburger Waldes in dessen nördliches Vorland geweht worden war. Wo bleiben die Ränder der Gräben?

Abb. 51: Der Baggerfahrer zieht einen 1,5 m breiten und etwa 60 cm tiefe Sondagegraben. Links ist der gelbe Sand des B-Horizontes (Unterboden), rechts dagegen der dunkle, humose Boden des A-Horizonts (Mutterboden, Ackerkrume) abgelagert. Die Hilfskraft sticht die Grabenränder sauber ab, damit Strukturen in der Grabenwand besser sichtbar werden.

Abb. 52: Durch Pfeile ist die Wand des äußeren Spitzgrabens des Doppelgrabens deutlicher gemacht worden.

Nach 50 m immer noch das gleiche Bild des unverletzten dunklen A-Horizontes über dem gelben B-Horizont.

Leise Zweifel steigen auf. Dann plötzlich wird der B-Horizont leicht hellbraun mit verschiedenen Einfärbzonen, in denen, unregelmäßig gesprenkelt, Holzkohlereste in 40–80 cm Tiefe sichtbar werden. Etwa 3,40 m ist diese braune Zone im B-Horizont lang.

Nach weiteren 14 Metern treten in einer zweiten etwa 1,50–2,20 m langen, braunen Zone kompakte Holzkohlereste mit ca. 3 cm langen Kohlestücken auf. Aber sie liegen unter einem völlig unverletzten A-Horizont. Wie können sie durch diesen in den B-Horizont gekommen sein, ohne daß dieser verletzt wurde?

Sofort entspinnt sich unter den Anwesenden eine konträr geführte Debatte. Der Verfasser bleibt bei folgender These:

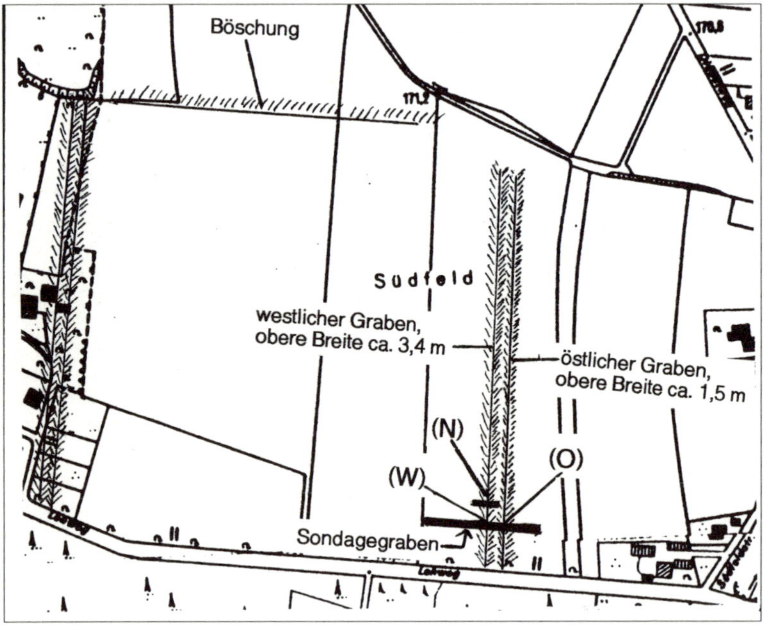

Abb. 53: Die nach den englischen Luftbildern eingezeichneten Doppelgräben des vermutlichen Römerlagers von Hörste

Im schwarzen Balken des Sondagegrabens sind die Schnittstellen (W) und (O) mit den vermutlichen römischen Spitzgräben angegeben. Unter (N) ist ein zweiter, nur 6 m langer Sondagegraben angelegt worden.

Der A-Horizont wurde erst nach der Holzkohleeinlagerung durch eine lang andauernde Bodenbewirtschaftung infolge jährlicher Einlagerung von Pflanzenteilen zum dunklen Mutterboden mit reicher Humusbildung. Deshalb ist der Mutterboden über der Holzkohle genau so scharf und deutlich vom B-Horizont getrennt wie überall im Sondagegraben. Dann aber ist die Holzkohle älter als der Beginn des regelmäßigen Ackerbaues und der damit verbundenen Humusbildung.

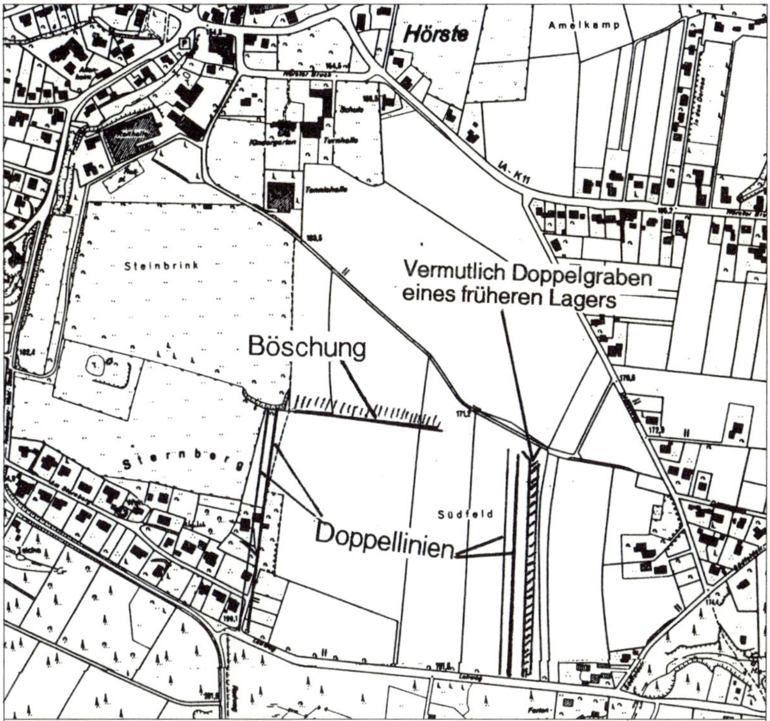

Oben: Lage des vermutlichen Römerlagers in Hörste, Ortsteil der Stadt Lage, direkt am Teutoburger Wald

Links: Ausschnitt aus dem englischen Luftbild 7014 mit den beiden Doppellinien.

Abb. 54: Die Doppellinienstruktur zeigt ein mögliches römisches Lager auf.

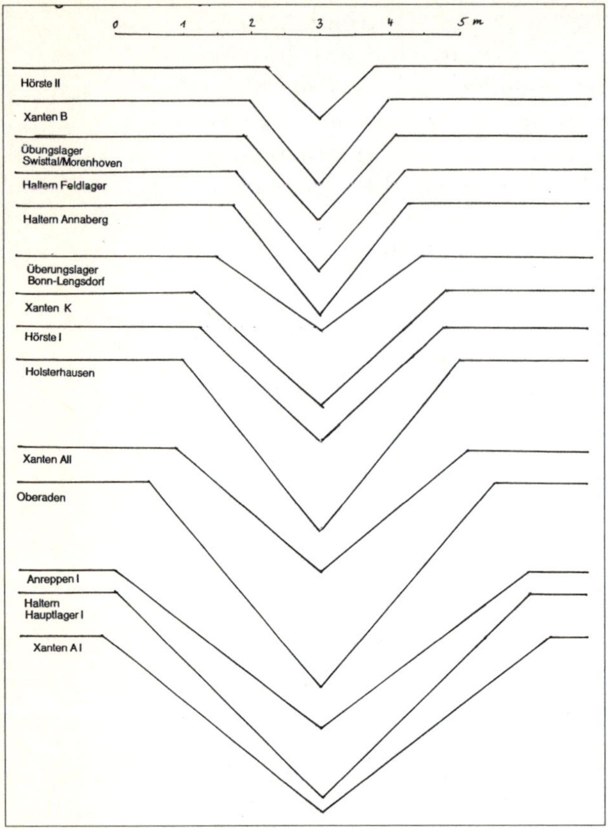

Abb. 55:
Querschnitte von Spitzgräben aus römischen Lagern im Vergleich mit den hypothetischen Hörster Lagergräben.

Ohne Mühe sammelt der Verfasser eine ausreichende Menge Holzkohle für die C14-Datierung. Nach der späteren Säuberung und Trocknung verbleiben 15 g Holzkohle, mehr als genug für eine erfolgreiche, bereits zugesagte Datierung vom Niedersächsischen Landesamt für Bodenforschung in Hannover (Prof. Dr. Mebus A. Geyh).

Nach dem saubereren erneuten Abstechen dieses zweiten östlichen Holzkohlevorkommens zeichnet sich ein Spitzgraben von etwa 80 cm Tiefe und 1,50–2,20 m Breite ab.

Er hat den im Luftbild enthaltenen Abstand der Doppellinien von 14 m vom ersten etwa 3,40 m breiten Holzkohlevorkommen, das möglicherweise in einem etwa 1,70 m tiefen Graben liegt. In einem zweiten Sondagegraben (N) zeigt sich nämlich Holzkohle in über 1 Meter Tiefe. Weitere Tiefgrabungen lassen jedoch leider weder der Eigentümer, der am nächsten Tag Gerste säen will, noch auch der eilige Baggerfahrer zu. Eine zweite Grabung wird später folgen müssen.

Hypothesen

Unter der Voraussetzung, daß die vom Niedersächsischen Landesamt für Bodenforschung zugesagte C14-Datierung der in den beiden vermutlichen Gräben geborgenen Holzkohle kein deutlich vorgeschichtliches, die Römerzeit ausschließendes Alter ergibt, könnten folgende Lösungsansätze diskutiert werden:

Es könnte zunächst eine Kombination von Textstellen aus den Büchern der antiken Schriftsteller Cassius Dio und Tacitus angewendet werden. Cassius Dio schreibt unter anderem über den Verlauf der Varusschlacht (56/21):

> »Als sie einen Platz fanden, der sich, soweit es in den Waldungen überhaupt möglich war, zum Lagern eignete, schlugen sie ein Lager auf. Die Mehrzahl der Wagen und das andere nicht unbedingt notwendige Gerät verbrannten sie oder ließen sie daselbst zurück.«

Tacitus in seinen *Annalen* (I/61) ergänzt bei seiner Beschreibung des Besuchs der Germanicustruppen auf dem Varusschlachtfeld im Jahre 15 n. Chr.:

> »Das erste Lager des Varus ließ an seinem bedeutenden Umfange und der Absteckung der Hauptquartiere die Arbeit dreier Legionen erkennen. Sodann merkte man an dem halb eingestürzten Wall und dem nur wenig tiefen Graben [des zweiten Lagers!], daß sich hier die schon halb vernichteten Reste des Heeres gelagert hatten.«

Aus diesen beiden Texten und den Fundvoraussetzungen aus der Sondagegrabung lassen sich folgende Hypothesen formulieren: Das Südfeldgelände von Hörste/Lage (s. farb. Abb. S. 254) war die Örtlichkeit für das ›erste Lager des Varus‹ (prima Vari castra), das noch die »Arbeit dreier Legionen« erkennen ließ. Nach den englischen Luftbildern und der dazu passenden Topographie umfaßte das ›prima Vari castra‹ eine Fläche von etwa 400 mal 400 m = ca. 16 ha. Es wurde westlich und östlich durch jeweils einen Doppelgraben umgeben. Im Norden war infolge einer Naturböschung ein Graben nicht erforderlich. Im Süden lag der Teutoburger Wald. Dort wird die ehemalige Lagerbegrenzung vermutlich durch die Trasse des Lohweges bedeckt.

Auf dem Lagergelände von 16 ha Größe unmittelbar vor dem Eingang zur Dörenschlucht konnten sich die vom westlichen Werreufer aus dem Raum Bad Salzuflen heranmarschierenden Varuslegionen nach heftigen Kämpfen vor der Wistinghäuser und Stapelager Schlucht hier noch einmal halbwegs geordnet lagern.

Dadurch, daß die Zelte dicht an dicht standen, reichte die Größe des Lagers für die bereits dezimierten Legionen aus. Immerhin reichte noch die Kraft für die Anlage von Doppelgräben, von denen jeweils der äußere Graben nur eine Breite von etwa 1,50–2,20 m und eine Tiefe von 0,8 m, der innere Graben jedoch eine Breite von 3,40 m und eine Tiefe von ca. 1,50 m aufwiesen.

Abb. 56: Das Gelände des vermutlichen Römerlagers von Hörste/Lage vor dem Eingang zur Dörenschlucht

Der Eingang führt vor dem rechts im Bilde sichtbaren Großen Ehberg aus dem Bild heraus direkt in die Schlucht. Im Hintergrund liegt die Grotenburg/Teutoburg mit dem Hermannsdenkmal. Davor führt der Taleinschnitt in das Heidental und auf das Winnfeld (Foto: W. Lippek).

Man beschloß die Verbrennung der beim Kampf belastenden Bagage. Diese Verbrennung konnte wegen der Brandgefahr nicht zwischen den dicht gestaffelten Zelten geschehen, sondern in den Gräben, wo dann gleichzeitig nächtliche Fakkeln der brennenden Wagen mögliche Angriffe der Germanen anzeigen und verhindern konnten.

Am anderen Morgen scheiterte der Durchbruchversuch durch die nahe Dörenschlucht. Daran schlossen sich die vernichtenden Endkämpfe Richtung Osten und des heutigen Heidenoldendorf sowie des Heidentals an.

Das Zentrum der Varusschlacht befand sich danach zwischen Hörste und Heidenoldendorf.

Versprengte Restkampfgruppen versuchten auf eigene Faust die Überwindung des Teutoburger Waldes durch das Heiden- und das Berlebecketal. Entsprechende Münzfunde untermauern diese Hypothese.

Alternativ soll eine Teilmodifizierung der vorstehenden Hypothese dargeboten werden:

Es ist nicht auszuschließen, daß die Holzkohlereste nicht auf verbrannte römische Wagen und Geräte zurückzuführen sind. Möglicherweise haben Bauern das mit leichtem Bewuchs bestandene ehemalige Lagergelände für einen Teil der das Schlachtfeld besuchenden Germanicustruppen zu einem späteren Zeitpunkt gerodet und die Bäume und Sträucher in den noch vorhandenen Gräben verbrannt. Anschließend warfen sie die Gräben und Holzkohlereste mit dem gelben Sandboden zu. Hier kann es auch noch Datierungen bis in die größten Rodungsphasen des Hochmittelalters hinein geben, ohne daß damit die römische Entstehungszeit der Gräben widerlegt wäre.

Eine dritte Modifizierung würde besonders zu der möglichen Lagerung eines Teils des riesigen Heeres des Germanicus mit etwa 80 000 Legionären und Hilfstruppen passen, das, wie bereits erwähnt, im Jahre 15 n. Chr. die bleichenden Gebeine der Kameraden auf dem Varusschlachtfeld beerdigte.

Während im ehemaligen Lager Annaberg und im Feldlager von Haltern ohne Feindberührung ein einziger Graben reichte, weisen die Doppelgräben am Teutoburger Wald ähnlich wie

Die römischen Befestigungen unter Caesar gegen die belagerten Gallier in Alesia

Auf dem Wall gab es abwechselnd niedrigere Palisadenabschnitte für den Kampf, wie hier gezeigt, und höhere Abschnitte für den Schutz. Je auf 25 m Entfernung gab es einen hölzernen Verteidigungsturm.

Abb. 57: Die römischen Befestigungen unter Caesar in Alesia

im Lager Marktbreit am oberen Main eindeutig auf Feindberührung hin. Da der feindliche Arminius mit einem großen Heer eine Bedrohung für das durch das Gelände aufgesplitterte Germanicusheer bedeutete, konnte eine weitere Befestigung der Doppelgräben durchaus erforderlich sein, wie sie etwa Caesar bereits in Gallien bei der Belagerung des Heeres von Vercingetorix in Alesia angewandt hatte.

Vor dem Palisadenwall lagen in Alesia ein tiefer Spitzgraben und ein Wassergraben. Davor waren noch fünf etwa 1,50 m tiefe Gräben ausgehoben, die mit dicken, angespitzten Asten gefüllt wurden. Die gleichen angespitzten Äste wurden in den Boden des Walles der Brustwehr eingerammt.

In Hörste ähnlich eingesetzte Äste hätten dann beim Abzug des Germanicusheeres in den Gräben verbrannt werden können, so wie in vielen planmäßig geräumten Römerlagern tatsächlich in den Gräben reichhaltige Holzkohlereste gefunden worden sind.

Wenn man der Anwesenheit des Germanicusheeres auf dem Hörster Südfeld einen Vorrang einräumt, so wäre es auch nicht ausgeschlossen, daß vorher auch Varus hier gelagert hatte. Diese Annahme ist durchaus berechtigt, weil auf dem Luftfoto auch noch etwa 40 m östlich von dem durch die Sondagegrabung angeschnittenen Doppelgraben eine weitere dunkle Doppelspur erkennbar ist, die auf ein mögliches früheres Lager hinweisen könnte.

Bei genauer Betrachtung der Holzkohlestücke aus dem Spitzgraben von Hörste zeigen sich runde Aststrukturen, die auf Äste von nur wenigen Zentimetern Durchmesser hinweisen. Daraus könnte abgeleitet werden, daß hier Jungwaldbewuchs verbrannt worden ist. Damit hätte die Holzkohle ihren Ursprung in einer Rodungsphase von in Hörste ansässigen Bauern.

Eine Bestätigung oder Widerlegung aller dieser hypothetischen Überlegungen ist jedoch nur möglich, wenn eine umfassende Grabung im Rahmen eines Forschungsvorhabens stattfinden würde.

Der dunkle, humusreiche A-Horizont (Mutterboden) entwikkelte sich auf jeden Fall in allen Modifikationen der Gesamt-

Abb. 58: Spitzgraben aus dem nördlichen Pfarrgarten der Kirche von Stapelage/Hörste.

Der Spitzgraben wurde in Grabungen 1961/62 (auf Veranlassung von Leopold Möller unter der Leitung des Grabungstechnikers der Denkmalspflege Anton Dom und unter wissenschaftlicher Begleitung von Otto Gaul) erschlossen. An zwei anderen Stellen wurden weitere Spitzgräben angeschnitten. In der Auffüllung des hier abgebildeten Spitzgrabens befand sich Keramik, die um 750 datiert wurde. Spitzgräben in Hörste sind also nichts Neues (aus Möller, Leopold, *Stapelage*, Lippischer Heimatbund, Detmold 1988).

hypothese erst nach Verfüllung der Lagergräben. Aufgrund dieser bewußt vorgenommenen Festlegung ist auf jeden Fall ein hohes frühgeschichtliches Alter der Vertiefungen oder Gräben anzunehmen. Die Gesamthypothese würde nur durch eine deutlich vorchristlich liegende Datierung der Holzkohle widerlegt werden können.

Zusammenfassend hält der Verfasser die archäologischen Phänomene auf dem Südfeld von Hörste für derartig interessant und für die Frühgeschichte Lippes sowie die Geschichte der Römerkriege in Norddeutschland von solch großer Bedeutung, daß unverzüglich weitere Untersuchungen folgen sollten. Eile ist um so mehr angebracht, als die Stadt Lage inzwischen einen Bebauungsplan beschlossen hat, der die ganze Nordseite des vermutlichen Römerlagers Südfeld, aber auch weitere Strukturen auf den englischen Luftbildern überplant. Es soll dort ein Homöopathisches Gesundheitszentrum entstehen.

Die weiteren Untersuchungen sind also durchaus als Rettungsgrabungen anzusehen.

Für das Mitverfolgen der hypothetischen Überlegungen des Verfassers sei den Lesern jetzt herzlich gedankt. Gerade noch kurz vor der Drucklegung soll nunmehr der Auflösung erster Teil mitgeteilt werden:

Das Ergebnis der C14-Datierung der Holzkohle durch Mebus A. Geyh, Niedersächisches Landesamt für Bodenforschung,

---

Abb. 59: Nördliches Vorgelände des Teutoburger Waldes vor wichtigen Pässen mit möglichen ehemaligen germanischen Ringwällen und römischen Lagern.

GR = Grabungsgelände Hörster Südfeld; GE = Mögliches Großlager des Germanicus nach Luftbild 7014 und 7023; R1, R2, R3, R4, R5 = mögliche ehemalige germanische Ringwälle, nach leichten Anzeichen auf Luftbildern 7014 und 7023; R6 = heute noch vorhandene Reste eines ovalen Ringwalles nach dem Typus der Ringwälle vom Angrivarierwall in Leese/Nienburg mit Grabhügel; W = Wistinghäuser Schlucht; ST = Stapelager Schlucht.

D = Dörenschlucht; ADW, E, H = weitere mögliche Lagerplätze für Großlager des Germanicusheeres 15 n. Chr.

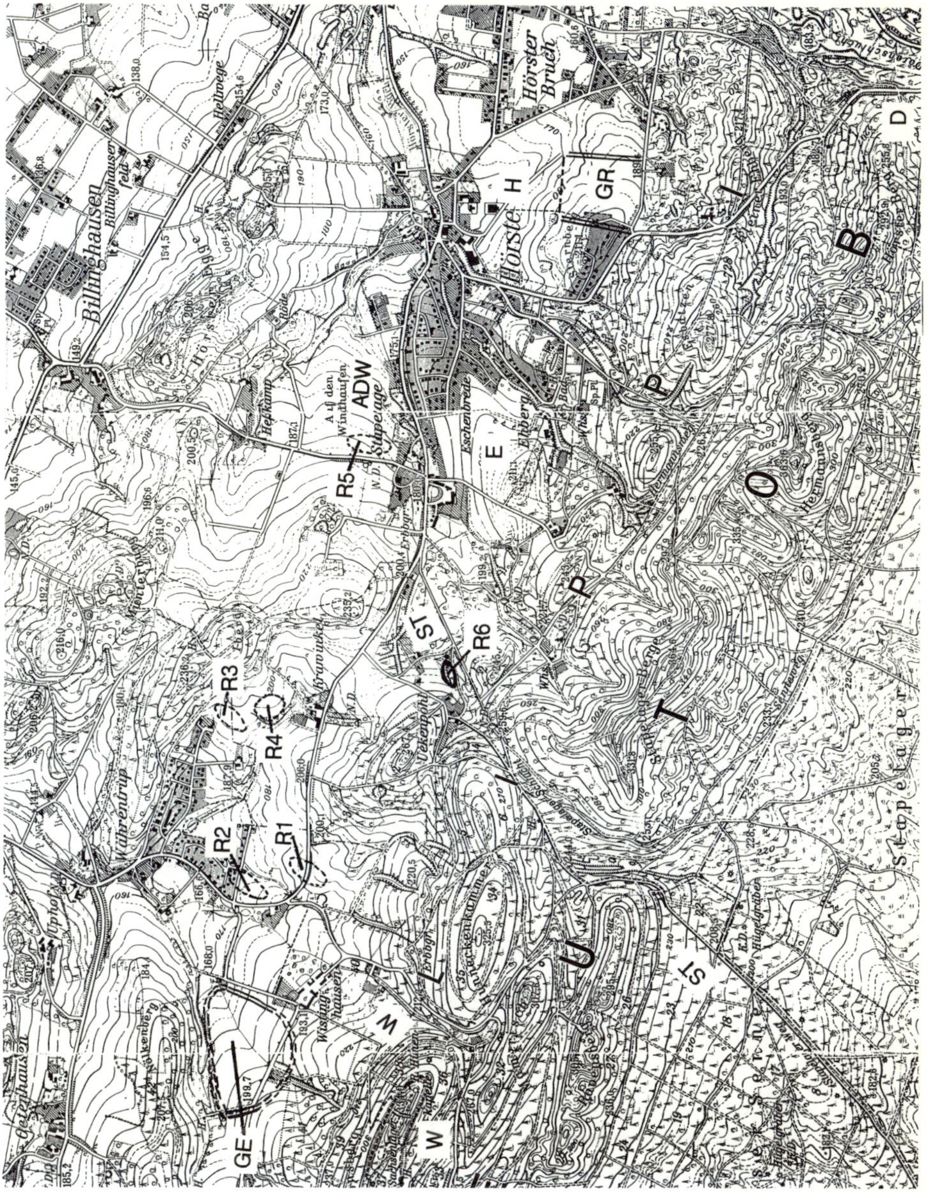
GE
W
L
U
T
O
P
I
B
D
ST
E
H
GR
ADW
R1
R2
R3
R4
R5
R6
Billinghausen
Hörste
Hörster Bruch
Währentrup
Stapelage
Eschenbrede
0
1
2 km

im Januar 2000 ist eindeutig: Die Holzkohle geht auf verbranntes Holz zurück, das vor 650 Jahren mit einer Schwankungsbreite von 55 Jahren nach oben und unten herangewachsen war. Damit ist das Holz Mitte bis Ende des 14. Jahrhunderts verbrannt worden.

In der damals vorherrschenden großen Rodungszeit des Hochmittelalters wurde also von den Siedlern in Hörste in offensichtlich vorhandenen Gräben aus frühgeschichtlicher Zeit gerodetes Jungholz verbrannt. Anschließend wurden die Gräben mit dem dort vorkommenden gelben Sennesand zugeworfen.

Nunmehr wurden die neu gewonnenen Felder 650 Jahre lang bis heute beackert. In diesem Zeitraum bildete sich durch die ständige Humuseinlagerung aus den Resten der Ackerpflanzen die dunkle Schicht des Mutterbodens über dem gelben sandigen Unterboden.

Daß die rodenden Bauern die Gräben selbst angelegt hätten, scheint sehr unwahrscheinlich zu sein. Aus der Rodungsgeschichte sind derartige Rodeverfahren auch nicht bekannt, in denen in rund 400 m Entfernung jeweils zwei tiefe, streng parallele Doppelgräben angelegt worden wären, um dort gerodetes Holz zu verbrennen. Immerhin hätten die damaligen Bauern von Hörste einen insgesamt 4 mal 400 m = 1600 m langen bis ca. 3,40 m breiten und bis ca. 1,70 m tiefen Graben anlegen müssen. Dieser uneffektive Arbeitsaufwand wäre sicher nicht von einer begrenzten Anzahl an bäuerlichen Arbeitskräften geleistet worden, die außerdem voll mit Rodungsarbeiten ausgelastet waren.

Nein, die Gräben waren im 14. Jahrhundert, wenn auch schon durch Erosion flacher geworden, immerhin noch von einer für den Ackerbau lästigen Tiefe vorhanden. Es waren offensichtlich frühgeschichtliche Gräben. Da diese dem Muster der im Jahre 6 n. Chr. angelegten Doppelgräben des Römerlagers Marktbreit ähneln, sind es vermutlich wirklich römische Spitzgräben gewesen.

Die in den nächsten Jahren folgenden Grabungen werden hier zu weiteren Klärungen führen.

Die auf der vorstehenden Karte (S. 139) eingetragenen möglichen Standorte für ein weiteres Römerlager (GE) und fünf germanische Ringwälle (R1R5) sind nur aufgrund schwacher Strukturen auf den englischen Luftbildern angenommen worden. Dagegen sind die ovalen Ringwallreste R6 sehr deutlich in der Landschaft vorhanden. Der Ringwallgraben hat dabei den ehemaligen Weg in die Stapelager Schlucht auf der ganzen Grabenlänge unterbrochen. Aus diesem Grund ist später offensichtlich ein neuer Heerwegsabschnitt angelegt worden. Östlich vor dem Ringwall liegt ein hoher Hügel, der einst möglicherweise als Grabhügel für gefallene Kämpfer am Ringwall angelegt worden ist. Es könnte jedoch auch ein bronzezeitlicher Grabhügel gewesen sein. Seine archäologische Untersuchung wäre vermutlich sehr aufschlußreich. Da am Angrivarierwall ähnliche ovale Kampfwälle vorhanden sind, die vom germanischen Heer für die dortige Schlacht im Jahre 16 n. Chr. angelegt worden sind, wären hier wiederum Indizien für die Varusschlacht, die auf ihre Untersuchung warten.

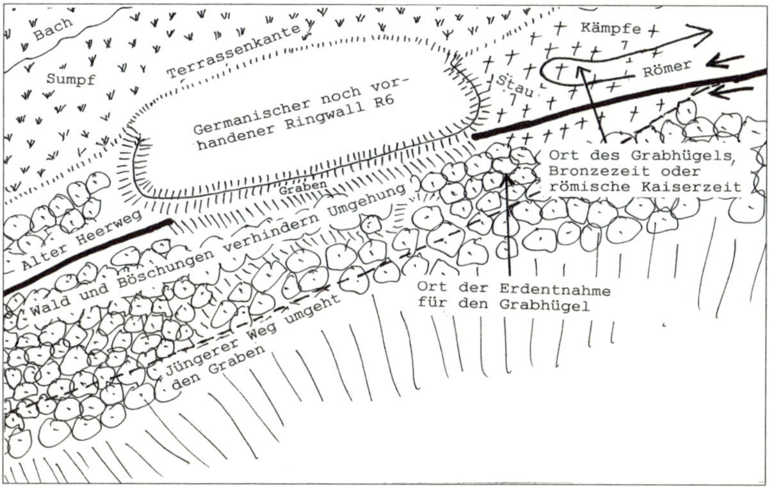

Abb. 60: Unterbrechung des Heerweges in die Stapelager Schlucht durch den germanischen Ringwall (R6).

Römische Münzfunde und ein bedeutsamer römischer Ziernagel

Die lippische Presse, aber auch eine große überregionale Zeitung berichten über die Grabung in Hörste/Teutoburger Wald. In Herne/Ruhrgebiet, weitab von der Grabungsstelle, liest Heinz Hörig durch Zufall ausgerechnet an diesem Tag diese von ihm nicht abonnierte Zeitung.

Er ist ›elektrisiert‹. Hat er nicht im Jahre 1994 seinen Vater in den Hörster Raum begleitet, wo dieser bereits mehrere Male die Äcker nach Scherben und Münzen abgesucht hatte?

Er hat seinen Vater vor Augen, der nach einem Gespräch mit einem Landwirt, durch dessen Hinweise über einen früheren Münzfund angeregt, den Acker mit bloßen Händen umwühlt. Er sieht ihn triumphierend nach und nach drei weitere römische Münzen nach dem ersten blinkenden Zufallsfund eines Denars an der Ackeroberfläche freilegen.

Heinz Hörig weiß, daß seine Mutter die Münzen seit dem Tod des Vaters wohl verwahrt. Jetzt ist ihm bewußt, daß er Schicksal spielen muß. Also geht er es an. Die Telefonnummer des Verfassers zu ermitteln und dort anzurufen sind die schnellen Schritte zur Sensationsmeldung. Nun ist der Verfasser ›elektrisiert‹.

Heinz Hörig schickt drei der vier vom Vater gefundenen Münzen. Er beschreibt telefonisch vorab den Fundort im Raum Wistinghausen/Hörste. Da er durch Existenzaufbau beruflich sehr gebunden ist, kann er zunächst nicht selbst nach Hörste kommen.

Die zugesandten Münzen aus dem Raum Hörste erweisen sich als zwei Denare und ein bronzener Dupondius.

Denar 1 ist in hervorragender Silberqualität und bereits 121 Chr. in Rom vom Münzmeister C. PLUTI geprägt worden. Auf der Münzvorderseite sind der Romakopf, auf der Rückseite

Abb. 61:
Römische Münzfunde vor der Wistinghäuser Schlucht

Dupondius, provinzialrömische Prägung aus Nemausus (Nimes), ca. 10 v.–10 n. Chr., Bronze 6,08 g, Durchmesser 23 mm, auf der Vorderseite Portraits von Agrippa und Augustus, IMP (DIVI F)

Rückseite des Dupondius: Embleme der Stadt Nemausus, Krokodil und Palme, COL NE

Denar aus der Münzstätte Roms, 121 v.Chr., qualitativ hochwertiges Silber, Durchmesser 18 mm, Vorderseite: Romakopf, vermutlich Legionsstempel IV.

Rückseite des Denars: Dioskuren Castor und Pollux, Name des Münzmeisters C. PLUTI
Münzbestimmung: Heinrich Ihl

dagegen die Dioskuren Castor und Pollux zu Pferde abgebildet.

Denar 2 ist von minderer Qualität und 49/48 v. Chr. von einer beweglichen Münzstätte Caesars in Gallien geprägt worden. Auf der Vorderseite sind Geräte des Hohenpriesters und auf der Rückseite der Elefant, Sinnbild für die Macht des caesarianischen Heeres, mit dem Namen CAESAR dargestellt.

Der dritte nicht mitgesandte Denar zeige das Haupt des Augustus und auf der Rückseite zwei Kinder. Offensichtlich sind mit letzteren die Enkel Gaius und Lucius des Augustus gemeint.

Der Dupondius ist 10 v. bis 10 n. Chr. in der Provinzhauptstadt Nemausus (Nimes) geprägt worden und zeigt auf der Vorderseite die Häupter von Augustus und seinem Feldherrn Agrippa. Auf der Rückseite sind das Krokodil und die Palme, Sinnbilder für die Stadt Nemausus, neben den Buchstaben COL NE (Colonia Nemausus) zu erkennen. Diese Bronzemünze trägt, wie die meisten Nemaususprägungen, eine wundervolle blaugrüne Alterspatina, im Gegensatz zu den stark korrodierten Oberflächen der Prägungen aus der Provinzhauptstadt Lugdunum. Offensichtlich ist die verwendete Nemausus-Legierung von höchster Qualität.

Abb. 62: Römischer Ziernagel vom Eingang in die Wistinghäuser Schlucht.

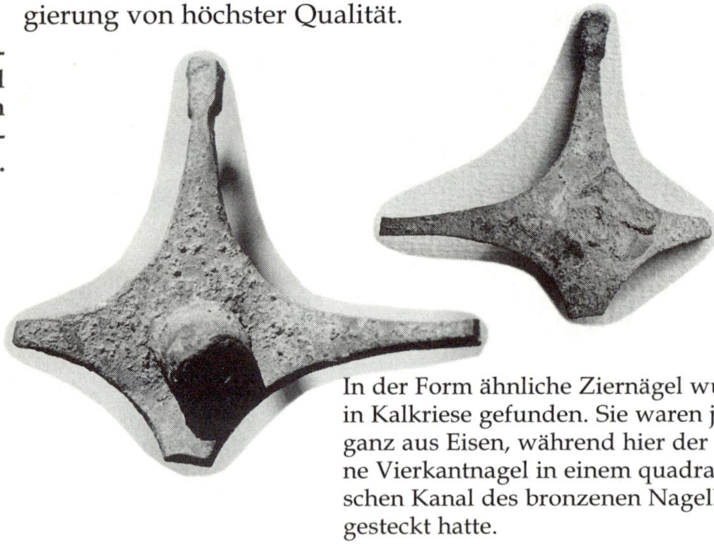

In der Form ähnliche Ziernägel wurden in Kalkriese gefunden. Sie waren jedoch ganz aus Eisen, während hier der eiserne Vierkantnagel in einem quadratischen Kanal des bronzenen Nagelkopfes gesteckt hatte.

Der Verfasser organisiert drei (natürlich amtlich genehmigte) Sondagen mit Sondengängern auf drei teilweise nach den Beschreibungen des Finders zutreffenden Orten.

Diese drei Sondagen ergeben keine weiteren Münzfunde. Es waren offensichtlich nicht die richtigen Orte. Aber dafür werden, nicht minder sensationell, ein bedeutsamer Ziernagel und ein vermutlich bronzener Einfassungsrest eines römischen Schildes mit verrostetem Niet geborgen. Beide Teile sind defekt und verformt. Für die Gewaltanwendung bei dieser Verformung könnten sowohl Kampfeseinwirkungen als auch der Einsatz landwirtschaftlicher Fräsen als Ursachen benannt werden. Auch beide Einwirkungen nacheinander könnten diskutiert werden.

Entscheidend aber ist:

Sowohl die Fundstelle des Ziernagels und des möglichen Schildeinfassungsrestes als auch der später einwandfrei ermittelte richtige Fundplatz der Münzen liegen an der alten, heute größtenteils nicht mehr sichtbaren Heerstraße zur Wistinghäuser Schlucht. Sie liegen im Raum, der durch die Meldung des Oberstleutnants Schmidt aus dem 19. Jahrhundert über die häufigen republikanischen und augusteischen Münzfunde auf den Feldern der Höfe Hunecken und Krawinkel umschrieben wird.

Die neuen Münzfunde bestätigen also die früheren Münzfunde aus dem 19. Jahrhundert auf eindrucksvolle Weise. Sie weisen durch ihre Streulage nach dem Muster der Streufunde in Kalkriese auf ein großes Kampfgeschehen hin. Sie stützen aber auch die Thesen des Verfassers über Ort und Verlauf der Varusschlacht, daß im Fundraum zum Beispiel die Varusschlacht ihren Anfang nahm (s. ebenfalls Abb. S. 63 u. 64).

Der Eigentümer des Grundstücks mit dem Fundplatz der Münzen hat seine Genehmigung für großzügige Sondagen für die Zeit nach dem Abernten des Getreides im Spätsommer 2000 gegeben. Mögliche weitere Funde werden zusammen mit den Ergebnissen der Anschlußgrabungen in Hörste und auf dem Werler Feld der Kalkrieser Lokalisierung der Varusschlacht entgegenwirken.

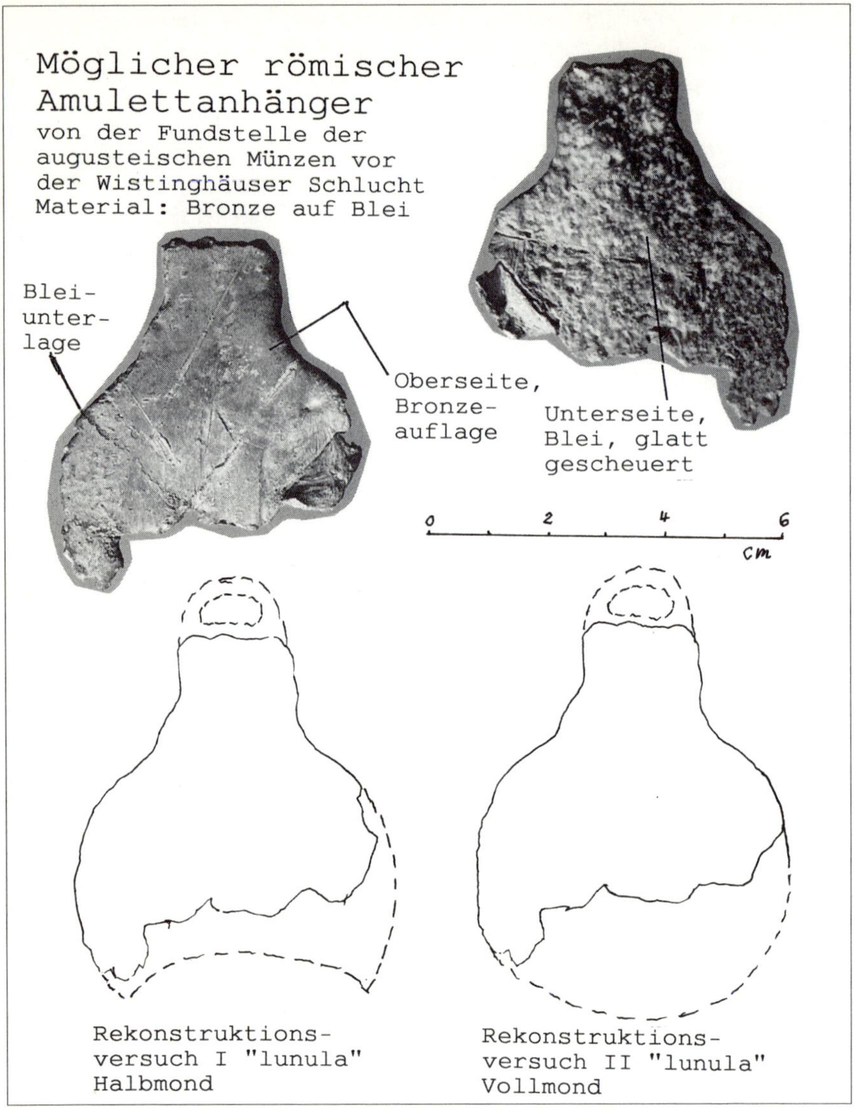

Abb. 63: Möglicher römischer Amulettanhänger, vom Verfasser gefunden bei einer Sondage am 11. 3. 2000.

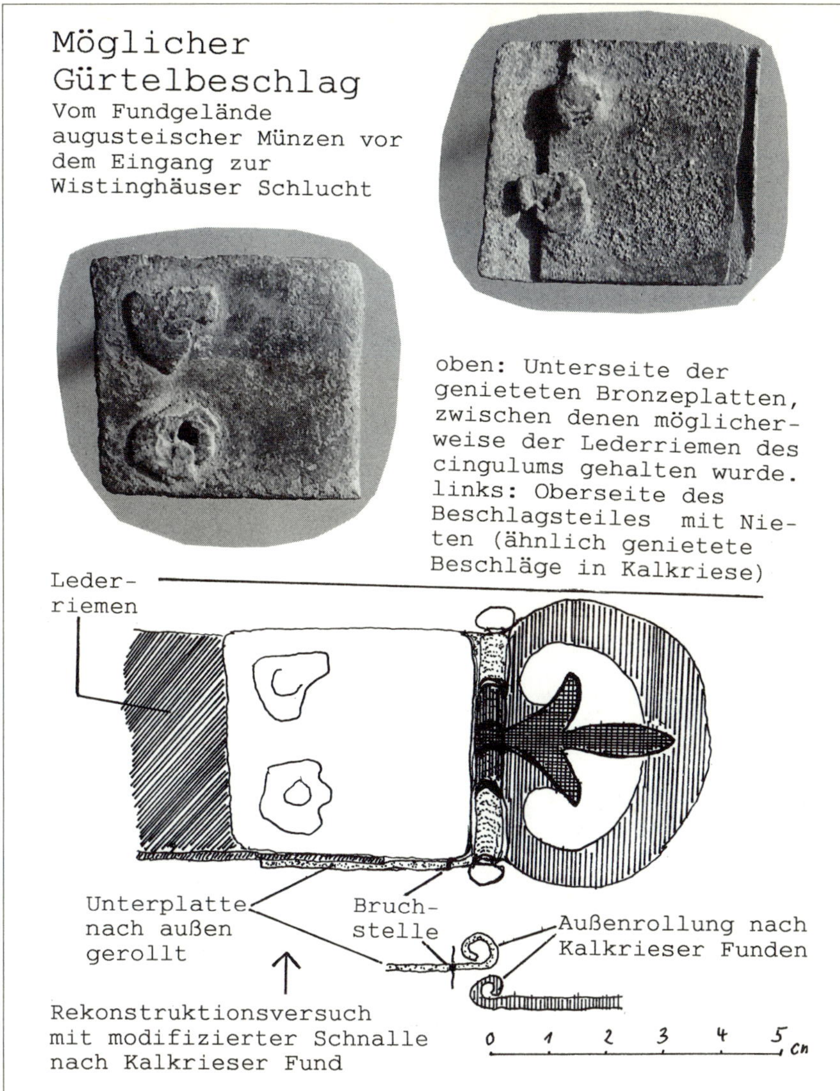

Abb. 64: Möglicher Gürtelbeschlag, vom Verfasser gefunden bei einer Sondage am 11. 3. 2000.

Opferungsrituale nach der Schlacht

Was sich nach dem Ende der Kämpfe in der Varusschlacht abgespielt hat, erfahren wir durch Tacitus, als er den Besuch der Germanicustruppen im Jahre 15. n. Chr. auf dem Varusschlachtfeld schildert (I/61):

> »Unter den Baumgruppen in der Nähe standen noch die Altäre, an denen der Feind die Tribunen und Centurionen erster Klasse hingeschlachtet hatte. . . wieviele Marterhölzer errichtet und wieviele Gruben – beides für Gefangene – angelegt waren.«

An anderer Stelle (XV/67) läßt Tacitus wissen, daß man »die zu Enthauptenden in einer Grube stehen oder niederknien ließ«.

Folglich dienten neben den Altären auch die Gruben auf dem Schlachtfeld der Hinrichtung und Opferung gefangener Tribunen und Centurionen der Varuslegionen.

Möglicherweise war das ›Schlachten‹ der Tribunen und Centurionen auch nur eine Antwort auf ähnliche ›Schlachtorgien‹, die vorher von den Römern veranstaltet worden waren. Auf der im Jahre 193 n. Chr. aufgestellten Marcussäule in Rom ist das Köpfen von gefangenen Germanen

Abb. 65: Perversion in römischer Gefangenschaft: Germanen köpfen Germanen (Marcussäule, Rom, 193 n. Chr.).

jedenfalls dargestellt. Perfiderweise mußten dabei gefangene Germanen ihre Kameraden im ›Befehlsnotstand‹ enthaupten.

Sicherlich wurde jedoch ein Teil der römischen Offiziere den Göttern geopfert. Menschenopfer waren nämlich bei den Germanen nichts Außergewöhnliches. Tacitus schreibt in seiner *Germania* (9) dazu:

> »Unter den Göttern genießt die größte Verehrung Merkur [gemeint ist Wodan]. Ihm bringen die Germanen an bestimmten Tagen sogar Menschenopfer dar; das betrachten sie als frommes Recht.«

Viele Moorleichen in Schleswig-Holstein und Dänemark beweisen diese Menschenopferung. Wieviel selbstverständlicher muß es den vereinigten Istävonenstämmen auf dem Schlachtfeld nach ihrem gewaltigen Sieg über die Römer erschienen sein, aus Dankbarkeit Wodan eine geziemende Anzahl an römischen Offizieren zu opfern. Sie werden sich jedoch nicht die Zeit genommen haben, die Gefangenen erst zur zentralen Irminsul, der Nachfolgerin der alten Weltsäule, zu schleppen, wo sonst die Opferungen stattfanden, wie es alter Brauch seit der vorchristlichen Eisenzeit war.

Für Tieropferungen in Verbindung mit dem Königsthing an der Weltsäule im Fositesland (der vermutlichen Atlantisinsel östlich Helgolands) ermöglicht uns der berühmte Atlantisbericht Platons (im *Timaios* und im *Kritias*) einen Eindruck von der frühgermanischen Vorstellungswelt.

Die Könige »berieten in persönlicher Berührung über die gemeinsamen Angelegenheiten, untersuchten ferner, ob sich einer von ihnen einer Übertretung schuldig gemacht hätte und saßen darüber zu Gericht«.

Vor ihrem Urteil fingen »die Zehn allein, ohne Eisengerät, nur mit Holzknüppeln und Stricken, einen der geweihten Stiere, die sich im heiligen Bezirk herumtrieben. Denjenigen von den Stieren, den sie fingen, schafften sie auf die Höhe der Säule hinauf und schlachteten ihn auf der Höhe derselben, so daß das Blut auf die Inschrift hinunterfloß«.

Nach Britta Verhagen (*Götter am Morgenhimmel,* Grabert-Verlag, Tübingen 1983) liegt der Gedanke zugrunde, daß die

Weltsäule von Zeit zu Zeit mit Opferblut überströmt werden müsse, um am Leben zu bleiben, damit der Himmel nicht einstürze.

Weiter im Atlantisbericht des Platon:

> »Einen Klumpen geronnenen Blutes für jeden [König] warfen sie in einen dafür vorbereiteten Mischkessel und schworen, von ihren Schalen ins Feuer spendend, sie würden nach den Gesetzen auf der Säule richten und Strafe verhängen, wenn einer von ihnen sich einer Übertretung schuldig gemacht hätte. Was aber die Zukunft anbelangt, so würde keiner sich absichtlich einer Übertretung schuldig machen und weder selbst anders als gesetzmäßig herrschen noch einem Herrscher gehorchen, der sich in seinen Anordnungen nicht nach den Gesetzen des Vaters richte.
>
> Nachdem jeder von ihnen dies für sich selbst und seine Nachkommen gelobt hatte, trank er und weihte die Schale in dem Heiligtum des Gottes. Dann gönnten sie sich Zeit für das Mahl und für andere Bedürfnisse. Sobald aber die Dunkelheit hereinbrach und das Opferfeuer erloschen war, legten sie ein dunkelblaues Gewand von wunderbarer Schönheit an und so, bei der Glut der Eidesopfer am Boden sitzend und alles Feuer um das Heiligtum herum auslöschend, ließen sie nächtlicherweise dem Rechte der Richter und Gerichteten seinen Lauf.«

Diese Darstellung im Atlantisbericht mag, wenn auch am Beispiel eines Tieropfers, verdeutlichen, daß den Opferungen unserer Vorfahren religiös-mythische Vorstellungen zugrunde lagen, daß es sich also nicht um ein einfaches grausames Hinschlachten von Menschen und Tieren handelte.

Dennoch mag diese mythische Grundlage vor den Emotionen über die Befreiung von den steuereintreibenden römischen Besatzern unmittelbar am Ende des Kampfgeschehens auf dem Schlachtfeld in den Hintergrund getreten sein.

Das Morden von Gefangenen ist aber keine typische Erscheinung der Antike, sondern wurde in Kriegszeiten bis in die Gegenwart von manchen Völkern praktiziert. Häufig steckt das

Bestreben dahinter, ein anderes Volk, einen Stamm oder eine andere Rasse in der Lebenskraft empfindlich und nachhaltig zu treffen.

So gab Germanicus, wie bereits ausgeführt, in der Schlacht am Angrivarierwall im Jahre 16 n. Chr. die Parole an seine Legionäre aus, keine Gefangenen zu machen (»die Ausrottung des Volkes ist das einzige Mittel, dem Krieg ein Ende zu machen«).

Ähnliche Gedanken mag Karl der Große gehabt haben, als er nach der für seine Franken verlustreichen Süntelschlacht im Jahre 782 n. Chr. das Blutgericht von Verden unter den Sachsenführern anrichtete. Im Gegensatz zu früheren Vergeltungsmaßnahmen nach den sich wiederholenden Aufständen der Sachsen wird er zu der Auffassung gelangt sein, daß nur hartes Vorgehen und eine Tötung der Sachsenführer zur Beendigung des Krieges führen könnten. Toleranz im heute üblich gewordenen Sinn war nicht der Maßstab des Klerus und Karls, der die ungebeugten Sachsen vielmehr durch sein grausames Urteil endgültig ihrer Widerstandskraft berauben wollte.

Hellmut Diwald (*Heinrich der Erste*, Gustav Lübbe-Verlag, Bergisch Gladbach 1987) beschreibt den Ablauf des Strafgerichts von Verden:

> »Die viereinhalbtausend Sachsen wurden nicht von Henkern enthauptet. Der Beruf des Henkers war damals noch unbekannt. Er kommt erst seit dem 13. Jahrhundert auf. . . Die Gerichtssitzung fand außerhalb Verdens statt, an der Stelle des heutigen Domplatzes. Die Sachsen standen gefesselt, eng nebeneinander in einem riesigen Haufen vor dem König. Sie waren umringt von schwer bewaffneten Frankenkriegern. Nachdem Karl seinen Richtspruch gefällt hatte, wurden die Verurteilten sofort von den Kriegern exekutiert, mit den Schwertern zusammengehauen, mit den Spießen durchbohrt nicht anders, als es auch in den späteren Jahrhunderten öfter der Fall war, etwa in der deutschen Bauernrevolution des sechzehnten Jahrhunderts. Die Leichen der Sachsen wurden in die Aller geworfen, sie trieben in die Weser und dann ins Meer.«

Erstürmung der römischen Kastelle

Nach Beendigung der Siegesfeiern stürmten die vereinigten Germanenstämme alle rechtsrheinischen Kastelle und Lager außer einem, dem stark befestigten Kastell Aliso an der oberen Lippe. Außerhalb der Gebiete der beteiligten Cherusker, Brukterer, Marser, Chatten und Sugambrer blieben allerdings einige rechtsrheinische Kastelle ungeschoren, zum Beispiel das im Friesenlande liegende Flevum und Phabiranum im Chaucenland.

Manche Lager waren offensichtlich eine leichte Beute, oder aber sie fielen den Siegern kampflos in die Hände. Von Schnurbein (*Untersuchungen zur Geschichte der römischen Militärlager an der Lippe*, Philipp von Zabern, Frankfurt 1981) urteilt über Haltern:

> »Das abrupte Ende dieses vielversprechenden Aufbaus des Hauptlagers Haltern brachte das Jahr 9 n. Chr. Wenn insbesondere der Befund der Geschützpfeilgrube [die provisorische Lagerung von Tausenden von Geschützpfeilen widerspricht nach v. Schnurbein einer Erstürmung des Lagers] richtig gedeutet ist, darf man annehmen, daß das Lager nicht von den Germanen im Sturm überrannt worden ist. Die aller Wahrscheinlichkeit nach stark reduzierte Besatzung des Lagers. . . hat offenbar noch einige Maßnahmen getroffen, die auf eine halbwegs planmäßige Aufgabe des Lagers schließen lassen.
>
> Koepp glaubte ja auch eine notdürftige Verrammelung des Südtores erkannt zu haben, was zu unserer Deutung bestens passen würde.«

Die Belagerung des verteidigten Kastells Aliso wird von einigen antiken Historikern erwähnt, deren Aussagen sich gegenseitig ergänzen. Die Aussagen des Verfassers im Kapitel »Aliso« sollten an dieser Stelle noch vertieft werden.

Beginnen wir mit Frontinus, der im 37. Kapitel seines 10. Buches *Epitome historiam* erzählt:

> »Auch die festen Plätze der Römer fielen bis auf einen sämtlich in die Hände der Feinde. Der Widerstand dieses einen Kastelles hielt die Feinde auf, so daß sie jenseits des Rheins blieben und keinen Einfall nach Gallien machten. Sogar Aliso blieb für sie uneinnehmbar; denn sie verstanden sich nicht auf eine regelrechte Belagerung des Platzes.«

Über die mangelnden Strategiekünste der Germanen schreibt Frontinus in seinem Werk *Strategemata* (›Kriegslisten‹) hierzu:

> »Der Primipilar Caedicius, der die nach des Varus-Niederlage in Aliso belagerten Römer kommandierte, fürchtete, die Belagerer möchten das zusmmengehäufte Holz an den Wall heranbringen und die Palisaden des Lagers in Brand stekken. Um das zu verhüten, stellte er sich, als fehle ihm Holz, und er schickte nach allen Seiten Leute aus, welche Holz stehlen sollten. Dadurch erreichte er, daß die Germanen den gesamten Holzvorrat weit fortschafften.«

Eine nicht weniger listige Taktik wandte der überragende Caedicius an, um den Germanen vorzutäuschen, die Römer hätten riesige Nahrungsvorräte. Frontinus berichtet uns im Buch III/15/4 darüber:

> »Als diejenigen, die aus der Schlacht [Varusschlacht] entkommen waren, belagert wurden und es ihnen an Getreide zu fehlen schien, führten die Belagerten die germanischen Gefangenen die ganze Nacht in den Kornspeichern herum, bis ihnen nämlich ganz wirr im Kopf ward und sie nicht merkten, daß man ihnen immer wieder dieselben Schuppen und Vorräte zeigte. Darauf schnitten sie ihnen die Hände ab und ließen sie laufen. Diese redeten dann den Ihrigen, die ringsherum lagerten, zu, sich ja keine Hoffnung zu machen, daß man in Kürze den Platz aushungern könne; in der Feste seien riesige Vorräte von Nahrungsmitteln vorhanden.«

Über diese Kriegslisten hinaus gab es aus der Sicht der Germanen Gründe, vorsichtig beim Angriff auf das Kastell zu sein.

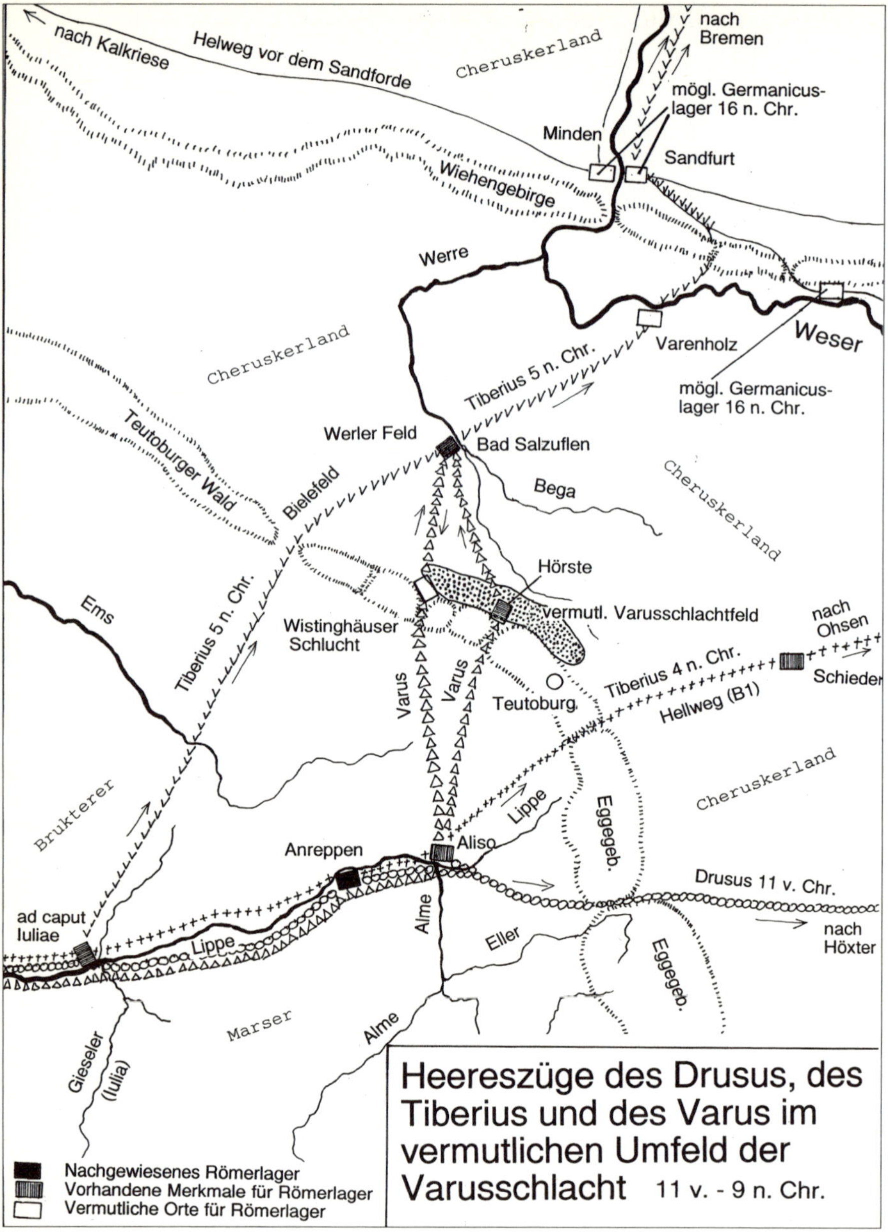

nach Kalkriese
Helweg vor dem Sandforde
Cheruskerland
nach Bremen
mögl. Germanicuslager 16 n. Chr.
Minden
Sandfurt
Wiehengebirge
Werre
Weser
Varenholz
mögl. Germanicuslager 16 n. Chr.
Cheruskerland
Tiberius 5 n. Chr.
Teutoburger Wald
Werler Feld
Bad Salzuflen
Bega
Cheruskerland
Bielefeld
Hörste
Ems
Tiberius 5 n. Chr.
Wistinghäuser Schlucht
vermutl. Varusschlachtfeld
nach Ohsen
Varus
Varus
Teutoburg
Tiberius 4 n. Chr.
Schieder
Hellweg (B1)
Cheruskerland
Brukterer
Lippe
Eggegeb.
Anreppen
Aliso
Drusus 11 v. Chr.
ad caput Iuliae
Lippe
Alme
Eller
nach Höxter
Eggegeb.
Marser
Alme
Gieseler (Iulia)
Nachgewiesenes Römerlager
Vorhandene Merkmale für Römerlager
Vermutliche Orte für Römerlager
Heereszüge des Drusus, des Tiberius und des Varus im vermutlichen Umfeld der Varusschlacht 11 v. - 9 n. Chr.

Abb. 66

Frontinus (*Epitome historiam,* X/37) fährt fort:

»Außerdem trieben die vielen Bogenschützen, über die die Römer verfügten, den Feind zurück und brachten ihm empfindliche Verluste bei. Auf die Kunde, daß die Römer den Rhein besetzten und ein starkes Heer unter Tiberius im Anmarsch sei, zog ein großer Teil der Germanen von Aliso ab. Die dort gebliebenen gingen ein Stück zurück, um nicht durch plötzliche Ausfälle der Belagerten Schaden zu erleiden, und hielten die Zufahrtsstraßen besetzt, in der Hoffnung, die Belagerten aushungern zu können.

Diese aber blieben, solange sie genug Lebensmittel hatten, an Ort und Stelle und warteten auf Entsatz. Als jedoch keine Hilfe nahte und der Hunger ihnen zu schaffen machte, paßten sie eine stürmische Nacht ab und verließen das Kastell. Soldaten waren nur wenige dabei, dagegen viele ohne Waffen.«

Cassius Dio schließt nun an dieser Stelle nahtlos an und erzählt über die Flucht (*Historia romana* 56/22/2–4):

»Am ersten und zweiten Posten der Germanen kamen die Flüchtlinge glücklich vorbei; unmittelbar beim dritten jedoch wurden sie entdeckt, weil die erschöpften Frauen und Kinder, denen es bei der Finsternis und Kälte angst und bange wurde, den Bewaffneten beständig zuriefen. Da wären alle ohne Unterschied niedergemetzelt oder gefangengenommen worden, wenn sich die Germanen nicht allzu gierig über die Beute hergestürzt hätten. Dadurch gelang es nämlich den Kräftigsten, einen tüchtigen Vorsprung zu gewinnen. Die Trompeter aber, die bei ihnen waren, fingen an, einen Eilmarsch zu blasen, so daß die Germanen in den Flüchtlingen die von Asprenas gesandten Hilfstruppen vermuteten. Infolgedessen brachen sie die Verfolgung ab. Asprenas aber, der von dem Wagnis der Belagerten hörte, kam ihnen dann auch in der Tat zur Hilfe.«

Die Furcht der Germanen vor dem herannahenden Kampfverband der Römer konnte nur darin bestehen, daß diese in der unüberwindlichen Kampfformation des ›agmen quadratum‹ erwartet wurden. Diese Formation war aber nur in offenem Gelände möglich. Offensichtlich gab es zwischen dem Kastell Aliso und dem Rhein dieses offene Gelände, wie es überall für die damalige Zeit auf den Dünenflächen an der Lippe anzunehmen ist. Schon hiermit wird die Lage des Kastells Aliso wiederum für das Lippegebiet fixiert.

Die römischen Schriftsteller unterschieden zwischen ›*castra*‹ und ›*custodiae*‹. Die ›*castra*‹ umfaßten sowohl die Marschlager, die nur einen oder wenige Tage benutzt wurden, als auch die Standlager mit stärkerer Befestigung, wie zum Beispiel diejenigen mit einem Doppelgraben für den Dauereinsatz. Die ›*castra*‹ lagen meist an den großen Heerstraßen, den ›*limites*‹, in Abständen einer Tagesmarschleistung voneinander entfernt. Dazwischen, besonders in unwegsamem Gelände, wurden in kleineren Abständen ›*custodiae*‹ als Wachtlager eingerichtet, die meistens von einer kleinen Dauerbesatzung belegt waren.

Kastelle waren meist noch durch besondere topographische Gegebenheiten oder in späteren Zeiten durch Ummauerung nahezu uneinnehmbar. Alle diese Lagereinrichtungen wurden von den Germanen gestürmt. Eine Ausnahme bildete außer dem schwer befestigten Kastell Aliso noch das Hauptlager Haltern. Beide Lager sind offensichtlich mehr oder weniger geordnet geräumt worden. Aliso ist in den Jahren nach der Varusschlacht, mindestens in den Jahren 14–16 n.Chr., von den Römern wieder besetzt worden.

Beerdigung der ›bleichenden Gebeine‹

Wie reagierte Rom auf die Vernichtung der niederrheinischen Armee?

Zunächst sind allgemein die Bestürzung und Trauer des Kaisers Augustus bekannt, so wie sie Suetonius im Kapitel 23 über das Leben des Augustus berichtet:

> »Er soll schließlich so bestürzt gewesen sein, daß er sich ganze Monate lang Bart und Haupthaar nicht scheren ließ, mit dem Kopfe bisweilen gegen die Tür rannte und laut schrie: ›Quinctilius Varus, gib mir die Legionen wieder.‹«

Weniger bekannt sind die Vorbereitungen, die Augustus trotz seiner Trauer traf, um die Verluste an Soldaten wieder auszugleichen und die Sicherheit in der Niederrheinprovinz wieder zu garantieren. Darüber schreibt Cassius Dio (56/23/24):

> »Weil sich keiner der Kriegspflichtigen ausheben lassen wollte, wurde von den noch nicht über 35 Jahre alten Leuten regelmäßig der fünfte und von den älteren Männern jeder zehnte Mann ausgelost und durch Konfiskation des Vermögens und Entziehung der bürgerlichen Ehrenrechte bestraft. Als sich schließlich auch so noch viele ihrer Pflicht entziehen wollten, ließ er sogar einige hinrichten. Danach hob er aus der Zahl der entlassenen Veteranen und Freigelassenen möglichst viele durchs Los aus und ließ sie sofort in Eilmärschen unter Tiberius nach Germanien abgehen.«

Im Frühjahr des Jahres 10 n. Chr. traf Tiberius mit seinen Truppen am Niederrhein ein und übernahm den Oberbefehl über alle niederrheinischen Truppen, einschließlich der an Ort und Stelle verbliebenen Legionen des Asprenas. Ein Jahr später (11 n. Chr.) überschritt er zusammen mit Germanicus den Rhein, ohne jedoch größere Kampfhandlungen zu unternehmen.

Im Jahre 12 n. Chr. kehrte Tiberius nach Rom zurück, und Germanicus übernahm den Oberbefehl, ohne zunächst Rachefeldzüge zu unternehmen.

Germanicus, Sohn des erfolgreichen, früh verstorbenen Drusus, war im Jahre 4 n. Chr. von seinem Onkel Tiberius auf Wunsch des Augustus adoptiert worden. Suetonius hat in der Vita des Gajus Caesar Caligula im Kapitel 3,6 folgende Charakteristik des Germanicus niedergeschrieben:

»In Germanicus waren, wie zur Genüge bekannt, alle geistigen und körperlichen Vorzüge in einer ganz einzigartigen Weise vereinigt: unvergleichliche Schönheit und Energie, hervorragende Bildung in griechischer und römischer Beredsamkeit und Gelehrsamkeit, eine seltene Liebenswürdigkeit und ein bewunderungswürdiges und des Erfolges sicheres Bestreben, sich die Gunst der Leute zu erwerben und ihre Liebe zu gewinnen. Zu seiner sonstigen schönen Erscheinung paßten nur die hageren Schenkel nicht so recht, aber auch diese vervollkommneten sich allmählich durch tägliches Reiten nach dem Essen. Einen Feind stieß er oft im nahen Einzelkampf mit der eigenen Hand nieder. Reden vor Gericht hielt er auch noch, nachdem er bereits triumphiert hatte, und unter anderen bleibenden Zeugnissen seiner Studien hinterließ er griechische Komödien. . .

Als er sich anschickte, die verwitterten und zerstreuten Gebeine der bei des Varus Niederlage Gefallenen in einem Grabe bestatten zu lassen, war er der erste, der sie mit eigener Hand auflas und zusammentrug. . .

Ferner war Germanicus bei dem Volke überaus beliebt. Wenn er z. B. sehr vielen Berichten zufolge irgendwo ankam oder von irgendwo ging, so geriet er infolge des Gedränges derer, die ihn einholten oder geleiteten, bisweilen in Lebensgefahr. Als er vollends in Germanien nach Unterdrückung des Aufstandes der Legionen [im Jahre 14 n. Chr. nach dem Tod des Augustus] heimkehrte, rückten sämtliche praetorianische Kohorten zu seinem Empfange aus, obwohl nur zwei von ihnen Befehl dazu erhalten hatten, und das ganze römische Volk strömte ihm ohne Unterschied des Geschlechtes, Alters und Standes bis zum 20. Meilenstein entgegen.«

Nach dem Tod des Augustus im Jahre 14 n. Chr. revoltierten die niederrheinischen Legionen. Nur unter dem ganzen Einsatz des Germanicus gelang es, den Aufruhr zu ersticken. Als Mittel, die Legionen zu disziplinieren, bot sich an, die rechtsrheinischen Feinde anzugreifen. Noch im Herbst desselben Jahres wurde also ein Blutbad unter den nichtsahnenden Marsern angerichtet. Auf dem Rückmarsch durch das bergige, waldreiche Land, in welchem die Römer gezwungen wurden, im *›agmen expeditum‹*, also in kampfbereiter Kolonne, zu marschieren, erfolgten die Überfälle durch die Krieger der Brukterer, Tubanten und Usipeter nach dem Muster der Angriffe in der Varusschlacht. Hier gelang es Germanicus jedoch, die Soldaten der 20. Legion mit folgenden Worten zum Sieg zu motivieren (Tacitus, *Ann.* I/51):

»Jetzt habt ihr die Gelegenheit, die Meuterei in Vergessenheit zu bringen. Auf, eilt, die Schmach in Ehre zu verwandeln.«

Nach diesem Sieg im Todesjahr des Augustus folgten weitere Rachefeldzüge im folgenden Jahr 15 n. Chr.

Im Frühjahr überfiel Germanicus zunächst mit seinen vier oberrheinischen Legionen, verstärkt durch weitere Hilfstruppen aus dem Raum Mainz, die Chatten, während sein Feldherr Caecina mit den vier niederrheinischen Legionen die Cherusker in ihrem Gebiet beschäftigte, damit sie nicht den Chatten zu Hilfe kommen konnten. Während des Chattenfeldzuges unternahm Germanicus einen Abstecher zum römerfreundlichen Segestes, dem Schwiegervater des Arminius, und entsetzte dessen von arminiustreuen Cheruskern belagerte Burg. Dabei nahm er die schwangere Thusnelda, die Gattin des Arminius, gefangen. (s. Karte S. 168)

Nach der Rückführung der siegreichen Truppen an den Rhein wurde noch im selben Jahr ein weiterer großer Kriegszug vom Niederrhein aus unternommen. Tacitus beschreibt diesen Kriegszug so (I/60):

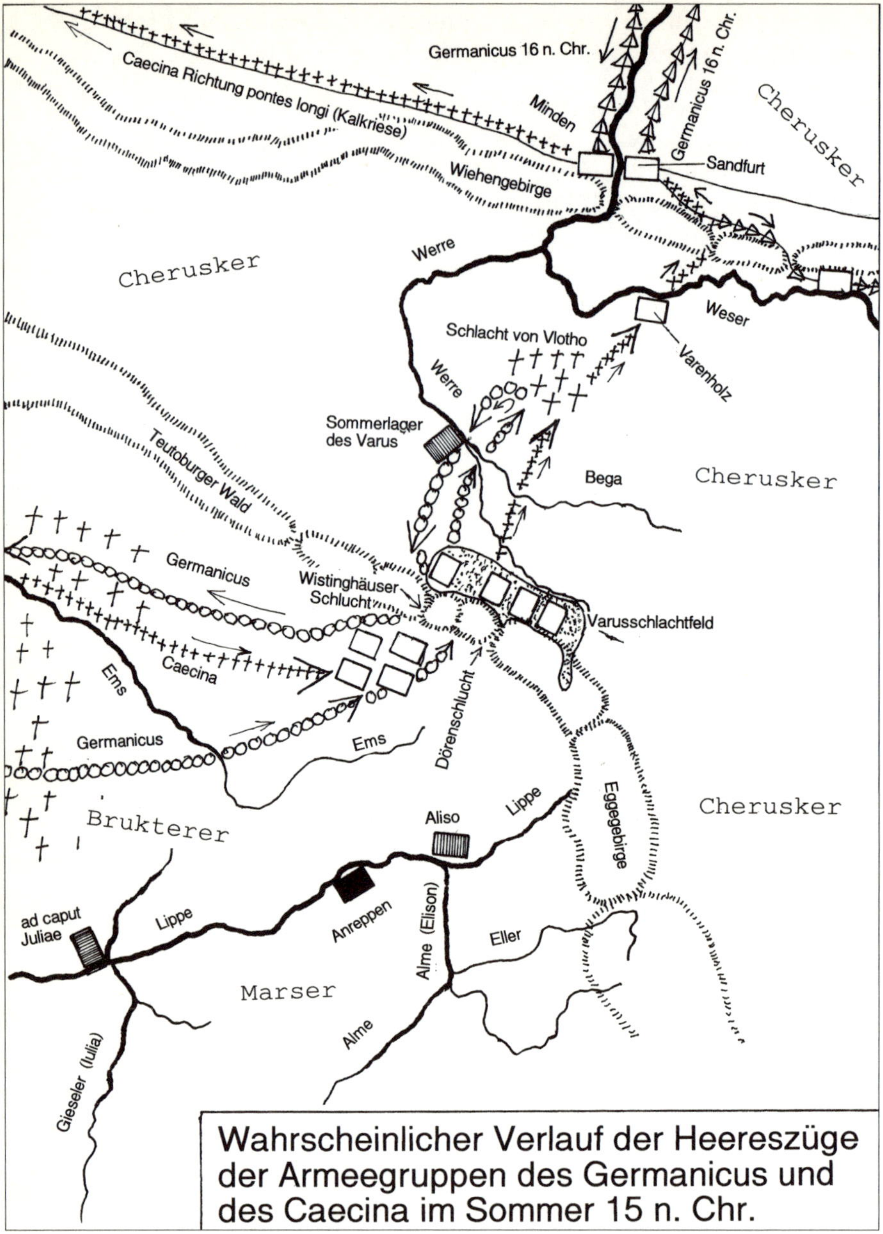
Germanicus 16 n. Chr.
Germanicus 16 n. Chr.
Caecina Richtung pontes longi (Kalkriese)
Minden
Sandfurt
Cherusker
Wiehengebirge
Werre
Cherusker
Weser
Schlacht von Vlotho
Varenholz
Werre
Sommerlager des Varus
Bega
Cherusker
Teutoburger Wald
Germanicus
Wistinghäuser Schlucht
Varusschlachtfeld
Caecina
Ems
Dörenschlucht
Germanicus
Ems
Eggegebirge
Cherusker
Brukterer
Aliso
Lippe
ad caput Juliae
Lippe
Anreppen
Alme (Elison)
Eller
Marser
Alme
Gieseler (Iulia)
Wahrscheinlicher Verlauf der Heereszüge der Armeegruppen des Germanicus und des Caecina im Sommer 15 n. Chr.

Abb. 67

der Brukterer zur Amisia [Ems], um die feindliche Heeresmacht zu zersplittern; die Reiterei des Pedo durch der Friesen Land. Germanicus selbst beförderte mit der Rheinflotte die vier oberrheinischen Legionen über die Seen. Zu gleicher Zeit vereinigten sich dann Fußvolk, Reiterei und Flotte an dem oben erwähnten Flusse [vermutlich im Raum Rheine]. Die Chaucen, die Hilfsscharen in Aussicht stellten, wurden in die Heeresgemeinschaft aufgenommen. Die Brukterer, die ihre eigenen Dörfer in Brand steckten, schlug Lucius Stertinius im Auftrage des Germanicus mit einer Schar Leichtbewaffneter in die Flucht. Während des Blutvergießens und der Plünderung fand er den Adler der 19. Legion wieder, der unter Varus verlorengegangen war. Darauf wurde das Heer bis ans äußerste Ende des Bruktererlandes geführt; alles Land zwischen Ems und Lippe ward verwüstet, nicht weit vom Teutoburger Wald, wo, wie es hieß, die Reste des Varus und seiner Legionen noch unbeerdigt waren.«

Das Ende des Bruktererlandes zwischen Ems und Lippe erstreckte sich folglich im heutigen Gebiet Wiedenbrück–Paderborn–Lippstadt. Von dort war es nach Tacitus nicht weit zum Teutoburger Wald. Wenn man ›nicht weit‹ nicht absichtlich umdeuten will, so kann man eigentlich den Teutoburger Wald nicht weiter als eine Tagesreise in der bisherigen Stoßrichtung entfernt suchen. Damit kommt wirklich nur der Lippische Wald in der Gegend um Augustdorf/Stukenbrock in Frage.

Dort will von Stamford 1892, wie bereits erwähnt, Reste von mehreren großen Römerlagern, den Lagern der Germanicusarmee aus dem Jahre 15 n. Chr., gesehen haben. Die Tacitusbeschreibung und die vorhergehende Darstellung der Varusschlacht zwischen Wistinghausen und Berlebeck auf der Nordseite des Teutoburger Waldes greifen wie Umrandungen von Puzzlestücken genau ineinander.

Tacitus schildert nun den Besuch des Varusschlachtfeldes durch die Germanicusarmee. Er nennt die wichtigsten, teilweise bereits erwähnten Hinweise für die Lokalisation der Varusschlacht (I/61/62):

bereits erwähnten Hinweise für die Lokalisation der Varusschlacht (I/61/62):

> »Caecina wurde vorgeschickt [von den Lagern am Quellgebiet der Ems westlich des Teutoburger Waldes], um das noch unbekannte Waldgebirge zu durchforschen und Brükken und Dämme in dem feuchten Sumpflande und auf dem trügerischen Moorboden anzulegen. Danach betraten die Römer die Stätten der Trauer, die einen entsetzlichen Anblick boten und furchtbare Erinnerungen weckten.
>
> Das erste Lager des Varus [prima Vari castra], vermutlich nördlich der Dörenschlucht bei Hörste, ließ an seinem bedeutenden Umfange und der Absteckung der Hauptquartiere die Arbeit dreier Legionen erkennen.
>
> Sodann merkte man an dem halb eingestürzten Wall und dem nur wenig tiefen Graben des zweiten Lagers [wahrscheinlich bei Heidenoldendorf], daß sich hier die schon halb vernichteten Reste des Heeres gelagert hatten; inmitten der Ebene [campus zwischen den beiden Lagern] sah man bleichende Gebeine, zerstreut oder in Haufen, so wie die Römer geflohen waren oder Widerstand geleistet hatten. Daneben lagen Bruchstücke von Waffen und Gliedmaßen von Pferden; auch waren an den Baumstämmen Menschenschädel angenagelt. . .
>
> So barg das an Ort und Stelle anwesende Römerheer sechs Jahre nach der Niederlage die Gebeine der drei Legionen des Varus in der Erde Schoß. Da keiner unterscheiden konnte, ob er die Überreste Fremder oder seiner eigenen Angehörigen vor sich habe, begruben sie alle als ihre Freunde und Blutsverwandten mit gesteigerter Rachsucht gegen den Feind, betrübt und zugleich ergrimmt.«

Das Schlachtfeld wurde also von den acht Legionen des Germanicus aufgeräumt. Es ist wenig wahrscheinlich, daß man Waffen und Skelettreste und erst recht nicht Münzreste liegen ließ. Damit sind die geringen Mengen an römischen Funden erklärt. Immerhin sind diese Funde aber dort im von Tacitus beschriebenen Raum nördlich des Teutoburger Waldes vorhanden und nirgends sonst. Auch Grabhügel aus offensichtlich nicht vorchristlicher Zeit sind in diesem Raum vorhanden und bis heute nicht archäologisch untersucht worden. In den »Ergänzenden Texten« dieses Buches, ab Seite 227 werden einige Funde erwähnt. Auf jeden Fall müßten hier konkrete Forschungen einsetzen.

Da das Hauptschlachtfeld mit einer Ausdehnung von etwa 10 km unterschiedlich breite Ausbuchtungen zu den Pässen hin aufweist, ist es natürlich leicht möglich, daß die Germanicuslegionäre weitab davon auf dem Winnfeld die Überreste des dortigen Reiterkampfes nicht fanden. Dort war die Menge der Überreste ungleich größer, so daß dort die Bauern im 15. und 16. Jahrhundert beim Urbarmachen des Geländes immer wieder reichhaltige Funde an Waffenresten und Münzen machen konnten.

Nach Beerdigung der Gebeine der Kameraden wurden die Römer von Arminius und seinen Truppen in unwegsames Gelände gelockt, wo es dann im Hinterhalt zu einer großen Schlacht kam, die nach den antiken Schriftstellern unentschieden ausging. Setzt man deren Schönfärberei voraus, war diese Schlacht ein Sieg der Arminiustruppen. Wo diese Schlacht stattfand, ist nicht bekannt. Im Volksmund und bei vielen Heimatforschern wird immer wieder das Gelände um Vlotho für diese Römerschlacht im Herbst des Jahres 15 n. Cty. genannt.

Nach dieser Schlacht (Tacitus I/ 63) »führte Germanicus seine Truppen an die Ems zurück und ließ die Legionen auf dem Wasserweg, auf dem sie ja gekommen waren, wieder zurückschaffen; ein Teil der Reiterei erhielt Befehl, an der Nordseeküste entlang zur Rheinmündung zu ziehen«.

Germanicus und Pedo ziehen sich mit ihren Truppen also vom Schlachtort ohne Caecina mit dessen Legionen auf dem gleichen Weg zurück an die Ems. Caecina dagegen erhielt den Befehl, seine Truppen (I., V., XX., XXI. Legion) über die ›Langen Brücken‹ (›*pontes longi*‹) zurückzuführen und diese dabei gleichzeitig zu reparieren. Folglich mußten die ›Langen Brükken‹ zwischen dem Schlachtort und der schiffbaren Ems liegen, da ja Germanicus direkt wieder an die Ems zog. Caecina

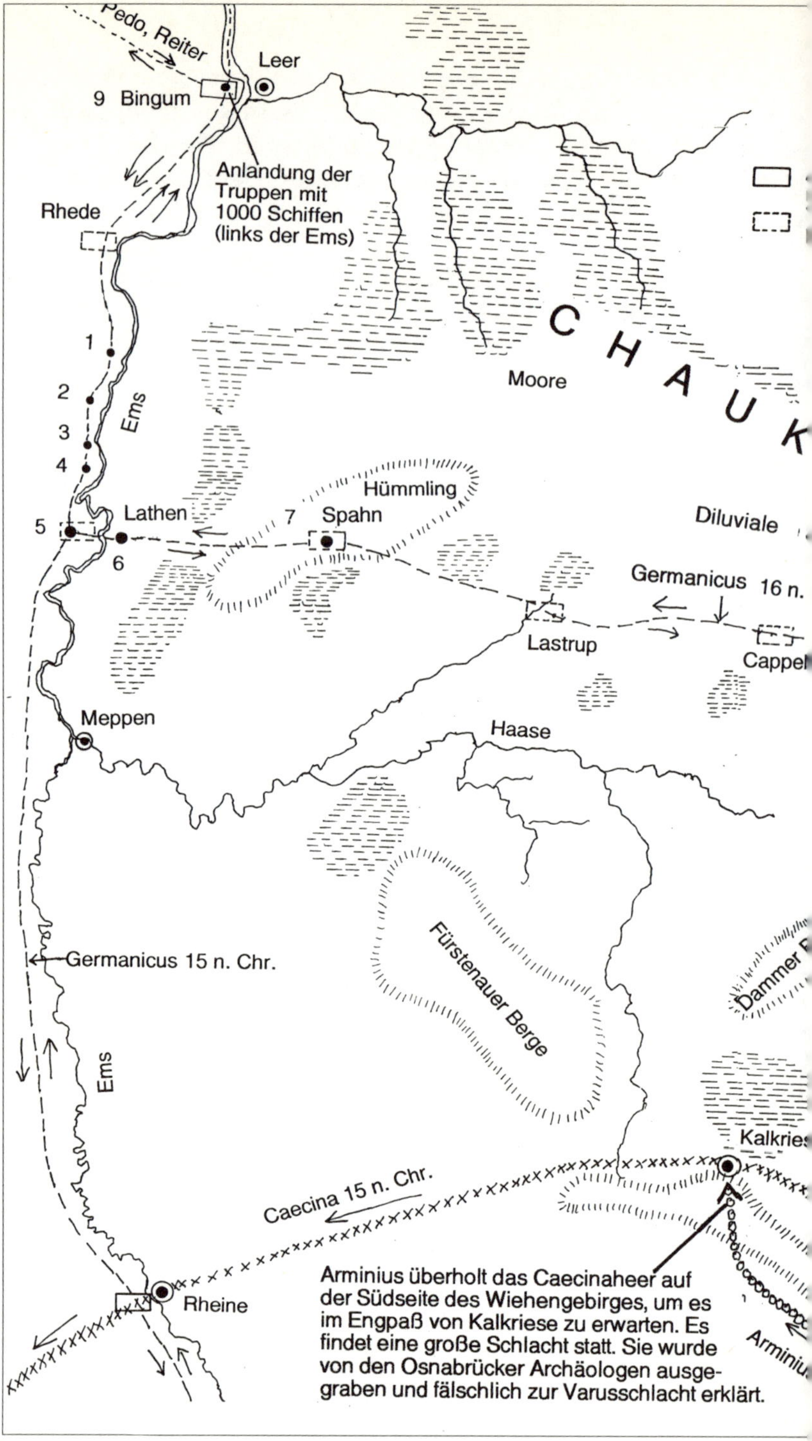

Pedo, Reiter
Leer
9 Bingum
Anlandung der
Truppen mit
1000 Schiffen
(links der Ems)
Rhede
C H A U K
Moore
1
2
3
4
Ems
Hümmling
Lathen
7 Spahn
5
6
Diluviale
Germanicus 16 n.
Lastrup
Cappel
Meppen
Haase
Fürstenauer Berge
Dammer
Germanicus 15 n. Chr.
Ems
Kalkries
Caecina 15 n. Chr.
Rheine
Arminius überholt das Caecinaheer auf
der Südseite des Wiehengebirges, um es
im Engpaß von Kalkriese zu erwarten. Es
findet eine große Schlacht statt. Sie wurde
von den Osnabrücker Archäologen ausge-
graben und fälschlich zur Varusschlacht erklärt.
Arminiu

Abb. 68

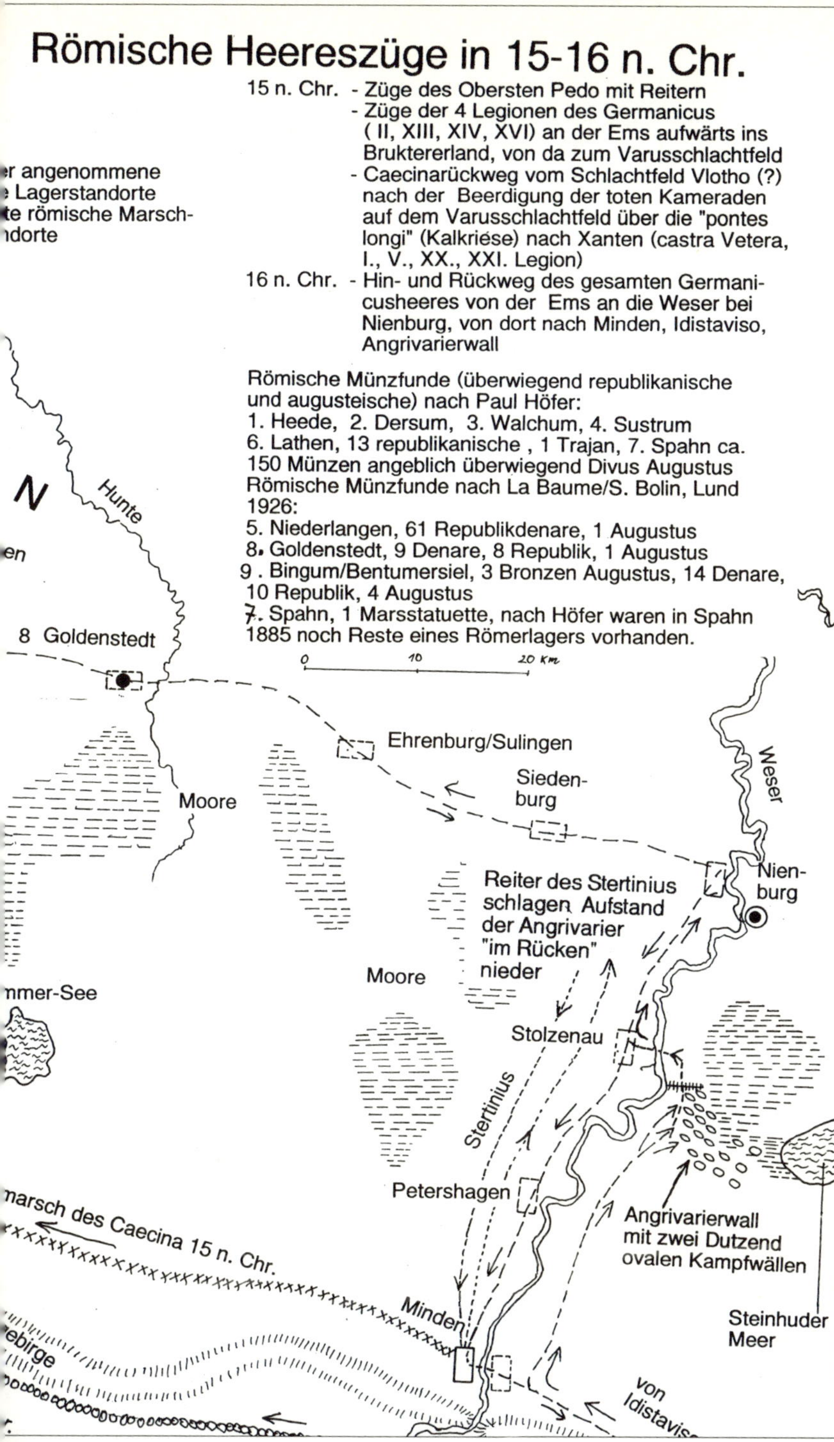
Römische Heereszüge in 15-16 n. Chr.
15 n. Chr. - Züge des Obersten Pedo mit Reitern
- Züge der 4 Legionen des Germanicus (II, XIII, XIV, XVI) an der Ems aufwärts ins Bruktererland, von da zum Varusschlachtfeld
- Caecinarückweg vom Schlachtfeld Vlotho (?) nach der Beerdigung der toten Kameraden auf dem Varusschlachtfeld über die "pontes longi" (Kalkriese) nach Xanten (castra Vetera, I., V., XX., XXI. Legion)
16 n. Chr. - Hin- und Rückweg des gesamten Germanicusheeres von der Ems an die Weser bei Nienburg, von dort nach Minden, Idistaviso, Angrivarierwall
Römische Münzfunde (überwiegend republikanische und augusteische) nach Paul Höfer:
1. Heede, 2. Dersum, 3. Walchum, 4. Sustrum
6. Lathen, 13 republikanische, 1 Trajan, 7. Spahn ca. 150 Münzen angeblich überwiegend Divus Augustus
Römische Münzfunde nach La Baume/S. Bolin, Lund 1926:
5. Niederlangen, 61 Republikdenare, 1 Augustus
8. Goldenstedt, 9 Denare, 8 Republik, 1 Augustus
9. Bingum/Bentumersiel, 3 Bronzen Augustus, 14 Denare, 10 Republik, 4 Augustus
7. Spahn, 1 Marsstatuette, nach Höfer waren in Spahn 1885 noch Reste eines Römerlagers vorhanden.
0 10 20 Km
N
Hunte
8 Goldenstedt
Ehrenburg/Sulingen
Sieden-
burg
Moore
Weser
Nien-
burg
Reiter des Stertinius schlagen Aufstand der Angrivarier "im Rücken" nieder
Moore
Stolzenau
Stertinius
Petershagen
Angrivarierwall mit zwei Dutzend ovalen Kampfwällen
Steinhuder Meer
marsch des Caecina 15 n. Chr.
Minden
von Idistaviso

mußte also ›auf bekannten Wegen‹ einen Umweg ziehen und dort den Heerweg wieder instandsetzen, doch wohl, weil Germanicus diesen im nächsten Jahr für den Aufmarsch für die endgültige Besiegung der vereinigten germanischen Stämme benutzen wollte? Germanicus und Pedo zogen also auf dem gleichen Heerweg zurück an die Eins. Wo zog Caecina zu den *›pontes longi‹*?

Nun, an den *›pontes longi‹* entwickelt sich ein erbitterter Kampf mit den germanischen Truppen, die den Caecina-Heerzug unbemerkt überholt hatten. Tacitus beschreibt sehr ausführlich und genau sowohl die Topographie an den *›pontes longi‹* als auch den Verlauf dieser Schlacht. Es ist außer Frage die Topographie von Kalkriese. Selbst die Funde von Kalkriese entsprechen genau dem Schlachtgeschehen. Aber das alles soll im nächsten Kapitel genau beschrieben werden.

Der Überholvorgang der Arminiustruppen »auf kürzeren Wegen und in Eilmärschen« am römischen Heer vorbei, »das an Gepäck und Waffen schwer zu tragen hatte«, läßt sich mit der Topographie von Kalkriese hervorragend erklären: Während das Caecinaheer von dem vermutlichen Schlachtort Vlotho aus am leichtesten auf dem gut ausgebauten ›Helweg vor dem Sandforde‹ nördlich des Wiehengebirges zu den *›pontes longi‹* von Kalkriese zog, konnte das schnelle, leicht bewaffnete Arminusheer abkürzend und unbemerkt auf der Südseite dieses Gebirges leicht lange vor Caecina im Engpaß von Kalkriese sein und dort bereits Erdarbeiten für den erfolgreichen Überfall vorgenommen haben, wie es in der obenstehenden Skizze (S. 172 f.) für die »römischen Heereszüge 15–16 n. Chr.« dargestellt ist.

In Kalkriese fand dann die für Caecina überaus verlustreiche Schlacht statt, die die Osnabrücker Archäologen mit einem hohen Aufwand, aber auch mit großem Erfolg ausgegraben haben. Leider haben sie sich darauf festgelegt, die Varusschlacht ausgegraben zu haben, ohne irgendeinen einzigen wissenschaftlich genauen Beweis dafür zu haben.

Der große Irrtum der Kalkriese-Forscher

Der Irrtum der Osnabrücker Archäologen anzunehmen, daß in Kalkriese die Varusschlacht stattgefunden habe, hat seine Vorgeschichte schon genau vor 1990 Jahren. Man kann sie so erzählen:

»Der Boden der römischen Staatsstraße westlich des Rheins knirscht von den raschen Schritten tausender Legionäre der V. und XXI. Legion. Kommandorufe der Centurionen unterbrechen das Schweigen der Soldaten. Ihr Befehlshaber hat äußerste Disziplin und Anstrengung verlangt, möglichst schnell nach dem Untergang der Legionen des Varus die militärisch entblößte Niederrheinprovinz zu besetzen und gegen die Germanen zu schützen.

In nur wenigen Tagen erreichen sie von Mainz als erstes das Militärlager Novaesium. In diesem Stammlager der XVII. Legion bleiben einige Kohorten zur Verstärkung der schwachen Besatzung.

Am nächsten Morgen dröhnen erneut rasche Marschtritte. Asprenas drängt Legaten, Tribunen und Centurionen, schnell zum castra Vetera zu kommen. Dort im Stammlager der XVIII., der Führungslegion des Varus, wird es sich entscheiden, ob die Provinz Niedergermanien gehalten werden kann oder nicht. Asprenas ist es klar, daß er dagegen das lippeaufwärts gelegene Lager Haltern, das Winterlager der XIX. Legion, räumen muß.

Auf dem Weg dorthin erreichen ihn Boten des Lagerpraefekten Caedicius und berichten, daß sich Flüchtlinge aus der Varusschlacht aus dem nahen Teutoburger Wald in das Kastell Aliso gerettet hätten. So wäre zwar die schwache Kastellbesatzung durch Bogenschützen verstärkt worden; aber die Flüchtlinge wären überwiegend Unbewaffnete, Kinder und Frauen. So würde sich Aliso gegen den Ansturm der vielen Feinde nicht halten lassen. Caedicius bäte um Entlastung.

Asprenas zwingt also die bereits von den Anstrengungen gezeichneten Legionäre in neue Eilmärsche Richtung obere Lippe, Richtung Kastell Aliso.

Auf halber Strecke kann er die einen Ausbruch wagenden Flüchtlinge vor den nachsetzenden Germanen retten.«

Soweit die ehrenvolle Rettung der Flüchtlinge und die Stabilisierung der Provinz Niedergermanien durch Asprenas und seine Legionen. Die Germanen wagen es nicht mehr, nach der Preisgabe von Haltern durch die Römer über den Rhein zu gehen. Sie sehen, daß castra Vetera wieder mit voller Truppenstärke dank des beherzten Einsatzes des Asprenasheeres uneinnehmbar ist. Sie verzichten darauf, den Rhein zu überschreiten, und geben sich mit der Beute aus allen anderen erstürmten Lagern zufrieden.

Ihre Beute ist aber nicht perfekt. Aus Haltern haben natürlich Asprenas und seine Legionäre alles mitgenommen, was wertvoll und transportierbar war, so wie dort alle archäologischen Grabungen auf die zwar eilige, aber geplante Räumung durch die Römer hinweisen.

Besonders hatten sie es auf die Münzschätze ihrer gefallenen Kameraden abgesehen. Die konnten schon manchmal beachtliche Gewichte haben. Stellen wir uns vor, ein Legionär hätte bereits acht Jahre in Haltern gedient und von seinem jährlichen Sold von 2500 Assen nur je 1000 Asse gespart, um sich später als Veteran ein Landgut in den eroberten Provinzen kaufen zu können. Rechnen wir nur ein Gewicht von 10 g je ersparter Münze, so hätte er in den acht Jahren Garnison in Haltern 80 kg Münzen gespart. Sicherlich hat er vielleicht auch einen Teil seines Kupfergeldes in silberne Denare oder Goldmünzen umgetauscht. Immerhin entsprach ein Aureus dem Wert von 25 Denaren oder 400 Assen. Durch einen Eintausch in silberne oder goldene Münzen konnte also das Gewicht der Münzvorräte stark reduziert werden. In der Realität waren die

Münzvorräte der Legionäre vermutlich ein Gemisch aus allen Münzarten. Ihre Ersparnisse wurden in den Winterlagern wie auf einer Bank wohlverwahrt.

Nun aber lebten die Legionäre des Varus nicht mehr, und das Lager Haltern mußte geräumt werden. Was lag näher, als daß sich die Legionäre des Asprenas die Münzen der toten Kameraden teilten? Einmal nun teilungserfahren, war es fast zwangsläufig, daß man sich die Münzen in castra Vetera und Novaesium auch noch teilte.

Velleius Paterculus jedenfalls ist es, der diesen Nachlaßraub, wohl den größten der römischen Geschichte, kennzeichnet (II/120):

> »Es mag auch für L. Asprenas ein wahrhaftiges Zeugnis abgelegt werden, der als Legat unter seinem Oheim Varus diente und durch sein ruhiges und mannhaftes Auftreten das von ihm befehligte Heer von zwei Legionen vor dem großen Unheil rettete und dadurch, daß er schnell zum unteren Winterlager hinabzog [von Mainz nach Xanten], die treue Gesinnung, die sogar bei den diesseits wohnenden Stämmen zu wanken begann, wieder kräftigte.
>
> Es gibt jedoch Leute, die geglaubt haben, daß er freilich die Lebenden gerettet, sich aber des Nachlasses der unter Varus Niedergemetzelten bemächtigt und beliebig das Erbe des vernichteten Heeres angetastet habe.«

Es ist also als sicher anzunehmen, daß Soldaten der V. und XXI. Legion für die nächsten Jahre genügend Vorräte an Münzen aus dem Eigentum der gefallenen Kameraden aus den drei Varuslegionen XVII, XVIII und XIX besaßen. Sie führten auch noch einen Teil dieser Münzen auf dem Heereszug im Jahre 15 n. Chr. als Angehörige der Kampfgruppe Caecina des Befehlshabers Germanicus mit sich. Caecina führte die Legionen I, V, XX, XXI und operierte gegenüber dem anderen Heeresteil mit ebenfalls vier Legionen (II, XIII, XIV, XVI) unter Germanicus völlig selbständig.

Im vorherigen Kapitel hatte der Leser bereits erfahren, daß Caecina mit seinen vier Legionen nach Beerdigung der gefallenen Kameraden auf dem Schlachtfeld im Teutoburger Wald und der sich anschließenden Schlacht von Vlotho den Auftrag erhalten hatte, auf »bekannten Wegen« an den Rhein zurückzumarschieren. Dabei sollten die ›langen Brücken‹ wieder instand gesetzt werden. Sie waren schon etwa 20 Jahre früher von Ahenobarbus erbaut worden und jetzt reparaturbedürftig. Hochwahrscheinlich hatte schon jetzt (im Jahre 15 n. Chr.) Germanicus vor, mit seinem ganzen Heer über diesen Heerweg im darauffolgenden Jahr in das Germanenland einzufallen, um die Germanen endgültig zu besiegen. Deshalb sollte schon jetzt dieser Heerweg vorbereitet werden. Tatsächlich ist er denn nach den Überlegungen im nächsten Kapitel im nachfolgenden Jahr nicht benutzt worden.

Hören wir aber jetzt Tacitus, der beschreibt, wie es der Heeresgruppe des Caecina bei ihrem Marsch auf die ›langen Brükken‹ zu erging (I/63–68). Erfahren wir auch vom Schicksal von Marcellus Rutus und Marcus Aius, die der Leser als Angehörige der V. Legion im ersten Kapitel im Lager ›ad caput Iuliae‹ kennengelernt hatte:

> »Caecina, der seine Truppen zurückführte, wurde angewiesen, trotz seiner Vertrautheit mit dem Gelände, durch das ihn der Rückweg führte, die ›langen Brücken‹ so rasch wie möglich zu passieren. Diese langen Brücken sind ein schmaler Dammweg, der mitten durch ein ausgedehntes Moorgebiet führt und seinerzeit von Lucius Domitius angelegt wurde. Ringsherum war der Boden sumpfig, zum Teil klebrig infolge dicken Schlamms, zum Teil unsicher und gefährlich zu betreten wegen der Wasserläufe; zu beiden Seiten des Moores zogen sich allmählich ansteigende Waldungen hin. Diese hatte Arminius jetzt besetzt, der auf kürzeren Wegen und in Eilmärschen das römische Heer, das an Gepäck und Waffen schwer zu tragen hatte, überholt hatte.«

Wenn man hier schon von einem großen Moorgebiet und ansteigenden Waldungen ausgeht, so kann eigentlich nur das Gelände am Nordrand des Wiehengebirges gemeint sein, weil nirgends sonst an Moorgebiete Bergwälder anschließen. Das

Überholen des römischen Heeres auf von Wald und Moor begrenztem, engen Heerweg konnten die Truppen des Arminius nur auf der Südseite des Wiehengebirges erreichen, während Caecina auf der Nordseite marschierte.

Tacitus verschafft uns einen Eindruck von den Problemen bei den Römern:

> »Caecina wußte nicht recht wie er den durch das Alter morsch gewordenen Bohlenweg ausbessern und zu gleicher Zeit den Feind abwehren konnte. Er beschloß, an Ort und Stelle ein befestigtes Lager aufzuschlagen, damit ein Teil seiner Truppen die Ausbesserungsarbeiten und ein anderer den Kampf mit den Germanen aufnehmen könnten. . .
>
> Und alles war für die Römer in gleicher Weise ungünstig: das Gelände ein grundloser Morast, auf dem man keine feste Kampfesstellung einnehmen konnte und bei jedem Schritt ausglitt. . . Den Cheruskern dagegen war der Kampf im Moore vertraut; ihre Glieder waren schlank und ihre ungeheuer langen Lanzen geeignet, auch aus großer Entfernung zu verwunden. Das Dunkel der Nacht erlöste die schon wankenden Legionen von dem unglücklichen Kampfe.
>
> Die Germanen, bei denen die Erfolge keine Müdigkeit aufkommen ließen, gönnten sich auch jetzt keine Ruhe. Alle Gewässer, die auf den Höhen ringsherum entsprangen, leiteten sie in die Niederungen. Dadurch wurde der Boden unter Wasser gesetzt, und was von der Verschanzung fertig war, stürzte ein.«

Diese Nachricht des Tacitus ist sehr wichtig, weil sie vom Aufstauen der Bäche von den Höhen berichtet. Aufstauen kann man Wasser nur durch einen Damm. Einen gewundenen Damm haben die Archäologen in der Kalkrieser-Niewedder Senke gefunden. Sie haben viel darüber gerätselt, weshalb er keine gerade Linie aufweise. Sie sind nicht darauf gekommen, daß sich in den Windungstaschen des Dammes das Wasser der Bäche hervorragend stauen ließ. Ein Staudamm muß einfach runde Ausbuchtungen haben, um das Abfließen des Wassers zu verhindern.

Nun haben die Osnabrücker Archäologen eine eigenartige Entdeckung gemacht. Sie fanden auf der Waldseite des krummen Dammes ›Drainagegruben‹, die sich in ganzer Länge des Dammes zeigen. Nicht weit vom Damm Richtung Kalkrieser Berg lag eine römische Pionieraxt, eine Dolabra. Damit ergibt sich folgende Erklärung:

Caecina hat offensichtlich seine Pioniere eine Drainage an der Bergseite des Dammes ziehen lassen, um das lästige Wasser ableiten zu können. Das erklärt sowohl die Drainagegruben als auch den Fundort der Dolabra. Man kann sich nämlich vorstellen, daß die Germanen natürlich versucht haben, diese Arbeiten zu verhindern. Dabei muß es erhebliche Kämpfe gegeben haben, denn in Dammnähe wurden viele Funde gemacht. Auch die Gesichtsmaske wurde unter dem eingestürzten Damm gefunden. Bezeichnenderweise gab es viele Funde unter diesem zur Moor und damit zur Lagerseite durch das Fluten abgerutschten Damm.

Wir müssen jetzt auf M. Aius, den erdachten Legionär aus dem Lager ›ad caput luliae‹ aus dem einführenden Kapitel, zurückkommen. M. Aius war mit seiner Kohorte von der V. Legion zum Schutz der Pioniere, die das Wasser ableiten sollten, eingeteilt worden. Mit Todesmut schleuderte er seine pila in die Körper der angreifenden Cherusker. Sein *gladius* war eine furchtbare Waffe und teilte tiefe Wunden aus. Da kam mit großer Gewalt der Gegenangriff eines Kampfkeils der Germanen. Niemand konnte widerstehen. M. Aius empfing durch ein riesiges Saxschwert die Todeswunde, während seine Kameraden und auch die Pioniere zurück in das Lager flüchteten, wo Marcellus Rufus, der inzwischen Legat der I. Legion geworden war, mit seinen Legionären den germanischen Keil zum Stehen brachte.

Das aufgestaute Wasser überströmte trotzdem den Kampfplatz, die verlorengegangene Dolabra der römischen Pioniere, aber auch die gefallenen Legionäre und Germanen, auch den zerfetzten Leib des Marcus Aius.

Durch die gewaltigen Hiebe des Saxschwertes waren die Schließen seines Panzers abgesprungen. Das Wasser schlämmte

Die Punz- und Ritzinschriften auf den Unterseiten der Schließen lauten:

M. AIUS I FABRICI (Punzinschrift oben)
M. AI I I FAB (Ritzinschrift unten).

Abb. 69: Bronzene Schließen aus dem Kettenpanzer eines Legionärs.

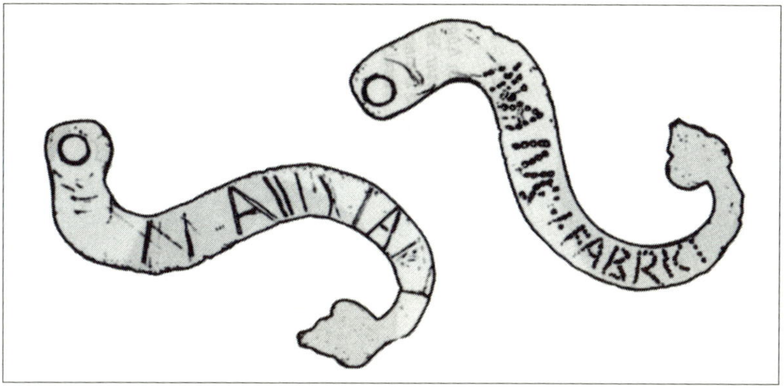

sie mit Boden vom Damm zu. Die Osnabrücker Archäologen ergruben diese Schließen fast 2000 Jahre später. Die Punzinschrift auf der Unterseite der einen Schließe lautet: »M. Aius I Fabrici«. Nach Georgia Franzius (*Die römischen Funde aus Kalkriese*, Rasch-Verlag, Bramsche 1993) lautet die Sinnübersetzung: »Legionär M. Aius diente in der 1. Kohorte und in der Centurie des Fabricius«.

Es sollte hier jedoch die Frage gestellt werden, ob die abgewandelte Sinnübersetzung »Legionär M. Aius diente in der I. Legion in der Centurie des Fabricius« nicht auch möglich gewesen wäre. Die Legionäre waren in der Regel stolz auf ihre Zugehörigkeit zu einer bestimmten Legion und taten dies auch im Alltag durch Ritzinschriften kund, wie es ja außerdem die obligatorischen Legionsstempel, zum Beispiel auf den Ziegeln, gab. Damit wäre dann die I. Legion des Caecina angegeben.

Tacitus gibt für die erste Nacht in einem nassen, unvollständigen Lager noch einen wichtigen topographischen Hinweis:

> »Die Nacht war aus verschiedenen Gründen unruhig. Tal und Höhen hallten von festlichen Gelagen der Barbaren, von ihrem fröhlichen Gesang oder ihrem wilden Gebrüll wider.«

Hiermit wird wiederum die Landschaft mit Bergen und Tälern beschrieben, wie sie im Münsterland aber nicht vorkommt. Aus diesem Grund kann die Caecinaschlacht auch nicht dort, sondern nur am Rande des Mittelgebirges zur moorigen deutschen Tiefebene stattgefunden haben, eben in Kalkriese.

Tacitus beschreibt den weiteren Verlauf der Schlacht:

> »Caecina fand keinen anderen Ausweg, als den Feind in den Waldungen festzuhalten, bis die Verwundeten und alle schweren, beweglichen Teile des Heeres voraus seien...
>
> Von den Legionen wurde die V. zur Deckung des rechten und die XXI. zur Deckung des linken Flügels bestimmt; die I. sollte die Vorhut und die XX. die Nachhut bilden...
>
> Nach Tagesanbruch verließen die beiden auf die Flanken beorderten Legionen sei es aus Furcht, sei es aus Ungehorsam ihre Stellung und besetzten schnell das ebene Feld jenseits des Moores...
>
> Während Caecina die Schlacht zu halten suchte, wurde ihm das Pferd unter dem Leibe erstochen. Er stürzte zu Boden und wäre umzingelt worden, wenn sich nicht die erste Legion dem Feinde entgegengeworfen hätte.«

Wir geben hier unserem fiktiven Helden Marcellus die Chance, sich auszuzeichnen. Als gedachter Kommandeur der I. Legion rettet er mit seinen Legionären Caecina aus einer sehr kritischen Situation. Wahrscheinlich hat die I. Legion dabei große Verluste gehabt.

Es gelang den Römern, sich auf ein etwas freieres Gelände freizukämpfen. Dort legten sie erneut ein Lager an. Dort verbrachten sie eine unruhige Nacht mit dunklen Vorahnungen. Tacitus beschreibt aber auch den Streit im Germanenlager über die weitere Kampftaktik:

> »Die Germanen verbrachten die Nacht in nicht geringerer Unruhe als die Römer. Hoffnung, Ungeduld und Meinungsverschiedenheiten der Führer hielten sie in Aufregung. Arminius riet nämlich, die Römer ruhig abziehen zu lassen und sie dann wieder auf dem sumpfigen und schwierigen Gelände zu umzingeln. Inguiomerus dagegen machte den ver-

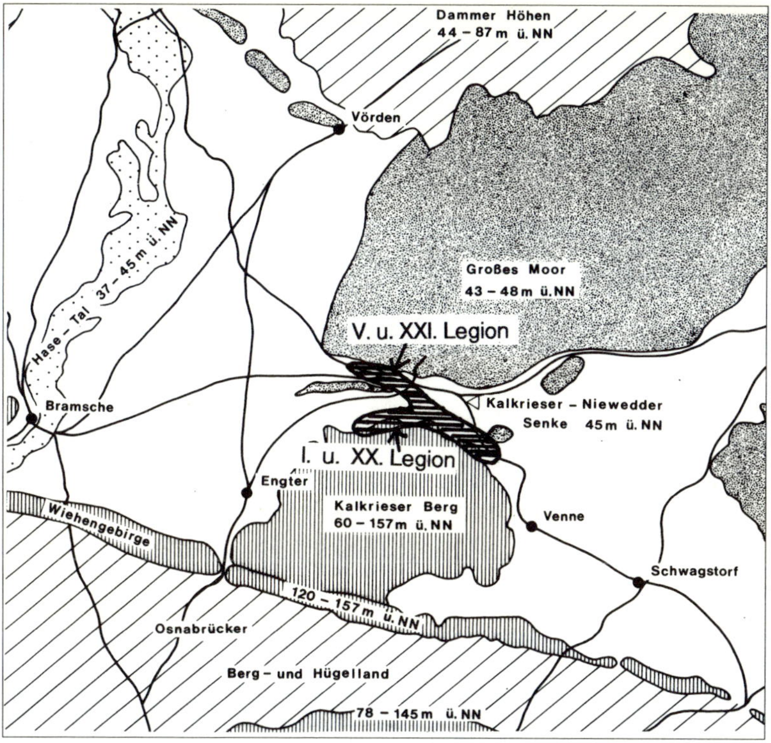

Abb. 70: Die Topographie der Kalkrieser/ Niewedder Senke.

Die Topographie der Kalkrieser/Niewedder Senke (modifizierter Kartenausschnitt aus Wolfgang Schlüter, *Kalkriese – Römer im Osnabrücker Land,* Rasch-Verlag, Bramsche 1994).

Die waagerecht schraffierten Flächen stellen die höchste Funddichte an Münzen und sonstigen Resten aus dem Schlachtgeschehen und damit den Hauptschlachtort dar. Unten sind das Wiehengebirge mit dem Kalkrieser Berg, im Norden das Große Moor erkennbar, eine Landschaft, die genau zu der Geländebeschreibung des Tacitus paßt.

Die Aufspaltung des Fundgebietes in zwei Äste paßt vorzüglich zum Tacitustext. Der nördliche Ast des Fundgebietes könnte von der Flucht der beiden Flankenlegionen (V. und XXI.) herrühren, die sich jenseits des Moores auf trockenen Boden retten wollten. Dadurch geriet Caecina (im unteren Ast) in höchste Not, aus der er durch den mutigen Einsatz der I. Legion als Vorhutlegion gerettet wurde. Das zweite Lager der bereits starke Verluste aufweisenden Caecinaarmee wurde vermutlich in der Gegend von Engter errichtet.

wegeneren und deshalb den Barbaren willkommeneren Vorschlag, das römische Lager von allen Seiten zu stürmen.«

Inguiomerus setzte sich mit seinem Vorschlag durch. Hierdurch wird sicher schon eine erste große Verstimmung zwischen Arminius und Inguiomerus gelegt worden sein, die sich dann später noch in offener Feindschaft entlud.

Caecina jedenfalls hatte nur auf den Lagersturm mit wohlaufgestellten Kohorten gewartet. In dem Augenblick, als die Germanen an den Wällen und Gräben festhingen, machte er einen entschlossenen Ausbruch aus dem Lager und konnte sich somit zwar insgesamt mit größten Verlusten, aber dennoch mit Teilen seines Heeres zum Rhein retten.

Dort hatte man schon durch Reiter von der prekären Situation des Caecina gehört. Fast hätte man aus Angst vor den heranstürmenden Germanen die Brücke bei castra Vetera über den Rhein abgebrochen, wenn nicht die mutige Julia Agrippina, die Gattin des Germanicus, diesen schmählichen Abriß verhindert hätte. Sie stand auf dem Brückenkopf und empfing die heimkehrenden Krieger mit »Worten des Lobes und des Dankes«.

Aus den topographischen Beschreibungen des Tacitus geht klar hervor, daß er für die Caecinaschlacht das Gelände von Kalkriese schildert.

Selbst der von den Archäologen aufgefundene, mäandrieren de Damm kann nach Tacitus nur der Aufstaudamm der Germanen sein, um mit dem gestauten Wasser die Römer zu überfluten.

Was ist aber mit den Münzen? Hier waren sich die Osnabrücker Forscher doch ganz sicher, daß sie die Münzen der Varuslegionäre gefunden hatten.

Zunächst einmal ist festzustellen, daß die Kalkrieser Münzfunde ähnlich zusammengesetzt sind wie die Münzfunde im römischen Standlager Haltern, in dem durch Bleibarrenfunde mit dem entsprechenden Legionsstempel die Anwesenheit der XIX. Legion nachgewiesen wurde. Auch fand man in Kalkriese häufig auf den Münzen den nach Berger (in: Wolfgang Schlüter, Hg., *Kalkriese Römer im Osnabrücker Land,* Rasch-Verlag, Bramsche 1993) für Haltern typischen Gegenstempel IMP. Ebenfalls beruft man sich in der Argumentation auf den Gegenstempel des Varus auf verschiedenen Münzen.

Alle diese Argumente lassen sich leicht zurückweisen, weil ja die Halterner Münzen durch den Nachlaßraub in das Eigentum der Legionäre der V. und XXI. Legion übergegangen waren und beide Legionen im Paß von Kalkriese unter Caecina im Jahre 15 n. Chr. schwere Verluste erlitten, wobei eben diese Halterner Münzen und auch die mit dem Gegenstempel des Varus in die Kalkrieser Erde kamen. Die Kalkriese-Forscher hatten insofern recht, als sie Münzen der Varuslegionäre ausgruben. Aber sie wurden von den Caecinalegionären verloren.

Schon Ende des 19. Jahrhunderts behauptete Theodor Mommsen, daß die von der Familie von Bar seit Jahrhunderten gesammelten römischen Münzen aus Barenau/Kalkriese die Münzen der Varusarmee seien. Sein härtester Gegenspieler war Paul Höfer, der das energisch bestritt. Beide Herren haben sich in der Presse und ihren Büchern maßlos beschimpft und wissenschaftliche Beherrschung vermissen lassen.

Höfer wies in seiner *Varusschlacht* darauf hin, daß die erste Sammlung des Freiherrn Heinrich Sigismund von Bar ausschließlich in den Feldern des Gutes Barenau gesammelt worden sei. Diese Ursprungssammlung habe nach Goeze (1698), Lodtmann (1753) und Moeser (1768) fast ausnahmslos aus Silber und Goldmünzen aus republikanischer, augusteischer und frühtiberianischer Zeit bestanden. Keine Münze sei jünger als 16 n. Chr. gewesen. Die von den drei Münzfachleuten erwähnten Denare des Tiberius konnten nur die von 14 bis 16 geprägten Liviamünzen (Liviabildnis auf der Rückseite) sein. Tiberius selbst hat im Laufe seiner Regierungszeit (1437 n. Chr.) keinen besonderen Wert auf Neuprägungen mit seinem Bildnis oder der Verkündung seiner Taten gelegt. Für seine ziemlich lange Regierungszeit gibt es sehr wenig neue Prägungen. Eine der Ausnahmen ist die frühe Liviaprägung bei den Denaren. So sind diese Münzen geradezu eine Anzeigemünze für die Germanicusfeldzüge in den Jahren 15–16 n. Chr.

Kupfermünze des Augustus 83 v. Chr. Sie enthält den Gegenstempel des Varus und wurde in Kalkriese gefunden.

Diese Münze gehörte vermutlich zu den Münzen, die von den Legionären der V. und XXI. Legion aus dem Nachlaß der Varuslegionen übernommen worden sind. Insgesamt umfassen die Münzen mit Gegenstempel des Varus unter den insgesamt 1300 in Kalkriese gefundenen Münzen nicht einmal 1 %.

Abb. 71:
In Kalkriese gefundene Münzen.

Silberdenar mit dem Bildnis des Kaisers Tiberius, auf der Rückseite die sitzende Livia. Derartige Denare befanden sich im Münzinventar von Feins, Onna und schließlich nach Goeze, Lodtmann und Moeser auch unter der ersten aus Barenau stammenden Sammlung von 127 Gold- und Silbermünzen (nach Ivar Lissner, *So lebten die Römischen Kaiser*, Walter-Verlag, Olten 1969).

So tauchen die Liviamünzen des Tiberius in zwei größeren Fundinventaren in Holland auf. Die Fundinventare von Feins und Onna enthalten diese Liviaausgaben und sind somit anläßlich der Germanicusfeldzüge dort in die Erde gekommen. Sie sind somit wiederum ein Beweis dafür, daß die Angaben der antiken Historiker für den Aufmarsch der Germanicusarmee über Friesland und die Ems richtig sind.

Höfer nun vergleicht die von den drei Münzfachleuten Goeze, Lodtmann und Moeser angegebene Zusammensetzung der Barenauer Münzsammlung mit den holländischen, Germanicus zuzuschreibenden Münzsammlungen und stellt identische Zusammensetzungen fest.

Entscheidend jedoch ist das Auftreten von Tiberiusmünzen in der ursprünglichen Barenauer Münzsammlung. Wenn nämlich zwischen 14 und 15 n. Chr. geprägte Liviamünzen darunter waren, dann konnten sie nicht von Varuslegionären verloren worden sein, denn letztere starben ja bereits im Jahre 9 n. Chr.

Mommsen hat schon damals das Vorhandensein von Tiberiusmünzen abgestritten und das Zeugnis der drei Münzfachleute des 17. und 18. Jahrhunderts verworfen, weil diese Münzen Ende des 19. Jahrhunderts in Barenau nicht mehr vorhanden waren.

Höfer weist jedoch darauf hin, daß in der Napoleonzeit viele römische Münzen von den Franzosen geraubt worden sind. Auch sind später von den nachfolgenden Generationen auf Barenau römische Münzen aus ganz Norddeutschland zugekauft worden, so daß Höfer 1884 auch eine ganze Reihe spätkaiserzeitliche Münzen neben einem Teil der von Goeze, Lodtmann und Moeser beschriebenen Ursprungsmünzen vorfand.

Wenn wir also die Aussagen dreier honoriger Münzfachleute des 17. und 18. Jahrhunderts anerkennen, dann konnte schon allein deshalb nicht die Varusschlacht in Kalkriese stattgefunden haben.

Die Kalkrieser Forscher haben über einen Zeitraum von mehr als zehn Jahren bewunderswerte archäologische Leistungen in der Ergrabung einer großen Römerschlacht vollbracht.

Sie haben in Zusammenarbeit mit einer Vielzahl an ehrenamtlichen Helfern ein reichhaltiges Fundmaterial geborgen. Sie haben jedoch nicht die ›Varusschlacht‹ ergraben, sondern die ›Caecinaschlacht‹, die dort sechs Jahre später stattfand. Ihre Funde reichen nicht aus, einen exakten wissenschaftlichen Beweis für ihre Lokalisation der Varusschlacht zu führen.

Auch die neue Publikation von Georgia Francius (»Beschläge einer Gladiusscheide und Teile eines cingulum aus Kalkriese, Lkr. Osnabrück«, *Germania*, Heft 1, 2000, S. 567–607) bringt trotz einer Inschrift keinen derartigen Beweis. Im Gegensatz dazu läßt sich die flüchtige Ritzinschrift tatsächlich so deuten, wie Rainer Wiegels als Mitautor in diesem Beitrag ausschließt:

> »Die Buchstaben auf dem äußeren Band sind schwächer erhalten als diejenigen des Beginns der Inschrift vielleicht als Folge der Reparatur? Es sind allerdings keine weiteren zur Schrift gehörenden Spuren erkennbar, so daß es sich verbietet, den Namen zu einem willkommenen Do(m)iti(i) zu ergänzen. Dementsprechend wird man es bei der Lesung (centurionis) Doxiti(i) oder Roxiti(i) belassen müssen.«

Abb. 72: Innenseite der Schwertscheidenklammer von Kalkriese

Aus: Franziska Georgia, »Beschläge einer Gladiusscheide und Teile eines cingulum aus Kalkriese«, in *Germania,* Heft1/2000).
Unten: Darstellung und Deutung der Ritzinschrift durch den Verfasser.

Der Verfasser sieht jedoch aufgrund der veröffentlichten Fotographie mit der Ritzinschrift auf der Rückseite der Schwertscheidenklammer (unter Berücksichtigung der Reparatur und der Flüchtigkeit der Ritzvorgänge) tatsächlich die Inschrift DOMITI(I). Der Buchstabe ›M‹ wurde nach dem Bruch und der sich anschließenden Reparatur des Bandes in zwei gleiche Hälften geteilt, die bei der Flüchtigkeit des Ritzens jetzt fälschlich wie zwei Buchstaben X angesehen werden könnten. Das tatsächliche ›D‹ wurde beim oben angegebenen Deutungsvorgang als schwächere Ritzung nicht mitgelesen.

Setzt man die Inschrift ›DOMITI(I)‹ nun als richtig voraus, so lassen sich folgende Überlegungen anstellen:

Lucius Domitius war Feldherr der römischen Rheinarmee im Zeitraum von 6–2 v. Chr. und hat neben vielen weiteren Straßenbauten in Germanien auch die bereits mehrfach erwähnten *›pontes longi‹* erbaut. Möglicherweise hat ein Centurio der Domitiusarmee die zerbrochene Schwertscheide beim Bau dieser *›pontes longi‹* verloren. Wahrscheinlicher wäre es jedoch, wenn dieser Centurio als Angehöriger der V. oder XXI. Legion unter Lucius Domitius Ahenobarbus in den Jahren 6–2 v. Chr. die Zugehörigkeit zur Domitiusarmee eingeritzt und später im Jahre 15 n. Chr. unter Caecina wiederum an den *›pontes longi‹* in Kalkriese im Schlachtgetümmel Schwert und Leben verloren hätte.

Vermutlich wird eines Tages in Kalkriese eine Schwertscheide mit der Ritzinschrift geborgen werden, die den Gegenbeweis gegen die Lokalisierung der Varusschlacht für Kalkriese enthält. Das wäre zum Beispiel der Fall, wenn die Ritzinschrift die Angehörigkeit zur I. Legion belegen würde. Diese Legion wurde nämlich erst nach der Varusschlacht neu aufgestellt. Der Verfasser ist sich sicher, daß bei den umfangreichen Sondagen in Kalkriese eines Tages dieser Gegenbeweis vorliegen wird.

Großaufgebot des Germanicus für Idistaviso

Das Jahr 16 n. Chr. sollte das entscheidende Jahr für die endgültige Unterwerfung der Germanen werden. Die logistischen und taktischen Vorbereitungen des Germanicus waren umfassend. Die Haupttaktik wird von Tacitus erläutert (II/5):

> »Er [Germanicusl erwog die verschiedenen Möglichkeiten, Schlachten herbeizuführen und zu leiten, sowie die guten und schlimmen Erfahrungen, die er in zwei Kriegsjahren gemacht hatte. Dabei kam er zu folgendem Ergebnis: Geschlagen werden die Germanen in offener Feldschlacht und auf gewöhnlichem Gelände; dagegen kommen ihnen zustatten Wälder und Sümpfe, die Kürze des Sommers und der frühe Beginn des Winters. Die römischen Truppen leiden ferner weniger unter ihren Verwundungen als unter der Länge der Märsche. Die gallischen Provinzen sind durch Pferdelieferungen erschöpft. Der lange Gepäckzug ist Überfällen leicht ausgesetzt und schwer zu schützen. Schlägt man dagegen den Seeweg ein, so hat man die Möglichkeit, sich im Lande festzusetzen, ohne daß es der Feind merkt. Zugleich kann der Krieg zeitiger im Frühjahr beginnen, und die Vorräte können zusammen mit den Truppen befördert werden. Rosse und Reiter werden die Flüsse hinaufgeschafft und mit noch frischen Kräften im Herzen des feindlichen Landes stehen.«

Germanicus entschied sich also für den Seeweg. Während noch die 1000 Schiffe für den Transport an der Bataverinsel am Niederrhein gebaut oder zusammengestellt wurden, ließ er seine Truppen nicht ruhen und befahl dem Legaten Silius, einen Einfall in das Chattenland zu machen. Er selbst führte sechs Legionen zum Kastell an der Lippe, das von Germanen belagert wurde. Das Kastell an der Lippe war natürlich, wie vorher begründet, Aliso, das in der Zwischenzeit, spätestens seit den Feldzügen der beiden Vorjahre, wieder aufgebaut und besetzt war. Die Germanen zerstreuten sich bei der Ankunft des Germanicusheeres. Den Grabhügel, den Germanicus im Vorjahr für die Legionen des Varus errichtet hatte, hatten sie jedoch zerstört, ebenso wie den zu Ehren seines Vaters Drusus aufgestellten Drususaltar. Da der Grabhügel für die Varuslegionen nur einen Sinn in der unmittelbaren Nähe des Varusschlachtfeldes hatte, wird hier noch einmal die Nähe von Aliso und dem Varusschlachtfeld betont. Die Luftlinienentfernung beträgt dabei, wie bereits erwähnt, etwa 25 km.

Nach dem feierlichen alljährlichen Waffenlauf zu Ehren des Drusus zog sich das Germanicusheer an den Rhein zurück und »sicherte dabei die ganze Gegend zwischen Kastell Aliso und dem Rhein durch neue Straßen und Erdwerke«.

In der Zwischenzeit stand die riesige Flotte auf der Bataverinsel bereit, und der Sommerfeldzug konnte beginnen. Tacitus beschreibt den Feldzugbeginn (II/8):

> »Inzwischen war auch die Flotte eingetroffen. So schickte denn Germanicus den Proviant voraus, verteilte die Legionen und bundesgenössischen Truppen auf die Schiffe und fuhr in den sogenannten Drususkanal ein. . . Vom Drususkanal gelangte dann Germanicus in glücklicher Fahrt über die Seen und den Ozean bis zur Ems. Die Flotte wurde auf dem linken Ufer der Emsmündung zurückgelassen. Da war es nun ein Fehler, daß Germanicus seine Truppen, die zum Vormarsch in die östlich der Ems gelegenen Länder bestimmt waren, nicht weiter stromaufwärts fahren ließ. So gingen unnötig viel Tage durch Brückenbau verloren.«

Aus taktischen Überlegungen heraus haben mehrere Autoren (Dobbertin, Delbrück, Norkus, Keßler, Meister und Horstmann) die Landung an der Emsmündung angezweifelt. Einige dieser Autoren weisen darauf hin, daß es taktisch völlig unklug gewesen wäre, in der Emsmündung zu landen, weil dann das Heer bis zur Weser in etwa die gleiche Strecke hätte zurücklegen müssen wie beim Marsch auf dem Landweg vom Rhein aus direkt an die Weser. So überzeugend auch die weiteren Argumente von Wilfried Horstmann (*Mitteilungen des Mindener Geschichtsvereins,* Jg. 53, Minden 1981) sein mögen, so kann man doch über den eindeutigen Gesamttext bei Tacitus nicht hinweggehen. Dort heißt es, daß Germanicus den Fehler beging, »die Truppen, die doch in das rechts [östlich] der Ems liegende Gelände einmarschieren sollten, nicht weiter stromaufwärts fahren zu lassen«. Wenn Germanicus dagegen die Weser aufwärts gefahren wäre, hätte er auf keinen Fall noch ostwärts marschieren können, denn dann hätte er die germanischen Truppen bereits in gefährlicher Situation in seinem Rücken gehabt. Außerdem nennt Tacitus (II/23) beim Rückmarsch des Germanicusheeres erneut die Ems, an der er sich wieder einschifft. Hier kann es keine Auslegungszweifel geben.

Auch taktisch war es von Germanicus durchaus richtig, an der Emsmündung anzulanden, weil er ja erstens die Verhältnisse an der Ems aus dem Vorjahr kannte und er zweitens aus den Erfahrungen im Vorjahr mit der Schlacht des Caecinaheeres in Kalkriese schon in der dortigen Region unweit der mittleren Ems mit dem Widerstand der germanischen Truppen rechnen mußte. Durch diese Erfahrungen muß offensichtlich sein Entschluß gereift sein, nicht von der mittleren Ems aus erneut über das gefährliche Gelände der *›pontes longi‹* zu ziehen, sondern dieses Mal die sandigen Geestrücken viel weiter nördlich über den Hümmling, die heutigen Orte Goldenstedt, Ehrenburg/Sulingen bis nördlich von Nienburg an die Weser zu marschieren (vgl. Skizze, S. 172 f.). Wenn man sich zudem die extremen Windungen der Ems oberhalb von Meppen ansieht, erscheint es kaum glaublich, daß ein weiterer Transport die Ems aufwärts irgendwie noch Zeit oder Aufwand hätte sparen können. Die sich für das Germanicusheer topographisch anbietende, eben genannte Route wird zudem durch eine Massierung von augusteischen Münzfunden an dieser Strecke belegt.

Der Tacitustext überspringt die Truppenbewegungen auf diesem Marsch durch das befreundete Chaucenland im südlichen Oldenburg und spricht gleich vom Lagerbau an der Weser. Dieses Lager mußte in der Nähe von Minden liegen, ohne daß die Römer vorher die Weser gequert hätten. Vom Lager aus mußte nämlich der römische Reiterführer Stertinius einen

Aufstand der Angrivarier ›im Rücken‹ (*a tergo*) niederschlagen. ›Im Rücken‹ kann nur bedeuten, daß der Aufstand hinter ihnen, in eben durchschrittenem Angrivarierland losbrach.

Hiermit wird Minden sowohl als Ort des Lager- und Brükkenbaues des Germanicusheeres als auch gleichzeitig als Ort des Streitgesprächs zwischen Arminius und seinem Bruder Flavus angegeben, der weiterhin in römischen Diensten stand (Tacitus II/10/11):

> »Jetzt fingen sie an, miteinander zu streiten. Flavus wies auf die Größe Roms, auf die Macht des Germanicus, auf die schweren Strafen, die der Besiegte, und auf die Gnade, die der sich Unterwerfende zu erwarten habe; auch des Arminius Gattin und Sohn würden nicht als Feinde behandelt.
>
> Arminius sprach vom heiligen Rechte des Vaterlandes, von der Ahnen Freiheit, von den heimischen Göttern Germaniens, von der Mutter, die sich seinen Bitten anschließe; er möge doch nicht sein Haus, seine Sippe, ja sein ganzes Volk schnöde verlassen und verraten, sondern lieber als Feldherr sich an seine Spitze stellen.
>
> Sie gerieten allmählich in Zank und Streit. Wenn nicht Stertinius herbeigeeilt wäre und den Flavus, der zornentbrannt nach Roß und Waffen verlangte, festgehalten hätte, so hätte sie nicht einmal der Fluß, der sie trennte, am Zweikampf gehindert...
>
> Am nächsten Tage standen die Germanen in Schlachtordnung am rechten Weserufer. Da es aber Germanicus nicht für strategisch klug hielt, die Legionen den Gefahren des Kampfes auszusetzen, solange keine Brücken geschlagen und diese nicht durch Befestigungen gesichert seien, so ließ er zunächst die Reiterei durch den Fluß ans andere Ufer reiten.«

Die übergesetzte Reiterei unter ihrem Anführer, dem batavischen Reiterobersten Chariovalda, zog offensichtlich das Heer der Cherusker auseinander, erlitt aber dabei schwerste Verluste, wobei auch Chariovalda den Tod fand. Die Kämpfe fanden in einer von »bewaldeten Höhen umgebenen Ebene« statt.

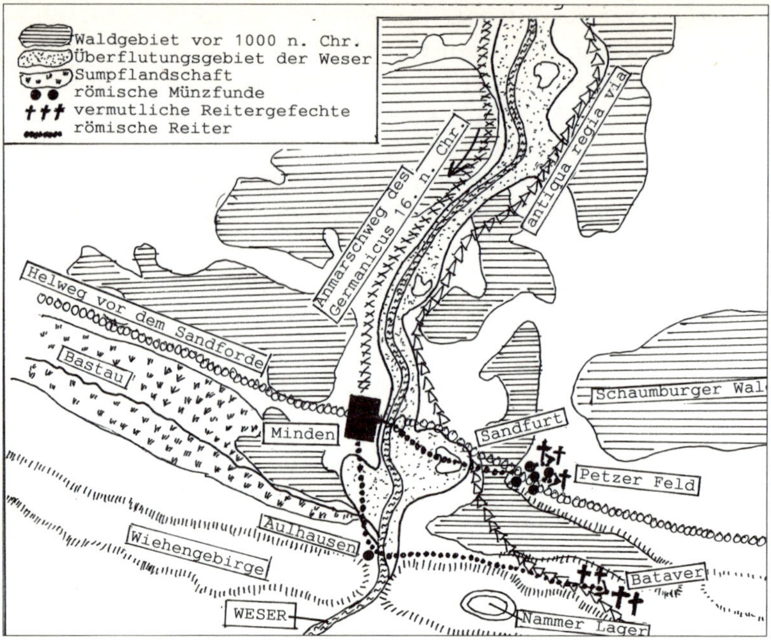

Abb. 73: Die römisch-germanische Reiterschlacht an der Sandfurt mit Vernichtung der Bataver

Nach der Errichtung des römischen Lagers am westlichen Weserufer »ließ Germanicus zunächst die Reiterei durch den Fluß ans andere Ufer reiten. Ihre Anführer waren Stertinius und Aemilius, einer der Primipilaren. An verschiedenen Stellen griffen diese den Feind an, um seine Streitkräfte zu zersplittern. Wo der Fluß am reißendsten war, ritt Chariovalda an der Spitze der Bataver hindurch und brach stürmisch gegen den Feind vor. Da traten die Cherusker einen Scheinrückzug an und lockten die Bataver in eine von bewaldeten Höhen eingeschlossene Ebene. Hier machten sie plötzlich kehrt, fielen von allen Seiten über die Bataver her... Unter einem Hagel von Geschossen fiel er [Chariovalda] und zahlreiche Edle um ihn. Den Rest rettete eigene Kraft oder die Reiterei, die unter Stertinius und Aemilius zum Entsatz heransprengte«. (Tacitus II/11)

Die von bewaldeten Höhen umgebene Ebene konnte die von Namen zwischen dem Wesergebirge und Röcker Anhöhe (Kluß) sein. Dort starb möglicherweise Chariovalda. Offensichtlich kämpften die Reiter von Stertinius und Aemilius im heutigen Petzer und Eveser Feld, denn dort sind nach Peter Berghaus (*Bremer Archäologische Blätter* 5, 1969, S. 52, Nr. 21, S. 54, Nr. 22 u. Karte S. 53) im 19. Jahrhundert wiederholt augusteische Münzen gefunden worden.

Eine derartige Topographie gibt es frühestens am Mittelgebirgsrand bei Minden, und nicht etwa in der norddeutschen Tiefebene. Und an der Sandfurt östlich Mindens kann man noch heute diese vom bewaldeten Harrl und den Höhen des Wesergebirges umschlossene Ebene von Kleinenbremen erkennen. Am Beginn dieser Ebene auf den Fluren der Dörfer Petzen und Evesen sind in der Vergangenheit immer wieder augusteische Münzen gefunden worden, die diesen Reiterkampf bestätigen.

Der Reiterkampf hat jedoch offensichtlich den Brückenbau ermöglicht und dazu geführt, daß sich das Germanenheer zurückzog. Die Tatsache, daß Stertinius schon beim berühmten Streitgespräch der beiden Brüder von der Niederschlagung der Angrivarierrevolte zurück war, zeigt überdies, daß dieser Aufstand nicht allzu weit vom Lagerstandort Minden entfernt lag. Tacitus berichtet nun den weiteren Verlauf des Geschehens:

> »Als dann Germanicus mit der Hauptarmee über die Weser gegangen war, erfuhr er durch einen Überläufer, Arminius habe einen Ort zur Entscheidungsschlacht gewählt; es seien auch noch andere Stämme in dem heiligen Walde des Herkules [germanisch: Donar] eingetroffen, und man plane einen nächtlichen Überfall des römischen Lagers. Diesen Angaben schenkte Germanicus Glauben, und in der Tat erblickte man Wachtfeuer. Auch meldeten Späher, die sich näher an den Feind heranschlichen, man höre das Schnauben von Rossen und das Getöse eines ungeheuren und ungeordneten Heerhaufens.«

Diese Mitteilungen lassen sich wiederum hervorragend topographisch in die bisherigen Festlegungen einordnen:

Nach der Querung der Weser über die erbaute Brücke an der Sandfurt östlich Mindens wird Germanicus nach einem weiteren Tagesmarsch das nächste Feldlager errichtet haben. Einen Tagesmarsch nach Osten gelangt man von der Sandfurt über den Arensburg-Paß auf das breite, bequeme Gelände des Wesertals zwischen Rinteln und Hessisch Oldendorf. Von dort aus konnte man die Feuer der Germanen unterhalb des Hohensteins, der germanischen Götterburg Hlidsgalf, aus dem heiligen Herkuleshain sehen. Dort und auf der Amelungsburg hatten sich seit Tagen die Cherusker und ihre Freunde gesammelt. Die Benutzung dieser germanischen Wallburg zur Zeit der Cherusker ist durch C14-Datierung gesichert.

Auch Heinz Ritter-Schaumburg (*Der Cherusker*, Herbig-Verlag, München 1988) sieht unterhalb des Hohensteins, der Kanzel Donars, von der aus er seine Blitze schleuderte, den Ort des Herkuleshains.

Tacitus beschreibt nun ausführlich die Vorbereitungen in beiden Heeren auf die große Schlacht und die Worte, mit denen die gegnerischen Feldherren ihre Soldaten zu motivieren suchen.

Bemerkenswert ist es, daß die Germanen hier auf dem von Arminius vorgesehenen Schlachtfeld von Idistaviso in völlig

Abb. 74: Die Felsenwand des Hohensteins im Süntel (in der Nähe von Hessisch Oldendorf).

Der Hohenstein zeigt Merkmale, die den Externsteinen bei Horn sehr ähneln. Auch hier beherrschen gewaltige Felsen eine beeindruckende Landschaft. Zu Füßen des Felsens, von dem man wie von einer Kanzel eine sehr gute Aussicht über das Wesertal genießt, liegt ein von Bergen umgrenztes Tal, das vermutlich zu Cheruskerzeiten den heiligen Herkuleshain enthielt.

Der Hohenstein ist vermutlich identisch mit dem Hlidsgalf des schwedischen Königs Gylfi, dem Sitz der Asengötter in Walhall (s. S. 55).

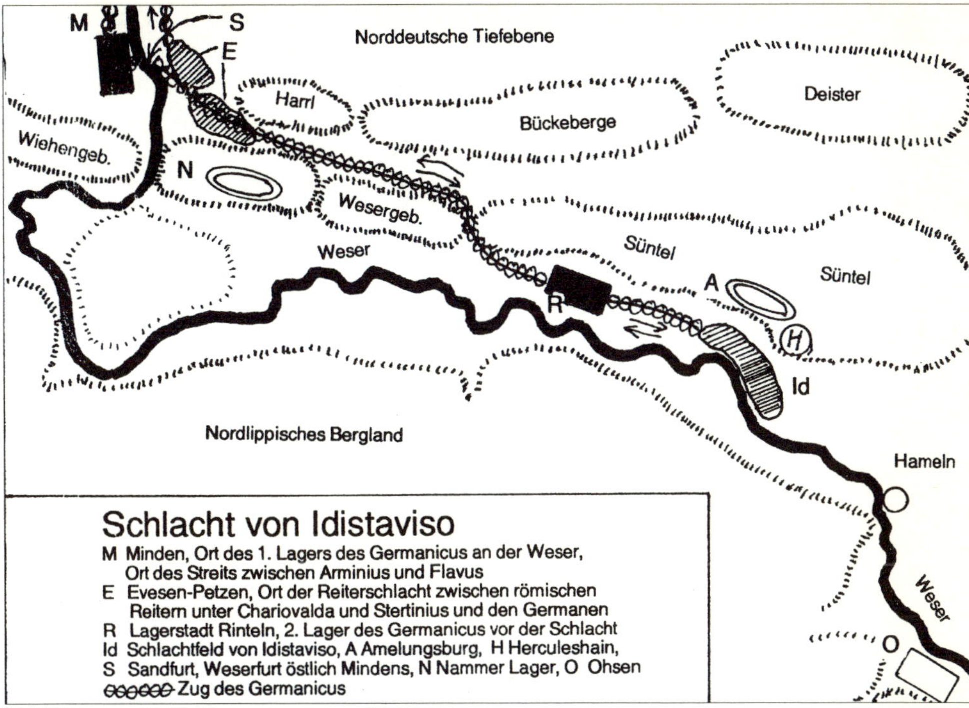

Abb. 75

freiem Gelände erstmalig eine Schlacht gegen die im ›*agmen quadratum*‹ heranmarschierenden Römer wagen, gegen ein römisches Heer, das größer und besser vorbereitet ist als alle anderen, die bisher gegen Germanen kämpften. Dafür gibt es nur die eine Erklärung, daß Arminius sein Heer der jungen Bauernsöhne in den sieben Jahren seit der Varusschlacht intensivst geschult und nach römischen Kampfesweisen trainiert hatte.

Man muß nun Tacitus hören, der den furchterregenden Aufmarsch des römischen Heeres schildert. Johannes Norkus hat mit den Augen des Tacitus gesehen und den von diesem beschriebenen Aufmarsch des römischen Heeres auf dem Schlachtfeld von Idistaviso skizziert. Tacitus schreibt (II/16):

»Dann führen sie [die germanischen Fürsten] ihre Krieger, die, durch solche Reden angefeuert, nach der Schlacht verlangten, in eine Ebene, namens Idistaviso, hinab [vom höher gelegenen Gelände am Hohenstein auf die Wiese in der Weseraue]. Diese liegt in der Mitte zwischen der Weser und einer Hügelkette und buchtet sich in ungleichmäßiger Form aus, je nachdem die Ufer des Flusses zurückweichen oder Ausläufer des Gebirges stehen bleiben. Im Rücken der Germanen stieg ein Wald an; hoch ragte das Astwerk der Bäume in die Luft; das Unterholz fehlte. Auf dem freien Feld und im vordersten Teil des Waldes standen die Germanen; die Cherusker waren die einzigen, die die Hügelkette besetzt hielten; sie wollten sich während des Kampfes von oben auf die Römer herabstürzen.

Die Römer rückten in folgender Marschordnung heran: An der Spitze gallische und germanische Hilfstruppen, danach Bogenschützen zu Fuß, dann vier Legionen und Germanicus selber mit zwei Praetorianerkohorten und einer auserlesenen Reiterei, sodann die vier anderen Legionen und die Leichtbewaffneten mit den reitenden Bogenschützen, zuletzt der Rest der bundesgenössischen Kohorten.«

Tacitus beschreibt nun den Schlachtverlauf, der sich offensichtlich durch zwei Umstände positiv für die Römer entwickelte. Zuerst machten die Cherusker in ihrer Wildheit den Fehler, sich zu früh von ihren Hügeln auf die Römer in der Ebene zu stürzen, und zweitens gelang Stertinius mit seinen Reitern eine Umgehung, wodurch sie im Rücken der Germanen deren Heer völlig in Unordnung bringen konnten.

Arminius und Inguiomerus konnten entkommen, weil sie durch die chaucischen Hilfstruppen hindurchgelassen wurden. Man muß sich die Gefühle der Chaucen vorstellen, die zu den bundesgenössischen Hilfsdiensten bei den Römern gepreßt worden waren und nun ihre gegen die römischen Unterdrükker kämpfenden ›cheruskischen Vettern‹ in Not sahen.

In dieser Schlacht errangen die Römer sicher einen Sieg. Tacitus beschreibt, daß die Leichen der fliehenden Germanen auf einer Strecke von zehn Meilen verteilt waren. Die Legionäre aber riefen »auf der Walstatt Tiberius als Imperator aus. Außerdem errichteten sie einen Erdhügel und auf ihm nach griechischer Art aus den Waffen der Erschlagenen ein Siegeszeichen; eine Unterschrift nannte die Namen der besiegten Völker« (Tacitus II/18).

Wo fand sie denn nun statt, diese große Völkerschlacht, an der wohl 150 000 bis 200 000 Kämpfer teilnahmen und die vom Ausmaß her die Varusschlacht weit in den Schatten stellte?

Friedrich Knoke *(Die Kriegszüge des Germanicus in Deutschland*, Berlin 1887) hatte schon 1887 mit großer Akribie das Gelände zwischen Eisbergen und Veltheim zum »campus Idistaviso« erkoren. Er beschrieb den Blick auf die mäandrierende Weser und die Bergzungen der Emme bei Eisbergen, topographische Merkmale, die scheinbar zu der oben angegebenen taciteischen Beschreibung des Schlachtfeldes paßten. Auch in Eisbergen sah er eine Namensableitung aus Idistaviso.

Abgesehen davon, daß die freie Sicht auf die Wachtfeuer der Germanen nach Errichten des Feldlagers nach Queren der Weser bei Minden von Eisbergen aus topographisch nicht möglich ist und andererseits Eisbergen nur einfach jenseits des Wesergebirges bei der Querungsstelle liegt, floß die Weser damals in ihrem Hauptarm unterhalb des um einige Kilometer entfernt liegenden Aberg-Plateaus von Varenholz. Eisbergen paßt also weder zu den

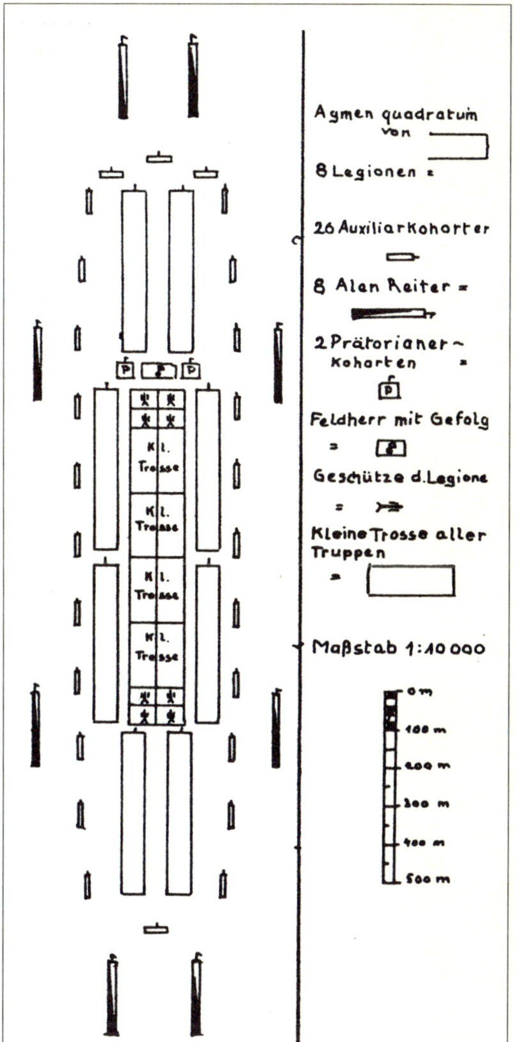

Abb. 76: Marschformation des ›agmen quadratum‹ der Germanicusarmee während des Aufmarsches auf dem Schlachtfeld von Idistaviso bei Hessisch Oldendorf (nach: Johannes Norkus, *Die Feldzüge der Römer...*, August Lax-Verlag, Hildesheim 1963).

Ausführungen des Tacitus noch zu den damaligen topographischen Gegebenheiten.

Auch ist ein Herabstürzen der Cherusker von der sehr sanft ansteigenden Bergzunge der Emme strategisch ohne jede Bedeutung. Das erst nach Knoke entdeckte Nammer- Lager unweit der Sandfurt an der Weser konnte natürlich von dem dort versammelten Germanenheer bis zur Ankunft der Germanicusarmee benutzt worden sein. Entsprechende C14-Datierungen liegen heute vor. Höchstwahrscheinlich wurde dieses Lager von den Cheruskern als Sammlungsort vor dem heranmarschierenden Germanicusheer benutzt.

Jedoch war die mit etwa 40 ha große Amelungsburg in der Nähe des heiligen Hohensteins und des Herkuleswaldes noch um 15 ha größer als das Nammer-Lager und somit für das Versammeln der germanischen Verbände vor der Schlacht von Idistaviso strategisch noch wichtiger. Sicherlich konnte die Amelungsburg als sicheres Nahrungs- und Waffendepot für die große Völkerschlacht eine wichtige Funktion ausüben. Es gehörte nämlich schon eine gewaltige logistische Leistung dazu, ein germanisches Heer von mindestens 100 000 Kriegern zu sammeln und mehrere Tage lang zu versorgen. Diese große Zahl an germanischen Kriegern war notwendig, um acht römischen Legionen mit insgesamt rund 50 000 Mann Fußtruppen und Reitern und mindestens 30 000 germanischen und gallischen Hilfstruppenangehörigen widerstehen zu können.

Abb. 77: Ringwall Amelungsburg, nach Hänsel.

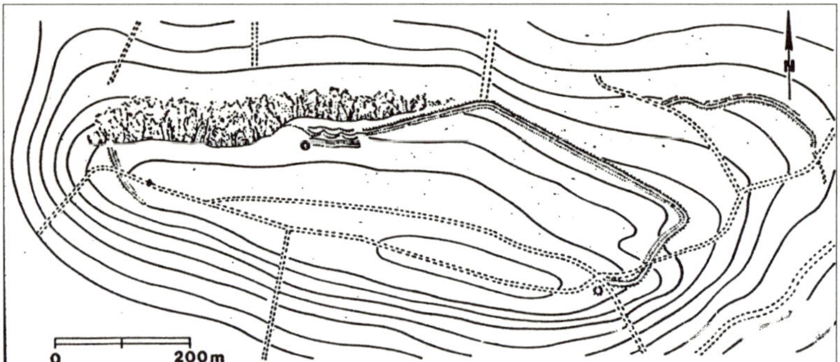

Abb. 78: Das vermutliche Schlachtfeld von Idistaviso.

Im Vordergrund der nordwestliche Teil der vermutlichen ehemaligen Idista-Wiese. Im Vordergrund links ist das alte Weserbett als leichte Senke zu erkennen. Im Mittelpunkt des Bildes erhebt sich die Ortschaft Krückeberg auf der Mittelterrasse der Weser, die zur Römerzeit vermutlich bewaldet war. Im Hintergrund der Bildmitte ist der Taleinschnitt links von dem Hohenstein-Felsen (H), der vermutlich Ort des ehemaligen Herculeshains, sichtbar (A = Ort der ehemaligen eisenzeitlichen Amelungsburg).

Der Kenner der Wesertopographie wird zudem von vornherein die Weseraue zwischen Hessisch Oldendorf und Fischbeck unterhalb des Hohensteins im Süntel als das am besten der Beschreibung von Tacitus entsprechende Gelände ansehen. (s. farb. Abb. S. 256) So hatte zum Beispiel Heinz Ritter-Schaumburg dieses östlich zu Füßen seines Wohnsitzes gelegene Gelände als das Schlachtfeld betrachtet, jedoch war seine Begründung nicht einleuchtend.

Im Gespräch mit Heinz Ritter ein Jahr vor dessen Tod war es dem Verfasser vergönnt, diesem die eigene These zur Namensableitung von ›Idistaviso‹ darzustellen. Der damals 92jährige Ritter hörte konzentriert zu und schlug nach Beendigung der Erläuterung des Verfassers zustimmend mit der flachen

Hand auf den Tisch und kommentierte: »Das war es!« Folgende Ortsnamenanalyse hatte der Verfasser vorgetragen:

»Mitten am Alberbach, der in die Weseraue östlich von Hessisch Oldendorf in den Hollerbach mündet, hat bereits im frühen Mittelalter der in den Corveyschen Traditionen des Mönches Saracho mehrfach benannte Ort Vuendredesa (Wendredesa, Wendressa, Wendresse) gelegen. Dieser Ort ist im Spätmittelalter als ›Wendresse‹ wüst geworden.

In der sächischen Ortsnamenentwicklung hat es jeweils eine Umwandlung der Buchstaben ›i‹ in ›e‹ bis hin zum ›a‹ gegeben, z. B. Visibiki, Visbeke, zu Fischbeck und in anderen Gegenden zu Fischbach. Die heutige Bezeichnung ›Bach‹ für einen kleinen Fluß ergab sich also aus ›biki‹ über ›Beke‹ zum ›Bach‹.

Nach Bahlow meint die Silbe ›wend‹, auch ›wind‹, ›wand‹, das ›Wasser‹, insonderheit ›Sumpf- oder Moorwasser‹.

›Wendredesa‹ kennzeichnet also das Wasser des Baches ›Edesa‹. Der Bach entpringt am heutigen Wendgeberg (früher Wendreberg).

Mit dem älteren ›i‹ hieß also ›Edesa‹ früher ›Idisa‹. Eine Parallele findet sich in der ›Idasa‹ bei Coburg.

Das Problem löst sich durch Einsetzung des vorgermanischen und damit älteren ›st‹-Suffixes für ›s‹. Für ›s‹ stand vor der sächsischen, also in der cheruskischen Zeit, das keltische ›st‹. Aus › Idisa‹ wird also das cheruskische ›Idista‹. Diese Einsetzung des keltischen Suffixes ist um so berechtigter, als nicht wenige Forscher die keltische Herkunft der Cherusker annehmen.

Die heutigen Alber- und Hollerbach waren also vermutlich zur Römerzeit einheitlich der Idistabach, der durch die Idistawiesen (Idistaviso) in die Weser floß.«

Hier stimmt nun die Topographie auf das beste. Hier und nirgendwo anders an der Weser sind die vor- und zurückweichenden, etwa 30 m hohen Mittelterrassenzungen mit steilen Böschungen, von denen man sich hervorragend auf die Römer

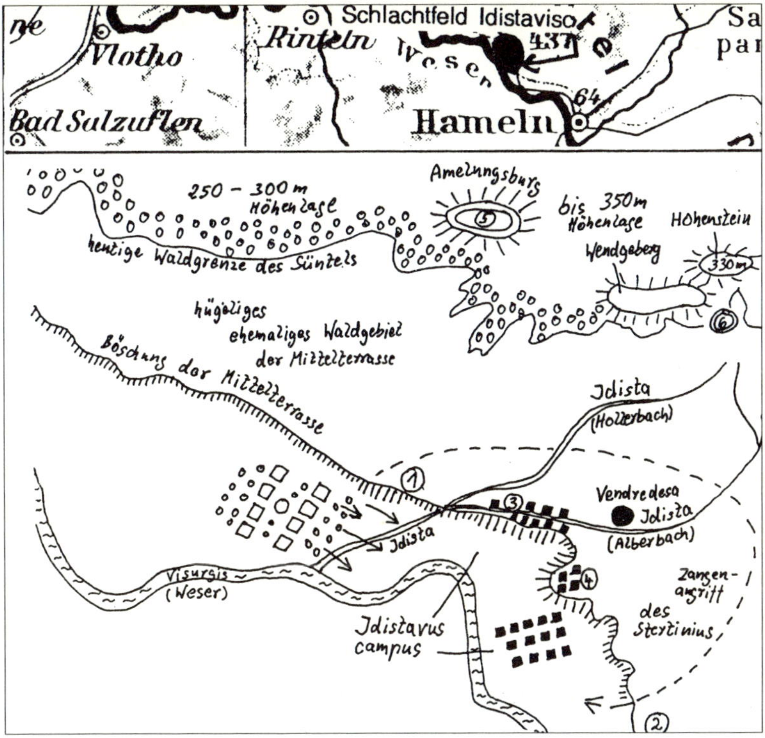

Abb 79: Vermutliches Schlachtfeld von Idistaviso.

1 Heutiges Hessisch Oldendorf, **2** heutiges Fischbeck, **3** heutiges Krückeberg mit 20–30 m hoher Nüttelterrassenböschung, **4** heutiges Weibeck mit hoher Böschung, **5** Amelungsburg = cheruskische und sächsische Wallburg, **6** Herculeshain nach Heinz Ritter, heute Pappmühle am Fuße des Hohensteins/Süntel.

Offene Kreise und Quadrate = römische Verbände; schwarze Quadrate = germanische Verbände

Nach Tacitus standen die Cherusker auf den »Bergeshöhen«, um sich von dort auf die Römer herabzustürzen. Damit können niemals die Berge des Weser- oder Süntelgebirges gemeint sein, da dann die Cherusker einen Höhenunterschied von mindestens 200 m auf einer Strecke von etwa 1 km hätten überwinden müssen. Damit wären die Cherusker körperlich ausgelaugt gewesen, ehe sie auf die Römer trafen. Wenn man sich herabstürzen will, kann das nur auf einer Strecke von höchstens 100–200 m bei einem Höhenunterschied von rund 20–30 m gelingen. Und derartige Verhältnisse gibt es nur auf der Mittelterrasse zwischen Hessisch Oldendorf und Fischbeck. Deshalb kann das Schlachtfeld von Idistaviso nur dort liegen.

herabstürzen konnte. Diese Idistawiese liegt etwa 8 km von dem letzten Lagergelände des Germanicus (westlich von Hessisch Oldendorf unterhalb der Schaumburg) entfernt, während die Germanen vom Herculeshain oder/ und von der Amelungsburg nur etwa 3 km bis zum Schlachtgelände zurücklegen mußten. Nur hier ist der zu allen Aussagen und taktischtechnischen Rekonstruktionen passende Ort der großen Völkerschlacht von Idistaviso.

Angrivarierwall – in Wirklichkeit zwei Dutzend ovaler Verteidigungsfestungen

Auch bei der nun folgenden letzten großen Völkerschlacht zwischen den Cheruskern und ihren Verbündeten auf der einen und den acht Legionen des Germanicus auf der anderen Seite zeigt sich die meisterhafte Kriegsstrategie des Arminius.

Der französische General Guillamat hätte in Kriegstaktik von Arminius lernen können, als er 1929–1932 den Verteidigungswall der Maginotlinie gegen einen möglichen Angriff deutscher Truppen erbauen ließ. Er hätte von diesem genialen Truppenführer erfahren, daß auch die festeste Verteidigungslinie umgangen werden kann, so wie es dann die deutschen Panzerverbände 1940 ohne Beachtung der ohnehin nicht mehr gewährten Neutralität Belgiens, Luxemburgs und der Niederlande in Ausführung des bereits 1905 ersonnenen Plans des deutschen Generals Schlieffen (Schlieffenplan) taten.

Offensichtlich hatte Arminius seit der Vernichtung der Legionen des Varus im Teutoburger Wald im Jahre 9 n. Chr. die Zeit gut genutzt, um seine germanischen Kämpfer nicht nur in Kampftaktik zu schulen, sondern neben den Fallen auf dem Schlachtfeld von Idistaviso und an den ›*pontes longi*‹ in Kalkriese auch die am Angrivarierwall vorzubereiten.

Der Angrivarierwall war bereits als dammartige Grenze von den Angrivariern gegenüber ihren südlichen Nachbarn errichtet worden. Tacitus (II/19) berichtet über den Ort:

> ». . . in der Mitte lag eine schmale feuchte Ebene. Auch um die Waldung zog sich ein tiefes Moor außer an der einen Seite, wo die Angrivarier einen breiten Wall als Grenze gegen das Land der Cherusker aufgeführt hatten.«

Später erwähnt Tacitus noch den Fluß, den die Römer im Rükken hatten, während die Germanen zum Moor hin standen.

Über den tatsächlichen Ort dieses Walles hat es viele Hypothesen und Vermutungen gegeben. Der Kenner der norddeutschen Topographie kommt unweigerlich zu der schmalsten Stelle zwischen der Weser und den westlich des Steinhuder Meeres gelegenen Sümpfen bei Leese im Landkreis Nienburg.

Auch Carl Schuchhardt, ein Altmeister der angewandten Vorgeschichtsforschung, ergrub dort einen Holz-Erde-Wall und rekonstruierte ihn als Angrivarierwall.

Die Entdeckungsgeschichte der ellipsenförmigen Ringwälle von Leese ist nicht ohne Reiz:

Da ist zunächst die spätmittelalterliche Flurkarte des Klosters Loccum. Auf dieser Karte ist deutlich ein ovaler Ringwall mit dem Namen ›Ceterberg‹ eingezeichnet. Im Volksmund (mündliche Mitteilung von Konrad Wiebking, Loccum) wurde überliefert, der Name Ceterberg setze sich aus den alten germanischen Worten ›ze aehte her‹ (zum Kampfe her) zusammen und kennzeichne deshalb den Sammlungsplatz für den Kampf.

Als der Verfasser ein Jahr später in dem gedruckten Redebeitrag von Hauptmann Stein (»Die Luftaufnahme im Dienste der Vorgeschichtsforschung und ihre Auswertung«, in: *Niedersachsen treibt Vorgeschichte,* H. Schroller, Hannover 1938), auf dem Sofa liegend, das Luftfoto vom Gelände östlich Leeses intensiv betrachtete, riß es ihn plötzlich hoch. Auf dem Foto war deutlich in dunkler, breiter Umrandung ein ovaler Ringwall zu erkennen. Hauptmann Stein hatte diesen offensichtlich nicht erkannt, denn in seinem Vortrag berichtete er nur über Spuren frühgeschichtlicher Ackernutzung unter den heutigen Fluren.

Bald darauf ließ sich noch ein zweiter Ringwall etwa gleicher Größe ausmachen. Mit dem Ringwall Ceterberg von der Klosterkarte zusammen waren das nun schon drei Ringwälle.

Jetzt war das Jagdinteresse geweckt. Also nichts wie in die Flut der russischen Satellitenaufnahmen eintauchen und das Gelände östlich Leeses auf den Bildschirm bringen! Die Überraschung war perfekt. Eine ganze Reihe ovaler Ringwälle in heller Umrandung sprangen den Betrachter im vermutlichen antiken Schlachtgebiet geradezu an. Sie lagen alle etwa in West-

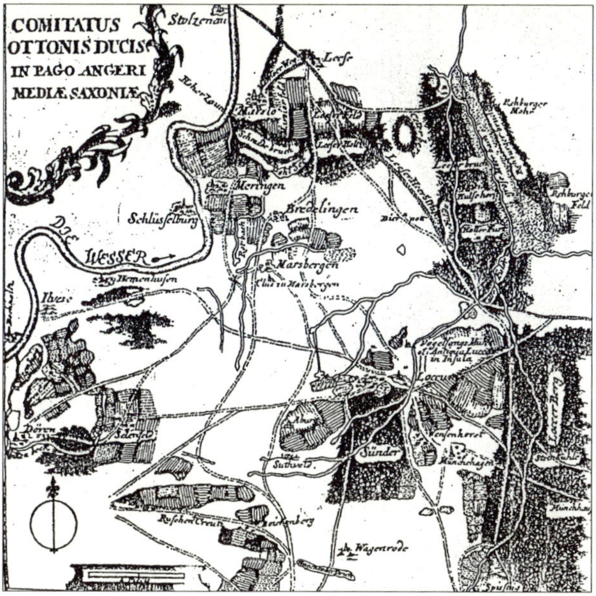

Abb. 80:
Die alte Karte aus dem Kloster Loccum.

Die Karte stammt vermutlich aus dem16. Jahrhundert. Sie zeigt im oberen Drittel rechts den ovalen Ringwall des ›Ceterberges‹. Offensichtlich bestand dieser Ringwall noch zur Zeit des Kartographen.

Die Karte zeigt weiter eine Reihe von wüst gewordenen Orten, so Marslo, Marsbergen, Bredelingen, Mehngen, Wagenrode. Der Ort ›Marslo‹ hieß vermutlich zu Karolinger-Zeiten ›Marclo‹ und gab dem alljährlichen Treffpunkt der sächsischen Abgesandten, dem Thing von Marclo, seinen Namen. Die russische Satellitenaufnahme zeigt auf dem Clus von Marsbergen südlich von Marslo eine kreisrunde, dunkle Umrandung auf der Höhe einer sandigen Düne. Bei der Ortsbesichtigung erblickt man in der Mitte einen großen ›Opferstein‹ und den ›Rednerhügel‹. Alles spricht dafür, daß hier der vielgesuchte Thingplatz von Marclo liegt.

Ost-Richtung, so daß beim vermuteten Anrücken der Angreifer von Süden die Längsbögen der ovalen Ringe mit der größten Anzahl an Verteidigern zum Feinde hin ausgerichtet waren.

Offensichtlich hatte also Arminius den vorgefundenen Grenzwall der Angrivarier durch mindestens zwei Dutzend dieser ovalen Ringwälle verstärken lassen. Als Kenner der römischen Umgehungsstrategie war ihm klar, daß nur ein Reiterverband über die Weser setzen mußte, um einen linearen Wall von hinten aufzurollen. Ringwälle eigneten sich dagegen hervorragend zur Rundumverteidigung. Gestreckte ellipsenförmige Wälle hatten zudem gegenüber kreisförmigen den Vorteil, bei gleichem Flächeninhalt den größeren Umfang zu besitzen. Der größere Umfang erlaubte das Aufstellen einer größeren Anzahl an Verteidigern.

Sind denn von diesen Ringwällen noch Überreste im Gelände von Leese auszumachen?

Wolf Freiherr von Weiler sorgte hier für den entsprechenden Motivationsschub. Dieser an kulturhistorischen Denkmälern interessierte Einwohner der Gemeinde Leese hatte sich die CD-Scheiben mit den russischen Satellitenaufnahmen gekauft, und sein Sohn führte das von den Russen fotografierte Gelände von Leese auf dem Monitor vor. Folgendermaßen entwickelte sich dann das gemeinsame Gespräch mit dem Verfasser:

»Wo könnten denn noch Reste dieser vielen, teils vollständig, teils undeutlicher abgebildeten ovalen Wallumrandungen vorhanden sein?

In unserem Jadgebiet kann ich mich nicht an Ringwallerhöhungen erinnern.

Das Monitorbild bitte nach unten verschieben. Dort sind kleinere Waldreste. Richtig, dort ragen zwei Ringwälle je halb in ein Wäldchen hinein. Dort müßte noch die Chance bestehen, im Wald Ringwallreste zu finden.

Wollen wir gleich hinfahren? Wir kennen die beiden Stellen genau. Junior kann ja vorneweg fahren.«

So geschieht es. Nach fünf Minuten halten die Autos auf einem kleinen Weg im Wäldchen. Nach den Satellitenaufnahmen müßten die Autos mitten im Ringwall stehen.

Drei Männer durchstreifen eilig das Waldstück und finden praktisch zugleich den ›Wall‹.

Wie ist das möglich, vom Monitor im Wald in zehn Minuten ein Drittel der ovalen Umrandung eines Ringwalles zu finden? Die drei Männer benötigen keine Antwort auf diese Frage. Die deutlich ovale Form des stark abgeflachten, breiten Walles ist die Antwort.

Gewisse Enttäuschung dann beim zweiten Wallrest der Satellitenaufnahme. Dort erfüllt dichtes Unterholz fast die ganze Ringwallfläche. Jedoch sieht man im freien Feld noch deutlich den Rest des ehemaligen Ringwalles als ovale Erhöhung. Es ist gewissermaßen ein ›Tell‹, wie die Schuttanhäufungen untergegangener antiker Städte im Vorderen Orient heißen.

Es wird beschlossen, in der nächsten Zeit weitere Sondagen durchzuführen und die Landesdenkmalpflege zu informieren, um möglichst Denkmalschutz für den Restwall zu erreichen. Da einige Felder in dieser Ringwallgegend demnächst bestellt werden, jetzt also noch günstige Untersuchungsbedingungen sind, führt der Verfasser gleich an den darauffolgenden Tagen weitere Recherchen durch.

Abb. 81–82: ***Oben:*** Hier ist der ovale Wallrest von etwa 4 m Breite zu erkennen, den die drei Männer entdeckten. Der Wall ist etwa 150 m lang und rund 100 m breit. Damit wird einschließlich Wall etwa eine Fläche von 1,2 ha bedeckt. Der Umfang des Walles beträgt rund 400 m. Wenn man davon ausgeht, daß auf dem Wall je 2 m ein Verteidiger stand und sich die gleiche Anzahl als Reserve im Inneren des Ringes befand, so errechnet sich die Gesamtanzahl von 400 Verteidigern für diesen Ringwall.

Unten: Verfasser (2. von links) mit Interessierten bei der Besichtigung der Reste eines der besterhaltenen Ringwälle in der Leeser Gemarkung (Ringwall 13) Foto: Werner Müller, Hohnhorst

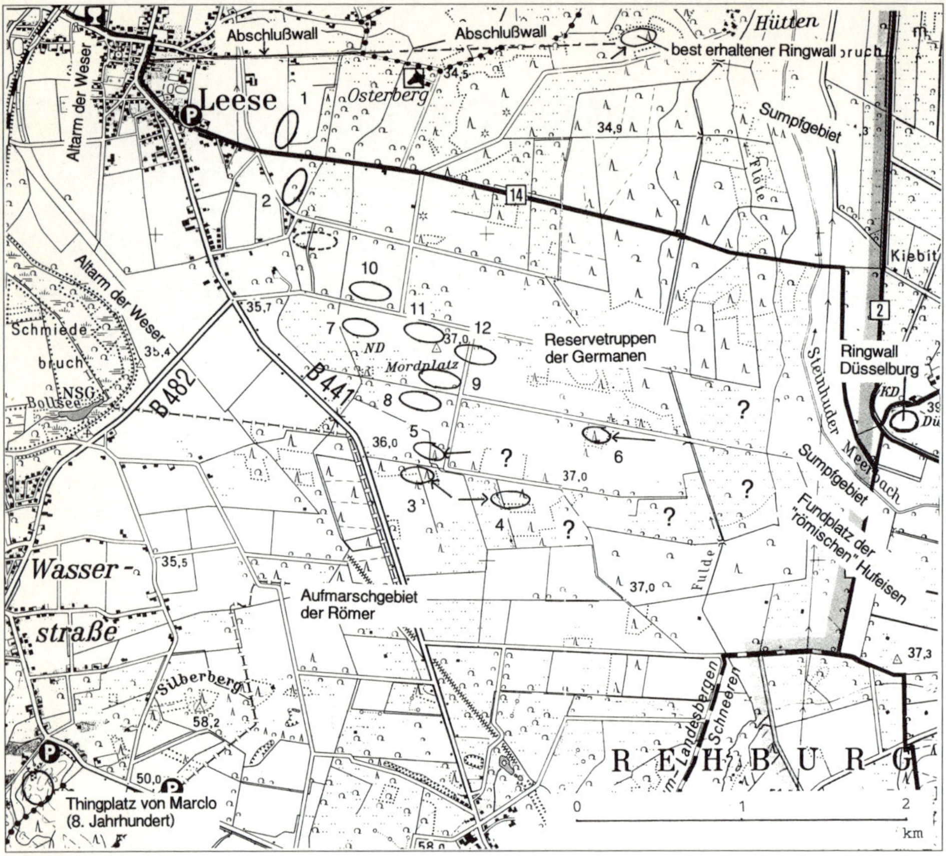

Abb. 83: Nachgewiesene Ringwälle in Leese (Stand: Ende September 1999)

1+2 deutlich auf dem Luftbild von Hauptmann Stein (1938) erkennbare Wälle;
3+4 deutlich auf russischen Satellitenaufnahmen erkennbare Ringwallhälften;
5 im Satellitenfoto nur andeutungsweise, dafür aber im Gelände deutlich erkennbare Erhöhung (›Tell‹), im Osten am Wäldchenrand ein Teilstück des Walles und Graben sehr gut erhalten;
6 im Ostteil des Wäldchens erkennbar die Osthälfte des eher runden Rings;
7 im Satellitenfoto aufgrund hochgegrabenen hellen Untergrundsandes bestens sichtbarer heller Ring – helle Sandreste und der ehemalige Wall umgeben deutlich die ›Innensenke‹, wo germanische Keramikreste gefunden wurden;
8 im Luftfoto deutliches helles Oval, im Gelände tellartige Erhöhung;
9 im Luftfoto deutliches helles Oval, im Gelände Erhöhung und helle Ovalreste sichtbar;
10 im Satellitenfoto erkennbar ein heller, ovaler Ring;
11+12 im Satellitenfoto undeutlich erkennbare, im Gelände tellartige Erhöhung;

Fragezeichen: Orte möglicher weiterer Ringwälle, die den Anschluß an den Ringwall Düsselburg bringen würden (Satellitenfotos lassen drei weitere Wälle vermuten);
Pfeile: Orte vorhandener Wälle.

Gleich gegenüber dem aufgefundenen Ringwallrest, der auf einer Übersichtskarte ›Nr. 3‹ genannt wird, liegt ein weiteres kleines Wäldchen, in dem Erdbewegungen stattgefunden haben. Am östlichen Rand ist ebenfalls ein Stück Wall erkennbar. Auch er ist abgeflacht, enthält aber zusätzlich einen vorgelagerten Graben. Alles ist dicht von Brombeerranken überwuchert. Nicht jedoch der nördliche Abschnitt. Dort sind moderne Erdbewegungen festzustellen. Dort ist der abgeflachte Wall teilweise mit Erde aus jüngster Zeit überschüttet worden (Wall Nr. 5). Auch vor dem Wäldchen sind tiefe Baggerspuren. Es ist abzusehen, daß das Wäldchen und das hier noch vollständig mit Graben versehene Wallstück in nicht allzu ferner Zukunft vernichtet sein wird. Eile in Hinsicht auf Denkmalschutz tut not.

Bis jetzt hatten drei Waldstücke in der Ackerlandschaft Reste von Ringwällen enthalten. Sollte man jetzt nicht einmal ein Wäldchen einfach auf Verdacht hin untersuchen, vor allem dann, wenn vom Auto aus bereits am Waldrande wieder die leichten ›tellartigen‹ Erhöhungen zu sehen sind?

Also wird der Wall Nr. 6 von West nach Ost durchstreift. Zunächst keine deutlichen Anzeichen für Wallreste! Dann zeigt sich, daß der ganze Ostteil eine weite, eher rundliche, stark abgeflachte Erhöhung enthält, die am Waldrand in eine Vertiefung des wahrscheinlichen ehemaligen Grabens ausläuft. Es bestehen kaum Zweifel. Auch hier hat einst ein Ringwall gelegen. Er hatte eher die rundliche Form der heute noch gut erhaltenen Wallanlage Düsselburg, die direkt am Rande der sumpfigen Niederung des Steinhuder Meeres liegt.

Die Luftlinie bis zur Düsselburg, die einst von Schuchhardt ausgegraben wurde, ist etwa 1,7 km lang. Gehörten der gefundene Wallrest 6 und die in der Form so ähnliche Düsselburg zu einem gemeinsamen Verteidigungssystem? Auf den Flächen zwischen den beiden Wällen sollte also einmal nach weiteren Wallresten gesucht werden.

Heute sollen zunächst einmal die drei deutlichsten und vollständigsten hellen sowie ovalen Ringe auf den russischen Satellitenaufnahmen in der freien Feldmark untersucht werden. Also den Wagen drehen und Richtung Westen fahren.

Schon bei der Anfahrt wird eine große flache, ›tellartige‹ Erhöhung sichtbar. Links vom Weg versperrt starker Futterpflanzenbewuchs die Sicht auf den Acker und den im Luftbild deutlichen ovalen Ring (Nr. 8). Aber rechts vom Weg walzt gerade ein Schlepperfahrer, der natürlich nichts weiß und noch nie irgend etwas Auffälliges bemerkt hat, den dunklen humosen Sandboden fest.

Der Boden ist glatt wie eine Billardfläche. Aber nicht überall ist er einheitlich dunkelbraun. In der Nähe des Weges zieht sich ein etwa 2 m breites helles Band aus weißem Sand entlang und etwa 100 m weiter im Inneren des Ackers noch einmal ein zweites Band. In eindrucksvoller Weise neigen sich die beiden parallelen Bänder an ihren Enden zueinander, um sich in einem ovalen Rund zu vereinigen. Kein Zweifel, hier liegt der weiße Ring Nr. 9, den die Russen so deutlich auf die CD-Scheibe gebannt haben. Das helle Band aus weißgelbem Sand des Untergrundes scheint offensichtlich durch Menschenhand nach oben an die Oberfläche geholt worden zu sein. Erklärung?

Abb. 84: Ringwall Nr. 9.

Im vorderen Drittel des Fotos verläuft quer das etwa 2 bis 3 m breite helle Band aus Sand aus dem ehemaligen Grabenaushub des Ringwalles Nr. 9. Bei dieser deutlichen Abbildung ist verständlich, weshalb auch der russische Satellit aus großer Höhe zu einem günstigen Zeitpunkt den kompletten Ring abbilden konnte.
Der Hochwaldbusch in der hinteren Bildmitte ist leicht erhöht und ist der Kartierungspunkt ›Ceterberg‹. Die leichte Erhöhung, das Satellitenfoto und eine mittelalterliche Karte des Klosters Loccum dokumentieren hier den Ringwall Ceterberg (Nr. 11).

Abb. 85–86: Ringwall Nr. 7

Oben: Hier liegt der im Satellitenfoto am deutlichsten und in kompletter Umrandung abgebildete Ringwall Nr. 7. Im Vordergrund zeigt der weiße Tiefensand den vorderen Nebenscheitel der Ellipse an. Im hinteren Bild verläuft quer das helle Band des hinteren Ellipsenumfanges, während sich in der Bildmitte, dunkel und tiefer gelegen, der Innenraum des ellipsenförmigen Ringwalles abbildet.

Unten: Hier sind große Teile des Ellipsenumfanges vom oberen Bild in schwarzer Umrandung nachgezogen. Im Innenraum des etwa 1 ha großen Ringwalles fand der Verfasser germanische Keramikscherben. Da dieser Ringwall vollständig und frei in der Feldmark zugänglich ist, andererseits in vorderer ›Kampflinie‹ lag, müßten hier bei Unterstellung der Richtigkeit der bisherigen Thesen mit Sicherheit Kampfhandlungen stattgefunden haben. Sollten hier römische Schleuderer mit Bleigeschossen geschleudert haben, müßte deshalb die Chance, derartige Geschosse zu finden, ziemlich groß sein.

Beim Ausheben des Grabens für den ovalen Ringwall hat man den hellen Sand des Untergrundes auf den Wall geworfen, der dann beim späteren Einplanieren an Ort und Stelle in der weißen Ovalform liegen blieb. Die Wälle sind jedoch nicht einmal mehr andeutungsweise erkennbar. Sie sind durch Jahrhunderte andauernden Ackerbaus völlig zu einer sanften Gesamterhöhung im Gelände abgeschliffen worden.

Nicht weit nördlich von dem Ring Nr. 9 liegt das am besten abgebildete weiße Oval Nr. 7 der russischen Satellitenaufnahmen (s. Doppelabb. vorstehende Seite). Auch hier sieht man bereits eine leichte Erhöhung. Beim Näherkommen wird die Überraschung perfekt. Eine abgeflachte Wallerhöhung verläuft rings um das leicht eingesenkte dunklere Oval des Innenraums. Schöner geht es nicht. Die Wallerhöhung wird zusätzlich markiert durch den bereits bei Wall Nr. 9 erwähnten hellen Sandring, der im Augenblick im Westen durch dort abgelagerten Stallmist auf der Oberfläche abgedeckt ist. Kein Zweifel, hier lag ein etwa 1 ha großer ovaler Ringwall.

Das Stapfen durch den lockeren, frisch gepflügten Boden ist mühselig. Belohnung – Urnenreste und ein kleines Stückchen Leichenbrand (Knochenrest aus dem Feuer). Folglich müssen hier nach der Erbauung des Walles Urnenbestattungen stattgefunden haben. Aus dem ehemaligen Ringwall ist also später ein heute zerpflügter Urnenfriedhof geworden.

In unserer Vorstellung sehen wir viele Tausende an germanischen Kämpfern, Jung und Alt, Volk und Adel, zusammenströmen, um ihr Land gegen die römischen Legionen unter Germanicus in offener Feldschlacht zu verteidigen. Wir sehen den Sturm der Römer mit ihren Pfeilgeschützen auf die Wälle, die Umgehungsversuche der römischen Reiterei und der Schleuderer, um von hinten an die Wälle zu kommen.

Hat nicht Knoke von der »Wagenladung von Schleudersteinen« im Öhmer Holz »für die römischen Schleuderer« berichtet? Oder hat nicht Pastor Walter auf den dort gefundenen römischen Kochkessel hingewiesen, der in das archäologisch numismatische Museum nach Göttingen verkauft worden ist, wo er heute verschollen ist?

Schmerzlich wird dem Forscher bewußt, daß wichtige archäologische Funde nicht nach auswärts verkauft werden, sondern im heimischen Kreismuseum verbleiben sollten. Dort würden sie möglicherweise nicht so leicht verschwinden und für die Aufklärung wichtiger historischer Sachverhalte zur Verfügung stehen.

Versuchen wir nun, uns von der letzten großen Völkerschlacht zwischen Römern und Germanen während des ersten Dreißigjährigen Krieges ein Bild zu machen, von einer Schlacht, die sich ebenso wie die Schlacht von Idistaviso völlig von der Schlacht im Teutoburger Wald unterschied. Während im Teutoburger Wald ein stark zersplitterter römischer Heeresverband in unübersichtlichem, schwierigem Gelände in Guerillataktik bis schließlich hin zu frontal geführten Endkämpfen vernichtet wurde, stellte sich an den Ringwällen von Leese ein in großen Teilen von Arminius trainiertes germanisches Volksheer der gewaltigen Kampfmacht von acht in vielen Kämpfen bewährten Legionen und zusätzlich einer großen Zahl an Hilfstruppenverbänden in offener Feldschlacht.

Tacitus (II/19/22) schildert in knappen Sätzen die Grundaufstellung der Germanen:

> »Hier [am Angrivarierdamm] stellten sie das Fußvolk auf, während sie die Reiterei in den benachbarten Hainen versteckten. Sie sollten den Legionen, wenn sie den Wall betraten, in den Rücken fallen.«

Arminius war mit Sicherheit klar, daß gegen die große römische Heeresmacht nur ein kluger Plan helfen konnte.

Die germanischen Fußtruppen waren durch Damm und Wälle zu sichern. Sie wurden also hinter die Brustwehren der Wallanlagen postiert. Die Ringwälle waren nahezu alle in West-Ost-Richtung angelegt, so daß das von Süden heranmarschierende Heer der Römer auf die stark mit Verteidigern besetzten Längsseiten der ovalen Kampfwälle traf. Die Wälle waren dicht gestaffelt angelegt worden, so daß römische Legionäre beim Versuch, die Lücken zu passieren, unter den Lanzenbeschuß mindestens von zwei Wällen aus gerieten.

Die sich trichterartig verengende Ebene zwischen den Kampfwällen und der damaligen Weser führte auf den etwa zwei Kilometer breiten Abschlußwall.

In dem Augenblick, da die Römer sich völlig im Trichter befanden, konnten die im östlichen Wald und Sumpfgebiet versteckten germanischen Reiterverbände die Trichterfalle von hinten schließen. Die Römer wären damit von allen Seiten eingeschlossen gewesen.

Soweit der wahrscheinliche, geniale Plan des Arminius. Er hatte jedoch nicht mit der strategischen Feldherrnkunst des Germanicus gerechnet. Tacitus (I/20/21) erklärt sie so:

> »Nichts von alledem [der Strategie des Arminius] blieb dem Caesar verborgen. Er kannte ihre Pläne und ihre Stellungen [die Ringwälle], ihre offenen und versteckten Vorbereitungen [das Verstecken der Reiterverbände im östlichen Sumpfgebietl und wollte die Listen der Feinde zu ihrem eigenen Verderben anwenden. Dem Legaten Seius Tubero übergibt er die Reiterei und die Ebene; das Fußvolk stellte er in der Weise auf, daß ein Teil auf ebenem Weg in den Wald einrükken, ein anderer den vor ihnen liegenden Damm ersteigen sollte. Was schwierig war, übernahm er selbst, das übrige überließ er den Legaten. Die Leute, denen die Ebene zugefallen war, drangen nicht in den Wald ein, diejenigen aber, die den Damm ersteigen sollten, hatten unter den Schlägen von oben schwer zu leiden. Der Feldherr erkannte, daß der Nahkampf hier zu ungleich war, nahm die Legionen ein wenig zurück und gab den Schleuderern und Wurfschützen den Befehl, ihre Geschosse zu werfen und so die Feinde zu verjagen. Aus den Wurfgeschützen flogen die Lanzen, und je mehr sich die Verteidiger blicken ließen, mit desto zahlreicheren Verwundungen wurden sie heruntergeworfen. Nachdem der Wall genommen war, machte der Caesar mit den praetorianischen Kohorten als erster einen Angriff auf die Wälder. Mann gegen Mann wurde hier gekämpft. Der Feind hatte den Sumpf im Rücken, die Römer den Fluß und die Berge. Beide Teile konnten nicht vom Platze weichen, für beide lag die Hoffnung nur in der Tapferkeit, die Rettung nur im Sieg.

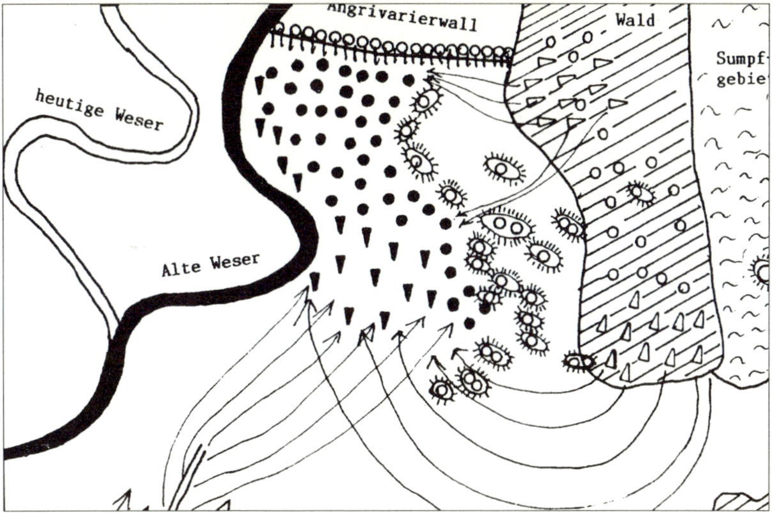

Vermutlicher Strategieplan des Arminius für den Schlachtverlauf am Angrivarierwall. Römische Truppen ziehen in die Trichterfalte, germanische Reitertruppen fallen ihnen in den Rücken. Die Truppen im Waldgebiet sind für die Römer versteckt.

Abb. 87–88: Schlacht am Angrivarierwall. Arminius' Strategie und Schlachtverlauf

Weiße Symbole: germanische Truppen;
schwarze Symbole: römische Truppen

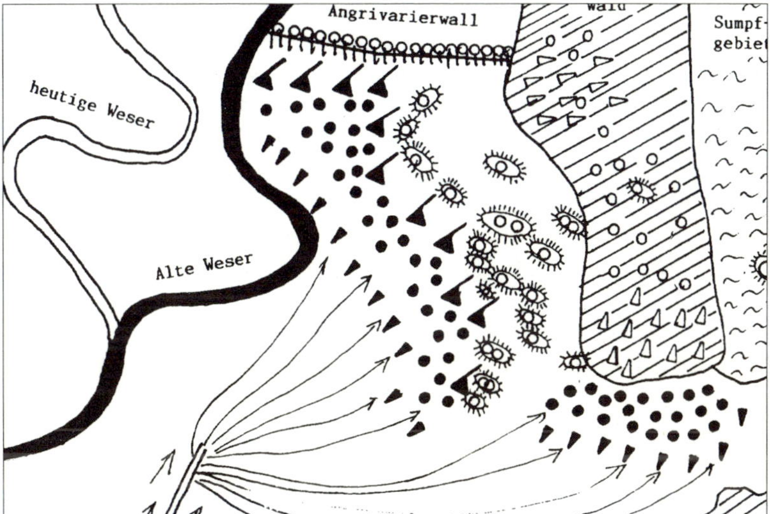

Vermutlicher Schlachtverlauf durch taktische Gegenantwort des Germanicus. Die Hälfte der römischen Fußtruppen blockiert die Reiter der Germanen im Wald. Römische Reiter sichern die andere Hälfte der Fußtruppen, die mit Hilfe der Geschütze die Wälle erstürmen.

Die Germanen standen den Römern an Mut nicht nach und erlagen nur durch ihre Kampfesweise und Bewaffnung, Ihre ungeheure Masse konnte auf dem beengten Raum die überlangen Lanzen nicht vorstoßen und nicht zurückziehen; sie konnten auch nicht im Sturmlauf von ihrer Schnelligkeit Gebrauch machen, da sie an der Stelle zu kämpfen genötigt waren. Unsere Soldaten dagegen, den Schild dicht an die Brust gepreßt, die Hand fest am Schwertgriff, durchstachen die gewaltigen Barbarenleiber, die ungedeckten Gesichter und bahnten sich über Leichenhaufen ihren Weg. «

Tacitus beschreibt nun weiter, daß Arminius durch seine Wunde gehemmt war und daß sein Oheim Inguiomerus ebenfalls vom Glück verlassen wurde.

Germanicus gab indessen den Befehl, keine Gefangenen zu machen. Nur die Ausrottung des ganzen Volkes würde dem Krieg ein Ende bereiten. Immerhin muß Tacitus von der Reiterei berichten, daß sie ohne Entscheidung kämpfte.

Das Strategiekonzept des Arminius war nicht aufgegangen, weil erstens die Reitertruppen in den Wäldern durch die römischen Fußtruppen festgehalten wurden und zweitens die römischen Geschütze das Erstürmen der germanischen Kampfwälle ermöglichten. Dadurch kam es dann innerhalb des Waldes zum Kampf auf engem Raum, in dem die Römer dank ihrer Bewaffnung überlegen waren.

Auf der Römerseite werden 40 000 bis 50 000 Legionäre und Reiter und wahrscheinlich die gleiche Zahl an Hilftruppensoldaten und Reitern teilgenommen haben. Auf germanischer Seite wird die Zahl der Kämpfer noch höher gewesen sein. An dieser großen Völkerschlacht waren also vermutlich rund 200 000 Menschen beteiligt.

Wenn man annimmt, daß über die mehr oder weniger deutlichen zwei Dutzend erkennbarer Ringwälle hinaus weitere bis insgesamt 40 Kampfwälle mit jeweils etwa 500 m Wallumfang vorhanden gewesen sind, so ergäbe das etwa 20 000 laufende Meter Wall auf den Ringwällen. Rechnet man im Kampfgeschehen mit 2 m Breite für den Einzelkämpfer, so ergäbe das eine Kette von 10 000 Kämpfern. Die gleiche Anzahl an Verteidigern wird als Reserve im Inneren der Wälle vorhanden gewesen sein. Damit wären auf den Ringwällen rund 20 000 Kämpfer postiert gewesen.

Auf den breiteren Abschlußwall werden mit Reserven vielleicht noch einmal höchstens 10 000 Mann an germanischen Fußtruppen zu rechnen sein. Denkt man aber an ein Heer von insgesamt rund 100 000 Germanen, so zeigt sich aus diesen Rechenbeispielen, daß mit Sicherheit die größte Anzahl an Kämpfern in den Sumpfwäldern verborgen gewesen ist, wo dann ja auch nach Tacitus das große Gemetzel stattfand.

Die Schlacht am Angrivarierwall war keine Schlacht an einem linear gebauten Verteidigungswall, sondern im wesentlichen eine Schlacht an mindestens zwei Dutzend mehr oder weniger deutlich erkennbaren Ringwällen, die zusammen mit dem Abschlußwall und der Weser eine Trichterfalle bildeten. Wir müssen unsere bisherige Vorstellung von einem einfachen Kampf an einem Grenzwall revidieren.

Arminius war ein Meister der Kriegstaktik, der Hinterhalte und der Fallen. Ein einfacher Grenzwall in der großen Völkerschlacht wäre zu wenig für sein taktisches Verständnis gewesen.

Der Kampf gegen die Legionen des Varus bestand aus fortwährenden Überfällen aus dem Hinterhalt auf einen zersplitterten Heereszug.

Caecina wurde mit seinen Legionen im Engpaß von Kalkriese wie in einer Trichterfalle beinahe vernichtet.

Auf den Auen von Idistaviso sollten die Cherusker von den Mittelterrassenhöhen aus mit ihren Kampfkeilen in die Flanken des römischen Heeres eindringen. Infolge ihres Kampfeseifers stürzten sich die Cherusker zu früh auf die Römer, während die Reiterei des Stertinius durch Umgehung die Germanen von hinten angreifen konnte.

Am Angrivarierwall wurde eine vollkommene Trichterfalte aufgebaut, die durch die römischen Geschütze und das taktische Geschick des Germanicus unterlaufen wurde.

Dennoch insgesamt ist Arminius nicht der Ruhm zu nehmen, die römische Weltmacht auf dem Höhepunkt ihrer Macht herausgefordert und besiegt zu haben, so wie es Tacitus denn auch klar ausdrückt (II/88):

> »Er war ohne jeden Zweifel der Befreier Germaniens und führte Kriege mit Rom, nicht wie andere Könige und Heerführer, als es noch klein und unbedeutend war, sondern als es auf dem Gipfel der Macht stand. In Schlachten war er nicht immer siegreich, in einem ganzen Kriege aber nie besiegt.«

Ausklang

Ein schwerer Brandgeruch liegt über dem Schlachtfeld. Überall lodern Feuer und verstärken die Rauchschwaden. Gegen die Flammen bilden sich dunkle Gestalten mit gesenkten Häuptern ab.

Arminius, Inguiomerus und die überlebenden Krieger verrichten ihre traurige Pflicht. Nach dem Abziehen der Römer sollen alle gefallenen Krieger eine Feuerbestattung bekommen. Die Helden werden ihre Ruhe in Walhall an Wotans Tisch finden.

Die Cherusker bestatten die Brandreste ihrer Kameraden in flachen Erdgruben, so wie es in ihrem Stamme Sitte ist.

Am westlichsten Verteidigungswall stapeln alte Männer, Frauen und Kinder aus dem nahen Dorf Baumzweige und Palisadenreste aus dem Wall zu neuen Scheiterhaufen auf. Sie gehören zum Stamm der Angrivarier. Hier an diesem Wall sind ihre Brüder, Väter und Söhne gefallen. Sie haben in vorderster Front im Kampf gegen die Legionäre des Germanicus gestanden. Erst die römischen Geschütze hatten sie zum Wanken gebracht.

Schweigend lagern sie ihre Toten auf die Scheiterhaufen. Die Flammen knattern in dem trockenen Holz und verzehren langsam die zerschmetterten Körper. Schließlich sammeln sie sorgsam die Knochenreste ein und geben sie in die Urnen.

Im Osten des Verteidigungswalles soll die Beisetzung sein. Dort wird die Morgensonne, Göttin des Lichtes, das Begräbnis vor den Resten des Walles früh begrüßen können.

Die Angrivarierfrauen stellen eine Urne nach der anderen in den Graben der zerstörten Verteidigungsfestung, den die Toten ja selbst ausgehoben hatten. Nun gibt einer nach dem anderen, ob Mann, Frau oder Kind, schweigend Wallerde dazu.

Es wird einsam werden im Dorf der Angrivarier.

Genau 1981 Jahre später, auch am Ende des Sommers, sammeln vier Männer zerpflügte Reste einiger flacher, bestatteter Urnen und ihres Inhalts aus dem ehemaligen östlichen Graben des vordersten Verteidigungswalles und denken an die weit zurückliegenden schweren Tage ihrer Vorfahren auf dem Schlachtfeld von Leese.

Der Angrivarierwall mit seinen über zwei Dutzend ovalen Verteidigungsfestungen wartete aber vor Drucklegung noch mit einer Überraschung auf.

Die Vorgeschichte dieser Überraschung entwickelte sich dabei folgendermaßen:

Einer der befreundeten Heimatforscher machte auf ein altes Luftfoto der Akaflieg aus Hannover aus den zwanziger Jahren von der Düsselburg aufmerksam. Der Verfasser hatte die Düsselburg bisher schon als den möglicherweise östlichsten Ringwall des einheitlichen Gesamtsystems an Ringwällen des Angrivarierwalles vermutet. Somit war das Studium dieses alten Luftbildes ein absolutes Muß.

Die Mühe sollte nicht umsonst sein. Die alten Fotopapiere zeichnen den Ringwall Düsselburg innerhalb der seit dem Mittelalter gewachsenen Feld und Wegestrukturen - also aus der Zeit vor der großen Flurbereinigung - in einer charakteristischen, holzschnittartigen Schwarz-Weiß-Technik ab.

So ist der auf dem nördlichen Wall verlaufende Feldweg deutlich als weißes Band erkennbar, das sich der Ovalform des Ringwalles anpaßt.

Aber halt, dieses weiße Halboval des Feldweges taucht überraschenderweise einige hundert Meter östlich gleich noch einmal auf.

Wer die außerordentliche Besorgnis von Landwirten kennt, nicht unnötig Land durch krumme Wege zu verschwenden,

Abb. 89: Ringwall Düsselburg.

Im Bildmittelpunkt ist der mit Bäumen bestandene ovale Ringwall Düsselburg erkennbar. Auf der rechten Hälfte des Ringwalles zieht sich hell ein Weg auf dem Wall entlang. Am Bildrand in der Mitte vorn ist ein ähnlich ovaler, weißer Feldweg zu sehen. Es war vermutlich der Westrand des ›Zwillingringwalles‹. Die alten Wege und die Feldstrukturen sind durch die Flurbereinigung beseitigt worden. Mitten in dem Oval des Vordergrundes steht heute das Naturdenkmal einer Eiche innerhalb der großen Feldfläche.

---

kann sich nicht vorstellen, daß man einen ovalen Weg ohne Grund in eine Feldmark verlegt. Für ein derartiges Abweichen von der Geradlinigkeit muß bei der Entstehung des Weges ein Hindernis vorgelegen haben. Was liegt näher als die Annahme eines Zwillings-Ringwalles, der in früher Zeit einen gleichen Umgehungsfeldweg auf oder vor dem Wall wie auf der nahe gelegenen Düsselburg erhielt?

Nun, der Verfasser hält es nicht länger als zwei Tage bis zur ›Feldbegehung vor Ort‹ aus.

Erste Erkenntnis: Die Flurbereinigung hat die alten Feldstrukturen vernichtet. Große geradlinige Feldgrenzen herrschen vor. Es gibt keine ovalen Wege mehr.

Das Feld mit dem ehemaligen Wegeoval ist von einem hohen Maisbestand bedeckt. Es bildet im Gelände eine leichte, natürliche Erhöhung. Mitten in dem möglichen Ringwall steht eine Eiche, die als Naturdenkmal geschützt ist.

In etwa 60 Meter Abstand Richtung Süden ist dann eine leichte ›Delle‹ im Maisfeld zu erkennen. Der ehemalige Graben des Walles oder nur der ehemalige ovale Weg?

Dem Verfasser ist es klar, daß hier nicht nur Geländebeobachtungen weiterhelfen. Es müßten für eine Beweisführung Grabungen durchgeführt werden. Dafür fehlen die Möglichkeiten. Es lockt auch der Teutoburger Wald. Dort wird der Verfasser demnächst graben, dort werden die Schwerpunkte seiner künftigen Forschung liegen.

Immerhin weisen alle Indizien auf den ›Zwillingswall‹ der Düsselburg hin, womit die Annahme gestützt würde, daß die Düsselburg nicht ein einzelner germanischer Ringwall war, sondern nur, wenn auch dominierend, ein Wall des Gesamtverteidigungssystems ›Angrivarierwall‹.

Bevor aber die Forschungen im Teutoburger Wald richtig begannen, gab es noch einmal Grund für topographische Begehungen im Leeser Gelände im Bereich des Angrivarierwalles. Das alte Akaflieg-Luftfoto hatte angeregt, auf den englischen Luftfotos 2121, 2123, 3120, 3122 vom 20. Juni 1944 und parallel dazu auf Meßtischblättern nach weiteren ovalen, ›abgelenkten‹ Wegestrukturen auf dem ehemaligen Schlachtfeld zu suchen. Ergebnis:

Nun, es werden die gut versteckten ehemaligen deutschen Militäranlagen aus der Zeit des Zweiten Weltkrieges im Oehmer Holz sichtbar, dort, wo einst die Ladung römischer Schleudersteine gefunden wurde.

Schon beinahe nicht mehr erwähnenswert zeichnen sich südwestlich von Leese die hellen Verdichtungen des ehemaligen mittelalterlichen Weges von Leese nach dem wüst gewordenen Ort Marslo ab, dem Ort, der dem alten sächsischen Thingplatz in seiner Nähe den Namen ›Marclo‹ gab. Darüber aber später mehr.

Dann ist aber sowohl auf den Fotos als auf der topographischen Karte wieder die ovale Wegestruktur. Um das Oval herum ist ein Bach abgelenkt. Also muß es dort eine Anomalie, ein Hindernis im Gelände geben oder gegeben haben.

Abends soll vor den Nienburger Rotariern ein Vortrag über die »Römer an der Mittelweser« gehalten werden. Der Verfasser beschließt, zwei Stunden vorher loszufahren und noch einen kleinen Abstecher durch die Leeser Feldmark zu machen, um möglichst noch einen weiteren erhaltenen Ringwallrest am Ort der verdächtigen ovalen Strukturen auszumachen. Das Ergebnis?

Die Strukturen zeigen keinen Ringwall an. Statt dessen liegen dort, völlig in einem Wäldchen versteckt, drei parallele Wälle mit steilen Flanken, die noch heute etwa 1,50 m hoch sind. Zwischen ihnen befindet sich je ein Abstand von etwa 50 m. Am Fuße der Wälle sind keine Gräben vorhanden. Es müssen wegen der geringen Abflachung junge Wälle sein. Der Baumbestand auf den Wällen ist nicht älter als 50 Jahre.

Es bleibt als einzige Erklärung, daß sich zwischen diesen Wällen flache Gebäude für Munition während des Zweiten Weltkrieges befunden haben. So wird auch deutlich, daß der ovale umgelenkte Wassergraben nur dem Zweck diente, das Munitionslagergelände zu entwässern. Ebenso wurde natürlich ein Weg um die langen Munitionslager herum angelegt.

So zeigt sich hier, daß Anomalien auf Luftfotos, aber auch auf Meßtischblättern erkannt werden, ihre Untersuchung und Deutung jedoch nur vor Ort vorgenommen werden können.

Einfacher ist es, wenn man von mehr oder weniger deutlichen Luftbildern ausgehen kann, deren Merkmale aus Paralleluntersuchungen bekannt sind, um dann im Gelände erneut die entsprechenden Merkmale auffinden zu können.

Der Ringwall Nr. 4 ist zum Beispiel im russischen Satellitenbild in schwarzer Umrandung (ehemaliger Graben) zu erkennen. Bei der Nachsuche im Gelände ist dann eine schwache Erhöhung, der ›Tell‹, auszumachen. Man hätte diese geringfügige Geländeerhöhung ohne das Luftbild sicher übersehen und als natürliche Erhöhung empfunden, wenn man sie denn überhaupt registriert hätte. Der Wechsel zwischen Erfolg und Mißerfolg bei der Kombination von Luftfotos, Karten und Geländeprospektionen ist es jedoch, der den Reiz dieser Forschungen ausmacht.

Oben: Aus dem Wald ragt der Westteil des Ringwalles als schwache Erhebung (›Tell‹) heraus (zwischen den beiden Pfeilen).

Links: Auf dem Ausschnitt aus dem Satellitenbild ist der ovale Ring erkennbar.

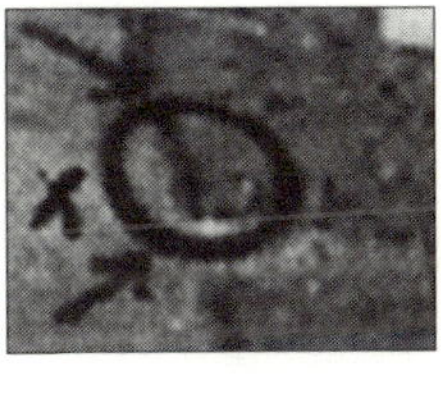

Ringwall Nr. 4

Abb. 90–92

Ergänzende Texte

Arminius-Siegfried: ein deutscher Mythos

Sachsen – die Erben der Cherusker

Pontius Pilatus, Jesus Christus und die Varusschlacht

Hildemund und Harigast germanische Auxiliaroffiziere

Römische Hufeisen

Untersuchte Schlacke und Raseneisenerzknolle

Rennofenfeuerstellen im Steinhuder- (Meerbach-) Bruch

Römische Gold- und Silbermünzen aus Kalkriese

Vergleich der Hortmünzen von Kalkriese und Haltern

Bewegungen wichtiger Legionen

Römische Phallusanhänger

›Trial and error‹ – Grabung nach der angeblichen ›Römervilla‹

Grabung nach dem ›Kastell des Hauptmanns Stein‹

Geomagnetik kontra Geoelektrik

Externsteine

Römische Grabhügel ?

Vor der Stirn der Feinde

Teutoburger Wald

Mögliche Römerlager in Heidenoldendorf

Reste des ovalen, einseitigen Ringwalles am Eingang zur Stapelager Schlucht

Das Werler Feld – Ort des Sommerlagers des Varus?

Prospektionen mit Metallsonden

Hessisch Oldendorf, nahe beim ehemaligen Schlachtfeld von Idistaviso

Ufermärkte verraten den Weg römischer Schiffe

Bronzegeräte aus der Weser bei Leese-Stolzenau

Der Thingplatz von Marklo

Arminius-Siegfried: ein deutscher Mythos

Nach dem insgesamt zweifellos großen Sieg des Arminius über die Römer blieb ein kampfgeschultes Heer der Cherusker zurück.

Die Römer dagegen beendeten ihre Eroberungsfeldzüge im freien Germanien. Tiberius gab den Befehl zum Abbruch der Kampfhandlungen gegen den Willen des Germanicus. Dafür erhielt dieser im Jahre 17 n. Chr. gewissermaßen als Entschädigung für die fehlende Vollendung der Unterwerfung der Germanen einen großen Triumphzug in Rom. Der erste Dreißigjährige Krieg auf deutschem Boden nahm damit sein Ende.

Germanicus, der sich als ebenbürtiger Gegenspieler des Arminius erwiesen hatte, erhielt neue Aufgaben in Syrien, wo er bereits ein Jahr später vermutlich auf heimtückische Weise durch Gift in jungen Jahren starb.

Arminius konnte jetzt ohne große äußere Feinde sein Großziel anstreben. Dieses konnte nur darin bestehen, ein großes, einiges Germanenreich aufzubauen, um damit Rom für immer widerstehen zu können.

Dem stand jedoch noch entscheidend der Markomannenherrscher Marbod mit einem kriegsstarken Heer von 70 000 Kämpfern und 4000 Reitern im Wege. Marbod war nicht bereit gewesen, gegen die Römer zu ziehen, und deshalb ein Risikofaktor für die Sicherheit Germaniens vor den Römern.

Also mobilisierte Arminius seine seit der Varusschlacht im Jahre 9 n. Chr. trainierten Truppen. Diese mußten ebenfalls mindestens 70 000 Krieger umfassen, wenn man schon einen Angriff auf die Markomannen wagte.

Schon allein die Tatsache, daß es Arminius gelang, ein derartig großes Heer zu mobilisieren, beweist, daß das Cheruskervolk noch nicht durch die vielen Kämpfe mit den Römern ausgeblutet war.

Arminius gewann den Kampf gegen die Markomannen. Seiner Herrschaft über ein geeintes norddeutsches Germanenvolk stellten sich jedoch weitere Hindernisse, dieses Mal aus der eigenen Sippe, entgegen. Zunächst hatte sich der in den Germanicuskämpfen an seiner Seite fechtende Oheim Inguiomerus mit ihm verfeindet.

Leider berichten die antiken Historiker nichts Genaueres über diesen Bruderkrieg. Offensichtlich müssen jedoch die Rivalitäten riesengroß geworden sein, denn wahrscheinlich im Laufe des Jahres 21 n. Chr. wurde Arminius, der strahlende Held in den Auseinandersetzungen mit der römischen Weltmacht, hinterrücks von seiner eigenen Verwandtschaft ermordet.

Römische Schriftsteller berichten, daß die kühnen Taten des Arminius im Volk noch lange besungen wurden. Vielleicht wurden diese Lobgesänge überlagert durch die Preisungen der Taten eines anderen Volkshelden, nämlich durch die Heldentaten Siegfrieds.

Da beider Schicksale nach ruhmvollen Taten auf die gleiche schändliche Weise durch heimtückische Morde endeten, kamen einige Autoren des 19. Jahrhunderts und besonders Otto Höfler im 20. Jahrhundert auf den Gedanken, daß Arminius und Siegfried historisch nur ein und dieselbe Person gewesen seien.

Der Mythos Arminius habe sich im Laufe der Jahrhunderte zum Siegfried-Kult gewandelt. Höfler, seinerzeit Universitätsprofessor in Wien, legt in einem Buch eine ernst zu nehmende wissenschaftliche Studie vor, an deren Ende er fest überzeugt ist, daß Arminius und Siegfried identisch seien.

Der Verfasser ist jedoch der Meinung, daß beide Helden reale geschichtliche Personen gewesen sind und beide bereits in ihren Jahrhunderten zum Mythos wurden. Für Arminius galt das bereits im 1. nachchristlichen, für Siegfried in der Völkerwanderungszeit des 6. Jahrhunderts.

Daß Arminius gelebt hat, dürfte nach den Berichten der antiken Schriftsteller und der archäologischen Dokumente (Caelius-Stein) außer Frage stehen. Siegfried wird dagegen im *Nibelungenlied*, sicherer dagegen in dessen Urtext, der schwedischen

Svava, der *Thidreksaga*, besungen. Heinz Ritter, Schaumburg (*Die Nibelungen zogen nordwärts*, Herbig-Verlag, München 1981), hat die schwedische *Svava* ausfindig gemacht, übersetzt und Satz für Satz dem *Nibelungenlied* gegenübergestellt. Aufgrund seiner erläuternden Beweisführung muß man bestätigen, daß die *Svava* die echten Vorgänge an den richtigen Orten schildert. Dort wurden im Gegensatz zur Nibelungensage keine Verfälschungen der frühmittelalterlichen Ortsnamen vorgenommen, dort blieb beispielsweise die heutige Dhünn der Nebenfluß Duna zum Rhein und wurde nicht wie im *Nibelungenlied* durch einen unkundigen Abschreiber zur Donau verfälscht.

Über zwanzig Jahre lang ist Heinz Ritter diesen Ortsnamen der *Svava* zwischen nördlicher Eifel und dem westfälischen Soest auf der Spur gewesen. Er hat in seinem aufregenden Buch nahezu alle Ortsnamen wiederentdeckt. Vor allem ließen sie sich aber mit dem Text der *Svava* in einen überzeugenden Sinnzusammenhang bringen, während im *Nibelungenlied* kaum lösbare Fragen entstehen.

Ritter fand auch im heutigen Soest, dem Susat der *Svava*, den ehemaligen Königshof des Königs Attala der germanischen Hunen (nicht mit den mongolischen Hunnen des Königs Attila zu verwechseln) und schließlich auch den Kampfgarten, in dem die Nibelungen ihr Ende fanden. Ja, sogar die Skelette der Nibelungen sind dort im 19. Jahrhundert, aber auch noch in den fünfziger Jahren des 20. ergraben worden. Hören wir aber Heinz Ritter selber (S. 198 f.):

> »In den Jahren 1951/2 stieß man bei neuen Grabungen des Historischen Vereins, noch unter den Fundamenten der alten Pfalz, auf eine Mauer von 8 Fuß Dicke (rund 2,50 m). Dicht dabei fanden sich unter einer gleichmäßig waagerechten, tiefschwarzen Holzkohlenschicht von 2 cm Dicke in 1,30–2,20 m Tiefe. . . und noch tiefer ›in ihrer ganzen Stärke, besonders aber nach unten hin, wahllos zerstreut, menschliche Knochenreste, die zumeist, auch die Schädel, zertrümmert und zum Teil auch angebrannt waren. In 2,20 m Tiefe konnte noch eine 12 cm starke, scharf abgesetzte Holzkohlenschicht festgestellt werden, unter welcher unmittelbar wie-

der menschliche Schädel und Knochenfragmente lagen.‹. . . Was hier wegen seiner sehr tiefen Lage als ›Keller eines alten Bauwerks‹ angesehen wird, dürfte nichts anderes sein als die große Mauer des Gartens [Kampfgartens], die dann von der Pfalz-Veste überbaut worden war. Die heutige ›Wittekindsmauer‹ ist die ursprüngliche Nordwand der ›Veste‹. Südlich davon lagen die Knochenfunde. Der Grabungsbericht [des Historischen Vereins] fährt fort (S. 134): ›Das ganze Auftreten dieser Schichten mit ihrem auffallenden Inhalt in den Kellern eines Bauwerkes, dessen Mauern 8 Fuß 2,50 m breit waren, läßt an dieser hervorragenden Stelle des alten Burgbezirkes schwere Kampfhandlungen im frühen Mittelalter vermuten.‹ An einer anderen Stelle dieses Bereichs entdeckte man, wohlbestattet, ›Menschen von außerordentlicher Körpergröße. Ein Skelett. . ., bei dem allerdings der Kopf und die Schulter durch die darüber gesetzte Mauer (der alten Veste) zerstört waren, konnte als das eines Mannes von etwa 2,20–2,30 m Größe festgestellt werden. . .‹ (S. 136). Diesmal waren Archäologen dabei! – Man ist versucht, ähnlich wie damals von Schmitz, auszurufen: ›Ritterlicher Hagen von Troia, so haben deine riesigen Knochen doch im Horngarten ihre wohlverdiente (?) Ruhe gefunden!‹«

Soweit der Originaltext von Heinz Ritter mit den Textstellen aus dem Grabungsbericht des Historischen Vereins von Soest.

Es ist sehr schade, daß diese Knochen und Holzkohlenfunde nicht durch die C14-Methode datiert worden sind. Die Holzkohle hätte absolut sichere Ergebnisse gebracht. Daß der finstere Hagen von Tronje, der Mörder Siegfrieds, ein gewaltiger Held gewesen sein muß, geht aus der *Svava* (317) hervor, als dort der Einzug der Nibelungen in Susat (Soest) beschrieben wird (Übersetzung Heinz Ritter):

»Da standen alle Türme und Zinnen voll mit (adligen) Frauen (und Jungfrauen), und alle wollten sie Hagen sehen um der großen Berühmtheit willen, die er hatte über alle Lande hin, seiner Mannhaftigkeit wegen.«

Die überragende »Mannhaftigkeit« Hagens wird noch an

anderen Stellen erwähnt. Hagen war nach der *Svava* offensichtlich die Sensation unter ohnehin schon riesenhaften Nibelungen-Recken. Weshalb sollten die Fundberichte des Historischen Vereins von Soest aus dem 19. Jahrhundert nicht akzeptiert werden, die von »schweren Kampfhandlungen im frühen Mittelalter« sprechen? Und weshalb sollte das 2,20 bis 2,30 m große Skelett nicht das von Hagen von Tronje gewesen sein?

Wenn also der wesentliche Inhalt der Nibelungensage auf historischer Wahrheit beruht, dann hat es auch den dort ebenfalls beschriebenen Helden Siegfried gegeben.

Der Verfasser zweifelt nicht daran, daß die Ausführungen von Heinz Ritter über das Niflungenvolk und seine Sitze an der heutigen Neffel (um Zülpich, Niederrhein) richtig sind.

Auffällig ist, daß die *Thidreksaga* in ihrer Ausführung der *Svava*, die alle Ortsnamen des 5./6. Jahrhunderts so trefflich gespeichert hat, von verschiedenen Königreichen, zum Beispiel dem Bertangaland, aber nirgends vom Land der Cherusker oder der Sachsen spricht. Offensichtlich gab es das Cheruskerland nicht mehr und das Sachsenland noch nicht. Vermutlich bestand im 5./6. Jahrhundert noch nicht die angebliche sächsische Überwanderung.

Die bereits früher erwähnten Torsäulen im ehemaligen Cheruskerland sprechen ebenfalls dafür, daß es die große sächsische Einwanderung und Eroberung des Landes weiterer germanischer Stämme nicht gegeben hat.

Die im wesentlichen ortsfeste germanische Bevölkerung mag eine Führungsschicht sächsischer Herkunft friedlich aufgenommen haben, ehe die ehemaligen norddeutschen, germanischen Stämme zum großen Stammesverband der Sachsen zusammenwuchsen.

So gesehen, wurden die Sachsen auch die Erben der Cherusker. Auch die Sachsen führten wie die Cherusker einen Freiheitskampf gegen Überfremdung, Steuer und Tributzahlungen in einem Dreißigjährigen Krieg, dem zweiten Dreißigjährigen Krieg auf deutschem Boden.

Jedoch kämpften sie gegen die Franken, und nicht gegen die längst untergegangenen Römer. Zusätzlich führten die Sachsen noch einen Kampf gegen die Christianisierung durch Karl den Großen.

Da der Verfasser in seinen Untersuchungen auf den Spuren der Römer in der Region des Angrivarierwalles auch auf die der Sachsen stieß, soll diesen Forschungsergebnissen nun ein Kapitel dieses Buches gewidmet sein.

Sachsen – die Erben der Cherusker

Sie waren nicht nur durch die gleichen Wohnstätten mit den germanischen Stämmen verbunden, die lange vor ihnen den Kampf gegen die Römer gewonnen hatten. Sie hatten auch die gleichen Götter, die gleiche Sprache, gleiche ›Götzen‹, wie die Irminsul (Piderit), die gleichen Burgen (zum Beispiel Tönsberglager, Herlingsburg, Amelungsburg), sie hatten auch die gleiche Rechtspflege auf dem Thing.

Kehren wir an die Mittelweser zurück. Nach den Turbulenzen durch die Römerkriege kehrte wieder Ruhe im frei gewordenen Germanien ein. Die Kontakte zu den römischen Provinzen blieben jedoch bestehen. Händler brachten feine römische Gläser, Terra sigillata, Bronzekessel und Bronzevasen, die man nach dem Tod bei den Vornehmen als Graburnen verwendete. Diese Funde häufen sich an der Unter- und Mittelweser. Offensichtlich sind sie durch die römischen Händler auf dem Wasserweg importiert worden. Überall, wo günstige Anlandemöglichkeiten waren, entwickelten sich ›Ufermärkte‹.

Der Begriff ›Ufermärkte‹ wurde von Detlef Ellmert in die Literatur eingeführt (D. Ellmert, *Frühmittelalterliche Handelsschifffahrt...*, Neumünster 1972, S. 225) und meint Landeplätze von Handels- und Lastschiffen in einer städtelosen Landschaft. Die Schiffer lassen ihre Schiffe möglichst in der Nähe eines Gutes oder einer Ansiedlung auf das flache Ufer auflaufen und pflegen den Handelstausch auf dem Uferplateau. Aus den offenen Ufermärkten entwickelten sich meist im Laufe des Mittelalters städtische Ansiedlungen, wie Minden, Petershagen, Stolzenau, Nienburg, Verden und Hoya an der Mittelweser.

Es ist eigentlich paradox. Erst schlagen die Germanen die Römer hinter den Rhein zurück, um das ›Freie Germanien‹ zu bewahren, dann sehnen sie sich nach römischen Kulturgütern. Dafür gibt es ein rührendes Dokument. Nach Ellmert fand man bei Baggerarbeiten an der Unterweser einen Röhrenknochen mit der Darstellung eines römischen Händlerschiffes und einer Runeninschrift. Sie lautet: »Lokom her«. Diese Inschrift läßt sich übersetzen mit: »Laßt uns hierher locken«, natürlich das römische Händlerschiff, das möglicherweise lange nicht gekommen war, auf das der Hersteller der Ritzinschrift mit tiefer Sehnsucht lange gewartet hatte. Wenn auf dem Knochen dieser Runenzauber ausgesprochen und der Knochen anschließend im Wasser zur Vollendung des Zaubers versenkt wurde, muß man davon ausgehen, daß vorher die Händlerschiffe häufig gekommen und nun länger ausgeblieben waren. Der Knochen wird in das 3. Jahrhundert n. Chr. datiert. Ellmert führt das Ausbleiben der Schiffe auf die germanischen Raubzüge in das Rheinland zurück.

Abb. 93: Auf einem bearbeiteten Knochen haben Germanen an der Unterweser im 3. Jahrhundert ein römisches Händlerschiff eingeritzt. Darunter stand »Lokom her« (›Laßt es uns herlocken‹). Offensichtlich diente dieser Knochen dem damals verbreiteten ›Runenzauber‹ (Umzeichnung nach H. v. Buttel-Reepen, nach Ellmert).

An der Unterweser begann die sächsische Siedlungsperiode spätestens im 3. Jahrhundert. Folglich wird der Wartende von der Unterweser bereits diesem Sachsenstamm zuzuordnen sein. Nirgends ist jedoch diese sächsische Siedlungsentwicklung so gut nachvollziehbar wie am Friedhof von Liebenau, dessen erste Belegungen in das erste vorchristliche Jahrhundert, also in die Zeit der Angrivarier, zurückgehen.

Der Friedhof wurde damals von den Angrivariern auf dem sandigen Dünenrücken von Liebenau angelegt. Danach ist der Boden niemals beackert worden. Deshalb konnten die Brandgruben und Körpergräber ungestört ruhen, bis in den siebziger Jahren des 20. Jahrhunderts die Archäologen ihre Ausgrabungen beginnen konnten. Es war schon eine einmalig günstige Situation für die Landesarchäologie.

Aus den Grabungen ergab sich, daß Mehrfachbelegungen stattgefunden haben. Körper über Brandgrubengräbern, heidnische Körpergräber (Nord-Süd-Richtung der Körper) und christliche Körpergräber (West-Ost-Richtung der Körper), reichere und knappere Grabbeigaben, sogar Hundebestattungen lassen sich nachweisen. In einigen Gräbern waren Beigaben, die einwandfrei Attribute von Soldaten des römischen Heeres sind.

Sachsen haben also, wie es auch in zeitgenössischen Berichten steht, Dienst im römischen Heer geleistet. So weisen die Beigaben eines Kriegergrabes die Mitgliedschaft in der römischen Armee mit vermutlichem Standort im heutigen Belgien nach.

Die Keramikgeräte der frühen Gräber von Liebenau verraten den chaucischen Einfluß. Damit wird erneut die These erhärtet, daß der große Sachsenstamm nicht nur aus Zuwanderern aus dem Ursprungsgebiet der Sachsen aus Schleswig-Holstein stammen konnte, sondern aus ihrer Vermischung mit den ansässigen Stämmen bzw. ihren Resten, wie den Chaucen, Angrivariern und Cheruskern.

Eine Unterbrechung in der Belegung des sächsischen Friedhofes von Liebenau oder eine plötzliche Änderung der Bestattungssitten hat es zwischen Christi Geburt und dem 10. Jahrhundert nicht gegeben. Nichts deutet darauf hin, daß die sächsischen Einwanderer im 2. oder 3. Jahrhundert n. Chr. als Eroberer die einheimische Bevölkerung vertrieben hätten. Im Gegenteil, es wird Siedlungskonstanz, eine stetige Entwicklung angezeigt, nicht etwa ein abruptes Abbrechen der Belegung, wie es im 5. Jahrhundert in Westerwanna bei Cuxhaven geschah, weil man mit Kind und Kegel nach England auswanderte.

Auch die Völkerwanderung erfaßte die sächsischen Bewohner nicht, im Unterschied zu den östlichen Nachbarn, den Langobarden, die von der Niederelbe nach Oberitalien zogen, um dort ein neues Reich zu gründen.

Fast ein wenig langweilig muß es im alten Liebenau zugegangen sein. Fischen, Ackern, Viehzüchten, Häuserbauen, Waldroden und Handeln, mit den römischen Schiffen eben als Lichtpunkten in der Einförmigkeit, waren Tätigkeiten über viele Generationen hinweg. Die Götter verehrte man in heiligen Hainen, man opferte ihnen an Kultstätten, man sprach Recht auf den Thingplätzen. Abends erzählte man sich von den Heldentaten des Arminius, Sigurds und König Thidreks. Schaudernd hörte man vom Untergang der Niflungen in Susat und erzählte es allen weiter.

Die Ruhe wurde dann durch die Kriegszüge der Franken unter Karl dem Großen jäh unterbrochen. Wenn auch im Raum des Angrivarierwalles in sächsischer Zeit keine große Schlacht stattfand, so hatte er doch für das ganze Sachsenland zentrale Bedeutung. In ihm befand sich nämlich der zentrale Thingplatz aller sächsischen Stämme, der Treffpunkt der abgesandten Edelinge auf dem Thingplatz zu Marclo.

Dort, wo die sächsischen Herzogtümer Ostfalen, Angern und Westfalen zusammenstießen, trafen sich alljährlich die Abgesandten aller sächsischen Gaue. Man sprach dort Recht und regelte alle gemeinsamen Anliegen und Gemeinschaftsaufgaben.

Als einzige zeitgenössische Quelle für das Stammesleben der Sachsen im 8. Jahrhundert besitzen wir die *Vita Lebuini antiqua.*

Der Mönch Lebuin bemühte sich zusammen mit seinen Gefährten, die Sachsen zu missionieren. Die hierzu erfolgten Ausführungen Lebuins lauten in der Übersetzung:

> »Lebuin ging hin und wieder nach Sachsen, bemüht, Menschen für Christus zu gewinnen, und bekehrte viele zum Glauben an Christus. Er hatte auch Freunde und Vertraute unter den Vornehmen, darunter war ein reicher Mann im pagus Sudergo, namens Folcbraht. . . Einen König hatten die alten Sachsen nicht, sondern Statthalter (*satrapae*) in den Gauen. Auch war es Sitte, daß sie einmal im Jahr mitten im Sachsenland eine allgemeine Versammlung an der Weser bei dem Ort, der Marclo heißt, abhielten. Dort kamen gewöhnlich alle Statthalter zusammen, sowie aus den einzelnen Gauen 12 auserwählte Adlige und ebensoviel Freie und ebensoviele Liten. Sie erneuerten dort ihre Gesetze, fanden das Urteil in wichtigen Rechtsfällen und beschlossen, was sie während des Jahres an Kriegs- und Friedensunternehmungen durchführen wollten, in gemeinsamer Beratung.«

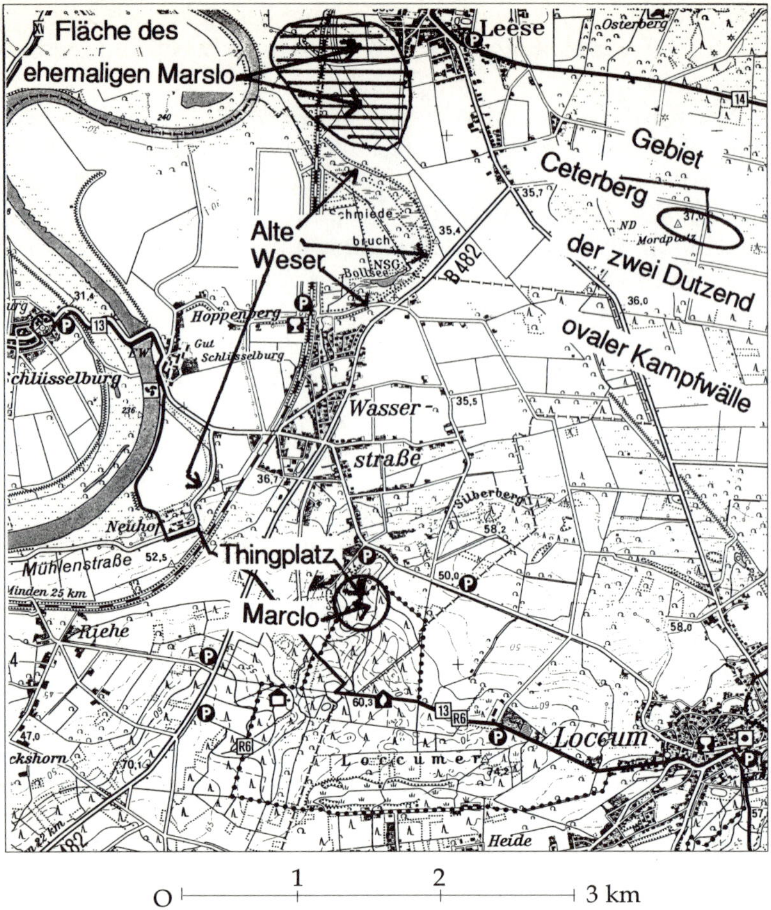

Abb. 94: Lage des vermutlichen ehemaligen Thingplatzes Marclo auf dem Clusberg, nahe beim Ort Wasserstraße/ Loccum und des ehemaligen, ausgangs des Mittelalters wüst gewordenen Ortes Marslo.

Heute noch sind der Opferstein, der etwa 100 Quadratmeter große Rednerplatz und Teile der ehemaligen Umwallung auf der sandigen Düne vorhanden. Eine kräftige Quelle konnte Wasser für einige tausend Reiter spenden. Im Süden liegt mit der Loccumer Heide der Grenzwald (Lohwald) zu den früheren Cheruskern, während nach Norden mit Leese bereits ein ehemaliger Angrivarierort anschließt. Der sächsische Thingplatz Marclo lag in unmittelbarer Nähe des ehemaligen Schlachtfeldes am Angrivarierwall.

Den entscheidenden Tip für den Ort des Thingplatzes von Marclo erhielt der Verfasser von dem befreundeten Heimatforscher Konrad Wiebking, Loccum, der auch gleich die alte Klosterkarte von Loccum (vermutlich aus dem 16. Jahrhundert) mitlieferte.

Das Wort ›Marclo‹ bedeutet soviel wie ›Grenzwald‹. Dieser Grenzwald von Loccum könnte als bereits genannte Grenze der Stammesgebiete der Angrivarier und Cherusker angesehen werden.

Diese alte Klosterkarte zeigt den schon im Mittelalter wüst gewordenen Ort Marslo südwestlich vom heutigen Leese, zu dem offensichtlich auch Marsbergen mit dem Clusberg gehörte.

Am Fuße des Clusberges stand einst eine mittelalterliche Kirche, die auf der alten Karte noch verzeichnet ist. Eine solche Kirche in abgelegener Gegend kann nur den Sinn haben, einen wichtigen heidnischen Kultort zu christianisieren oder zu ›entheidnischen‹, vom Heidentum zu reinigen.

Die Topographie des Clusberges drängt geradezu den Eindruck der sächischen Kultstätte, des Thingplatzes, auf. Dazu kommt der strategische Vorteil für einen Versammlungsort für Tausende von sächsischen Abgeordneten zu Pferde. Wo sollten sie sich anders treffen als auf trockenem, sandigem Boden an einer guten Quelle?

Die Dünenhöhe des Clusberges bietet also Sand, aber auch eine hervorragende, perennierende Quelle, die selbst in trockensten Sommern nicht versiegt. Sie schüttet Wasser in einer Menge, die sofort einen kräftigen Bach entstehen läßt und die Trinkwasserversorgung für mehrere Tausend Menschen und Pferde sicherstellt.

Ein großer Stein mit viereckigen Vertiefungen (Entheidnischung?) erinnert an den sächsischen Opferstein von Sythen. Nicht weit von diesem ›Opferstein‹ befindet sich ein künstlich aufgeworfener Hügel mit einer ovalen Plattform von etwa 100 Quadratmetern Größe, wie geschaffen, als Rednerhügel oder für eine Runde Recht sprechender Männer zu dienen. Dieser künstliche Hügel erinnert an zeitgenössische Berichte von sächsischen Thingplätzen, die von einer Anhöhe für den Anführer sprechen.

Zur Zeit des Nationalsozialismus wurde der damals unbekannte Ort des Thingplatzes von Marklo kurzerhand in den Ort Lohe linksseitig der Weser verlegt, der dann zu ›Marklohe‹ umgetauft wurde. Lohe hat jedoch selbst im frühen Mittelalter immer Lohe geheißen und war schon zu Zeiten der Christianisierung durch Karl den Großen ein Archidiakonatsplatz eben mit dem Namen ›Lohe‹. Selbstverständlich wird heute auf der Grundlage dieser voreiligen geschichtlichen Deutung das einstige Lohe als Ort des ehemaligen sächsischen Thingplatzes von Marclo angesehen. Der Verfasser wird mit der Umbenennung von Lohe unangenehm an die beharrliche Verlegung des Varusschlachtfeldes nach Kalkriese erinnert, die durch keinen einzigen zwingenden wissenschaftlichen Beweis bestätigt werden kann.

Es gibt weitere Beispiele für die Langlebigkeit falscher Auffassungen von historischen Dimensionen, beispielsweise jene Fehlvorstellungen über Körperbau, Psyche und Lebensvollzug des Neandertalers bis in die heutige Zeit hinein, nur weil einige bedeutende Wissenschaftler des 19. Jahrhunderts diese in die Welt gesetzt hatten (vgl. Rolf Bökemeier, *Unsere Wiege in der Eiszeit,* KULT-UR-INSTITUT, Bettendorf 1998).

Weiter ist zum Beispiel nicht zu begreifen, weshalb die führenden Historiker immer noch nicht ihre seit Heinz Ritter veralteten, überholten Auffassungen in der Nibelungenforschung über Bord geworfen haben. Vermutlich wird man auch noch während des ganzen 21. Jahrhunderts von dem Nibelungenzug ins Hunnenland nach Ungarn sprechen. Nichts scheint langlebiger als falsche Geschichtsauffassungen zu sein.

Immerhin: Historische Fehlinterpretationen haben schon öfter schützende Wirkung gehabt, indem sie von dem eigentlichen Ort des Geschehens, zumindest zeitweilig, ablenkten. So hat auch der Clusberg ganz seinen Reiz als alter sächsischer Thingplatz erhalten können.

Es gibt aber noch einen weiteren Hinweis auf den alten Thingplatz von Marclo. Wieder gibt ihn Lebuin in seiner Rede an die versammelten Sachsen:

»Ein König von der Art, wie Ihr ihn nicht habt, wird jener König sein. Wenn Ihr also nicht wollt, daß das [die Bekehrung] geschieht, kündigt er Euch dies an: Es ist Euch im Nachbarland ein König bereitet, der in Euer Land eindringen, rauben und verwüsten, Eure Besitzungen denen übergeben wird, die er aussuchen wird, Euch ins Exil führen, enterben und töten wird, ihm werden Ihr und Eure Nachkommen unterworfen sein.«

Welcher Teufel den Missionar Lebuin geritten haben mag, derartige Drohungen für richtig zu halten, ist unerfindlich. Er hatte ja nicht alte Menschen vor sich, sondern die besten Stammeskrieger. Die Reaktion der Sachsen ist denn auch entsprechend. Voller Wut rennen sie zum »benachbarten Graben und ziehen die Pfähle heraus, um sie anzuspitzen und Lebuin nach ihrer Art zu strafen«.

Lebuin wurde aus dieser bedrohlichen Situation wie durch ein Wunder errettet. Dem Sprecher der Stammesversammlung, Buto, gelang es, seine Stammesangehörigen zu besänftigen: »Man könne nicht dort, wo man Gesandte der Normannen, Slaven, Friesen und anderer Völker empfange, den Boten Gottes verfolgen.«

Den Hinweis in der *Vita Lebuini* auf die Pfähle und den Graben kann man damit auslegen, daß der Thingplatz von einem Graben mit einem Palisadenzaun umgeben war. Und derartige Grabenreste sind da. Genau dort, wo er sein müßte, um den Thingplatz zu schützen, ist der Graben im westlichen Teil des Geländes erhalten, während der östliche Teil durch Wege- und Kirchenbau zerstört ist. Aber auf den russischen Satellitenbildern ist der Umfang des ehemaligen Thingplatzes deutlich als vollständiger dunkler Kreis auf dem Clusberg vom heutigen Ort Wasserstraße/Loccum zu erkennen.

Wenn auch Lebuins Versuch der Sachsenmissionierung fehlschlug, die folgenden Kriege mit den Franken führten am Ende des 8. Jahrhunderts n. Chr. zur Unterwerfung der Sachsen. Lebuins Ankündigung des für die Sachsen furchtbaren Königs sollte in Erfüllung gehen.

Die Annahme des Christentums bei den besiegten Sachsen läßt sich an der Änderung der Bestattungssitten auf dem Friedhof von Liebenau deutlich ablesen.

Dennoch ist trotz aller Christianisierungsbemühungen immer noch altes ›heidnisches‹ Brauchtum bis heute erhalten geblieben. Es sei an die gekreuzten Pferdeköpfe über den sächsischen Bauernhäusern erinnert, die noch heute auf alten niedersächsischen Höfen zu sehen sind.

So wie der sächsische Friedhof von Liebenau eine Siedlungskonstanz bis heute angezeigt hat, so wird diese durch die Brauchtumskonstanz unserer germanischen Vorfahren bis in unsere Tage bestätigt.

Pontius Pilatus, Jesus Christus und die Varusschlacht

»Gelitten unter Pontius Pilatus, gekreuzigt, wieder auferstanden.«

Christen kennen diese Worte und haben dabei einen brutalen römischen Statthalter vor Augen, der Jesus kreuzigen ließ.

Daß mit diesem Bild gleich zwei Fehlvorstellungen verbunden sind, wird sich der Gläubige nicht vorstellen können. Erst recht nicht, daß Pontius Pilatus auch noch etwas mit der Varusschlacht zu tun hätte.

Daß dem aber so ist, wissen wir seit 1991, seit der Verlag Hoffmann und Campe den Briefwechsel des Pontius Pilatus veröffentlicht hat Jörg von Uthmann, *Pontius Pilatus. Briefwechsel,* Hoffmann und Campe, Hamburg 1991). Dieser Briefwechsel wurde vom Statthalter Israels und Syriens mit Kaiser Tiberius und anderen Personen in den Jahren 26–36 n. Chr. von der erst 50 Jahre vorher gegründeten Stadt Caesarea in Judäa aus geführt.

Die Briefe selbst sind Abschriften, die offensichtlich vom dritten Kalifen Uthmān ibn Affān vor 656 n. Chr. veranlaßt worden sind. Diese Briefe sind von einem Nachkommen dieses Kalifen 1229 im Gefolge Friedrichs II. nach Sachsen gekommen. Dessen Nachkommenschaft, die Familie von Uthmann, hat seither die erregenden Dokumente in Besitz gehabt. Erst jetzt entschloß sich Jörg von Uthmann, diese Briefe mit ihrem brisanten Inhalt zu veröffentlichen.

Zunächst ist zu bemerken, daß sich aus den Briefen durchaus nicht ein brutaler Praefekt (er war kein Statthalter, dieser lebte in Rom) offenbart, etwa wie es sein Vorgänger Varus gewesen ist, der »Tausende von Juden ans Kreuz schlagen ließ oder in die Sklaverei verkaufte« (Brief V), sondern daß sich ein Befehlshaber mit menschlichen Zügen, mit »römischer Weitherzigkeit in Glaubensfragen« darstellt (Brief II). Sein germanischer Ordonnanzoffizier Hildemund ist der Auffassung, daß sein Vorgesetzter »es anders machen will als Varus«. Er ist fest davon überzeugt, daß Pontius Pilatus »mit seiner Milde bisher gut gefahren ist« (Brief V).

Es gibt viele weitere Beispiele dafür, daß der römische Praefekt stets versuchte, zwischen den streitenden Parteien im besetzten Land auszugleichen. Hat man die vielen Streitigkeiten bei den Pharisäern, Zeloten, Samaritern, Sadduzäern vernommen, so erklärt sich die resignierte Klage des Pilatus am Ende seiner Herrschaft im Judenland, daß die Juden »eine unnachahmliche Gabe hätten, anderen auf die Nerven zu fallen« (Brief XXXII aus dem Jahre 36 n. Chr.).

Nun aber zu der ›Brisanz‹ in den Briefen:

Beinahe beiläufig wird über die großen Schwierigkeiten berichtet, die die Aufstände im Gefolge dreier Wanderprediger mit sich brächten. Simon, Judas und Jesus hätten viel Volk auf ihrer Seite, während die Konservativen und Besitzenden unter den Juden diese bekämpften. Von diesen drei durch das Synedrium (aus 70 Mitgliedern bestehendes höchstes jüdisches Gremium) zum Tode durch Kreuzigen verurteilten Predigern habe er Jesus nach Damaskus ausweisen müssen, während er die Todesurteile für Judas und Simon bestätigt habe (Briefe XXIV und XXVI aus dem Jahre 33 n. Chr.). Im Brief XXX vom Februar 35 n. Chr. erfolgt dann die lapidare Feststellung, daß Jesus vor einigen Monaten gestorben sei.

Demnach ist Jesus im Jahre 33 n. Chr. nicht gekreuzigt worden. Statt dessen erlitten Simon und Judas diesen grausamen Opfertod. Der Germane Hildemund bestätigt die Aussagen seines Herrn Pontius Pilatus in seinem Brief (XXIII) an seinen Bruder Harigast, der selbst zur Wache des Tiberius auf Capri gehörte. Er berichtet von dem Aufruhr im Volk, aber auch von den langen Gesprächen, die sein Herr mit dem zum Tode verurteilten Jesus geführt habe, ehe er ihn schließlich »nach Syrien verbannt« habe. »Als die anderen beiden [Judas und Simon] hingerichtet wurden, war Jerusalem schon wieder ganz ruhig.«

Wie die Kirche mit diesen Aussagen umgeht, sollte hier nicht Gegenstand unserer Betrachtungen sein. Auch wen in es reizvoll wäre, darüber nachzudenken, ob die Christenlehre auch ohne Kreuzigung Jesu und seine Auferstehung bestehen kann, sollten wir es mit dem Papst (Gregor IX.) halten, in dessen Dekretalen verkündet wird, daß »es besser sei, Anstoß zu erregen, als die Wahrheit zu unterdrücken« (S. 9 der Publikation von J. von Uthmann).

Diese erregenden Briefe hätten wir jedoch nicht erhalten, wenn denn die Aussage des Velleius Paterculus über die Varusschlacht (II/119) richtig gewesen wäre. Er hatte nämlich behauptet, »alle Krieger seien bis auf den letzten Mann niedergemetzelt worden«.

Dann wäre aber Pontius Pilatus ebenfalls umgekommen, denn dieser schreibt in seinem Brief (X) an seine Geliebte, die Prinzessin Salome: »Ich habe die Varusschlacht überlebt. . .« Mehrfach erzählt er über seine Garnisonzeiten in Mogontiacum (Mainz) im regennassen Germanien. Auch seine Kämpfe gegen Brukterer, Chatten, Tubanten und Usipeter werden indirekt erwähnt.

Daß es Überlebende in der Varusschlacht gegeben hat, wissen wir nicht nur durch die Berichte der antiken Historiker über die Flüchtlinge von Aliso, sondern schließlich auch von Seneca in seinem 47. Brief:

> »Durch des Varus Niederlage sind viele aus den höchsten Ständen, die den Kriegsdienst als die Vorstufe zum Senatorenstande betrachteten, vom Schicksal zu Boden geschmettert worden. Den einen machte es zum Hirten, den anderen zum Haussklaven [bei den Germanen].«

Cassius Dio (56/22/4) bestätigt diese Aussagen Senecas:

> »Einige der Gefangenen wurden später von ihren Angehörigen losgekauft und konnten so Germanien verlassen, aber nur unter der Bedingung, daß sie außerhalb Italiens lebten.«

Es ist schade, daß uns Pontius Pilatus in seinen Briefen nicht mitteilt, ob er zu den Losgekauften gehörte oder ob es ihm gelang, sich zusammen mit anderen Flüchtlingen über Aliso an den Rhein zu retten.

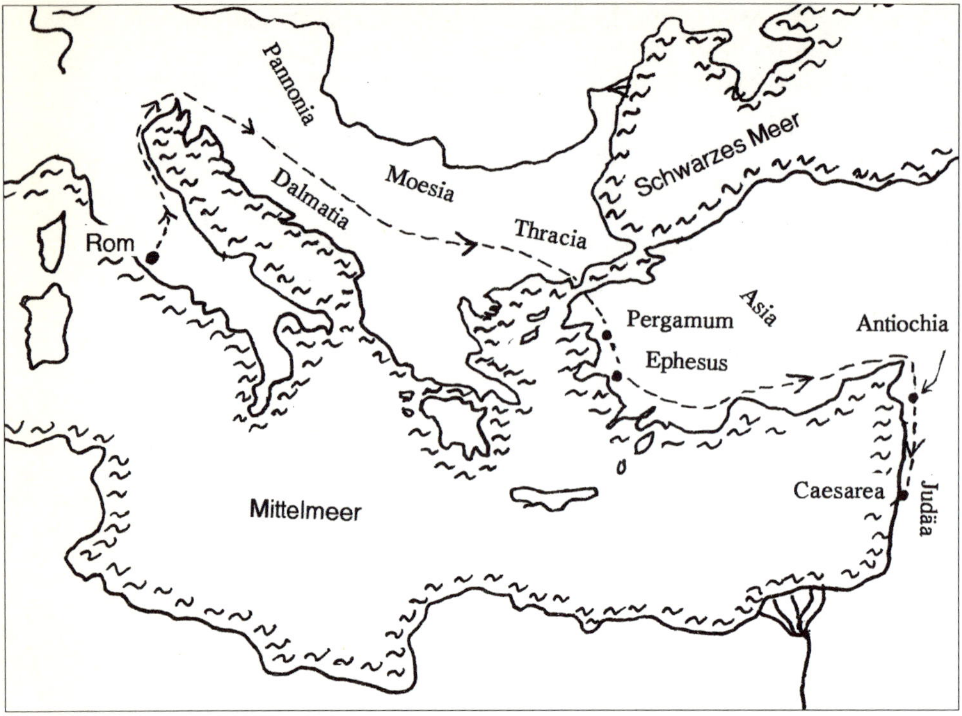

Abb. 95: Weg der Reisegruppe des Pontius Pilatus von Rom aus bis nach Caesarea in Judäa. Weg der Reisegruppe des Pontius Pilatus von Rom aus über Norditalien, über Dalmatien, Moesien, Macedonien, Thracien, Asien, Syrien bis nach Caesarea in Judäa. In Dalmatien gab es die Möglichkeit, an der Küste entlang oder aber durch das Landesinnere die Save abwärts zu ziehen, wobei man durch allein vier Legionslagerorte, u. a. durch Singidunum, das heutige Belgrad, kam. Die römische Straße an der Save war als Hauptstraße am besten ausgebaut. Es mußten auch keine großen Gebirgsüberquerungen unternommen werden. Alles spricht für diesen Weg.

In der römischen Provinz Asia, der heutigen Türkei, gab es dann die Aufenthalte in Pergamum und Ephesus, der strahlenden großen Provinzhauptstadt. An der letzten Wegstrecke lag dann die Hauptstadt der römischen Provinz Syrien, Antiochia. Dort residierte dann anfangs der dreißiger Jahre n. Chr. der römische Statthalter Pomponius Flaccus, dem Pontius Pilatus als Präfekt von Judäa untergeordnet war.

Hildemund und Harigast germanische Auxiliaroffiziere

Caesarea, 2636 n. Chr.

Aus den fiktiven Briefen des Hildemund, Adjutant und Anführer von weiteren sechs germanischen ›Praetorianern‹ der Schutzwache des Pontius Pilatus, an seinen Bruder Harigast, Leibwächter des Kaisers Tiberius auf Capri.

Der Inhalt der folgenden fiktiven Briefe ist aus dem tatsächlichen Briefverkehr des Pontius Pilatus mit fünf Personen zusammengestellt und erschlossen worden, worunter sich drei Briefe von Hildemund und Harigast befinden. Die beiden Brüder aus dem Chattenland sind geschichtliche, reale Personen.

1. Brief im Dezember 26 n. Chr.:

Fünfundfünfzig Tage sind es jetzt her, daß wir Rom verlassen haben. Endlich sind wir nach den anstrengenden Ritten über Dalmatia, Thracia, Asia in Caesarea in unserer Provinz Syrien angekommen. Es wäre ja viel leichter gewesen, über das Meer zu segeln, aber ab 10. November bis zum 10. März ruht jedes Jahr der Schiffsverkehr. Wir konnten aber nicht bis März warten, um hier die Provinz zu ordnen. Der echte Statthalter läßt es sich in Rom gut gehen, während mein Chef [Pontius Pilatus] als Praefekt dessen schwere Aufgaben im unruhigen Syrien wahrnehmen muß.

Die Reise war anstrengend, aber wir haben viel gesehen und erlebt. In Pergamum mußte der Chef natürlich im heiligen Brunnen baden. Charikles, der Leibarzt von Tiberius, hatte es ihm empfohlen. Er hat nämlich immer noch Rheumaschmerzen, die er sich während unserer gemeinsamen Lagerzeit in Mogontiacum [Mainz] zugezogen hat. Er schiebt seine Beschwerden auf den Regen und die Kälte in unserem schönen Heimatland.

In Ilium sind wir auch gewesen. Du weißt doch, in der Höhle soll Paris sein berühmtes Urteil gesprochen haben. Die Chefin Procula fand die Höhle viel zu dunkel und meinte, sie wüßte jetzt, weshalb Paris der Venus den Apfel gegeben hätte.

Stell Dir vor, in Ephesus waren wir zu Gast bei Aemilius Lepidus, der ja gerade Statthalter von Asia geworden ist. Für mich war es aber ziemlich lästig. . . Sie haben alle noch keinen rotblonden Germanen gesehen. . .

Auch Drusus, der achtzehnjährige Sohn der Agrippina und jetzt schon Schwiegersohn des Aemilius, war zu Besuch. Ich glaube, er und sein Bruder Gajus [der spätere Kaiser Caligula] fühlen sich jetzt schon als Kaiser, obwohl Tiberius noch guter Gesundheit ist. Du schriebst mir ja erst kürzlich, daß Tiberius große Saufgelage abhält und die Leute ihn schon ›Biberius‹ [von *bibere* = trinken] nennen.

Aus den Reden des Drusus geht hervor, daß das Verhältnis seiner Mutter Agrippina mit Tiberius noch schlechter geworden ist. Sie scheint ihn zu beschuldigen, daß er sie vergiften will. Es ist empörend; sie werfen sogar Tiberius vor, er hätte Germanicus vergiftet.

Ich denke, in den nächsten Wochen haben wir viel zu tun. Der Chef will zu den Oberpriestern der Juden und Samariter Kaiphas und Ithamar Kontakte knüpfen, um die Unruhen zu besänftigen. König Herodes muß zufrieden gestellt werden. Er will das alte jüdische Reich von 750 [4 v. Chr.] wieder hergestellt haben. Den größten Aufstand haben die Zeloten gemacht. Sie wollten keine Steuern zahlen.

2. Brief im Sommer 27 n. Chr. von Caesarea nach Capri wurde mit ähnlichem Inhalt tatsächlich geschrieben. Wörtliche Aussagen in der Übersetzung von Jörg von Uthmann in Parenthese:

Eigentlich ist das hier in Caesarea ein schönes, bequemes Leben. Trotzdem fehlen mir oft unsere gemeinsamen Stunden auf dem Feldzug oder am Lagerfeuer. Weißt Du noch, welche tollen Reiterattacken wir geritten sind, um die »Häduer

Abb. F/10: *(zu Seite 196 f.).* Vermutliches Gelände des ehemaligen Schlachtfeldes von Idistaviso, von der Mittelterrasse von Krückeberg aus gesehen, den damals nach Tacitus mit »Hochwald bestandenen Höhen, von denen sich die Cherusker 16 n. Chr. vorzeitig auf das Germanicusheer herabstürzten«.

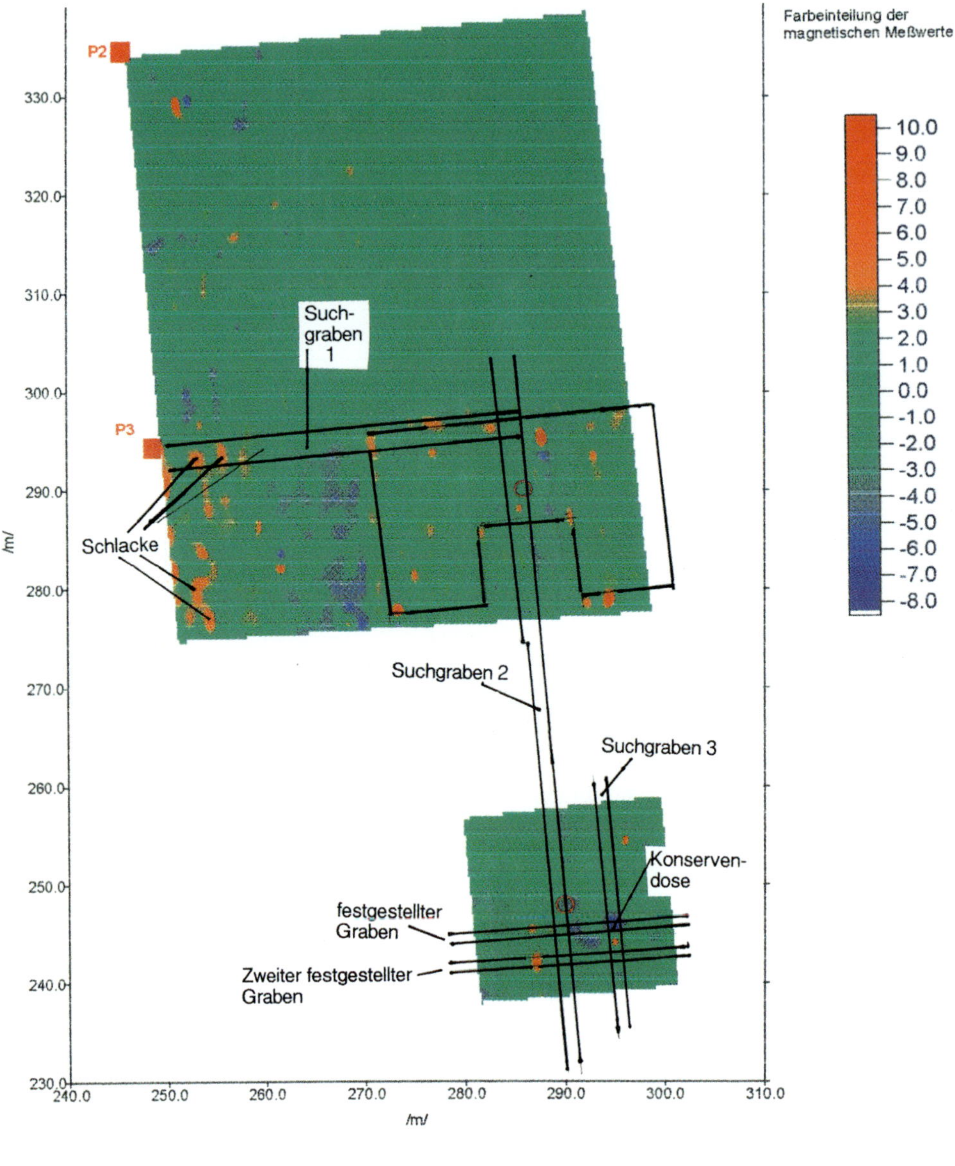

Abb. F/11: *(zu den Seiten 294 ff.).* Magnetogramm von der Fläche mit Umrißresten eines Flügelgebäudes.

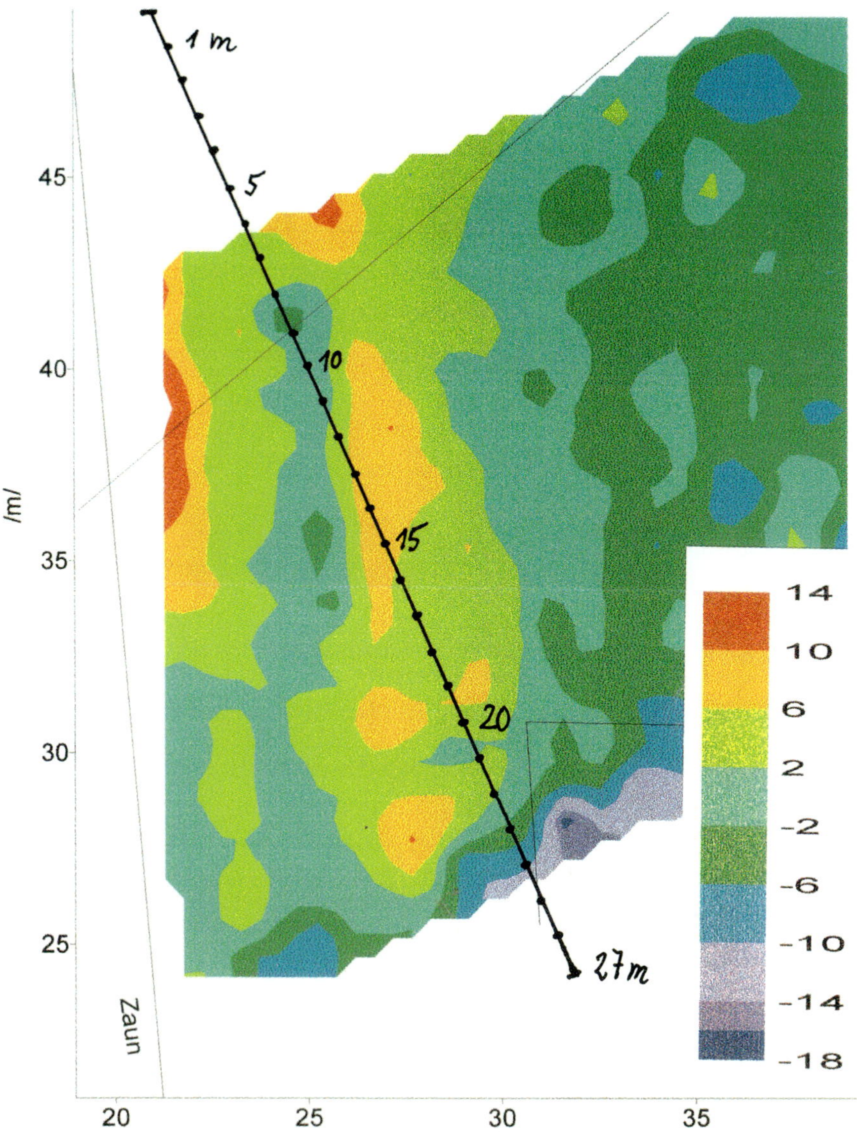

Abb. F/12: *(zu den Seiten 294 ff.).* Magnetogramm über der hier diagonal verlaufenden Meßachse (schwarze Linie mit Meßpunkt für die Elektroden) für die Geoelektrikmessung für das in **Abb. 119,** S. 294dargestellte Elektrogramm. Die rechts unten dargestellte Farbskala gibt die Abweichungen in Nano Tesla (nT) gegenüber den Erdmagnetfeldwerten an. Erst Abweichungen über +6 und unter –6 nT weisen auf Anomalien möglicherweise anthropogener Ursache hin. Die gelbroten Anomalien lassen sich hier möglicherweise auf vorgeschichtliche Eisengewinnung zurückführen (Schlackenreste).

Abb. F/13 – F/14: *(zu den Seite 308 u. 323)*. Ackergelände ›Auf den Windhaufen‹ von Stapelage

Oben: Hinter dem Bachtal mit den blühenden Bäumen von Stapelage befindet sich das weitere mögliche römische Lagergelände ›Eschenbrede‹, das durch einen Pfeil gekennzeichnet ist.

Unten: Blick vom Ackergelände ›Auf den Windhaufen‹ nach Osten auf den wahrscheinlichen ›Campus‹, das zentrale Varusschlachtfeld. Im Hintergrund die Grotenburg/Teutoburg mit dem Hermannsdenkmal.

Abb. F/15: *(zu Seite 312).* Dieses Gelände (von Westen nach Osten fotographiert) wird durch Doppellinienstrukturen auf englischen Luftbildern als ein mögliches polygonales Lagergelände der Armee des Germanicus angezeigt. Das weitgehend ebene Gelände direkt unterhalb des Tönsberges wird in der Mitte durch einen Nachlauf durchzogen, dessen Ufergebüsch sich horizontal in der Bildmitte erstreckt. Dort ist also die vermutliche Lagermitte gewesen. Im Hintergrund liegt Währentrup.

Abb. F/16: *(zu Seite 141).* Blick auf den nördlichen Teil des Südfeldes von Hörste, auf dem die Sondagegrabung nach den Doppelgräben eines vermutlichen Römerlagers (*Kreuz*) stattfand. Im Hintergrund (*Bildmitte*) ist die breite Dörenschlucht zu sehen. Im Vordergrund liegen die Häuser des Ostteils von Hörste/Lage.

Abb. F/17: *(zu den Seiten 50 u. 323).* Blick vor der Hörster Egge auf die Hauptkette des Teutoburger Waldes mit den beiden Taleinschnitten der Stapelager Schlucht (S) und der Wistinghäuser Schlucht (W). Im Bildmittelpunkt liegt das günstige Lagergelände ›Auf den Windhaufen‹ von Stapelage/Lage (Kreuz). Das große Gebäude ebenfalls in der Bildmitte gehört zum kirchlichen Tagungszentrum Stapelage. Der Blick richtet sich nach Südwesten.

Abb. F/18: *(zu den Seiten 55, 197, 3321).* Der Hohenstein-Felsen bei Hessisch Oldendorf, zur Cheruskerzeit vermutlich die Götterburg Walhall mit vorstehender Kanzel – heute ›Teufelskanzel‹ des Donars (Thors), der von dort die Blitze schleuderte; darunter liegend, das Gelände des ehemaligen ›Herculeshains‹.

und Turonen das Laufen zu lehren« [im Jahre 21 n. Chr.]?

Mein Chef hat sich vorgenommen, alles besser zu machen als sein grausamer Vorgänger Varus. »Derselbe, dem wir im Teutoburger Wald gezeigt haben, was eine Harke ist [Cui monstravimus rastellum]. . . Manchmal frage ich mich, ob es nicht ein Fehler war, daß wir die Römer daran gehindert haben, auch die Cherusker und Sachsen zu zivilisieren.« Du weißt, wie ich das meine. Wir haben zunächst richtig gehandelt, um den Cheruskern bei ihrem Kampf gegen den tributgierigen, grausamen Varus zu helfen. Später, nachdem Tiberius vor zehn Jahren die römischen Feldzüge gegen Germanien abgeblasen hatte, war es für uns Haudegen schon richtig, in römische Dienste zu gehen. So konnten wir ja unser geliebtes Soldatenleben weiterführen und haben die ganzen Vorzüge der römischen Zivilisation in vollen Zügen genießen dürfen.

»Die Leute sind uns in vielem ähnlich. . . Die Frauen mögen das rote Haar übrigens ausgesprochen gern. Dabei fällt mir ein: Mein Vorrat an saipon [rote Haarpaste] geht zu Ende. Könntest Du mir, wenn Du das nächste Mal nach Hause fährst, aus Aquae Mattiacae [Wiesbaden] zwei oder drei Näpfe besorgen?«

3. Brief aus dem Herbst 28 n. Chr. ist eine mögliche Antwort auf einen tatsächlich geschriebenen Brief des Bruders Harigast aus Capri aus dem Sommer 28 n. Chr. Ein derartiger Brief ist wahrscheinlich, aber nicht erhalten:

Du hast es ja sehr gut. Du schriebst, daß Du mit den anderen Leibwächtern aus den Stämmen der Ubier, Bataver und Sugambrer meist am Strand von Capri liegst und immer nur sechs Stunden wachen mußt. So leicht habe ich es nicht. Ich bin meist den ganzen Tag mit meinem Chef zusammen. Dafür wird es nie langweilig, denn wir haben ständig mit den Pharisäern, Celoten, Wanderpredigern und aufgebrachtem Volk zu tun. Die Orgien von Tiberius gefallen mir nicht. Wie oft haben wir in unserer Heimat vor solch einem liederlichen, die Manneskraft zerstörenden Leben gewarnt! Du hast recht: »Ve demo in finstri scal puazzan sino sunta smachtan in hel.« [»Wehe dem, (der) im Finstern seine Sünden büßen (und) in Hel schmachten muß.« (Übersetzung des vorgenannten ältesten in germanischer Sprache erhalten gebliebenen Sätzes durch Jörg von Uthmann.)]

4. **Brief im April 33 n. Chr.** an Harigast auf Capri:

Stell Dir vor, Tante Grimgerde aus Cambodunum [Kempten] hat geschrieben und uns beide aufgefordert, für den erschlagenen Onkel Willibald Blutrache zu üben. Es sei beim Tanz um das Sonnenwendfeuer geschehen, und wir wären die nächsten Schwertmagen und hätten jetzt zu handeln.

Ich glaube aber, wir sollten dieses Ansinnen ablehnen und das Wergeld des Mörders annehmen. »Da der Onkel nicht mehr der jüngste war, werden wir kaum mehr als zwanzig Rinder verlangen können.«

Hier in Judäa gab es große Unruhen. Hier gibt es nämlich das »Gegenstück zu unserer Albruna« [Germanische Seherin, die nach Tacitus, *Germania* VIII, göttliche Verehrung genoß], den Wanderprediger Jesus, dem sich noch Judas und Simon hinzugesellen. Alle drei wurden von den Oberpriestern der Juden zum Tode verurteilt. Mein Chef hat aber nur die Urteile für Simon und Judas bestätigen und vollstrecken lassen. Mit Jesus hat er sich stundenlang unterhalten und ihn dann anschließend in die Verbannung nach Damaskus geschickt.

Stell Dir vor, Jesus wollte uns weismachen, »daß auch die Armen nach Walhall kommen, ja, daß es ihnen nach dem Tode besser geht als den Reichen. Ein Satz hat mich fast umgehauen. Er heißt: Die Letzten werden die Ersten sein«. Glaubst Du solch einen Unsinn?

»Mein Chef wollte von den ›republikanischen Zuständen im Jenseits‹, wie er sie nannte, nichts wissen. Er hat Jesus deutlich, aber höflich widersprochen. Das wäre ja noch schöner, wenn wir die Walküren mit dem ungedienten Pack teilen müßten.«

5. Fiktiver Brief des Hildemund auf der Grundlage von Aussagen des Pontius Pilatus an seine Briefpartner in Rom.

Du glaubst es nicht. Der Chef hat von Tiberius seinen so ersehnten Abschied bekommen. Wir werden nach Rom zurückkehren. Er hat genug von den schwierigen Juden, die nach seiner Meinung genau so schwierig wie die Germanen sind. Es ist nämlich nach dem Tode des Jesus, der sich nach Pomponius Flaccus [Statthalter von Syrien, Vorgesetzter des Pontius Pilatus] die ganze Zeit in Damaskus »ruhig verhalten hat«, im Volke das Gerücht aufgekommen, Jesus sei am Kreuz gestorben und wiederauferstanden.

Aber Du weißt ja, wie derartige Gerüchte entstehen. Glauben doch auch viele, auch Augustus sei wieder auferstanden. Ich glaube aber auch, daß bestimmte Leute dieses Gerücht schüren, um Geld machen zu können. Sie verkaufen »zu stattlichen Preisen Splitter des bewußten Kreuzes«.

Ich freue mich, auf die Rückkehr nach Rom. Wir werden uns dort gewiß bald wiedersehen.

Aus dem Originalbriefverkehr des Pontius Pilatus und seines Adjutanten Hildemund mit verschiedenen Partnern ersteht neben dem Bild über die Vorgänge in Judäa, Rom und auf Capri auch das über die Gedankenwelt zweier junger Chatten. Eigentlich gehören sie jedoch zu einem Stamm, der sich von den Chatten abspaltete, nämlich dem kleineren Stamm der Mattiaker, deren Hauptsiedlungsgebiet um die Civitas Aquae Mattiacae, dem heutigen Wiesbaden, lag. (s. Abb. S. 260)

Die Mattiaker wurden früh von den Römern unterworfen und gehörten über lange Zeit hinweg zu ihren treuesten Bundesgenossen. Da andererseits die beiden jungen Mattiaker Hildemund und Hildegast auf der Seite des Arminius gegen die Varuslegionäre kämpften, lassen sich jetzt einige Gedankenkombinationen anstellen.

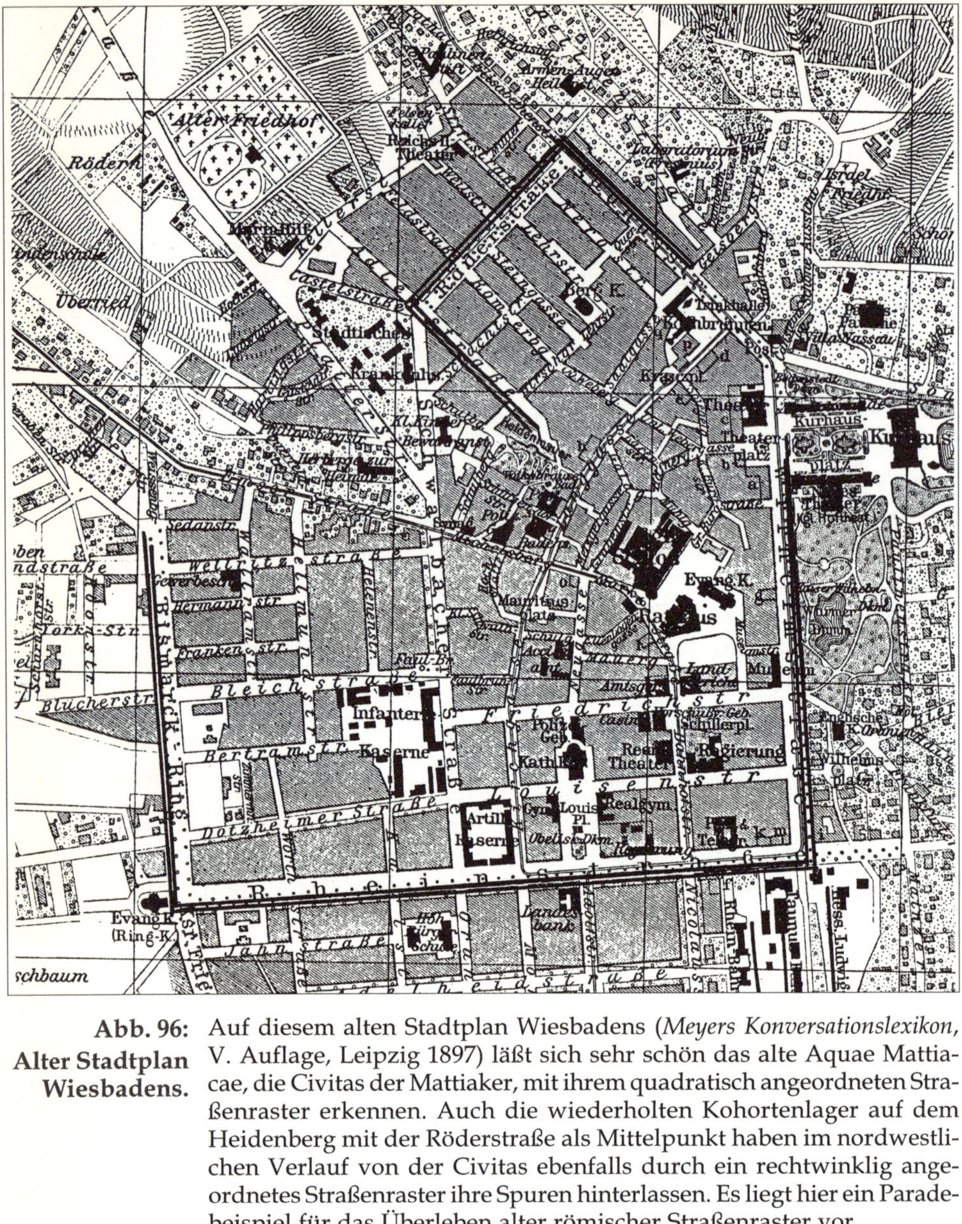

Abb. 96: Alter Stadtplan Wiesbadens. Auf diesem alten Stadtplan Wiesbadens (*Meyers Konversationslexikon*, V. Auflage, Leipzig 1897) läßt sich sehr schön das alte Aquae Mattiacae, die Civitas der Mattiaker, mit ihrem quadratisch angeordneten Straßenraster erkennen. Auch die wiederholten Kohortenlager auf dem Heidenberg mit der Röderstraße als Mittelpunkt haben im nordwestlichen Verlauf von der Civitas ebenfalls durch ein rechtwinklig angeordnetes Straßenraster ihre Spuren hinterlassen. Es liegt hier ein Paradebeispiel für das Überleben alter römischer Straßenraster vor.

Zunächst einmal haben nur die Chatten, nicht aber die Mattiaker auf seiten der Cherusker gegen die Varusarmee mitgekämpft. Offensichtlich sind das die nördlichen Chatten aus dem Bereich des Eggegebirges gewesen, deren Wohngebiete nahezu an das Schlachtfeld angrenzten. Auszuscheiden wären die südlichen Chatten aus der Wetterau und der Nähe von Wiesbaden (s. Abb. vorstehende Seite).

Sie hätten wegen der großen Entfernung nicht rechtzeitig zum Kampfplatz kommen können.

Wenn die beiden Mattiaker trotzdem an der Schlacht teilnahmen, ist das nur dadurch erklärbar, daß sie Angehörige einer mattiakischen Kohorte oder Ale, also Hilfstruppen, waren, die sich auf die Seite des Arminius geschlagen hatten. Da sich bei den Legionen des Varus sechs Kohorten und drei Alen Hilfstruppen befanden, ist tatsächlich anzunehmen, daß es Arminius gelang, das ganze germanische Hilfstruppenkorps auf seine Seite zu ziehen. Somit wäre der Anfangskampf gegen die Varusarmee zunächst überwiegend durch die Hilfstruppen geführt worden. Erst nach der Eröffnung des Kampfes wären dann in entscheidendem Maße Kampfgruppen der benachbarten Brukterer, Marser und Chatten nachgeströmt.

Die beiden Mattiaker Hildemund und Hildegast sind möglicherweise schon unter Tiberius am Beginn der römischen Rachefeldzüge im Jahre 14 n. Chr., also fünf Jahre nach der Varusschlacht, Reiter in einer neu aufgestellten Ale auf der Seite der Römer gewesen. Das zivile Leben in ihrer Heimat Aquae Mattiacae in engem Kontakt mit der römischen Besatzung und mit den glänzenden Aufstiegschancen im römischen Heer wird zu dieser Umkehr beigetragen haben.

Wichtig für das nun zu beendigende Buch ist sowohl die Feststellung des Pontius Pilatus, daß er die Schlacht im Teutoburger Wald überlebt habe, als auch die des Hildemund, daß er mit seinem Bruder zusammen im Teutoburger Wald gegen Varus gekämpft habe. Wir haben damit über das bisher einzige Zeugnis über den Ort der Varusschlacht durch Tacitus hinaus hier die Bestätigung, daß diese Entscheidungsschlacht wirklich im Teutoburger Wald stattgefunden hat.

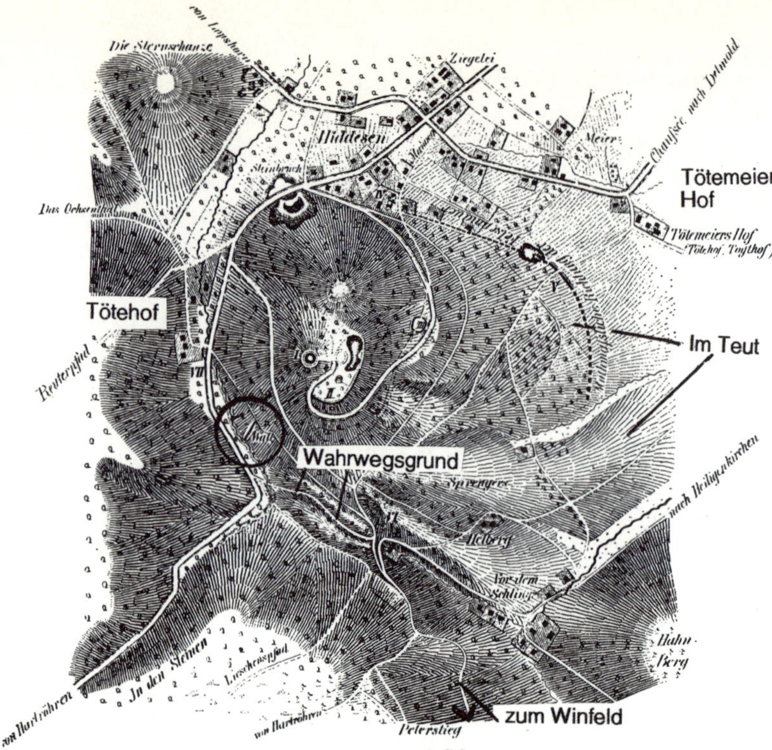

Abb. 97: Grotenburg/ Teutoburg mit Umgebung nach Ludwig Hölzermann (*Lokaluntersuchungen, die Kriege der Römer betreffend,* Münster 1878)

Erklärung der Zahlen.

I. Das Hermanns Denkmal. — *II. Der grosse Hünenring.*
III. Der kleine Hünenring. — *IV. Warthügel und Quelle.*
V. Letzte Reste der Felsenmauer. — *VI. Die Spreckenburg.*
VII. Der Tötehof im Heidenthale.

Nach dieser Zeichnung von der Grotenburg/Teutoburg mit dem anliegenden Teutoburger Wald gab es im Heidental (VII, linker Bildrand, Mitte) den Tötehof und oben rechts den Tötemeiers Hof (Tötehof, Toythof), der heute ›Teutehof‹ heißt. Die Bezeichnung ›Im Teut‹ wird noch heute im Volksmund benutzt und wurde vom Verfasser hinzugefügt.

Innerhalb des eingezeichneten Kreises liegt ein Sperrwall, den Hölzermann noch 1878 vorgefunden hat. Nicht weit südlich davon beginnt der Wahrweg und der Wahrwegsgrund. Diese Namen könnten durchaus von Varus abgeleitet worden sein (Varusweg).

Der von Hölzermann als »Großer Hünenring« bezeichnete Wall umschloß zur Cheruskerzeit die Volksburg mit etwa 11 ha Größe. Sie hieß mit allergrößter Sicherheit damals ›Teutoburg‹. Mitten darin steht heute das Hermannsdenkmal. Bei seinem Bau wurden viele Reste dieser ehemaligen Burganlage zerstört.

1822 schrieb der damalige langjährige Detmolder Archivar Christian Gottlieb Clostermeier (*Wo Hermann den Varus schlug*, Meyersche Hofbuchhandlung, Lemgo 1822) über die Teutoburg/Grotenburg, daß der Berg »nach klaren archivalischen Nachrichten im 16. Jahrhundert noch Teut hieß und daß eben deswegen der am Fuße desselben liegende Meyerhof der Teuthof und der Besitzer desselben Teutemeyer genannt wird«.

Die Römer nannten die Burg auf dem Teut die ›Teutoburg‹ und den diese Burg umgebenden Wald Teutoburger Wald‹, der somit ein Teilstück des langgestreckten Gebirgszuges des Osning (Osnegge) war.

Der Namensverlust der Teutoburg auf der Bergspitze, der noch heute von der Bergwand des Teut und von zwei Teuthöfen umgeben wird, ist nach Wilhelm Teudt darauf zurückzuführen, daß es auf dem Teut neben der großen Teutoburg noch eine kleinere Burg, den heutigen kleinen Hünenring, gab. Zur besseren Unterscheidung habe man die größere Burg dann ›grote [große] Burg‹ genannt, woraus dann ›Grotenburg‹ geworden sei.

Wir bleiben dabei: Varus starb im Teutoburger Wald.

Der Beweis wird sich erst dann erbringen lassen, wenn das Winnfeld, der einzige Ort, der von den Germanicuslegionären beim Bestatten der Gebeine der Kameraden nicht gefunden und nicht aufgeräumt wurde, untersucht wird. Nur dort, auf den Spuren von Hamelmann, Piderit und Wasserbach, werden sich die Beweise durch eine ›Kohorte‹ von Sondengängern erbringen lassen. Wenn es den Lippern denn wichtig ist, die Varusschlacht ein für allemal an den Fuß des Hermannsdenkmals in den Teutoburger Wald zu holen, dann müssen sie eben diese Kohorte zur ›letzten Schlacht‹ schicken.

Zum Schluß soll eine kurze kritische Würdigung der Aussagen Jörg von Uthmanns in seinem Buch *Pontius Pilatus. Briefwechsel* vorgenommen werden:

Von Uthmann ist sich seiner »Kühnheit« durchaus bewußt, diese für die christliche Religion derartig brisanten Briefe selbst zu veröffentlichen, statt sie »fachlich kompetenten Stellen zu überlassen«. Er beabsichtigte jedoch, diesen einzigen zeitgenössischen Quellen das Schicksal der berühmten Schriftrollen von Qumran zu ersparen, deren Übersetzung und Veröffentlichung »nicht nur auffallend langsam vorankomme«. Es würde auch »immer wieder der Verdacht geäußert, ein Teil der Funde sei unterdrückt worden, um religiöse Empfindlichkeiten bei Juden und Christen zu schonen«.

Von Uthmann ließ sich von Experten, denen er die Briefkorrespondenz vorlegte, sagen, daß es Abschriften aus dem 7.–8. Jahrhundert seien, die möglicherweise durch den Kalifen Uthmān ibn Affān veranlaßt worden wären.

Daß diese aufregenden Briefe auf Kritik stoßen würden, war von Uthmann natürlich klar. Er hat vorbeugend versucht, durch sachliche Begründungen mögliche Kritiken abzufangen. Der Verfasser nahm Kontakte mit fast einem Dutzend Religionswissenschaftlern auf. Nur einer kannte überhaupt die von Uthmannsche Publikation und verwies auf das Buch *Jesus ging nach Hollywood* von Georg Langenhorst (Patmos-Verlag, Düsseldorf 1998), Langenhorst, S. 87: »Er [Jörg von Uthmann] gab 1991 einen phantasievoll und witzig gestalteten, als authentisch getarnten, aber kreativ erfundenen ›Briefwechsel‹ des Pontius Pilatus heraus, in dem dieser seine Beziehungen zu so illustren Persönlichkeiten wie Kaiser Tiberius oder Prinzessin Salome offenlegt.«

Oberflächlicher kann man nicht ein derartiges Buch beurteilen, das auf offensichtlich vorliegenden alten Briefabschriften aus dem 7. Jahrhundert basiert, die Fridolin Wegehenkel als »einzigartig« bezeichnete.

Der Verfasser ist sowohl aufgrund der Details in diesen Briefen als auch der Ausführungen von Uthmanns in dessen Vorwort der Auffassung, daß dieser Briefwechsel nicht erfunden ist. Der Korrespondent der *Frankfurter Allgemeinen Zeitung*, Jörg von Uthmann, wird nicht als Fälscher in die Geschichte eingehen wollen.

Römische Hufeisen

In den Sumpfgebieten östlich des vermuteten Schlachtfeldes vom Angrivarierwall wurden von Landwirten immer wieder kleine, alte Hufeisen gefunden. Sie nannten sie ›Römereisen‹. Vermutlich steckt seit vielen Jahrhunderten Traditionswissen dahinter, möglicherweise aus germanischen Zeiten, als es noch bekannt war, daß diese Eisen von Reitertruppen des Sterinius stammten, der bereits in der Schlacht von Idistaviso einen erfolgreichen Umgehungsritt mit seinen kampferprobten Reitern hinter sich hatte.

Hier im Sumpfgebiet des Steinhuder Meerbaches und der Fulde, die damals noch nicht vereinigt waren, versackten die Pferde knietief im zähen Sumpf und verloren beim Hinausziehen ihrer Hufe die Eisen.

Später wurde die Fulde umgelegt und das Sumpfgelände entwässert. Nach dem Tiefpflügen kamen die Hufeisen in die zu beackernde Schicht und damit an das Tageslicht.

Das sumpfige Gelände hatte beim Bau der Ringwälle eine Lücke zu den östlichen, jenseitig gelegenen Ringwällen um die Düsselburg gelassen. Durch diese Lücke versuchten offensichtlich die römischen Reiter zu stoßen. Der Erfolg dieser Umgehungsmaßnahme muß nur mäßig gewesen sein, denn der Reiterkampf ging ja nach Tacitus unentschieden aus.

In den Museen von Bonn, Haltern, Xanten und Dringenberg im Eggegebirge befinden sich Hufeisen, die als römisch gelten. Aus der Trierer Gegend sind Hufeisen in einwandfrei römischen Straßenschichten gefunden worden. Englische Forscher bilden ähnliche ›Römereisen‹ aus Alesia/Gallien ab (Peter Conolly, *Die römische Armee*, Tesloff-Verlag, Hamburg 1976).

Dennoch gibt es eine Vielzahl an Historikern, die bezweifeln, daß die Römer bereits Hufeisen besessen hätten. Sie berufen sich dabei auch auf die den gefundenen Hufeisen sehr ähnlichen, mittelalterlichen Stücke an Kirchenportalen aus Süddeutschland.

Fragmente der sogenannten ›Römischen Hufeisen‹ aus Horn in gemeinsamer Aufbewahrung mit Lanzenspitzen und Kurzsaxen. Ob der Fundzusammenhang besteht, ist nicht ganz sicher, obwohl Schierenberg von gleichzeitigen Waffenfunden spricht. Wenn der Fundzusammenhang vorausgesetzt wird, könnten Hufeisen wie auch die Kurzsaxe möglicherweise auf die Sachsenkriege Karls des Großen zurückgeführt werden.

Abb. 98: Die sogenannten ›Horner Hufeisen‹.

Der Horner Arbeitskreis ›Burgmuseum‹ ist selbst äußerst skeptisch gegenüber der Herkunft der im Museum aufbewahrten 30 Hufeisen und stützt sich auf Wissenschaftler, die behaupten, daß »aus gesichertem Fundzusammenhang keine römischen Hufeisen in der Bundesrepublik bekannt seien« (aus einer brieflichen Mitteilung).

Es ist mit Sicherheit schwierig, eine genaue Datierung zu gewinnen. Wenn man den Kohlenstoffanteil durch Auflösung der Eisenstücke in Salpetersäure gewänne, könnte man eventuell eine C14-Datierung erfolgreich durchführen. Dieses Verfahren ist nach Kenntnis des Verfassers bisher noch nicht benutzt worden. Die Eisenteile würden dabei allerdings durch Auflösung völlig verlorengehen.

Dagegen haben Spezialinstitute metallurgische Untersuchungen auf Zusammensetzung an verschiedenen Eisen- und Stahlproben bis zur Perfektion entwickelt. Bei derartigen metallurgischen Analysen ergab sich stets eine große Reinheit von antikem gegenüber mittelalterlichem oder neuzeitlichem Eisen.

Das Institut für Werkstoffkunde an der Technischen Hochschule Hannover (Arnemüller) hat in dankenswerter Weise einige Hufeisen aus der Niederung des Steinhuder Meerbaches und außerdem dort gefundenes Raseneisenerz nebst Schlacke von Schlackenhalden aus früheren Rennöfen für die Eisengewinnung untersucht.

Das Raseneisenerz der großen Vorkommen aus der Niederung des Steinhuder Meerbaches aus der Nähe von Leese weist neben hohen Mangan- und Siliziumgehalten (2,48 und 3,5 %) einen hohen Eisengehalt von 48,6 % auf. Nach dem Ausschmelzen im Rennfeuerofen hat sich sogar der Eisengehalt in der Schlacke auf 60 % erhöht, während der Mangangehalt darin auf 0,72 % zurückgegangen ist.

Auffällig ist die hohe Reinheit der alten Hufeisen in bezug auf den Eisengehalt. Die drei untersuchten Hufeisen aus der Niederung des Steinhuder Meerbaches besitzen alle einen Eisengehalt von deutlich über 98 %, Hufeisen I sogar von 98,97 %. Ihre Mangan- und Siliziumgehalte sind entsprechend gering (um 0,013 %).

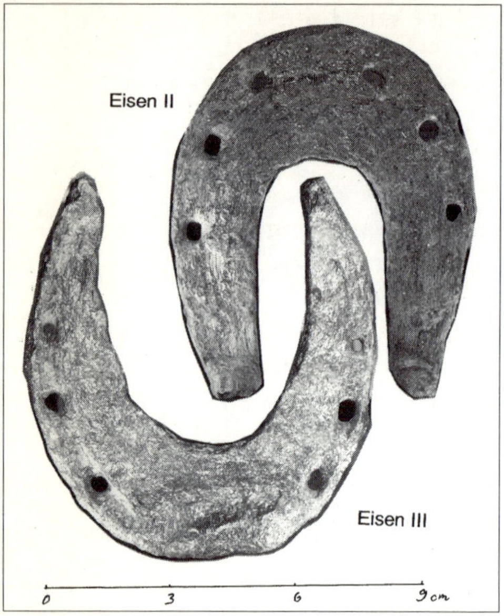

Ab. 99: Die alten ›Römereisen‹ aus der Steinhuder- (Meerbach-) Niederung.

Ein unter gleichen Bedingungen parallel untersuchtes modernes Hufeisen besitzt dagegen einen um etwa 1,0 % niedrigeren Eisengehalt (97,98 %). Demgegenüber sind die Mangan- und Siliziumgehalte im modernen Hufeisen hoch. Sie übersteigen die Werte der alten drei Hufeisen um das Fünfzigfache bei Mangan (0,64 %) und um das Dreizehnfache bei Silizium (0,175 %).

Nach Aitchinson (*Metallographische Untersuchungen an römisch-norischen Eisenfunden...* von A. Neubeck und O. Schaaber, Sonderdruck aus *H.B.* 111, Dez. 1965, Freib. Forsch.) ist der hohe Eisengehalt neben geringen Mangan- und Siliziumgehalten kennzeichnend für antikes Eisen (0–0,015 % und 0–0,05 %).

Das Max-Planck-Institut für Eisenforschung Düsseldorf (nach E. Schürmann, »Die Reduktion des Eisens im Rennfeuer«, in *Stahl und Eisen*, 78. Jahrgang, Sept. 1958) hat unter anderem einige mittelalterliche Eisenstücke aus dem Amberger Raum und einen Nagel aus dem römischen castra Regina (Regensburg) untersucht, deren Ergebnisse wiederum die höhere Reinheit des antiken Eisens beweisen.

	Zusammensetzung in %					
	C	Si	Mn	P	S	N
Öse (1460	0,08	0,18	unter 0,02	0,13	0,005	n.b.
Klammer (1460	0,02	0,10	unter 0,02	0,42	0,02	n.b.
Nagel (Nürnberg)	0,06	0,29	unter 0,02	0,07	0,05	n.b.
Bagel (Castra Regina)	0,02	0,03	unter 0,02	0,0024	0,005	n.b.
Schloßblech 1mm	0,21	0,34	unter 0,02	0,12	0,009	n.b.
Beschlagblech 0,4mm	0,016	0,09	unter 0,02	0,19	0,012	n.b.

Metallurgische Untersuchungen des Max-Planck-Instituts für Eisenforschung, Düsseldorf
Auffällig ist der wesentlich geringere Anteil an Beimengungen anderer Elemente bei dem antiken Nagel aus dem römischen Kastell gegenüber den mittelalterlichen Eisenfunden, vor allem an Silizium und Phosphor.

Metallurgische Untersuchungen an Hufeisen

	FE	MN	SI	CR	NI	TOTAL
1	67.941	0.362	0.114	0.000	0.000	68.417
2	48.757	1.225	11.396	0.000	0.000	61.918
3	70.547	0.350	0.099	0.047	0.000	71.043
4	47.421	1.215	13.414	0.000	0.040	62.090
5	66.955	0.455	0.614	0.000	0.000	68.024
6	69.514	2.951	0.115	0.002	0.000	72.582
7	18,245	0.728	12.814	0.042	0.015	31.843
8	57.870	2.365	3.874	0.028	0.000	64.138
9	28.211	3.484	0.571	0.000	0.000	32.267
10	69.121	2.885	0.098	0.037	0.000	72.141
11	97.603	0.034	0.018	0.000	0.114	97.770
12	98.241	0.007	0.001	0.054	0.000	98.305
13	98.161	0.034	0.038	0.000	0.030	98.263
14	98.708	0.000	0.003	0.007	0.026	98.744
15	97.716	0.005	0.019	0.000	0.084	97.824
16	99.396	0.000	0.004	0.000	0.000	99.400
17	99,218	0.000	0.024	0.027	0.016	99.286
18	98.525	0.005	0.019	0.000	0.026	98.575
19	99.570	0.000	0.000	0.000	0.000	99.570
20	98.142	0.051	0.001	0.000	0.065	98.260
21	98.315	0.000	0.013	0.000	0.000	98.328
22	98.605	0.027	0.018	0.000	0.000	98.650
23	98.575	0.000	0.007	0.000	0.000	98.581
24	98.697	0.042	0.013	0.000	0.049	98.801
25	99.630	0.000	0.015	0.020	0.005	99.669
26	97.971	0.610	0.139	0.000	0.000	98.729
27	97.984	0.618	0.150	0.042	0.035	98.828
28	97.657	0.759	0.148	0.022	0.030	98.617
29	98.268	0.642	0.233	0.045	0.075	99.261
30	98.068	0.576	0.204	0.000	0.070	98.918

I Schlackenrest einer Schlackenhalde aus dem Rennfeuerofen der Steinhuder-(Meerbach-) Niederung.
C14, Alter 1165–1275 n.Chr. (Geyh)

Durchschnittsgehalte:
Eisen (FE) 60,00%
Mangan (MN) 0,72%
Silizium (SI) 5,23%

II Raseneisenerz aus der Steinhuder (Meerbach-) Niederung

Durchschnittsgehalte:
Eisen (FE) 48,60%
Mangan (MN) 2,48%
Silizium (SI) 3,50%

III Hufeisen aus der Steinhuder-(Meerbach-) Niederung

Durchschnittsgehalte:
Eisen (FE) 98,09 %
Mangan (MN) 0,016 %
Silizium (SI) 0,016 %

IV Hufeisen I aus der Steinhuder-(Meerbach-) Niederung

Durchschnittsgehalte:
Eisen (FE) 98,97%
Mangan (MN) 0,011%
Silizium (SI) 0,0096 %

V Hufeisen II aus der Steinhuder-(Meerbach-) Niederung

Durchschnittsgehalte:
Eisen (FE) 98,76%
Mangan (MN) 0,014%
Silizium (SI) 0,013%

VI Modernes Hufeisen aus einer Schmiede des Kreises Nienburg

Durchschnittsgehalte:
Eisen (FE) 97,98%
Mangan (MN) 0,64%
Silizium (SI) 0,175%

Untersuchungen des Instituts für Werkstoffkunde der TH Hannover (Arnemüller).

Sicherlich läßt sich nicht aus all diesen Untersuchungen herleiten, daß die alten Hufeisen östlich des vermuteten Schlachtfeldes am Angrivarierwall zu Pferden römischer Militärreiter gehört haben, auch wenn die hohen Reinheitsgehalte und die Form der Eisen für antike Stücke sprechen. Dennoch stellen diese Werte Indizien dar, die zusammen mit den vielen neu entdeckten ehemaligen Kampfwällen die Plazierung des Schlachtfeldes ›Am Angrivarierwall‹ im Gelände von Leese/Nienburg sicherer machen.

Die Horner Hufeisen müßten noch entsprechend untersucht werden, um eine Aussage auf die mögliche antike Herkunft machen zu können. Wenn jedoch die beigefügten Kurzsaxen in einem Fundzusammenhang mit den Horner Hufeisen stehen sollten, könnte dagegen die Annahme gerechtfertigt sein, daß beide sächsisch sind, da die einschneidigen Saxe kennzeichnend für die sächsischen Krieger waren.

Da der Verfasser die Varusschlacht außerdem weiter westlich, zwischen Berlebeck und Wistinghausen, mindestens mit ersten Funden lokalisieren kann, nimmt die These, daß die Horner Hufeisen aus der zeitgenössisch angeführten Schlacht zwischen Sachsen und Franken im 8. Jahrhundert im Detmolder Raum stammen, an Wahrscheinlichkeit stark zu.

Untersuchte Schlacke und Raseneisenerzknolle

Abb. 100–102

Links: Schlackenrest aus einer Schlackenhalde in der Steinhuder- (Meerbach-) Niederung, deren Holzkohlenresten durch eine C14-Datierung das Alter von 1165–1275 n. Chr. zuerkannt wurde. Holzkohledatierungen aus ähnlichen Raseneisenerzgebieten Norddeutschlands beweisen die Eisengewinnung bereits im 4. bis 5. Jahrhundert n. Chr. (mündliche Mitteilung aus dem Landesamt für Bodenforschung).

Rechts: Eine der vielen Raseneisenerzknollen (Länge ca. 25 cm), die in den Hunderten von Verhüttungsstellen der Steinhuder- (Meerbach-) Niederung verarbeitet wurden. Eine Verhüttungsstelle liefert häufig in der zurückgelassenen Schlackenhalde 50 bis 70 t Schlacke, von der man auf 60 bis 80 t verarbeiteten Erzes hochrechnen kann. Da nach Schlette (*Germanen zwischen Thorsberg und Ravenna,* Pahl-Rugenstein-Verlag, Köln 1977) etwa 1 kg Eisen aus 10 kg Erz gewonnen werden konnte, erhielt man auf einem derartigen Verhüttungsplatz in vielen Arbeitsgängen rund 6 bis 8 t Roheisen. Die Steinhuder- (Meerbach-) Niederung war damit als frühgeschichtliches und mittelalterliches Verhüttungsgelände für die Eisengewinnung in der Mittelweserregion von großer Bedeutung. Möglicherweise haben die Cherusker und die Angrivarier hier bereits ihren Eisenbedarf gedeckt.

Aus der gewichtsmäßig gleichen Schlackenmenge (links) wurde durch chemische Analysen im Labor des Ratsgymnasiums Stadthagen durch den Verfasser die rechts abgebildete Originalmenge Quarzsand gewonnen. Photometrisch wurde in der Schlacke ein Eisengehalt von 65 % nachgewiesen.

Rennofenfeuerstellen im Steinhuder- (Meerbach-) Bruch

Abb. 103–104: Schlackenhalde unter der Grasnarbe in der Steinhuder- (Meerbach-) Niederung. Die Schlackenreste aus der ehemaligen langfristigen Eisengewinnung in Rennöfen an dieser Stelle verhinderten das Schließen der Grasnarbe. Hier wurde das an Ort und Stelle in der Niederung in großen Mengen vorkommende Raseneisenerz verarbeitet. In größeren Schlakkenhalden kann man aus der Menge der Schlacke auf eine Roheisenproduktion von 6 bis 8 t Eisen zurückschließen.

Unten: Hier sind die Schlakkenreste aus der Nähe fotografiert worden.

Römische Gold- und Silbermünzen aus Kalkriese

Abb. 105–106:

Goldmünze

1 Aureus des Augustus, geprägt 2 v. –1 n. Chr. in Lyon, Durchmesser 18 mm; Vorderseite: Kopf des jugendlichen Augustus; Rückseite: Gaius und Lucius Caesar, Enkel des Augustus; 1 Aureus hatte den Wert von 25 Denaren oder 400 Assen (Kupfer). Das Jahresgehalt eines Legionärs betrug 9 Aurei, wurde aber meist in Assen ausgezahlt (Soldatengeld).

Silbermünzen

zwei Denare des Augustus, geprägt 2 v. – 1 n. Chr. in Lyon, Durchmesser jeweils18 mm; Vorderseite des linken Denars: Kopf des jugendlichen Augustus; Text dieser Münze: CAESAR AUGUSTUS DIVI F PATER PATRIAE = Caesar Augustus, Sohn des vergöttlichten Caesar, Vater des Vaterlandes. Rückseite des rechten Denars: Gaius und Lucius, Enkel des Augustus. Umschrift: CL CAESARES AUGUSTI E COS DESIG PRINCIVENT = Gaius und Lucius, Söhne des Augustus, designierte Consuln, Anführer der Jugend (nach: Frank Berger, »Das Geld der römischen Soldaten«, in *Kalkriese – Römer im Osnabrücker Land,* Rasch-Verlag, Bramsche 1993).

Eine Münze dieser Serie wurde 1994 vor der Wistinghäuser Schlucht von Henry Hörig gefunden.

Abb. 107: Graphischer Vergleich von Kalkrieser und Halterner Denarfunden (Modifizierung nach Graphiken von F. Berger durch d. Verf.).

Zeitliche Verteilung von Denaren aus den Horten Haltern 4056, Kalkriese-Lutterkrug und Kalkriese-Sammlung Bar

Wertepaare der graphischen Darstellungen nach Berger (Frank Berger, "Das Geld der römischen Soldaten", in Kalkriese - Römer im Osnabrücker Land, Rasch Verlag, Bramsche, 1993)

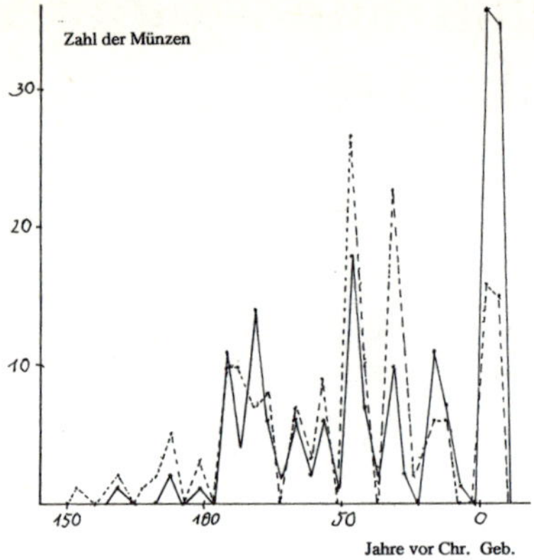

Vergleich der zeitlichen Verteilung der Denare Hort Haltern mit Kalkriese-Sammlung Bar

Es liegen zwar große Ähnlichkeiten der Graphen vor, jedoch ist die Häufigkeit der Denare mit Prägedatum 1 v. Chr. bis 2. nach Chr. bei dem Hortfund Haltern deutlich größer als bei den Kalkrieser Funden.

durchgezogene Linien = Hort Haltern 4056
gestrichelte Linien = Hort Kalkriese - Sammlung Bar

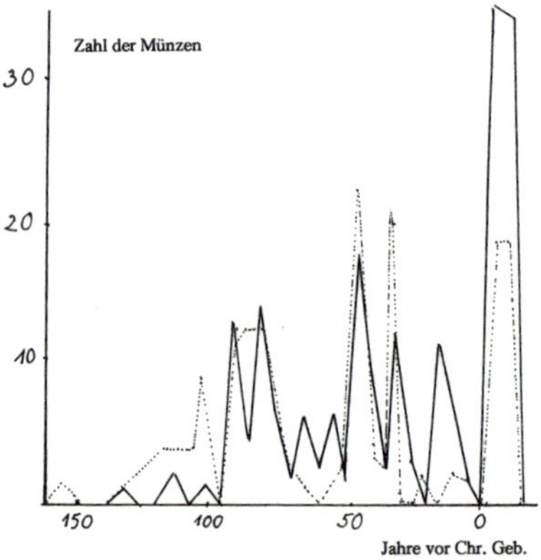

Vergleich der zeitlichen Verteilung der Denare Hort Haltern mit Hort Kalkriese-Lutterkrug

Auch hier fällt die Dominanz der jüngsten Halterner Funde auf.

durchgezogene Linien = Hort Haltern 4056
gepunktete Linien = Hort Kalkriese Lutterkrug

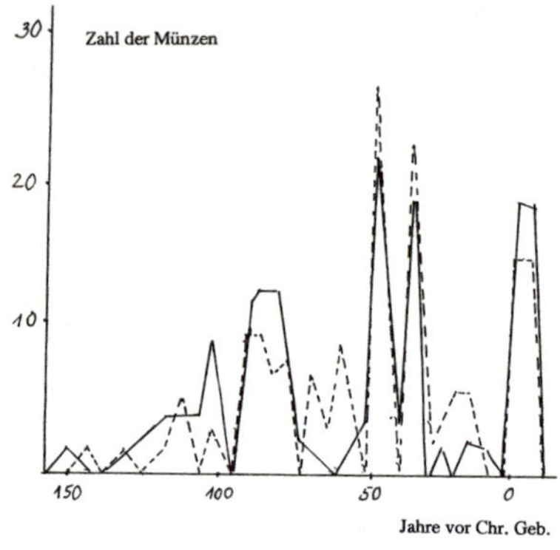

Vergleich der zeitlichen Verteilung der Denare Kalkriese-Sammlung Bar mit Hort Kalkriese-Lutterkrug

Hier liegt die größte Ähnlichkeit in der Zusammensetzung vor. Es herrscht weitgehende Überdeckung der Graphen vor.

durchgezogene Linien = Hort Kalkriese Lutterkrug
gestrichelte Linien = Hort Kalkriese - Sammlung Bar

Vergleich der Hortmünzen von Kalkriese und Haltern

Aus dem vorstehenden Vergleich der Hortmünzen aus Haltern und Kalkriese geht eine gewisse Grundähnlichkeit der Münz-Zusammensetzung aller drei Horte hervor.

Jedoch war ein anderes Ergebnis kaum zu erwarten. Die Hauptmenge der Münzen konnte unter der Berücksichtigung der Hauptprägezeiten nur in die Zeiten des Pompeius in der ersten Häfte des ersten vorchristlichen Jahrhunderts, in die Zeit Caesars um 5044 v. Chr. sowie die des Augustus seit 27 v. Chr. bis ins erste nachchristliche Jahrzehnt gehören.

Dennoch fällt eine absolute alleinige Dominanz der im ersten nachchristlichen Jahrzehnt geprägten Münzen im Münzhort Haltern auf, während der Anteil der Münzen aus vorchristlicher Zeit bei den beiden Kalkrieser Hortfunden größer ist.

Insgesamt überdecken sich die Graphen für die Münzhäufigkeiten der beiden Kalkrieser Horte wesentlich besser als der jeweilige Graph für einen der beiden Kalkrieser Horte mit je dem Graphen des Halterner Hortes. Die von den Kalkrieser Archäologen postulierte Identität aller dreier Münzhorte kann vom Verfasser nicht gesehen werden.

Der höhere Anteil an älteren Münzen in den Kalkrieser Horten würde eher dafür sprechen, daß es sich um Münzen von Legionen aus anderen Regionen des römischen Weltreiches als den in Haltern beheimateten Legionen gehandelt hat. Das würde wiederum gegen die Varuslegionen sprechen, die mit Sicherheit auch in Haltern stationiert waren.

Es sollte hier auch erwähnt werden, daß Lodtmann 1753 in seiner Beschreibung der ersten ausschließlich aus Barenauer Grundstücken stammenden Sammlung von 127 römischen Silber- und Goldmünzen folgende darauf enthaltene Legionszeichen angibt: II, III, IIII, V, VI, VII, VIII, VIIII, X, XIII, XV, XVI, XVII, XX.

Da diese Legionen natürlich nicht alle auf dem Schlachtfeld von Kalkriese gekämpft haben können, folgt daraus auch der Münzumlauf unter den Legionen. Auffällig ist jedoch, daß weder die XVIII. noch die XIX. Legion, zwei der Legionen des Varus, vertreten sind.

Bewegungen wichtiger Legionen

Die von Lodtmann 1753 festgestellten Legionszeichen auf den Barenauer Denaren sollen nun näher untersucht werden.

Zunächst einmal gibt es in der reichhaltigen Literatur über die römische Armee übereinstimmende Angaben unter anderem über die Standorte der auf den Barenauer Münzen verzeichneten Legionen aus der Zeit der Germanicuskriege 14–16 n. Chr. (Yann Le Bohec, *Die römische Armee*, Franz Steiner-Verlag, Stuttgart 1993, und Tim Cornell und John Matthews, *Bildatlas der Weltkulturen – Rom*, Bechtermünz-Verlag, Augsburg 1998):

- Legion I, Germanica, unter Tiberius bis Claudius in Niedergermanien, war die zuverlässigste Legion des Caecina beim Kampf an den ›pontes longi‹ im Jahre 15 n. Chr., aufgestellt nach der Varusschlacht.
- Legion II, Augusta, bis Augustus in Spanien, wurde nach der Varusniederlage nach Germanien verlegt. Sie gehörte zu den vier Legionen der Heeresgruppe des Germanicus.
- Legion III, Gallica, Standort Syrien, offensichtlich in Gallien ausgehoben. Es gab zwei weitere Legionen III in augusteischer Zeit, nämlich Augusta in Numidien und Cyrenaica in Ägypten.
- Legion IV (IIII), Macedonia, zur Zeit des Augustus bis Claudius in Spanien. Die zweite Legion IV war Scythia, die von Augustus bis Claudius in Moesien stand.
- Legion V, Alaudae, in der Zeit von Augustus bis Claudius in Germanien. Sie unterstand dem Kommando des Caecina, wich als Flankenlegion an den ›pontes longi‹ dem Druck der Germanen aus, ist lange im castra Vetera nachweisbar.

- Legion VI, Victrix, bis Claudius in Spanien.
- Legion VII, Claudia, bis Claudius in Dalmatien.
- Legion VIII, in Dalmatien, Pannonien und Moesien.
- Legion IX (VIIII), Hispana, in Dalmatien und Pannonien.
- Legion X, Gemina, bis Claudius in Spanien.
- Legion XIII, Gemina, bis Claudius in Raetien und Germanien.
- Legion XV, Apollinaris, in Dalmatien und Pannonien.
- Legion XVI, Standorte weniger bekannt, auf jeden Fall gehörte sie zu den vier Legionen des Kommandos ›Germanicus‹.
- Legion XX, Valeria Victrix, wurde nach der Varusniederlage von Dalmatien an den Niederrhein verlegt.

Die Legionszeichen der Barenauer Münzen lassen sich auf drei größere Ursprungsregionen zurückführen:

- Region1 = Raum Dalmatien, Pannonien, Moesien. Hier fand genau bis zur Varusschlacht ein gewaltiger vierjähriger Kampf des Tiberius mit allen Legionen dieses Raumes gegen die dortigen Volksaufstände statt. Unter diesen Legionen war die XX. Legion, die in dieser Zeit durch Münzumlauf Münzen der IV., V., VII., VIII., IX., XV. aufgenommen hatte und diese an den ›pontes longi‹ in Kalkriese verlor. Die Varuslegionen XVII, XVIII und XIX wurden vernichtet, ehe sie Kontakt mit den zu diesem Zeitpunkt sich noch in Pannonien befindlichen Legionen aufnehmen konnten. Die Varuslegionäre konnten unmöglich die vielen Münzen mit den Stempeln der pannonischdalmatischen Legionen in Kalkriese verloren haben.
- Region 2, Spanien. Aus Spanien wurde die Legion II nach der Varusschlacht nach Obergermanien verlegt. Sie brachte Münzen mit den Legionsstempeln IV (Macedonia), VI und X (Gemina) mit nach Germanien, wo sie in den Umlauf mit übrigen Legionen des Germanicus gerieten.
- Region 3, Germanien/Rätien. Hier waren zur Zeit der Varusschlacht neben den untergegangenen Niederrheinlegio-

nen nur die Oberrheinlegionen V und XXI (Rapax) und XVI vorhanden. Ein Legionszeichen der Legion XXI wurde auf den 127 Barenauer Münzen nicht gefunden.

Praktisch die Legionszeichen aller Legionen aus Pannonien/ Dalmatien und aus Spanien befanden sich vermittels der II. und XX. Legion des Germanicusheeres auf den Barenauer Münzen. Alle diese Münzen konnten jedoch nicht im Besitz der Varuslegionen XVII, XVIII, XIX vorhanden sein, weil bis zu ihrer Vernichtung wegen bis dahin fehlender Abordnung der II. und XX. Legion keine Kontakte zu den Münzen dieser Legionen erfolgen konnten.

Die Münzen mit Zeichen der V. und XVI. Legion stammten von Legionen, die bereits zur Varuszeit in Germanien waren.

Es ist einzig und allein die XVII. Legion mit ihrem Zeichen, die nicht in alle diese Überlegungen paßt. Hier kommt jedoch der von Velleius Paterculus bezeugte Nachlaßraub von den untergegangenen Varuslegionen durch die V. und XXI. Legion als Erklärung in Frage.

Die Münzen der in Syrien stationierten III. Legion Gallica sind vermutlich während ihrer Aufstellung in Gallien in den Umlauf der germanischen Legionen gekommen.

Diese Münzanalyse spricht insgesamt eindeutig für das Germanicus- und auf keinen Fall für das Varusheer als Teilnehmer auf dem Schlachtfeld von Kalkriese. Varus starb im Teutoburger Wald, und nicht in Kalkriese.

Römische Phallusanhänger

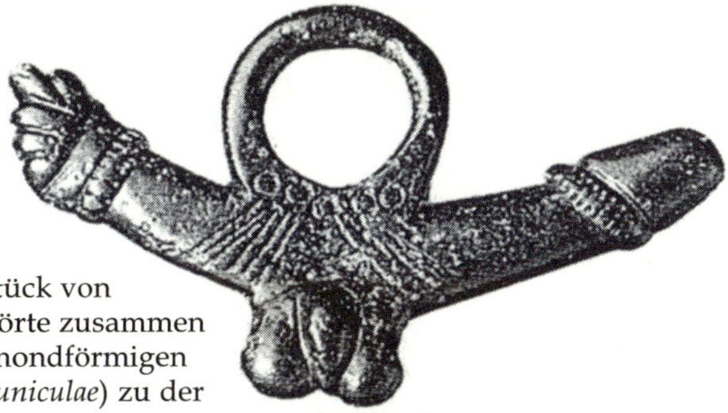

Dieses Fundstück von Kalkriese gehörte zusammen mit den halbmondförmigen Anhängern (*luniculae*) zu der Gruppe von Amuletten, die bei den abergläubischen Reitern vor Unheil schützen sollte (Höhe 3,8 cm).

Abb. 108 Phallusamulett als Anhänger

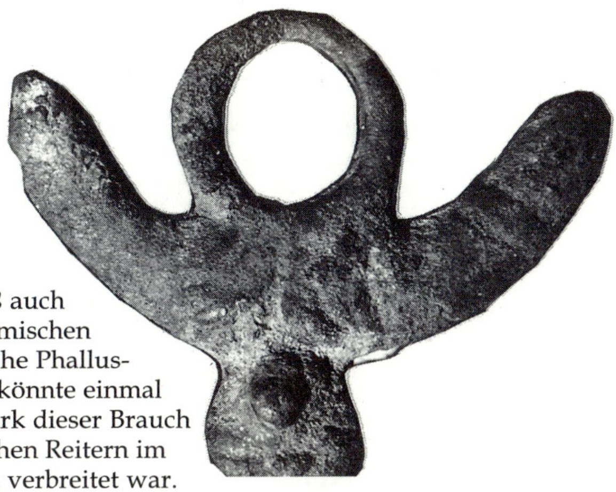

Die Tatsache, daß auch in Spanien die römischen Reiter sehr ähnliche Phallusamulette trugen, könnte einmal beweisen, wie stark dieser Brauch unter den römischen Reitern im ganzen Weltreich verbreitet war. Es könnte zum anderen diskutiert werden, ob nicht tatsächlich, wie auf der Vorseite angegeben, die II. Legion nebst abgeordneten Alen aus Spanien die Phallusanhänger dieses Typs mitbrachten (Höhe 4,2 cm).

Abb. 109 Römischer Phallusanhänger aus Andalusien

Abb. 110–111

Oben: **Römischer Militärreiter von der Trajansäule**
Deutlich sind an Brust und Hinterhandgeschirr insgesamt fünf Amulette zu erkennen. Rechnet man die Anhänger auf der rechten Pferdeseite hinzu, so sind hier an einem Pferd acht bis zehn Amulette festzustellen. Am Bug des Pferdes ist ein Halbmondamulett (*lunicula*) auszumachen. Die gleichen Halbmondstrukturen finden sich auf dem Schild wieder.

Unten: Hier ist ein vom Aureliusdenkmal abgezeichneter römischer Reiter dargestellt (nach K. F. Beck, *Weltgeschichte,* 3. Bd., Gebr. Kröner, Stuttgart 1885). Auch hier sind drei *luniculae* am Halsband zu erkennen. Im 2. nachchristlichen Jahrhundert überwogen die *luniculae,* dagegen in der ersten Hälfte des 1. nachchristlichen Jahrhunderts die Phallusamulette.

›Trial and error‹ – Grabung nach der angeblichen ›Römervilla‹

Bericht über eine Sondagegrabung in Kohlenstädt/Rinteln am 10. Juni 1998

›Trial and error‹ ist ein in Amerika weitverbreitetes Forschungsprinzip, nach dem unter anderem auch in der Archäologie verfahren wird. Dabei wird versucht, eine Hypothese durch Experiment oder wissenschaftliche Analyse entweder als richtig oder aber als falsch zu beweisen. Im Ergebnis werden sowohl Nachweise als auch Widerlegungen der These als Erfolge gewertet, die auf einer gesicherten Grundlage weiterzuforschen erlauben.

Im folgenden soll nun ein derartiger ›trial‹ in der Archäologie des Weserraumes am Beispiel der Sondagegrabung von Kohlenstädt/Rinteln am 10. Juni 1998 dargestellt werden:

Zu verschiedenen Zeiten hat die britische Royal Air Force zum Ende des Zweiten Weltkrieges weite Gebiete Deutschlands für den bevorstehenden Aufmarsch des britischen Heeres fotografiert. Es ist dabei fast flächendeckend eine wichtige Dokumentation der Besiedlung Deutschlands in den Jahren 1944 und 1945 entstanden. Da die Luftaufnahmen von hoher Qualität sind, ist es häufig möglich, auch Spuren und Reste früherer Besiedlung bzw. militärischer Operationen auszumachen.

Wie eine bestimmte derartige Spur auszulegen ist, war die Frage, die in der Sondagegrabung am 10. 6. 1998 geklärt werden sollte. Der Unterzeichnete hatte hierzu im Einverständnis mit der Landesdenkmalspflege über E. Cosack von der Stadt Rinteln als zuständiger unterer Behörde der Bodendenkmalspflege Grabungsgenehmigung erhalten. Eine der Auflagen war die direkte Grabungsleitung durch einen Archäologen. Diese Funktion nahm Joachim Schween aus Hameln wahr.

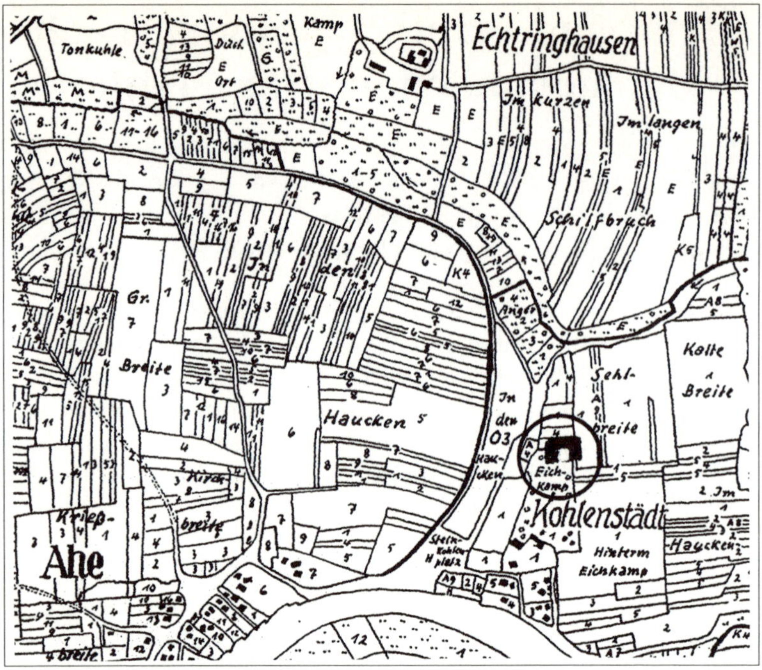

Abb. 112: Lage des ›Flügelgebäudes‹ im Ausschnitt aus ›Dörfer und Fluren des Rintelner Beckens‹, aufgrund der Flurkarten des 18. Jahrhunderts entworfen und gezeichnet von Walter Maack (*Anlage zu: Schaumburger Studien*, Heft 5/ 1964). Auffällig sind die schmalen, durch Realteilung entstandenen Grundstücke.

Ausgangssituation aufgrund des englischen Luftbildes 4079 vom 19. November 1944

Auf dem englischen Luftbild 4079 vom 19. 11. 1944 (Abb. 93) waren unter anderem in fünfeckiger Einfriedigung die Umfassungen eines ehemaligen Flügelgebäudes und möglicher weiterer Nebengebäude auf nördlich des Hofes Wilhelm Wessel, Hofstr. 7, Kohlenstädt/Rinteln, gelegenen Flächen zu erkennen. Sowohl von der Mitte des Flügelgebäudes als auch von der südlicher gelegenen, länglich rechteckigen, etwa 42 m langen Umfassung führten zwei ehemalige Wege nördlich zu einer trapezförmigen Senke von rund 200 mal 50 m Größe, die ihrerseits Verbindung zu einem alten Weserarm hatte. Ein weiterer ehemaliger Weg führte südwestlich aus dem Tor der fünfeckigen Umrandung zur Böschung des ehemaligen Weserarms.

Dieser Luftbildbefund legte die These nahe, daß es sich bei dem Flügelgebäude möglicherweise um eine römische Villa gehandelt haben könnte, zumal durch die Außenmaße von etwa 28 mal 17 m eine Art Portikus umschlossen wurde und diese Maße sehr denjenigen der Kommandeursvilla der V. Legion im castra Vetera ähnelten. Die Wegeverbindungen zu dem trapezförmigen Becken und dem ehemaligen Weserarm ließen zusätzlich ein hohes Alter dieser Bodenreste vermuten, weil hier ein Zusammenhang mit der zur Zeit des Flügelgebäudes noch vorhandenen Wasserführung des alten Weserarms nahegelegt wurde.

Abb. 113

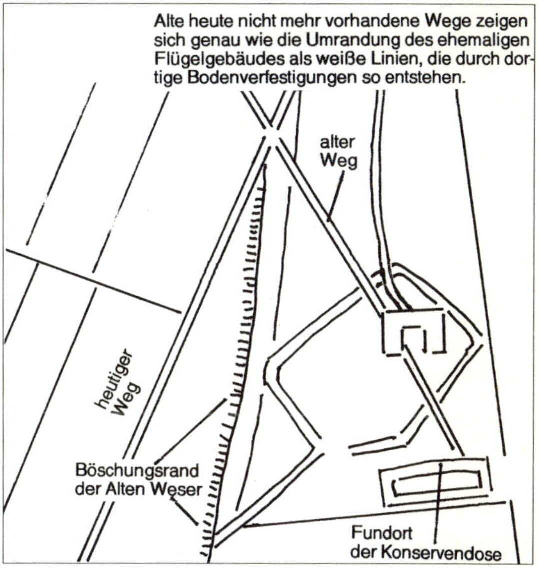

Dank der Unterstützung durch die Schaumburger Steinbrüche wurden nunmehr sowohl geophysikalische Untersuchungen als auch die Sondagegrabung mittels eines Baggers möglich.

Die geophysikalische Untersuchung

Die ersten beiden geophysikalischen Sondagen fanden am 30. 10. und am 14. 11. 1997 statt. Sie wurden unter der Leitung des Geophysikers D. Munstermann der Firma BLM aus Gommern in Form von Geomagnetik und Geoelektrikmessungen durchgeführt.

In diesen beiden ersten Meßreihen wurde offensichtlich nicht der genaue Standort des ehemaligen Flügelgebäudes getroffen. So wurde nach genauen Datenübertragungen aus dem oben angegebenen Luftbild auf ein Meßtischblatt eine dritte Magnetikanalyse am 3. Juni 1998 ebenfalls durch D. Munstermann vorgenommen. Jetzt zeigten sich rings um die als Mittelpunkt nach den Maßen des Luftbildes vorgenommene Markie-

Markierung der Mitte des Flügelgebäudes deren genau dem Luftbild entsprechende Umrisse in Form von fleckenförmig hervortretenden Anomalien der Magnetstrahlung des Bodens (s. farb. Abb. S. 250). Westlich der so das Luftbild verifizierenden Magnetikmessung erschienen weitere kräftige Anomalien, die zunächst schwer zu deuten waren.

Sondagegraben 1

Am 10. Juni 1998 fand nun die Sondagegrabung mit Hilfe eines Baggers statt. Aufgrund der Magnetikmessung vom 3. Juni ergaben sich in der nördlichen Gebäudeumrandung besonders deutliche Meßanomalien, so daß übereinstimmend von J. Schween und dem Verfasser hier die größte Wahrscheinlichkeit gesehen wurde, Fundament oder ähnliche Reste aufzufinden.

Um die Wahrscheinlichkeit zu erhöhen, diese möglichen Fundamentreste auch wirklich zu treffen, wurde ein seitliches Abbaggern des Mutterbodens angeordnet, da hierdurch die Breite der Abbaggerung von etwa 3 m gegenüber der Schaufelbreite von nur 1,60 m erreicht werden konnte (s. farb Abb., Graben 1, S. 250). Die Untersuchung des Mutterbodens wurde als unnötig angesehen, weil dort durch den jährlichen Pflügevorgang ohnehin alle Strukturen vernichtet worden sind. Während und nach der Abbaggerung fanden ständig Überwachungen und Sondagen mit dem Metalldetektor statt. Im östlichen Teil dieses Sondagegrabens (farb. Abb. 250) wurde eine Tiefbaggerung auf 1,50 m vorgenommen.

Westlich des Flügelgebäudes unter Pflugsohlentiefe ergaben sich mehrfach Funde von Schlacke. Etwa in der Mitte des Grabens wurde auf der Pflugsohle ein offensichtlich neuzeitlicher Metallrest geborgen, möglicherweise Rest eines Eggenzinkens. Weiter zeigten sich im Unterboden *in situ* geringe im Querschnitt schwarze, grob gemagerte Keramikreste, wahrscheinlich neolithischen bis eisenzeitlichen Ursprungs. Einige Feuersteinabschläge ergänzen Oberflächenfunde dieser Art und stützen die Annahme des vermutlichen neolithischen Ursprungs der Keramikreste.

Ansonsten zeigten sich im ganzen Graben 1 auf dem freigelegten Unterboden (Bodenhorizont B) nicht die geringsten Bodenveränderungen. Nirgends waren Anzeichen eines Fundamentgrabens zu erkennen.

Sondagegraben 2

Nach dieser ersten Grabungsetappe wurde nunmehr ein zweiter Querschnittsgraben von Nord nach Süd mitten durch das ehemalige Gebäude gelegt (farb. Abb., Graben 2, S. 250). Auch hier waren nach etwa 20 m nicht die geringsten Spuren eines Fundamentrestes wahrzunehmen.

Nunmehr wurde das Arbeitsverfahren des Baggers geändert. Der Baggerfahrer zog jetzt jeweils genau in der Schaufelbreite den Mutterboden von Norden nach Süden an den Bagger heran. Dadurch entstand ein 1,75 m breiter Suchgraben auf dem B-Horizont des Bodens. Immer dem Bagger folgend, fanden genaue Untersuchungen dieses B-Horizontes statt, wobei sich auch der Eigentümer und dessen Sohn mit Hilfsarbeiten engagierten. Es wurden dabei weitere Feuersteinabschläge und Artefakte, aber auch ein deutliches Randstück einer Keramikscherbe *in situ* in ungestörtem B-Horizont gefunden. Die Funde aus dem Graben 1 fanden also ihre Bestätigung.

Im Verlauf des Abbaggerns der Muttererde in Suchgraben 2 wurde der Baggerfahrer angehalten, den Graben durch die vorhandenen Anomalien der Magnetikmessung am Ort der länglichen Rechteckumrandung zu führen. An dieser Stelle mußte das Rechteck mit absoluter Sicherheit geschnitten werden. Zunächst aber war auch hier nichts Bedeutsames zu sehen. Erst nachdem die Grabenränder mit einem scharfen Spaten sauber abgestochen wurden, konnten zwar schwach, aber dennoch deutlich zwei Gräben von ca. 1 m Tiefe und einer oberen Grabenbreite von etwa 1,50 m ausgemacht werden. Sie lagen in der Mitte etwa 5,20 m und an den Außenrändern etwa 7 m voneinander entfernt. Es zeigten sich aber noch zwei weitere Gräben, möglicherweise aber auch Gruben. Um den Verlauf dieser Gräben oder Gruben seitlich zu kontrollieren, wurde östlich ein kürzerer dritter Suchgraben (farb. Abb. , Graben 3,

S. 250) angelegt. Nach dem sauberen Abstechen der Grabenwand konnte die Fortsetzung der beiden in der Mitte 5,20 m voneinander entfernt liegenden Gräben (farb. Abb. , festgestellte Gräben, S. 250) eindeutig gesichert werden. Das Metallsuchgerät zeigte am Boden des nördlichen dieser beiden Gräben Reste einer zerquetschten, verrosteten Weißblechdose an.

Weitere Reste dieser offensichtlich zertretenen Dose lagen auf der ausgebaggerten Erde des Suchgrabens. Darin waren ein Stück korrosionsfreien Leichtmetalls und ein kleines Stück mit feinen Noppen überzogenen Gummis enthalten.

Nach dieser Entdeckung wurde die Sondagegrabung abgebrochen, auch weil zeitlich die Suchgräben durch den Bagger wieder verfüllt werden mußten.

Bewertung der Fundergebnisse

Da keine Fundamentreste unterhalb des A-Horizontes (Mutterboden) trotz eindeutiger Schnitte direkt durch die Umfassungen des Flügelgebäudes festzustellen waren, muß man bei den deutlichen Spuren auf dem englischen Luftbild 4079 von Bodenverdichtungen durch ein ehemaliges Leichtgebäude ohne tiefere Fundamente ausgehen. Erstaunlich ist es, daß es trotz der offensichtlich nur geringen in der Ackerkrume vorhandenen Spuren durch die geomagnetische Untersuchung doch zu einer deutlichen Abbildung der Umrisse des Flügelgebäudes gekommen war.

Da auch Anomalien im Bereich der beiden aufgedeckten Gräben durch die Magnetikmessung aufgezeichnet wurden, wird dadurch die Leistungsfähigkeit dieser geophysikalischen Bodenuntersuchung dokumentiert. Sie sollte deshalb auch bei weiteren archäologischen Sondagen von Gräben und Lagerumrandungen als Voruntersuchung eingesetzt werden.

Sehr positiv sind die Fundergebnisse hinsichtlich der Schlakken und Keramikreste zu beurteilen. Die schwarzen Keramikreste zusammen mit ihrer Magerung weisen möglicherweise auf neolithische bis eisenzeitliche Herkunft hin. Da diese Funde *in situ* im B-Horizont in etwa 40 cm Tiefe gemacht wurden, ist der Schluß zwingend, daß diese Bodenschichten in der Zeit der Keramikhersteller die Bodenoberfläche darstellten. Das beweisen zusätzlich die dort gefundenen Feuersteinabschläge, die typologisch ebenfalls neolithisch bis eisenzeitlich einzustufen sind. Entsprechende Feuersteinartefakte an der heutigen Bodenoberfläche sind offensichtlich durch das tiefe Pflügen nach oben gefördert worden. Maximal sind also vermutlich seit der neolithischen Zeit keine nennenswerten Ablagerungen an dieser im Gelände leicht erhöht liegenden Fundstelle an der Weser hinzugekommen. Hierdurch wird ein nur geringes und wenig häufiges Überfluten des Fundplatzes induziert. Außerdem wird deutlich, daß bereits im Neolithikum dicht an der Weser durchaus bevorzugte menschliche Siedlungsplätze gelegen haben.

Die beiden entdeckten Gräben in West-Ost-Richtung im Bereich der rechteckigen Umfassung auf dem englischen Luftbild südlich des Flügelgebäudes sind offensichtlich die beiden Längsseiten der rechteckigen Umrandung gewesen. Da auf dem Boden des nördlichen Grabens Reste eines zweifelsfrei neuzeitlichen Blechgefäßes entdeckt wurden, kann dieses nur vor der Verfüllung hineingeraten sein. Als Deutung bietet sich hier ein möglicherweise ehemals stattgefundenes militärisches Manöver an, bei dem die Gräben als Übungsgräben oder Entwässerungsgräben für eine dazwischen liegende Reihe von Zelten dienten.

Da sowohl von diesem Rechteck als auch mitten von dem Flügelgebäude deutlich Wege nach Norden zu der gleichen Stelle in der trapezförmigen Senke verlaufen, muß die Zeitgleichheit von Rechteck und Flügelgebäude angenommen werden. Der Weg zu dem ehemaligen Weserarm findet seine Deutung dadurch, daß von hier aus über das Wiesengelände des ehemaligen Weserbettes am leichtesten das Lagergelände erreicht werden konnte, ohne größeren Flurschaden auf den Äkkern zu verursachen. Der Hofeigentümer bekräftigt, daß einschließlich der Zeit des Zweiten Weltkrieges auf dem fraglichen Gelände kein Militär gelegen hat. Er kann dies jedoch nicht für frühere Zeiten ausschließen. Die Form des Noppengummis legt die Zeit um den Beginn des 20. Jahrhunderts nahe.

Wenn auch die Sondagen schließlich hinsichtlich der zu untersuchenden These ein ›trial and error‹ gewesen sind, so haben sie doch zusammenfassend archäologisch durchaus wertvolle folgende Ergebnisse erbracht:

Ergebnisse

- Die Umrißlinien auf dem englischen Luftbild 4079 vom 19. November 1944 nördlich Kohlenstädt/Rinteln zeigen keine mittelalterliche oder antike Siedlung, sondern Gräben und Umfassungen ehemaliger neuzeitlicher Leichtgebäude möglicherweise militärischen Ursprungs an.
- Englische Luftaufnahmen des Zweiten Weltkrieges sind wichtige Dokumente mit Abbildungen von Gräben und Bodenverfestigungen, wie sie hier durch die technisch anspruchsvollere moderne Infrarotfotografie (durch Landkreis Schaumburg) nicht mehr erbracht werden konnten, möglicherweise, weil in der Zwischenzeit viel tiefer gepflügt wurde und durch moderne Bodenbearbeitung wichtige archäologische Spuren beseitigt wurden.

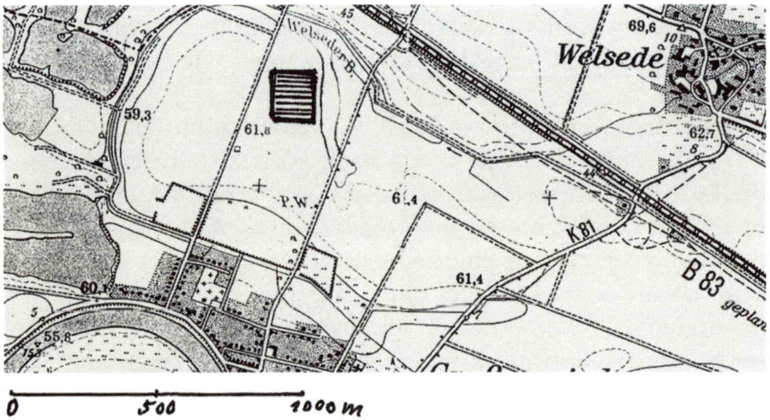

Abb. 114: Die Position eines ehemaligen Lagers in der Ostendorfer Ahe bei Welsede, Kreis Hameln-Pyrmont unter der Schaumburg/ Rinteln.

Die Umrisse eines vermutlich mittelalterlichen Lagers wurden identisch sowohl auf dem englischen Luftbild 3069 vom 17. 9. 1944 als auch auf Infrarotaufnahmen des Landkreises Schaumburg aus den 1990er Jahren festgestellt.

- Geomagnetische Sondagen sind gut geeignet, auch schwächere Siedlungsreste anzuzeigen, vorausgesetzt, sie bringen magnetisch wirksame Anomalien mit sich.

- Gräben oder Bodenverfestigungen allein ohne magnetisch wirksame Bestandteile lassen sich nicht mit der in diesen Untersuchungen eingesetzten Methodik dokumentieren.

- Die angezeigten Umfassungen eines ehemaligen Leichtgebäudes gehen auf magnetische Anomalien durch vermutlich zurückgelassene Metallteile zurück. Diskutiert werden muß dabei z. B. auch Alu-Zigarettenpapier aus den dreißiger Jahren.

- Die Auelehmauftragungen in geschichtlicher Zeit im Wesertal scheinen geringer zu sein, als häufig angenommen. Die 2 bis 3 m dicken Lehmschichten über den Sand- und Kiesschichten über dem Fundplatz sind jedenfalls im wesentlichen in vorgeschichtlicher Zeit aufgetragen worden. Möglicherweise fand der Auftrag durch Schmelzwässer oder durch Wind (Lößlehm) ausgangs der Weichseleiszeit statt.

- Das Zusammenarbeiten im Team mit Archäologen, freiwilligen Helfern und Unterzeichnetem erwies sich als harmonisch und erfolgreich. Die gestellte Aufgabe wurde gelöst, die Fragestellung beantwortet. Zusätzlich wurden geologische und siedlungsgeographische Erkenntnisse gewonnen. Es wurden wertvolle Erfahrungen gemacht, die bei weiteren Sondagen, zum Beispiel nach den Lagerspuren auf dem Luftbild des Hauptmanns Stein von Echtringhausen aus dem Jahre 1938, genutzt werden sollten.

Zum Schluß gilt ein besonderer Dank dem Grundstückseigentümer Wilhelm Wessel, ohne dessen Entgegenkommen die Untersuchungen nicht möglich gewesen wären. Den Schaumburger Steinbrüchen, hier den Herren Wermer und Kollmeyer, der Schaumburger Landschaft, schließlich Herrn Dr. Tiddens, Rinteln, sei für ihre Unterstützung dieser archäologischen Untersuchung gedankt.

Grabung nach dem ›Kastell des Hauptmanns Stein‹

Datum: 24. September 1998

Lage: 307–309 m östlich des Zufahrtsweges von der Bundesstraße 83 zum Gut Echtringhausen/Rinteln, direkt im rechten Winkel an den parallel zur Eisenbahntrasse nach Osten verlaufenden Feldweg anschließend.

Koordinaten auf Deutscher Grundkarte: Rechts 35 10.525, hoch 57 84.75-84.78

Wetter: Sonnig, trocken

Teilnehmer: Joachim Schween, Rolf Bökemeier, Baggerführer

Untersuchungsziel: Identifizierung von Strukturen, die von Hauptmann Stein am 3. Mai 1938 fotografiert worden waren und als vermutliches römisches Kastell angesprochen wurden (Stein, W., »Die Luftaufnahme im Dienste der Vorgeschichtsforschung und ihre Auswertung«, in: H. Schroller, *Niedersachsen treibt Vorgeschichte,* Hannover 1938).

Grabungsverlauf: Nach genauen Vermessungen auf dem Luftbild und Übertragung der Meßwerte auf die Deutsche Grundkarte und das Gelände wurde gemeinsam ein Grabungsquerschnitt entsprechend den oben

Abb. 115: Luftbildaufnahme von Hauptmann W. Stein vom 3. Mai 1938

Scheinbar werden die Umrisse eines Kleinkastells mit darin liegendem, quadratförmigem Kleinkastell abgebildet. Die Grabung erfolgte in Richtung auf den Flugzeugschatten (Strich)

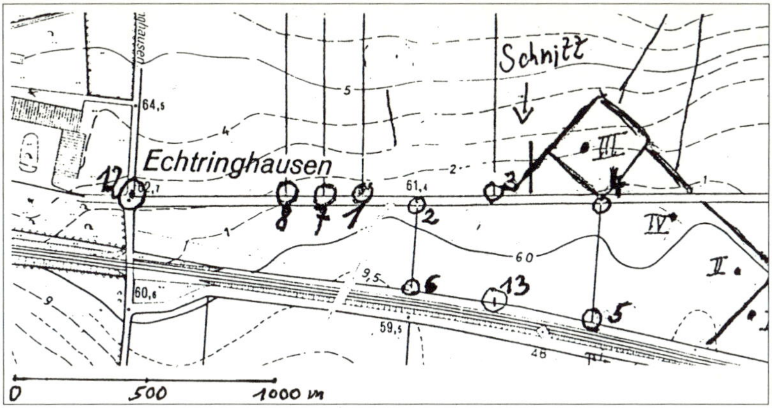

Abb. 116: Lage der von Hauptmann Stein als Kastellumrandungen angegebenen Bodenverfärbungen. Die Ziffern sind Meßpunkte des Verf., um die Grabung richtig ansetzen zu können. ›Schnitt‹ gibt Ort und Länge des Suchgrabens an.

angegebenen Koordinaten nördlich des Feldweges festgelegt. Ein südlicher Querschnitt war nicht möglich, weil dort das Grundstück bestellt war.

Der dank der Schaumburger Steinbrüche bereitgestellte Randbagger mit zahnloser Schaufel von rund 1,80 m Breite zog einen entsprechend breiten Graben von etwa 60 cm Tiefe rechtwinklig vom Weg ca. 45 m nach Norden. Zur Profiluntersuchung wurde an einer Stelle auf 1,20 m tief gebaggert.

Das Grabenfundament (Planum) wurde mittels einer Hacke von J. Schween auf Keramik und Flintfunde untersucht, während der Verfasser die Profilwand mit dem Spaten glättete und auf Grabenreste und Fundstücke absuchte. Danach wurde das Planum mit Hilfe des Metalldetektors auf Buntmetall prospektiert. Vor Verfüllung des Suchgrabens wurde gemeinsam das geglättete Profil beurteilt und anschließend die verfüllte Oberfläche erneut mit dem Metalldetektor, diesmal auf alle Metalle, abgesucht.

Ergebnisse:

- Die dunkle Pflugsohlenschicht (A-Horizont) wies nur im Bereich der Luftbildstrukturen leichte Unregelmäßigkeiten auf, ließ jedoch nirgends einen ehemaligen Graben erkennen, der auf ein ehemaliges Römerlager hätte hinweisen können.

Abb. 117: Der ca. 45 m lange und ca. 60 cm tiefe Sondagegraben zu Beginn der sorgfältigen Verfüllungsmaßnahmen durch den Baggerführer.

Abb. 118: Eine ca. 1,20 m messende Tiefgrabung im o. a. Suchgraben. Deutlich ist der A-Horizont (Mutterboden) bis 30 cm Tiefe (Ende des zweiten weißen Meßabschnittes, von oben gesehen) erkennbar. Darunter liegt etwa 80 cm stark der B-Horizont des angewehten Lößbodens aus der letzten Eiszeit mit mehreren rostfarbenen Ausfällschichten. Rechts neben dem Zollstock ist die verschmierte Grabenwand zu sehen, wie sie die Baggerschaufel üblicherweise hinterläßt.

- Der hellere, lehmige Unterboden (B-Horizont) des angewehten Lößlehms zeigte ebenfalls keinerlei Grabenstrukturen.
- Buntmetall konnte nicht nachgewiesen werden. Lediglich zwei größere Eisenteile ließen sich als Reste von Ackergeräten identifizieren.
- Sowohl im Planum als auch 35 cm tief in der Profilwand wurden insgesamt drei artifizielle Flintabschläge oder geräte aufgefunden.
- Im Planum konnten mehrere vermutlich jungsteinzeitliche Keramikfragmente, eines mit Randrest, geborgen werden.

Bewertung:

Die von Hauptmann Stein als Reste eines römischen Kastells angesprochenen Luftbildstrukturen sind vermutlich flachere Reste von Anlagen aus prähistorischer Zeit gewesen, die kaum unter der heutigen Pflugsohlentiefe gelegen haben können. Sie wurden offensichtlich nach dem Zweiten Weltkrieg durch die aufkommenden stärkeren Schlepper und tiefer gehenden Pflüge beseitigt, denn in den Infrarotaufnahmen des Landkreises Schaumburg aus den neunziger Jahren sind die ehemals von Hauptmann Stein fotografierten Strukturen nicht mehr zu sehen. Im Gegensatz dazu stehen mögliche Lagerumrandungen einige Kilometer weiter östlich in der sogenannten Ostendorfer Ahe, die sowohl auf dem englischen Luftfoto Nr. 3069 vom 17. September 1944 als auch auf den Infrarotaufnahmen des Landkreises Schaumburg zu erkennen sind.

Interessante Parallelen in der quadratischen Abtrennung einer Ecke der rechteckigen Umfassung treten auf französischen Luftaufnahmen von gallischen (keltischen) Bauerngehöften auf, zum Beispiel von La Chapelle-Craonnaise (Henri Délétang, *L'archéologie aérienne en France,* Editions Errance, Paris 1999, S. 58). Dieses neue französische Werk ist ein absolutes ›Muß‹ für den Luftbildarchäologen.

Dennoch scheint es jedoch zu verwegen zu sein, ein ehemaliges keltisches Gehöft im Wesertal auf der Luftaufnahme des Hauptmanns Stein zu vermuten.

Geomagnetik kontra Geoelektrik

Vorbereitend für die Sondagegrabung nach der ›Römervilla‹ in Kohlenstädt/Rinteln wurden zwei geophysikalische Untersuchungsmethoden eingesetzt, die seit einiger Zeit in der Archäologie im Gespräch sind, die Geoelektrik und die Geomagnetik.

Hier sollen nun die Ergebnisse einer Voruntersuchung auf der gleichen Fläche, jedoch etwas nördlich von dem ›Flügelgebäude‹ miteinander verglichen werden.

Geoelektrik

Entlang einer Strecke von 27 m je im Abstand von 1 m wurden Elektroden in der Erde versenkt und mit dem Meßsystem Sting / Swift von Advanced Geosciences Inc., Austein, Texas, verbunden. Über je zwei Elektroden wurde jeweils ein Strom in das Erdreich gesandt und über zwei weitere Empfangselektroden je der Widerstand in Ohm/m gemessen, den das Erdreich dem Stromfluß entgegensetzte. Die maximale Eindringtiefe beträgt dabei etwa 5 m. In Abb. 119 ergibt sich über Computerauswer-

Abb. 119: Elektrogramm für die Meßachse aus dem Magnetogramm der Farbabbildung, S. 251.

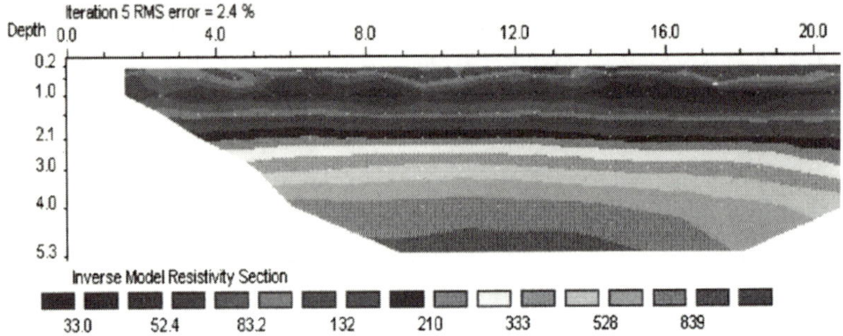

Sehr schön lassen sich mit Hilfe der unterschiedlichen Widerstände der unten abgebildeten Farbskala die einzelnen Schichten des Bodenprofils beurteilen. Den geringsten Widerstand zeigt blaufarben der Löß des B-Horizontes, während die roten Schichten reine Kiesbänke verraten.

tung ein Bodenprofil längs der in das Magnetogramm (farb. Abb. S. 251) eingezeichneten Meßachse. Dieses Bodenprofil liegt etwa dort, wo in Abb. 120 Dipl. Geophysiker D. Munstermann gerade seine Magnetikmessungen mit dem Fluxgate-Magnetometer unternimmt.

Abb. 120: Dipl.Geophysiker D. Munstermann bei seinen Magnetikmessungen mit Hilfe des Fluxgate-Magnetometers im Bereich der vorgeschichtlichen Schlackenreste an der Grenze des A- zum B-Horizont. *Links,* hinter dem Zaun, verläuft das Flußbett der Alten Weser.

Die geoelektrische Schichtung in Abbildung 119 zeigt als blaues Farbband den B-Horizont mit dem geringsten Widerstand mit Werten von 50 bis 60 Ohm/m. Umgekehrt bedeutet das, daß dort die höchste Zahl an wanderungsfähigen, leitfähigen Ionen je Raumeinheit vorhanden ist. Das ist bei diesen angewehten Lößlehmschichten mit den einsickernden Nährstoffionen des A-Horizontes in Zusammenhang mit ihren hohen Sorptionskapazitäten zu erwarten gewesen. Man kann also die Stärke des Lößlehms gut für 30 bis 150 cm Bodentiefe erkennen. Anthropogene Störungen, die eine Verschlechterung der Leitfähigkeit besonders im A-Horizont bis 30 cm Tiefe hervorgerufen hätten, lassen sich erst ab 4 m vom Beginn zunehmend bis zum Ende der hier nur bis 20 m dargestellten Meßachse durch Ausbildung eines grünen Farbbandes (Zunahme des Widerstandes auf etwa 100 Ohm/m) erkennen.

Unterhalb der Lößschicht nehmen die Widerstände in den Schichten kontinuierlich bis in 5 m Tiefe zu. Diese Zunahme wird deutlich durch die Farbänderungen von Grün über Gelb, Orange, Rot bis Violett, was einer Widerstandserhöhung auf bis über 800 Ohm/m entspricht. Die Leitfähigkeit in den roten und violetten Schichten ist also gering. Hier liegen die ausbeutungsfähigen Sande und Kiese der Weserniederterrasse vor. Sande und Kiese leiten den Strom nur sehr gering, und zwar nur über die umgebende Feuchtigkeit.

Ergebnis:

Das Profil aus der Geoelektrikmessung ergibt hervorragende Hinweise für eine mögliche Ausbeutung des Bodens auf Sande und Kiese, ist jedoch für eine genauere Erkennung geringerer anthropogener Einflüsse nur mäßig geeignet.

Geomagnetik

Bei der Geomagnetik werden Anomalien des Magnetfeldes der Erde in einer großen Anzahl von Meßpunkten im Abstand von je 1 m oder 0,5 m hier mit Hilfe des Fluxgate-Magnetometers von Geoscan Research in der Meßeinheit Nano Tesla ermittelt.

Die Anomalien, also die Abweichungen vom Magnetfeld der Erde, sind überwiegend anthropogen hervorgerufen worden. Anomalien sind dann vorhanden, wenn die Abweichungen gegenüber dem Erdmagnetfeld über + 6 und – 6 Nano Tesla (nT) hinausgehen. Hierfür kommen die gelben/roten und die blauen/violetten Farbtöne des Magnetogramms (farb. Abb. S. 251) in Frage. Aufgrund der späteren Sondagegrabung können am Ort der gelbroten Verfärbungen im Magnetogramm Eisen- und Schlackenreste einer vorgeschichtlichen Eisenverarbeitung vermutet werden. Da diese im Elektrogramm weniger deutlich sind, wurde beschlossen, die nachfolgende Intensivmessung am Ort des ›Flügelgebäudes‹ (s. farb. Abb. S. 250) nur mit Hilfe der Geomagnetik durchzuführen.

Ergebnis:

Die Geomagnetik erlaubt, technisch leichter (schneller) und genauer, anthropogene Störungen im Erdreich festzustellen. Die Rintelner Grabungsergebnisse sprechen für eine Bevorzugung der Geomagnetik in der Archäologie, während die Geoelektrik besser für die Ermittlung von Bodenprofilen eingesetzt werden könnte.

Externsteine

Sie lagen unzweifelhaft im ehemaligen Cheruskerland. Aus diesem Grund und weil hier das wahrscheinliche zentrale damalige Stammesheiligtum nicht nur der Cherusker, sondern auch der benachbarten Stämme der Chatten, Marser und Brukterer vermutet werden muß, soll hier eine etwas ausführlichere Betrachtung dieses Natur- und Kulturdenkmals unternommen werden.

Abb. 121: Die eindrucksvolle Felsengruppe der Externsteine.

Sie bestehen aus Osningsandstein der unteren Kreidezeit. Am schlanken Felsen II in der Bildmitte ist deutlich eine der Abbruchkanten zu erkennen, an der etwa ein Viertel des Felsens abgesprengt worden ist. Damit sind möglicherweise wichtige Kultbereiche vor der Höhenkammer vernichtet worden. Immer wieder ist vermutet worden, dort habe möglicherweise die zentrale Irminsul der Sachsen gestanden. Das Kreuzabnahmerelief am Felsen I wird durch die Baumgruppe verdeckt. Am Felsen IV ist das geneigte Haupt des sogenannten ›Hängenden‹ erkennbar, während sich die Hirschkuh oder Ziege auf der Rückseite dieses Felsens befindet. Der als ›Rufer‹ bezeichnete große Männerkopf steht an der O-Ecke des Felsens V, links. Der vermutete ›Höhlenbär‹ ist auf der Mitte der Rückseite des Felsens I zu suchen. Am besten geht man dazu rund um den Teich.

Jahr für Jahr besuchen mehrere Hunderttausend Menschen die Externsteine. Sie bestaunen die bis zu 40 m hohen Felstürme aus Osningsandstein der Unteren Kreidezeit. Sie stammen aus einer harten Ablagerungsschicht, die vor etwa 60–70 Millionen Jahren senkrecht aufgefaltet wurde. Die umgebenden weicheren Schichten wurden durch das Flüßchen Wiembeke im Laufe der Millionen Jahre ausgeräumt, so daß die stehengebliebenen Steinkolosse den Menschen von jeher als ein Naturwunder erschienen sind.

Jedoch – das Schauspiel der Natur ist es nicht allein, das die Menschen strömen läßt. Da ist ein unbeschreiblicher Zauber, der die Steine umgibt. War es nicht das große germanische Heiligtum unserer Vorfahren, das die frühen Christen dazu bewegte, zum ›Entheidnischen‹ das große Felsrelief der Kreuzabnahme aus dem harten Stein zu meißeln? Haben hier nicht unsere Vorfahren in der Höhenkammer des Felsens II bereits astronomische Berechnungen durchgeführt und die Sommersonnenwende gefeiert? Stand dort nicht die zentrale Irminsul der Sachsen, die von Karl dem Großen vernichtet wurde? Wer hat denn die großen Höhlenkammern ausgemeißelt? Waren die Steinmonumente nicht schon Gegenstand vorchristlicher, sogar altsteinzeitlicher Kulte?

Fragen über Fragen. Es ist das Verdienst von Ralf Koneckis, hier zu-

Abb. 122: Der ›Hängende‹ am Felsen IV der Externsteine

Der sogenannte ›Hängende‹ am Felsen IV, von Osten aus gesehen (Foto von Wolfgang Fachmann aus dem Jahre 1962). Deutlich ist die ›Leberwunde‹ des Gebildes zu erkennen, die nach Niedhorn klare Bearbeitungsspuren trägt.

sammen mit anderen Wissenschaftlern (Ulrich Niedhorn, Wolfhard Schlosser und Burkhart Weecke) erstes strahlendes Licht in das Dunkel der Vermutungen gebracht zu haben (Ralf Koneckis, Hg., *Geheimnis Externstein,* topp + möller, Detmold 1995).

Mit Hilfe der Feuerwehr ließen sich die Wissenschaftler in schwindelnder Höhe direkt an die vermutlichen Großskulpturen heranfahren. Wenn es Großskulpturen sind, mußte sich eine Bearbeitung oder Nachbearbeitung des so eigenwillig geformten Steins aus der Nähe feststellen lassen.

Drei der bekanntesten möglichen Großskulpturen sind der sogenannte ›Rufer‹, der ›Hängende‹ und die (wohl etwas gewagt) nach der altnordischen Sage gedeutete ›Ziege Heidrun‹. Leider konnte die Feuerwehr den Korb nicht an den ›Rufer‹ heranfahren, so daß hier die Untersuchung noch aussteht. An den Bildwerken des sogenannten ›Hängenden‹ und der vermuteten Ziege (oder Hirschkuh) fand der Bildhauer und Steinmetzspezialist Ulrich Niedhorn gleiche Bearbeitungsspuren wie am Sonnenloch in der Höhenkammer. Er schreibt in der vorgenannten Publikation von Koneckis:

»›Der Hängende‹ und die ›Ziege Heidrun‹ gehören sowohl durch die spätpaläolithische Kompositionsweise als auch durch ihre Bildhauertechnik untereinander und wegen der letzteren mit der Entstehung des Sonnenlochs in der Höhenkammer zusammen. Gearbeitet worden ist daran mit schweren, steinernen Hämmern, die teils relativ spitze Formen hatten in der Art von Picken, teils derbe Schneideformen wie Sprenghämmer hatten. Damit sind frühe, steinzeitliche Bildwerke von riesigen Dimensionen auf deutschem Boden sicher erschlossen.«

Die bisherigen sensationellen wissenschaftlichen Ergebnisse zeigen, daß bereits in der späten Altsteinzeit, ca. 15 000–10 000 Jahre v. Chr., die Externsteine unter den damaligen Menschen großes Interesse ausgelöst haben. Es war die Zeit der späten Höhlenmalereien in Frankreich und Spanien, so auch in der berühmten Höhle von Lascaux.

Wenn denn schon in der ausgehenden Altsteinzeit Menschen

die Externsteine in den Mittelpunkt ihrer Kulte einbezogen, wieviel mehr mußten dann auch die Menschen der Jungsteinzeit (5000–1700 v. Chr.) von diesen Naturdenkmälern fasziniert sein?

Für diesen Zeitraum und die nachfolgenden bronze- und eisenzeitlichen Perioden (1700–600 v. Chr. und 600 v. Chr. - Chr. Geb.) kommt Niedhorn zu überraschenden Ergebnissen, nämlich, daß die Kuppelgrotte im ersten Felsen in ihrer jetzigen Form nicht das Ergebnis von menschlicher Steinbearbeitung ist, sondern daß sie durch viele heftige Feuer und nachträgliche, kuppelförmige Auswitterung über einen langen Zeitraum entstanden ist. Die Erklärung für die nachgewiesenen Feuer sieht Niedhorn in einer dortigen Einäscherung von Toten.

Unabhängig von Deutungsversuchen ist festzuhalten: Die Forschungsstelle ›Archäometrie der Heidelberger Akademie der Wissenschaften am Max Planck-Institut für Kernphysik‹ führte auf Anregung von Wolfhard Schlosser eine aufwendige Thermolumineszenz-Analyse an dem durchgeglühten Stein durch. I. B. Lorenz maß drei Proben. Das Ergebnis:

- Es wird bestätigt, daß die Erhitzungsphase (über 500° C) zutrifft.

- Diese letzte Erhitzung mußte in vorgeschichtlicher (das heißt vor allem: in vorchristlicher!) Zeit vor etwa 2500–3500 Jahren erfolgt sein (aus: R. Koneckis, *Geheimnis Externstein;* sowie Dieter Kestermann, *3000 Jahre Externsteine,* Burkhart Weecke-Verlag, Horn-Bad Meinberg 1994).

Die heftigen Feuer endeten damit also in der Eisenzeit vor Chr. Geburt. Leider läßt sich nicht datieren, wann mit den Feuern begonnen wurde. Aber sehr wahrscheinlich ist der Beginn dieser hypothetischen Feuerbestattungen in die Jungsteinzeit zu verlegen.

Die große Grotte im ersten Felsen ist nach Niedhorn eindeutig mit Spitzeisen und Fäusteln in der vorgeschichtlichen Eisenzeit freigeschlagen worden (La-Tène-Zeit). Gleiche Arbeitsverfahren gibt es auch in der nordwestlich anschließenden Nebengrotte.

Abb. 123: Das Großrelief der Kreuzabnahme am ersten Felsen der Externsteingruppe (Foto: Uwe Topper)

Das große, nach Niedhorn byzantinische Relief der Kreuzesabnahme am ersten Felsen der Externsteingruppe. Nicht nur die kunsthistorische Untersuchung, sondern auch die Spuren der Steinbearbeitung mit Hilfe von Spitzeisen, Breiteisen und Picke sprächen für die Entstehungszeit unmittelbar nach der Niederwerfung der Sachsen, etwa den Jahren 816–822, in der Regierungszeit Ludwigs des Frommen.

Niedhorn widerspricht auch der bisherigen Version, daß das große Relief mit der Kreuzabnahme von den Mönchen des Klosters Abdinghof anfangs des 12. Jahrhunderts erstellt worden sei. Er hält es für ein »Originalwerk des byzantinischen Kunstkreises«, das in die Zeit der Sachsenmissionierung zur Zeit Ludwigs des Frommen zu datieren sei. Seine angeführten Beweise sowohl über die Steinbearbeitungstechnik als auch über die Kunsthistorie sind überzeugend.

Um so folgerichtiger ist für den Verfasser das Umtreten der Irminsul durch den rechts dargestellten, jetzt beinlosen Nikodemus, gekleidet als sächsischer Edeling mit Helm.

Zur Missionierungszeit zu Beginn des 9. Jahrhunderts mußte die Irminsul, sowohl Kultgegenstand der Cherusker und später der Sachsen, zertreten werden, so wie Karl der Große vermutlich an den Externsteinen die bedeutendste sächsische Irminsul vernichtete.

Offensichtlich gab es aber in dieser frühen Missionierungsphase auch Rückschläge für die Missionare. Nach Niedhorn haben nämlich heidnische Sachsen die Mariafigur geköpft und die Beine des die Irminsul beugenden Nikodemus gewaltsam weggeschlagen. Britta Verhagen (*Götter am Morgenhimmel*, Grabert-Verlag, Tübingen 1983) nimmt zu der abgeknickten Irminsul folgendermaßen Stellung:

> »Der Streit um das ›Gebilde‹ dürfte jetzt wohl endgültig entschieden sein, nachdem vor allem durch den Bildhauer Ferdinand Seitz ein geradezu erdrückendes Beweismaterial zugunsten der Irminsul gesammelt worden ist. . . Diese Baumsäule findet sich in unendlicher Vielfalt als Segens-, Herrschafts-, Gerichts- und Himmelsgottzeichen über die halbe Welt verbreitet. . . Der Mittelpunkt zwischen den Armen [Äste der Säule, d. Verf] galt als ›Ruheplatz der Sonne‹ (Sophokles), und auf vielen Darstellungen ruht hier wirklich die Sonne. Häufiger noch findet sich an dieser Stelle der Polarstern, der als ›Weltnagel‹ [die Germanen nannten ihn darum auch Nagelstern1 aufgefaßt] und abgebildet wurde.«

Der Verfasser hatte bereits früher dargestellt, daß er die heutigen Torsäulen mit und ohne das Weltall versinnbildlichende Kugeln auf den Toren vieler noch vorhandener alter Bauernhäuser als Nachfolger der ursprünglichen Irminsulen der Cherusker und später der Sachsen sieht.

Auch daß möglicherweise die zentrale Irminsul der Cherusker auf dem Felsenturm II der Externsteine gestanden hat, ist bereits erwähnt worden.

Hier sollte noch einmal ein Argument geäußert werden, daß diese These stützen könnte: Möglicherweise steht die Zerstörung der großen zentralen Irminsul in Zusammenhang mit der gewaltsamen Absprengung von großen Teilen des imposanten Felsens II (Felsen mit der Höhenkammer und dem Sonnenloch). Wahrscheinlich stand hier die Irminsul so fest verankert, daß für die totale Zerstörung sowohl der Säule als auch ihres Fundamentes durch die fränkischen Krieger Karls des Großen immerhin einige Tage notwendig waren. Ein derartiger Zeitaufwand wäre für die Zerstörung einer einfachen Baumsäule nicht erklärbar gewesen. Die Absprengung größerer Teile des Felsens II dürfte dagegen schwierig gewesen sein und diesen langen Zeitraum erfordert haben.

Einige Jahrzehnte später wurde dann diese Irminsulzerstörung bildlich in das Relief eingemeißelt.

Römische Grabhügel ?

Diese Gedenktafel setzte Oberstleutnant von Stamford 1895 auf einen Grabhügel in Währentrup unweit des Eingangs zur Wistinghäuser Schlucht. Vor wenigen Jahren fand der Grundstückseigentümer hier beim Anlegen eines Zaunes Menschenknochen. Bis heute ist die Behauptung von Stamfords nicht überprüft worden.

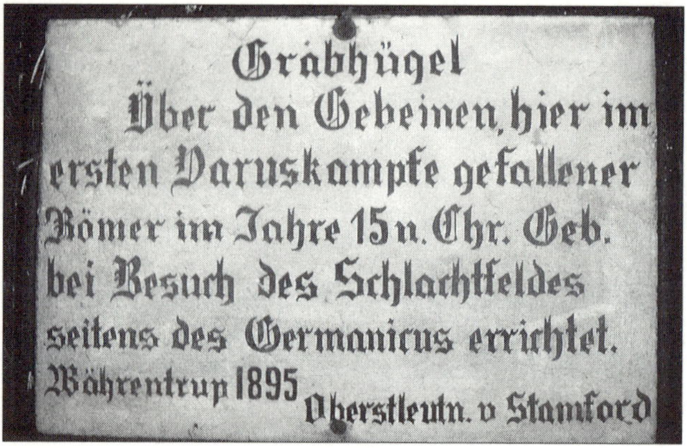

Abb. 124–125

Am Eingang zur Stapelager Schlucht, unmittelbar vor dem bereits erwähnten ovalen Ringwall, befindet sich dieser mächtige, künstlich angelegte Hügel. (Am linken Bildrand verlief der alte Paßweg, der später vermutlich wegen der Unterbrechung durch den Graben des Ringwalles etwas weiter östlich neu angelegt wurde.) Handelt es sich um einen römischen Grabhügel?

Vor der Stirn der Feinde

Blick von einem fiktiven römischen Wachtturm von Anreppen aus auf den Teutoburger Wald **Abb. 126**

O = Oerlinghauser Paß, T = Tönsberg, W = Wistinghäuser Schlucht, S = Stapelager Schlucht, D = Dörenschlucht, GE = Großer Ehberg

Als Drusus im Herbst des Jahres 11 v.Chr. mit seinen Legionen glücklich dem Überfall in der Schlucht von Arbalo entronnen war, baute er, die cheruskischen Feinde geringschätzend, ihnen »ein Kastell am Zusammenfluß von Lupia und Alme ›vor die Stirn‹ « (Cassius Dio 54/53). Von hier, von Aliso/Neuhaus aus erscheint die Barriere des Teutoburger Waldes tatsächlich wie die Stirn, die die Cherusker den Römern bieten, denn hinter ihr liegt das Cheruskerland. Wolfgang Lippek, dem Vorsitzenden des Naturwissenschaftlich-Historischen Vereins aus Lage, gebührt Dank für die vorhergehenden und folgenden Fotos, die er unter großen Mühen aus erhöhter Position in Absprache mit dem Verfasser anfertigte. Im obigen Panoramablick sieht man diese Stirnkette der Cherusker in ihrem westlichen Teil, der in germanischer Zeit ›Osning‹ hieß. Für die Römer mußte strategisch sofort die tiefste Lücke in der Gebirgskette auffallen, die Dörenschlucht. Möglicherweise haben sie jedoch erst später entdeckt, daß die Stapelager und Wistinghäuser Schlucht noch leichter zu überwinden waren. Vor allem war die Welschenegge eine völlig ebene, besonders für Wagen geeignete Straße durch die Wistinghäuser Schlucht.

1 Panoramablick über den Teutoburger Wald von Oerlinghausen bis Hörste auf der Nordseite

O = Oerlinghäuser Schlucht; T = Tönsberg mit Tönsberglager; W = Wistinghäuser Schlucht; S = Stapelager Schlucht

3 Panoramablick auf den Mittelteil des Teutoburger Waldes

Hier ist die Westkette der drei Parallelketten des Gebirges am höchsten und verdeckt die Teutoburg/Grotenburg der Mittelkette. Dieser Panoramateil schließt links an den Panoramablick 2 an

2 Panoramablick auf die Dörenschlucht, an Panoramabild 1 anschließend

H = Hörster Berg, dahinter das Grabungsfeld Südfeld von Hörste; D = Dörenschlucht, die breite Schlucht des Teutoburger Waldes; GE = Großer Ehberg

Abb. 127–130

4 Panoramablick auf den östlichen Teil des Teutoburger Waldes

WF = Winnfeld; AP = Alter Postweg; GE = Große Egge (Alter Hellweg); B = Bärental (heutige B1)

Teutoburger Wald

Der Geologe beschreibt ihn so: Der Teutoburger Wald erstreckt sich rund 120 km in nordwestlicher Richtung und besteht aus drei parallel verlaufenden Höhenzügen mit der größten Höhe von 468 m.

Die Quellenlage ist in bezug auf Namensgebung und Ausdehnung des Osning unklar. Während der Teutoburger Wald heute nur als nordwestlich verlaufende Gebirgskette verstanden wird, bildete diese vermutlich früher mit dem südwestlich gerichteten Eggegebirge einen als Einheit empfundenen Höhenzug. ›Osning‹ heißt jetzt nur noch ein kleiner Abschnitt zwischen Oerlinghausen und Bielefeld, wobei es selbst dazu auf modernen Karten abweichende Lokalisierungen gibt.

Er ist während der saxonischen Faltung entstanden und besteht in seinem westlichen Höhenzug aus Kalkgestein der oberen Kreidezeit, im höchsten, mittleren dagegen aus Sandstein aus der Unteren Kreidezeit, im östlichen aus Kalkstein aus der ältesten Periode, nämlich aus dem Muschelkalk. Zwischen den Höhenzügen befanden sich weiche Mergelschichten. Diese wurden ausgewaschen, wodurch die heutigen Längstalungen entstanden sind.

Die Historiker streiten sich um die richtige Benennung. Während der Teutoburger Wald in seinem mittleren Teil auch ›Lippischer Wald‹ genannt wird, hieß der gesamte Höhenzug einschließlich des heutigen Eggegebirges bis etwa Brackwede im Norden in germanischer Zeit ›Osning‹.

Viele Forscher haben immer wieder darauf hingewiesen, daß die Namensgebung ›Teutoburger Wald‹ erst nach Auffinden des Tacitusberichtes im 16. Jahrhundert mit den Hinweisen auf die Varusschlacht seinen Namen erhalten und eben zur Römerzeit ›Osning‹ geheißen habe. Demgegenüber stehen Ausführungen des Paderborner Bischofs Fürstenberg in seiner *Monumenta Paderbornensia,* Anlage 11, in der er auf fünf verschiedene Quellen aus der karolingischen Zeit verweist, nach denen der Wald in Nähe der Grotenburg schon Ende des 8. Jahrhunderts ›Theutwald‹ hieß.

Dazu kommen alte Namen wie ›Teuthof‹, ›Im Teut‹ am Fuße der Grotenburg, die nachgewiesermaßen bereits zur Cheruskerzeit als große Volksburg benutzt wurde.

Der Verfasser ist sich sicher, daß es zur Cheruskerzeit neben dem Tönsberglager nur die Grotenburg als bedeutende Burg mit großem, umgebenden Waldgebiet gegeben hat, die den

Aus fünf unabhängigen Quellen um 800 n. Chr. geht hervor, daß der Wald um die heutige Grotenburg mit dem Hermannsdenkmal damals ›Theutwaldi‹ innerhalb des größeren Waldgebirges des Osnings hieß. Hier erkennt man die drei Ketten des Gebirges, im Vordergrund die flacheste Nordkette, dann die Mittelkette mit der Grotenburg, im Hintergrund die langgestreckte Südkette.

Abb. 131–132: Der Wald um die Teutoburg – Theutwaldi

Wir sehen hier rechts von der Teutoburg/Grotenburg und links vom Bielstein den tiefen Einschnitt des Heidentals, durch das vermutlich die letzten römischen Verbände vom Varusschlachtfeld zu entkommen suchten, bis sie auf dem Winnfeld restlos vernichtet wurden. Vor dem Bielstein (Sendemast) lag damals ein ausgedehntes Sumpfgebiet, das Hiddeser Bent, das noch heute (allerdings eingeschränkter) vorhanden ist.

Abb. 133: Blick von Horn-oldendorf aus auf die Grotenburg mit Hermannsdenkmal. Der dem Betrachter zugewandte Berghang heißt im Volksmund noch heute ›Im Teut‹.

örtlichen Angaben des Tacitus, aber auch logistischen Voraussetzungen entspricht.

Der Teutoburger Wald bestand mit hoher Sicherheit in germanischer Zeit nur aus einem untergegliederten Waldteilgebiet um die Teutoburg (heutige Grotenburg) innerhalb des Osnings.

Zwischen den auf diesen Fotos abgebildeten Teilen des nördlichen Vorlandes des Teutoburger Waldes fand die Varusschlacht statt. Auf obenstehendem Foto werden die frühsommerliche Schönheit, auf den beiden nebenstehenden Fotos dagegen die rauhe Herbstlichkeit dargestellt.

Christian Gottlieb Clostermeier beschreibt einen republikanischen Denar und eine augusteische Kupfermünze, die jeweils an der Berlebecke nahe der Falkenburg und der Detmolder Innenstadt 1786 und 1806 gefunden wurden und sogleich ihm als Archivrat übergeben wurden. Diese Münzen lagen somit an der östlich über den Teutoburger Wald Richtung Neuhaus/Aliso vorbeiziehenden Heerstraße. Möglicherweise fanden versprengte Einheiten aus dem Endkampf der Varusschlacht vom rund 3 bis 5 km entfernten Schlachtfeld hier ihr Ende. Im Bild-

Abb. 134: Herbstlicher Blick von Norden auf Uekenpohl, den Eingang zur Stapelager Schlucht durch den Teutoburger Wald.

Abb. 135: Herbstdunst über dem nördlichen Eingangstor zur Wistinghäuser Schlucht durch den Teutoburger Wald.

hintergrund des Fotos, vom Eingang zur Wistinghäuser Schlucht, wurde nach Paul Höfer Ende des 19. Jahrhunderts, wie bereits erwähnt, ein römisches Kurzschwert gefunden.

Im rechten Bildhintergrund dieses Fotos ist der Osthang des Tönsberges (s. aauch farb. Abb. S. 253) zu sehen, auf dem sich die zweite große cheruskische und spätere sächsische Volksburg dieser Region, das Tönsberglager, befand.

Der Naturfreund Karl Meier aus Lemgo schreibt in seinen *Wanderfahrten durch Lippe* (F. L. Wagener, Lemgo 1920) über den Urwald im Teutoburger Wald in Nähe des Sumpfgebietes vom Donoper Teich:

»Urwald im Teutoburger Wald Wir steigen hernieder zu den Schatten der Bäume, die hier nicht aufgeforstet werden, sondern in göttlicher Schönheit und wilder Kraft aufwachsen, zu ihres Schöpfers Ehre. Da schlägt der kleinere Bruder des Donoperteichs, der Krebsteich, sein dunkles Auge auf. Ihn umprangen üppige Farnwedel. Knorrige Eichen wechseln mit zarten Birken, Lärchen und Erlen mit Kiefern und Fichten. Riesenfichten sinds mit ausgreifenden Ästen, von denen die Nadeln wie Mähnen her-

Abb. 136: Karl Meier, Lemgo, Hermannsdenkmal auf der Grotenburg vom Heidental aus gesehen

Durch das Heidental verlief eine alte Paßstraße über den zweiten Teuthof. Noch im 15. Jahrhundert wird von »twe Hus to dem Toyte gesprochen (Wilhelm Teudt, *Germanische Heiligtümer,* Eugen Diederichs-Verlag, Jena 1934). Der erste Teuthof liegt nördlich von der Grotenburg mit dem heutigen Hermannsdenkmal, während noch heute im Volksmund der östliche Hang der Grotenburg ›zum Teut‹ heißt. Westlich, nördlich, östlich ist also die Grotenburg von Teutbegriffen umrahmt. Die Burg auf diesem Berg war die Teutoburg. In den Waldungen westlich und südlich von der Teutoburg fand die Endphase der von der Wistinghäuser Schlucht begonnenen, sich nach Osten Richtung Teutoburg ziehenden Varusschlacht statt.

abhängen. Bis zur Erde herab reichen die grünenden, kräftigen Äste, wie bei den Schwarzwaldtannen, die Hans Thoma gemalt hat.«

Schon 1929 hat der Soester Geheimrat Dr. Dörrenberg auf dem Gelände der Waldheide von Heidenoldendorf angeblich einen römischen Spitzgraben ergraben. Die beiden bärtigen Rentner auf seinem Foto posieren vor einem deutlichen Spitzgraben. Jedoch ist diese Form nicht typisch römisch. Diese weisen nämlich in einer schrägen Gerade verlaufende Seitenwände auf. Hier besitzen beide Seitenwände jedoch eine Rundung.

Abb. 137: Angeblicher ›römischer Spitzgraben‹ von Heidenoldendorf (aus: Wilhelm Teudt, *Germanische Heiligtümer,* Diederichs-Verlag, Jena 1932)

Friedrich Hohenschwert, seinerzeit Museumsdirektor in Detmold, ließ die Angelegenheit nicht ruhen. Er ließ in den siebziger Jahren vier Schnitte durch den Dörrenbergschen ›römischen Spitzgraben‹ legen, ehe dies durch die anstehende Bebauung unmöglich gemacht worden wäre. In dieser Rettungsgrabung konnte er die alten Dörrenbergschen Grabungsschnitte in den Schnitten I und II wiederentdecken. Hohenschwert schreibt dazu (*Ur- und Frühgeschichtliche Befestigungen in Lippe,* F. L. Wagener, Lemgo 1978):

»Bei den Schnitten I und II konnten die alten Grabungsgrenzen der Dörrenbergschen Schnitte erfaßt und direkt im Anschluß neue Profilschnitte angelegt werden. . . Bedauerlicherweise bestätigte sich der Verdacht, daß der muldenförmige Graben [der Wallhecke eines Gemeindehudegebietes] gerade an dieser auf dem alten Foto festgehaltenen Stelle durch versickerndes Wasser stärkere Ortssteinzapfen oder Rostfärbung im Sande darunter aufwies und der Befund folglich nicht nur als Spitzgraben gedeutet wurde, sondern der Retuschierstift zur Hilfe genommen wurde, um diesen gewünschten Befund zu verdeutlichen.«

In allen vier Schnitten durch den alten verfüllten Wallgraben der Gemeindehude von Heidenoldendorf hatte Hohenschwert zweifelsfrei Rundgräben festgestellt. Das Thema ›Dörrenbergscher Spitzgraben‹ kann damit ad acta gelegt werden. Wie wäre

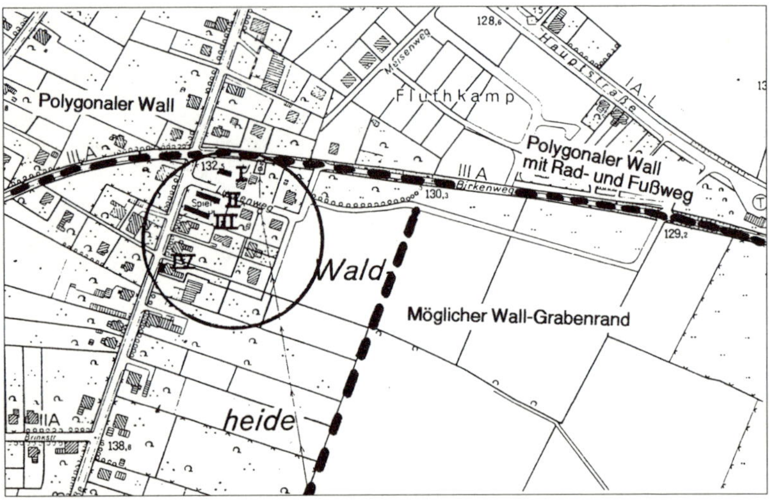

Abb. 138: Mögliche römische Lagerreste auf der Waldheide von Heidenoldendorf.

I–IV Grabungen von F. Hohenschwert nach dem »römischen Spitzgraben des Geheimrats Dörrenberg«

Der obere gestrichelte ›Birkenweg‹ enthält auf dem hier dargestellten Stück einen polygonal verlaufenden Wall, auf dem ein Rad- und Fußweg angelegt worden ist.

Die in der Bildmitte schräg verlaufende gestrichelte Linie zeigt deutlich eine Senke und Erhöhung wie von einem ehemaligen Wall-Graben-System. Es gibt mehrere Beispiele für polygonal umgrenzte Römerlager, z. B. Mainz, Marktbreit, Anreppen. Es ist also durchaus möglich, daß unter dem heutigen Rad und Fußweg des ›Birkenweges‹ Reste eines Walles des ehemaligen Germanicuslagers aus dem Jahre 15 n. Chr. liegen.

es, wenn an den vom Verfasser angezeigten Stellen Schnitte gemacht würden? Wenn man dort dann tatsächlich einen römischen Spitzgraben fände, wäre es schon eine kuriose Sache. Dann hätten nicht weit vom echten Spitzgraben innerhalb eines Lagers Grabungen stattgefunden. Dann müßte man jedoch feststellen: »Knapp daneben ist eben doch daneben.«

Von Stamford sieht in der Waldheide westlich von Heidenoldendorf zwei Ortsnamen, die den Charakter der damaligen Heidelandschaft bewahrt haben. Diese Heidelandschaft war also waldfrei und ein Ort, an dem sich die Römer noch einmal sammeln konnten.

Cassius Dio beschreibt laut von Stamford diese Heidelandschaft als »lichte Stelle«, während in der Übersetzung durch Woyte dieser Ort folgendermaßen gekennzeichnet wird (Dio, 56/2):

> »Am folgenden Tage [nach Aufbruch aus dem noch vollständigen 1. Lager] zogen sie in etwas besserer Ordnung weiter und hatten das Glück, zu einer Lichtung zu kommen, allerdings auch nicht ohne Verluste.«

Wie dem auch immer sei. Von Stamford trägt auf der lichten Waldheide westlich von Heidenoldendorf auf seinem Kartenausschnitt (s. farb. Abb. S. 119) ein römisches Lager ein (links von der Ziffer 27), dessen Reste er am Ende des 19. Jahrhunderts dort gesehen haben will.

Man sollte nicht alle Ausführungen von Stamfords übergehen, auch wenn viele seiner Details bezüglich des Verlaufs der Varusschlacht sicher nicht fundiert sind. Manche seiner Hinweise sind jedoch nachprüfenswert, zum Beispiel das sogenannte ›Römergrab‹ von Währentrup. Dort fand der Grundstückseigentümer vor einigen Jahren beim Bau eines Zaunes viele Knochen. Nach seinen Angaben sind die »meisten Knochen jedoch noch im Grab«. Auf jeden Fall hat Th. von Stamford hier 1895 eine Steintafel zur Erinnerung an die Gefallenen der Varusschlacht gesetzt, unweit der Stelle der römischen Münzfunde. Der Verfasser wird versuchen, eine ›Rettungsgrabung‹ zu erreichen.

Abb. 139: Blick auf die Grünlandfläche direkt vor der

Wistinghäuser Schlucht, unter der sich eine angewehte Sanddüne befindet.

In der jüngeren Bronzezeit standen hier nach den Keramik- und Fibelrestfunden germanische Siedlungen.

Der Tönsberg (rechts im Bild) trug schon in der vorrömischen Eisenzeit einen großen Ringwall. Die Pappeln verdecken den Eingang der Paßstraße, die hinter dem Tönsberg als ›Welschen Egge‹ in die Senneebene Richtung Neuhaus/Paderborn und/oder nach Lippstadt führt.

Abb. 140–141: Vermutliches› Campus‹-Gelände der finalen Phase der Varusschlacht

Das nordwestliche Vorgelände des eigentlichen Teutoburger Waldes war vermutlich Schauplatz der finalen Phase der Varusschlacht. Die vielgestaltige Landschaft mußte den Römern wie hier unter schweren Regenfällen bedrohlich erscheinen. Trotz des Regens ist die liebliche Vielgestaltigkeit des Geländes nicht zu übersehen, das jedoch für ein Heer hinderlich war.

Hier erkennt man den Umfang des vermutlichen ›Campus‹, des Geländes zwischen dem ersten noch vollständig ausgebauten Lager (rechter Bildrand) und dem letzten Notlager vor der Teutoburg/Grotenburg (Berg in Bildmitte).

Mögliche Römerlager in Heidenoldendorf

Abb. 142: Kartenausschnitt von der Waldheide bei Heidenoldendorf. Sowohl nach von Stamford als auch nach Auffassung des Verfassers kommt der Waldheide eine große Bedeutung als idealer Platz sowohl für ein mögliches Lager der dezimierten Varusarmee am Ende der Schlacht als auch für das Germanicusheer im Jahre 15 n. Chr. bei der Beerdigung der ›bleichenden Gebeine‹ zu.

Die englischen Luftbilder 7014 und 7023 vom 22. 3. 1945 geben Hinweise für die möglichen Lagerumrandungen, wie sie hier eingezeichnet sind. Durch das größere ›Lager‹ verläuft ein Wall, der heute einen Fuß und Radweg trägt (unteres Foto rechts). Mögliche Reste von Wall und Graben des großen ›Lagers‹ (durch die Buchstaben ›a, und ›h‹ von ›Waldheide‹) sind auf dem oberen Foto rechts zu erkennen.

Abb. 143–144: Mögliche Reste von Wall (Erhöhung des Geländes, rechts) und Graben (leichte Senke, dunkelgrüner Streifen).

Polygonal und gerade verlaufender Wall rings um das erhöhte Plateau der Waldheide, der heute mit Rad und Fußweg versehen ist. Möglicherweise liegt darunter ein alter Wall, der auch 1892 von v. Stamford gesehen wurde.

Reste des ovalen, einseitigen Ringwalles am Eingang zur Stapelager Schlucht

Abb. 145: Blick vom südlichen Walloval auf die Ostseite des Verteidigungsringes

Der Wall ist hier deutlich zu erkennen. Die Westseite bildet ein noch heute sumpfiges, etwa 50 m breites Bachbettsystem. Die Wallringerbauer konnten sich deshalb den Bau des Walles nach Westen hin ersparen. Diese einfache Bauweise ist ein Beweis für das zeitlich nur sehr begrenzte Nutzungsziel einer kurzzeitigen Sperrung des Paßweges.

Abb. 146: Durch Erosion verfüllter Graben des Walles

Östlich vor dem Ringwall ist der tiefe Graben durch Erosion des Walles verfüllt worden. Der ehemals hier verlaufende Heerweg ist offensichtlich 50 bis 100 m weiter östlich neu angelegt worden. Erst im späten Mittelalter, nach Verfüllung des Grabens, ist hier der alte Heerweg als Fußweg neu erstanden. Vor diesem Ringwall liegt ein noch heute mehrere Meter hoher, gewaltiger Tumulus. War es ein Grabtumulus für die gefallenen römischen Legionäre?

Das Werler Feld – Ort des Sommerlagers des Varus?

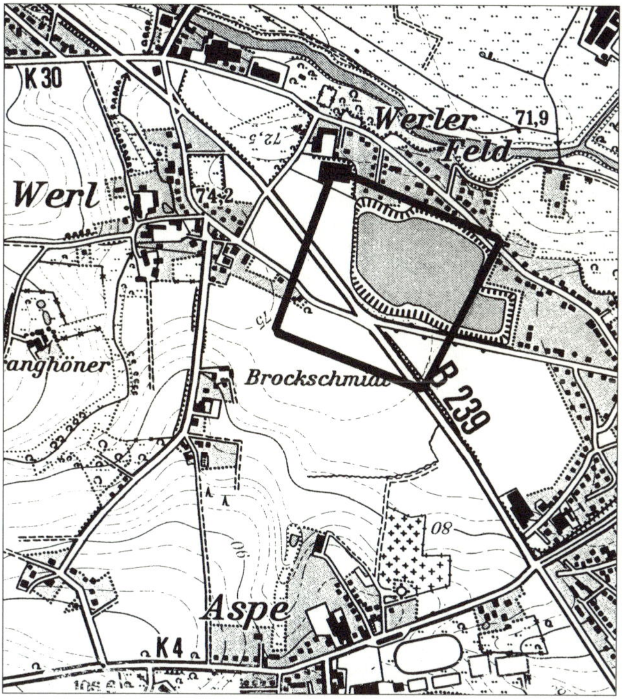

Abb. 147: Wahrscheinliche Lage des Sommerlagers des Varus auf dem Werler Feld

Aufgrund englischer Luftaufnahmen, topographischer Gegebenheiten und strategischer Voraussetzungen ist in der umrahmten Fläche das römische Lager zu suchen.

Leider ist der Boden nur noch im südlichen und südöstlichen Teil des möglichen ehemaligen Lagers ungestört. Die wahrscheinliche Lagermitte ist in einem Kiessee versunken. Die westliche Umgrenzung ist angeschüttet worden. Die heutige Straßenkreuzung liegt mitten auf dem nur wenige Meter über der schiffbaren Werre liegenden Plateau. Von dort aus erkennt man die ideale Lage dieser insgesamt etwa 100 ha großen Fläche mit vorgelagerter Werre. Wenn man ein ehemaliges römisches Standlager in dieser Region voraussetzt, dann kann es nur hier gelegen haben.

Abb. 148: Der Kiessee auf dem Werler Feld.

Durch seine Entstehung sind auf jeden Fall die auf den englischen Luftbildern sichtbaren Doppelgrabenstrukturen weggebaggert worden. Weitere Probleme für die archäologische Untersuchung sind durch Abschieben und Auffüllen des Geländes entstanden.

Abb. 149: Die Werre direkt unterhalb des möglichen Sommerlagers des Varus nach ihrer vereinigung mit Bega und Salze.

Ab hier war die nicht begradigte Werre vor 2000 Jahren mit Sicherheit bis zur Weser schiffbar.

Prospektionen mit Metallsonden

Für das Auffinden von zerstreut liegenden metallenen Fundstücken, wie sie durch ein Schlachtgeschehen in den Boden kommen können, haben sich Prospektionen mit Hilfe von Metallsonden sehr gut bewährt. Leider hat sich hier ein Raubgräbertum breitgemacht das nicht nur der amtlichen Archäologie, sondern auch der freien Forschung zunehmend große Probleme bereitet. Immer wieder werden aus reiner Profitgier durch Raubgräber wertvolle historische Fundstücke systematisch gesucht, gefunden, verkauft und damit der Forschung entzogen. Auf diese Weise gehen wichtige Schlüsselfunde für die Aufklärung geschichtlicher Zusammenhänge verloren.

Es gibt jedoch auch verantwortungsvolle Sondengänger, die sich freiwillig in den Dienst der amtlichen archäologischen gestellt haben, zum Beispiel in Kalkriese Hörer eines Volkshochschulkurses aus Gütersloh nachhaltig und auch mit großem Erfolg mitgewirkt. Einige der bedeutsamsten Entdeckungen sind ihnen zuzuschreiben.

Am Teutoburger Wald haben sich ebenfalls bereits einige Sondengänger in vielen hundert Stunden mit ihren Sonden eingesetzt. Einige ihrer Funde haben den Prospektionen der nächsten Jahre bereits entscheidende Impulse gegeben, denn oft sind die Anfangsfunde für die weiteren Sondagen richtunggebend. Daß derartige Einsätze bei Wind und Wetter manchmal harte Arbeit sind, mag aus dem Stimmungsfoto im regenverhangenen Teutoburger Wald hervorgehen (s. Abb., S. 324).

Im Herbst 1999 hatten sich Dieter Kirchhoff und Egbert Trzinski bereit erklärt, über Wochen hinweg die Fläche »Auf den Windhaufen« (nördlich von Stapelage) eingehend zu prospektieren. Bei diesem Acker handelt es sich um die bestgeeignete Fläche für ein mögliches Lager der das Varusschlachtfeld aufsuchenden Armee des

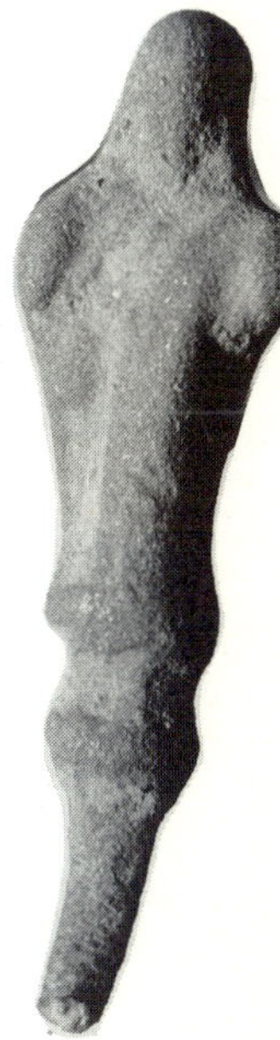

Abb. 150: Kunstvolle bronzene Figur auf der Spitze eines möglichen medizinischen Geräts vom Fundplatz ›Auf den Windhaufen‹, Länge 4,3 cm.

Abb. 151
Einer der erfolgreichsten lippischen Sondengänger, der der Denkmalspflege bereits viele wertvolle Fundstücke auch aus der spätrömischen Zeit zur Verfügung gestellt hat.

Germanicus. Es ist bereits gesagt worden, daß dieses Heer so groß war, daß es nördlich des Teutoburger Waldes auf mehreren Flächen Lager hätte aufschlagen müssen. Auf der bereits früher dargestellten Karte dieses Geländes war eine dieser Flächen mit den Buchstaben ADW (›Auf den Windhaufen‹) gekennzeichnet worden. (s. farb. Abb. S. 252)

Die beiden Sondengänger suchten also diese etwa 30 ha große Fläche ab. Ihre wesentlichen Fundstücke seien vorgestellt. Sie sind gleichsam ein Fingerabdruck des Geländes.

Abb. 152
Schneidemünze aus dem Königreich Hannover (1858), Fundplatz ›Heerweg in die Wistinghäuser Schlucht‹

Zunächst einmal seien die gefundenen Münzen des 19. bis 20. Jahrhunderts gezeigt, die offensichtlich beim Ackern in den Boden gekommen sind. Es sind Münzen für den Alltagsgebrauch. Die mit diesen Münzen abgebildete Billonmünze zusammen (½ Groschen von 1858) stammt jedoch vom Eingang in die Wistinghäuser Schlucht. Es wäre für den Acker »Auf den Windhaufen« eine exotische Münze gewesen, denn diese Scheidemünze kommt aus dem Königreich Hannover. Sie ist also vermutlich von einem Händler aus Hannover auf dem Hellweg durch die Wistinghäuser Schlucht verlorengegangen. Der Händler hätte sich wohl nicht auf dem Acker »Auf den Windhaufen« aufgehalten.

Nun – unter den Fundstücken von der Fläche »Auf den Windhaufen« waren natürlich, wie überall, die bronzenen Knöpfe vorhanden, die sich einst beim Arbeiten von der Kleidung gelöst hatten. Unvermeidlich sind auch die bleiernen Plomben von den Saatgutsäcken. Sie sind von den Landwirten vor der Saat von den Säcken getrennt und achtlos auf den Acker geworfen worden. Es waren »Auf den Windhaufen« mindestens zwei Dutzend eingesammelte Plomben.

Auffällig dagegen sind Bleigewichte von jeweils knapp 20 g Gewicht. Die beiden aufgefundenen Exemplare haben an kleinen Balkenwaagen Wägevorgänge ermöglicht. Auch in Kalkriese wurden verschiedene Wägegewicht gefunden. Eines ähnelte den Stapelager Gewichten.

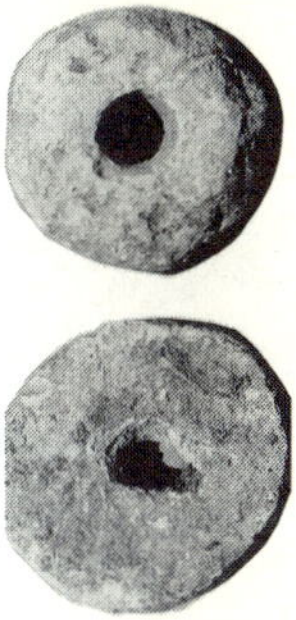

Abb. 153: Zwei Gewichtsstücke à 19,875 g = ½ ›Onca grossa‹

Die Römer hatten das Zwölfersystem bei ihren Gewichtsmaßen. Das Pfund (*libra*) umfaßte 327,45 g und teilte sich in 12 Unzen mit je 27,28 g auf. Aber es gab in Italien auch die ›*Onca grossa*‹ mit 66,1 bzw. 39,75 g. Demnach wären die beiden Gewichtsstücke vom Teutoburger Wald mit ½ ›*Onca grossa*‹ (39,75 g) = 19,875 g gleichzusetzen. Waren es also wie in Kalkriese ›römische Gewichte‹?

Abb. 154: Fragment eines Gürtelbeschlags mit Rosen- und Pik-Darstellung in Ranken

Ein Fragment, vermutlich eines Gürtelbeschlages bzw. möglicherweise eines ›cingulums‹ (eines Wehrgehenks) zeigt abwechselnd eine ›Rose‹ und das ›Pik‹ (wie Skatblatt bekannt), eingefaßt in zwei sich nach außen wölbende Ranken. Die ›Pik-Darstellungen‹ des gegossenen Bronzestücks gibt es in ähnlicher Art auf antiken römischen Ornamentmalereien und -reliefs, so zum Beispiel an den Wänden der römischen Villa in Boscotrecase (10 v. Chr.), die wahrscheinlich zum Besitz der Familie des Agrippa gehörte. Auch der Ara Grimani zeigt in seinem mittleren Reliefband die ›Piks‹.

Abb. 155: Pik-Ornamente mit Ranken auf Fresken der Villa Boscotrecase (10 v. Chr.)

Die ›Rosendarstellungen‹ gibt es in der Antike immer wieder in den verschiedensten Formen, auch auf dem ›Ara Pacis Augustae‹. Nunmehr ist die Aufmerksamkeit aufgrund des schönen bronzenen Gürtelbeschlagstückes ge-

Abb. 156:
Rosendarstellung vom ›Ara Pacis Augustae‹

Abb. 157:
Bronzene Spitzen von vermutlichen römischen medizinischen Geräten

Abb. 158:
Rätselhaftes massives bronzenes Endstück eines unbekannten Geräts, Länge 5,0 cm.

schärft. Es liegt weiter ein kräftiges 3,9 cm langes Teilstück eines Bronzebügels vor, offensichtlich Teil einer Gürtelschnalle. Leider fehlen kennzeichnende Merkmale.

Dafür scheint das Teilstück aus einem bronzenen Trinkbecher wiederum eher ein Indiz für die römische Herkunft zu sein. In Kalkriese fand man nämlich so gut wie keine Scherben und schon gar nicht Terra sigillata, Dort zog man die Schlußfolgerung, daß die römischen Legionäre auf ihren Märschen nur unzerbrechliches Geschirr, eben auch Bronzebecher, mit sich führten.

Rätselhaft ist eine Figur, die möglicherweise von der Spitze einer Bronzenadel stammt. Gab es ähnliches römisches medizinisches Gerät? Dafür sprächen zwei ebenfalls geborgene feine bronzene Spitzen bzw. Lanzetten. Ein Dolchknauf weist Ranken auf, wie sie ähnlich auf einem Fundstück von Haltern auftauchen. Eine neuzeitliche Herkunft, etwa aus dem Barock, kann aber auch nicht ausgeschlossen werden. Fotografiert man diese Fundstücke jedoch zusammen, so erscheint die römische Herkunft des einen oder anderen Gerätes durch die Kumulierung der Indizien für den Platz »Auf den Windhaufen« als sicher.

Wenn dort somit vermutlich ein Lager des Germanicus im Jahre 15 n. Chr. etwa über den Zeitraum von ein bis zwei Wochen tatsächlich bestanden hätte, so dürfte man trotzdem nicht wesentlich mehr Fundstücke erwarten. Zum Vergleich sei darauf hingewiesen, daß das Römerlager Marktbreit wesentlich länger besetzt (bis zu einem halben Jahr) und schon teilweise mit festen Gebäuden versehen war. Trotz umfassender archäologischer Untersuchung sind dort bronzene Fundstücke rar und insgesamt nur 9 augusteische Münzen gefunden worden.

Zusätzlich gewinnen die Funde vom möglichen Lagerplatz »Auf den Windhaufen« weiter an Bedeutung, wenn man den bereits erwähnten Spitzgraben berücksichtigt, über den Leopold Möller berichtete. Dieser Spitzgraben hätte das Römerlager im Süden vor dem Abfall des Geländes zum Bachtal begrenzt.

Ähnliche kumulierende Effekte ergeben sich, wenn man das bisherige Fundinventar aus dem Eingangsbereich der Wistinghäuser Schlucht betrachtet.

Hier sind es nun echte republikanische und augusteische Fundmünzen, die den übrigen Fundstücken ihre ›römische Weihe‹ geben. Bisher nicht erwähnt wurde unter den Wistinghäuser Funden ein kreisförmiges Bleifragment von etwa 3 cm Durchmesser mit einem Bronzeüberzug. Dieses Stück hat offensichtlich unter Hitzeeinwirkung gestanden, denn es sind daran tropfenförmige Gebilde vorhanden, wie sie eben durch Erhitzung während des beginnenden Schmelzens entstehen. In Kalkriese hat man ähnliche Blei-/Bronze-Fragmente geborgen, die nach dem Restaurieren klar als Phalerae (Orden und Auszeichnungen von der Rüstung römischer Legionäre) zu erkennen waren.

Auch noch nicht erwähnt wurde unter diesen Wistinghäuser Funden ein Fragment, das dem Bügel einer römischen Hülsenfibel zugeordnet werden könnte. Auf beiden Fundstellen zeigt sich, wie wertvoll einwandfrei römische Fundstücke sind, da sie zu genauen Analysen weiterer sonst möglicherweise nicht beachteter Stücke anregen.

Die bisherigen Sondageergebnisse mit Hilfe der Metalldetektoren sind erst ein Anfang. Die ersten Erfolge sollten ermutigen, weitere Prospektionen durchzuführen. Auf jeden Fall sind die Chancen mit diesem Verfahren am größten, ein Beweisstück für die Lokalisation der Varusschlacht im Teutoburger Wald zu gewinnen. Traumergebnis wäre es natürlich, einst eine Schwertscheide mit Ritzinschrift für eine der drei Legionen des Varus (XVII, XVIII oder XIX) zu finden.

Zweifel? Natürlich tauchen sie auf. An jenem kalten Märzsonnabend 2000, an dem das Aprilwetter der klei-

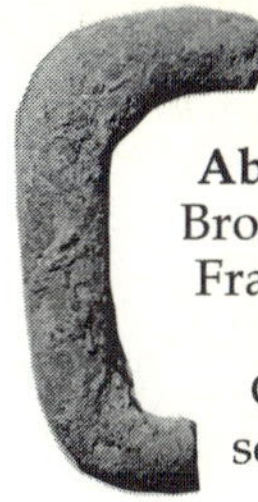

Abb. 159: Bronzenes Fragment einer Gürtelschnalle

Abb. 160: Blei-Bronzestück möglicherweise Schmelzrest einer Phaleraescheibe.

Abb. 161: Vermutliches Fragment des Mittelstücks im Bogen einer frühhallstattzeitlichen Fibel; typisch ist der äußere Bronzemantel (in der linken Abbildung in der Aufsicht) und der metallurgisch anders zusammengesetzte Kern (in der rechten Abbildung von innen gesehen).

nen Gruppe aus vier Sondengängern einschließlich des Verfassers so sehr zusetzte, fanden alle Beteiligten vor dem Eingangsbereich der Wistinghäuser Schlucht Keramikreste. Man war sich einig. Die Keramikreste stammten aus der Bronze- bis zur älteren Eisenzeit.

Demnach gab es also vor den Römern germanische Siedlungen auf dieser aus der Senne am Ende der letzten Eiszeit angewehten Sanddüne. Es war schon ein idealer Siedlungsplatz auf diesem sandigen Boden zwischen zwei Bächen, direkt auf der Nordseite vor der Wistinghäuser Schlucht.

Abb. 162: Vermutliches Fragment (Mittelstück zwischen den Pfeilen) des Bogens einer Bogenfibel aus der frühen Hallstattzeit, gezeichnet nach einer Abbildung aus: *Meyers Konversationslexikon,* 5. u. 7. Aufl., Tafeln zur Kultur der Metallzeit, Länge 5,7 cm.

Wenn es also bronzezeitlich dort eine oder mehrere Siedlungen gegeben hat, dann könnten doch wenigstens teilweise die oben vorgestellten Fundstücke von diesen bronzezeitlichen germanischen Siedlern stammen? Das gilt natürlich nicht für die römischen Münzen, auch wohl nicht für den Blei-/Bronzeanhänger. Beim Gürtelbeschlag wäre man schon unsicher und besonders beim vermutlichen Fibelrest.

Also studiert der Verfasser alle greifbaren Bücher mit Fibelabbildungen, auch das alte *Meyersche Lexikon,* 5. Auflage aus den neunziger Jahren des 19. Jahrhunderts. Dort sind herrliche Bronzegeräte abgebildet, auch zwei Fibeln. Es sind Bogenfibeln (Tafeln »Kultur der Metallzeit«), genau mit den Querrippen auf dem Bogen, wie eben bei dem Fundstück von der Wistinghäuser Schlucht. Auch der Krümmungsgrad des Bogens stimmt. Nach dem Lexikon ist es ein Fundstück aus der frühen Hallstattzeit um etwa 700 v. Chr., denn die dort abgebildeten Fibeln stammen aus Hallstatt selbst und sind seiner frühen Periode zuzuordnen. Nach der Unterteilung der Bronzezeit in ›ältere‹ und ›jüngere Bronzezeit‹ gehört diese Epoche in die ›jüngere Bronzezeit‹.

Die Annahme, daß auf dem nördlichen Sander der Wistinghäuser Schlucht spätbronzezeitliche Siedlungen standen, wird damit zur Gewißheit. Folglich muß man bei weiteren Bronzefundinventaren von diesem Ort an-

Abb. 163: Fundensemble vom Fundplatz ›Auf den Windhaufen‹ mit kumulierenden Indizien für mögliche römische Fundstücke.

Oben Mitte: Dochknauf mit Ornamentranken, die Ähnlichkeit mit den Ranken von Haltern haben, andererseits möglicherweise auch in die Barockzeit datiert werden können (Länge 4,4 cm). –
Mitte: Scherbe von einem bronzenen Trinkbecher, wie sie auch bei den Römern üblich waren (Länge 4,8 cm).

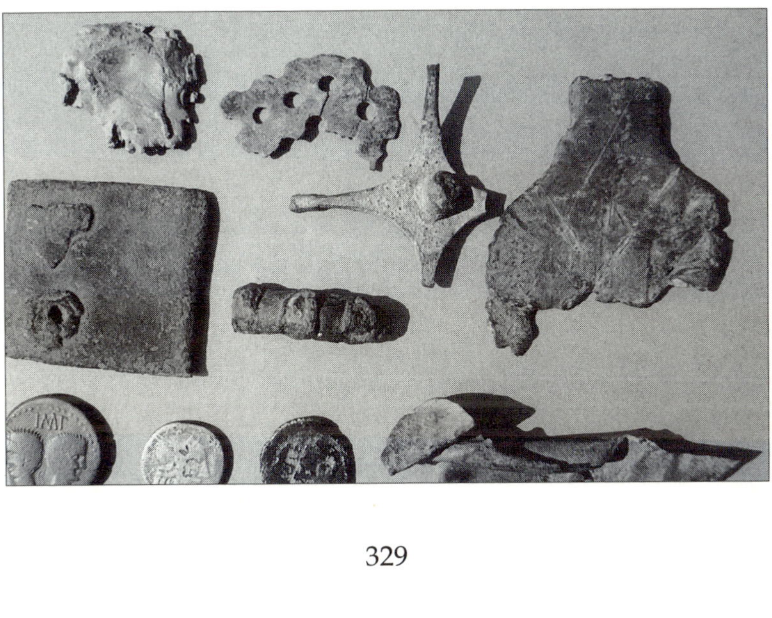

Abb. 164 Fundinventar aus dem Eingang zur Wistinghäuser Schlucht mit einwandfrei römischen Fundstücken, die teilweise früher ausführlich dargestellt worden sind.

nehmen, daß sie sowohl frühgermanische als auch römische Hinterlassenschaften sein können. Unser Fundensemble von der Wistinghäuser Schlucht ist somit wahrscheinlich ein Mischinventar aus beiden Zeitepochen. Aber gerade diese interessante Fundlage wird anspornen, in den nächsten Jahren dort intensive Sondagen durchzuführen.

Hessisch Oldendorf, nahe beim ehemaligen Schlachtfeld von Idistaviso

Abb. 165: Hessisch Oldendorf um 1650 (Kupferstich von Merian, Niedersächsisches Staatsarchiv, Bückeburg) Damals reichte die Weser bis an die Stadtmauern heran. Da die Weser häufig ihr Bett veränderte, ist es ungewiß, ob zur Zeit der Schlacht von Idistaviso der Weserverlauf so wie um 1650 war. Im Hintergrund die Anhöhen des Süntelgebirges.

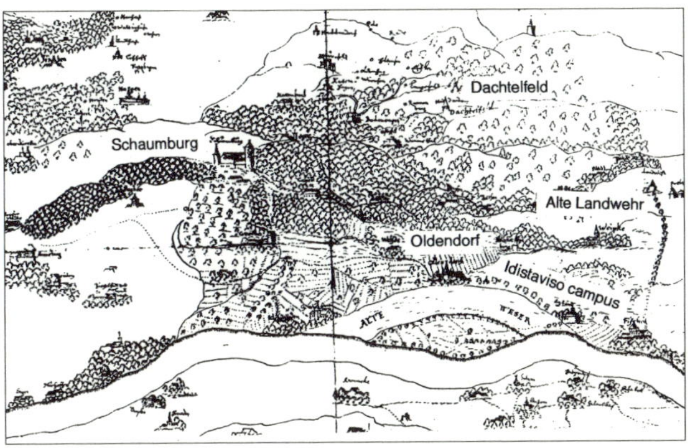

Abb. 166: Karte eines unbekannten Verfassers, vermutlich Ende des 17. Jahrhunderts.

Die Karte zeigt den Süntel und die Weser mit dem alten Weserbett. Die Weser floß zur Zeit der Kartenerstellung jedoch bereits in ihrem neuen Bett. Die Druckbuchstaben (Verf.) zeigen das Dachtelfeld, auf dem 782 ein fränkisches Heer unter den Heerführern Adalgis, Geilo und Worad von den Sachsen vernichtend geschlagen wurde. Die Karte zeigt auch den Verlauf der spätmittelalterlichen Landwehr der Grafschaft Schaumburg (Karte B 10025 Nds. Staatsarchiv Bückeburg).

Ufermärkte verraten den Weg römischer Schiffe

Abb. 167: Stolzenau um 1650 (Kupferstich von Merian)

Am Beispiel Leese-Stolzenaus, des vermutlichen Ortes des Angrivarierwalles, läßt sich die außerordentlich lang andauernde Tradition eines bedeutenden Ufermarktes an der Mittelweser nachweisen. Hier haben römische Händler in der frühen römischen Kaiserzeit Bronzegefäße über den Wasserweg importiert, die dann nach längerem Gebrauch, der Gewohnheit des germanischen Adels jener Zeit entsprechend, später als Graburnen verwendet wurden. Heinrich Gade (*Geschichte des Fleckens Stolzenau,* H. Bösendahl, Nienburg 1871) weist drei derartige Bronzegefäße nach, die als Graburnen auf zwei alten Friedhöfen Stolzenaus geborgen werden konnten. Sie brachten aber auch Hemmoorer Eimer und Bronzeeimer mit Löwenfüßen nach ›Leese-Stolzenau‹ (Peter La Baume, *Römische Kostbarkeiten in Nordwestdeutschland,* Kunde 1971).

Schon vor den Römern brachten bronze- und hallstattzeitliche Händler ihre wertvollen Handelsgüter nach Leese-Stolzenau, von denen der Verfasser einige in einer dortigen Kiesgrube unter der Auelehmdecke in einem Altarm der Weser bergen konnte. Sie sind größtenteils noch nicht veröffentlicht und sollen daher als eine der besten norddeutschen Bronzesammlungen auf der nächsten Bildtafelseite vorgestellt werden. Die Sammlung wurde dem Museum Nienburg übereignet.

Der Ufermarkthandel in Leese-Stolzenau läßt sich noch für das Ende des Mittelalters mit einem Mömpelgard-Wappen vom Ende des 15. Jahrhunderts nachweisen.

Abb. 168: Das Wappen der Grafen von Mömpelgard.

Dieses Wappen ist ein wichtiges Dokument für den Fernhandel im Mittelweserraum, der über die Wasserstraße Weser hiermit für das Ende des Mittelalters nachgewiesen wird. Das Wappen ist leicht gebogen und hat auf Grund von breiten, rückseitigen Kratzspuren (für die bessere Haftung der Klebemasse) vermutlich auf einem großen, runden Steingut-Behälter geprangt. Beim Verladen am Ufermarkt hat es sich möglicherweise vom Vorratsbehälter gelöst und ist dann in das Wasser und später unter die Lehmablagerungen aus den Weserüberflutungen im 17.–19. Jahrhundert geraten.

Die Württemberger Grafen, die durch Einheirat im Jahre 1397 die Grafschaft Mömpelgard (heute Montbéliard) in der Burgundischen Pforte dazugewonnen hatten, änderten damals ihr Württemberger Wappen für die Mömpelgarder Seitenlinie in der vorliegenden Form ab.) Zwei Hirsche halten im Geviert die Württemberger Hirschstangen, das bayrische Rautenmuster und das Reichsadlerbanner. Rechts unten sind gerade noch die Mömpelgarder Fischköpfe zu sehen. Über dem Geviert prangt die offene Grafenkrone. Da die Württemberger durch ihren Grafen Eberhard I. im Jahre 1495 die Erhebung Württembergs zum Herzogtum erreichten, durften sie sich also nach diesem Termin mit der geschlossenen Herzogskrone schmücken. Folglich muß dieses Wappen in die Grafenzeit vor 1495 datiert werden. Möglicherweise ist das Gefäß mit dem Wappen über den Rhein und die Nordsee bis nach Leese-Stolzenau über eine Wasserstrecke von mehr als 1000 km transportiert worden.

Die hier dargestellte lang andauernde Kontinuität eines Ufermarktes an der Mittelweser soll demonstrieren, daß es innerhalb dieses Handels auf dem Wasserweg auch für römische Versorgungsschiffe der Varusarmee keine größeren Probleme geben konnte, die Weser aufwärts zu segeln und zu rudern. Dazu gab es an der Unterweser vermutlich in Phabiranum, im befreundeten Chaucenland, ein Kastell, von wo aus in nur etwa 100 km Entfernung vermutlich das nördlichste Lager der Varusarmee lag.

Die Lastschiffe der Germanicusarmee in Form der *›actuaria‹* waren äußerst flach gebaut, hatten ein großes Segel und konnten über den Bug und über das Heck gesteuert werden. Sie konnten leicht auf das Ufer auflaufen und waren deshalb in kleineren Formen ideal als Ufermarktschiff für die Händler geeignet.

Abb. 169 S. 335 – Bronzegeräte aus einer Weser-Kiesgrube bei Leese-Stolzenau Die abgebildeten Bronzegeräte aus einer Kiesgrube Leese-Stolzenaus sind vermutlich über die Weser an den dortigen Ufermarkt (s. S. 332) transportiert worden und nach Benutzung mindestens teilweise als Opfergabe (Flußopfer) wieder in den Weserfluten versenkt worden. Die vorgestellten Bronzefunde lassen sich nach H. P. Uenze, Museum für Vor- und Frühgeschichte, München, in zwei verschiedene Deponierungshorizonte einordnen:

- spätbronzezeitlich (ca. 1200–1000 v. Chr.) für Halskragen, Absatzbeil, Lanzenspitze,
- späthallstattzeitlich (um 600 v. Chr.) für das Schwert und Rippenzistenboden.

Das Schwert gehört der sogenannten westeuropäischen Mindelheim-Stufe an. Der Halskragen enthielt Rußstellen in korrodierten Vertiefungen auf der Rückseite, so daß die Vermutung angestellt werden kann, daß er aus der Verbrennung seiner Trägerin in einer spätbronzezeitlichen Feuerbestattung stammt. Auch hiermit kann möglicherweise auf die zentrale Bedeutung dieses Platzes zwischen Stolzenau und Leese als Ufermarkt, Thing, Opfer und Bestattungsplatz geschlossen werden.

Bronzegeräte aus der Weser bei Leese-Stolzenau

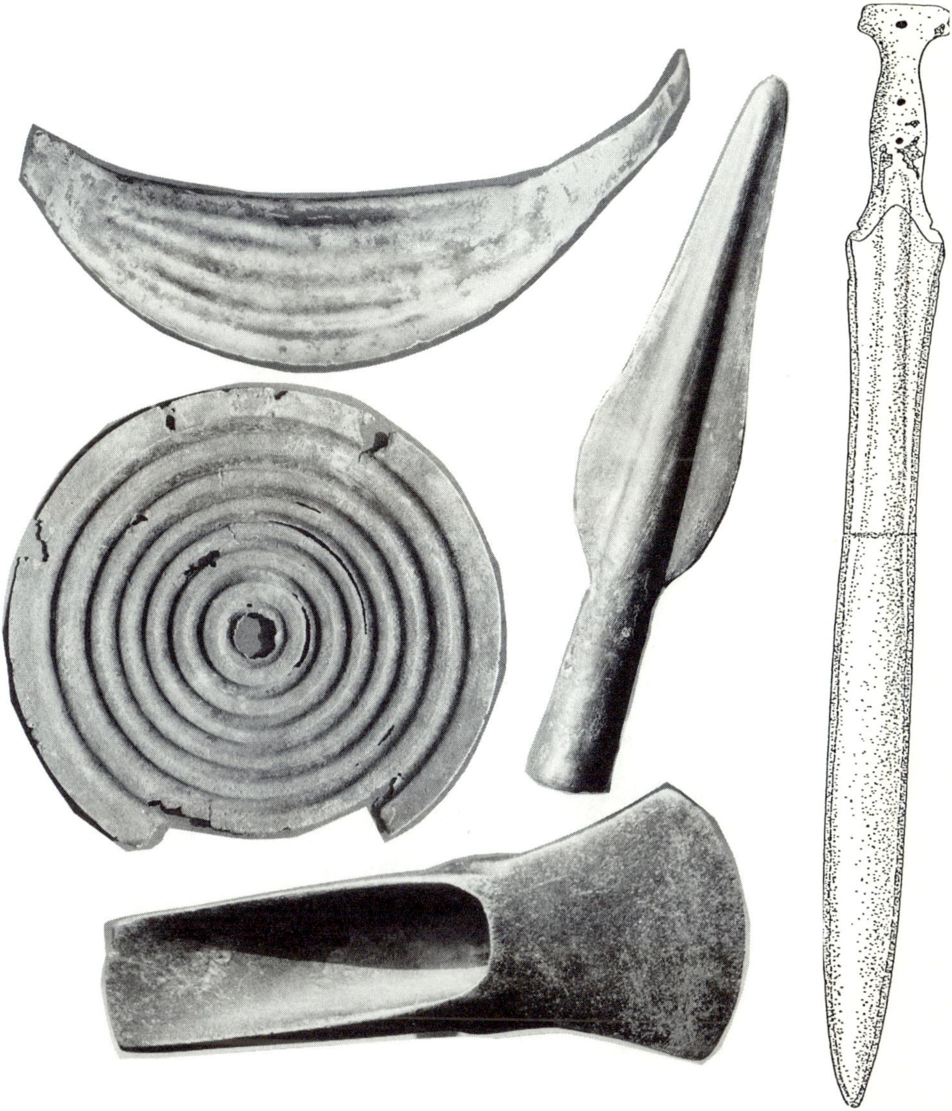

Der Thingplatz von Marklo

Abb. 170: Der ›Rednerplatz‹ auf dem wahrscheinlichen Thingplatz zu Marklo

Der Platz ist etwa 1,5 m hoch aufgeschüttet und bedeckt in seinem ovalen Grundriß etwa die Fläche von 100 Quadratmetern. Etwa 50 m gegenüber dieser kleinen Anhöhe befindet sich der ›Opferstein‹. Lage: Von der perennierenden Quelle führt ein Hohlweg auf das ›Versammlungsplateau‹ des Clusberges.

Abb. 171: Perennierende Quelle am Fuße des mutmaßlichen Thingplatzesvon Marklo, die derartig große Wassermengen schüttet, daß selbst in trockenen Sommern sofort ein kräftiger Bach entsteht.

Abb. 172: Vermutlicher sächsischer Opferstein vom Thingplatz zu Marklo.

Dieser geheimnisvolle Stein ist etwa 1,5 m x 1,5 m groß und liegt auf der Anhöhe des Clusberges bei dem heutigen Ort Wasserstraße in einer Entfernung von etwa 50 m von dem mutmaßlichen ›Rednerhügel‹. Die hier mit Eis gefüllten, quaderförmigen Vertiefungen machen ganz den Eindruck einer ›Entheidnischungsaktion‹. Somit könnte die Annahme diskutiert werden, daß es sich hier um einen sächsischen Opferstein handelt.

Abb. 173: Reste des Walles ›Alte Linien‹ bei Leese-Loccum.

Der im Volksmund genannte ›Römerwall‹ ist ein Überrest des spätmittelalterlichen Walles ›Alte Linien‹ und befindet sich westlich des Steinhuder Meeres in der Niederung, die vor 4000 Jahren noch vom vergrößerten Steinhuder Meer eingenommen wurde. Sehr nahe bei der hier fotografierten Stelle befindet sich die Uferterrasse des noch in der älteren Bronzezeit hier vorhandenen Sees. Der Beweis ergibt sich aus einer Vielzahl an altbronzezeitlichen Pfeilspitzen, die die Vogeljäger im Uferterrassendickicht nach Pfeilschüssen auf Wasservögel verloren haben.

Abb. 174: Altbronzezeitlichen Pfeilspitzen.

Drei dieser altbronzezeitlichen Pfeilspitzen, die der Verfasser bei einer zweistündigen Suchaktion fand. Ihre Datierung ist möglich durch Analogieschluß auf absolut ähnliche Pfeilspitzen aus altbronzezeitlichen Grabstätten, die auf 1700 v. Chr. datiert wurden.

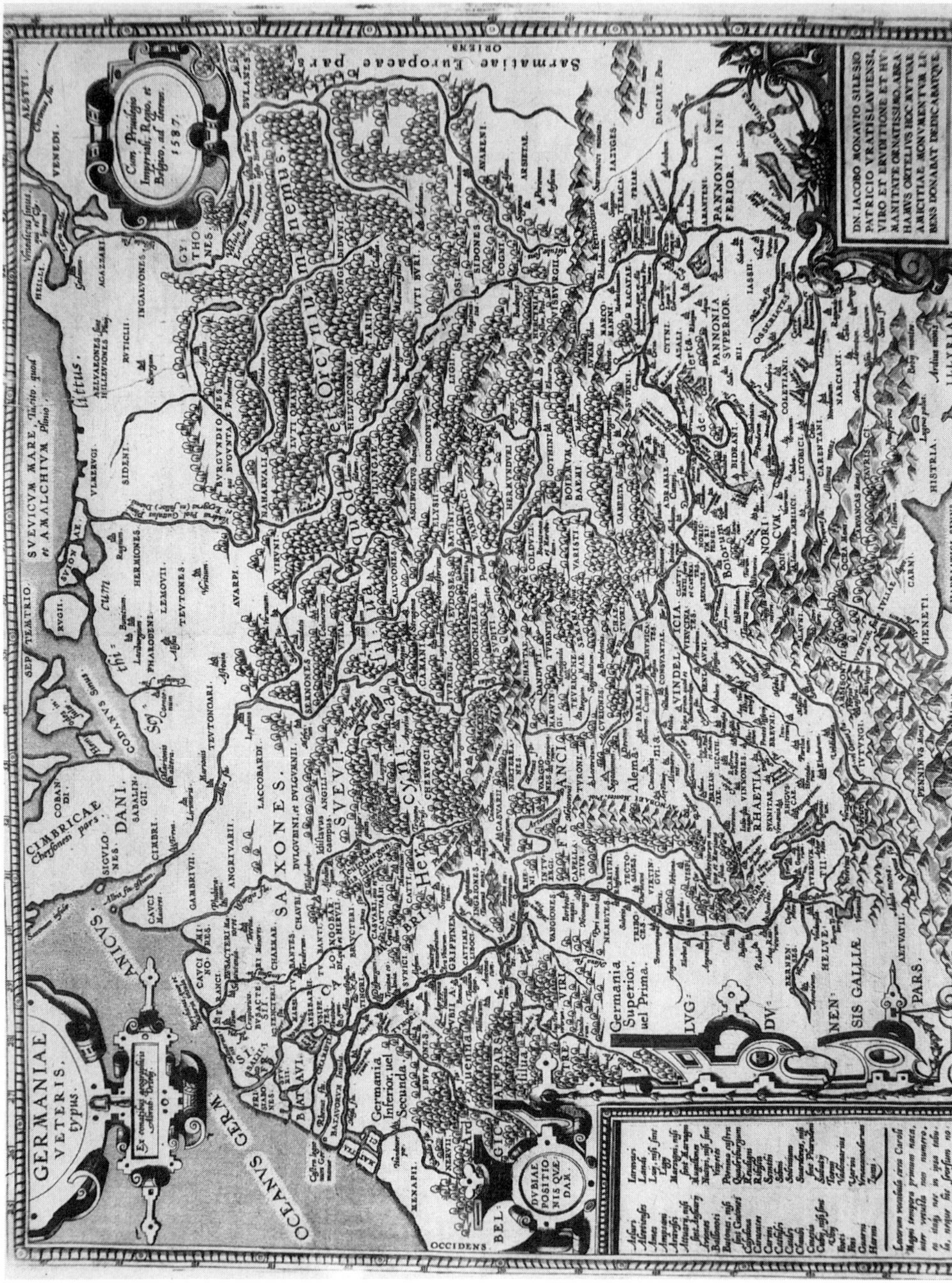

Abb. 175: Die berühmte Germania-Karte ›Germaniae Veteris typus‹ des Abraham Ortelius von 1587

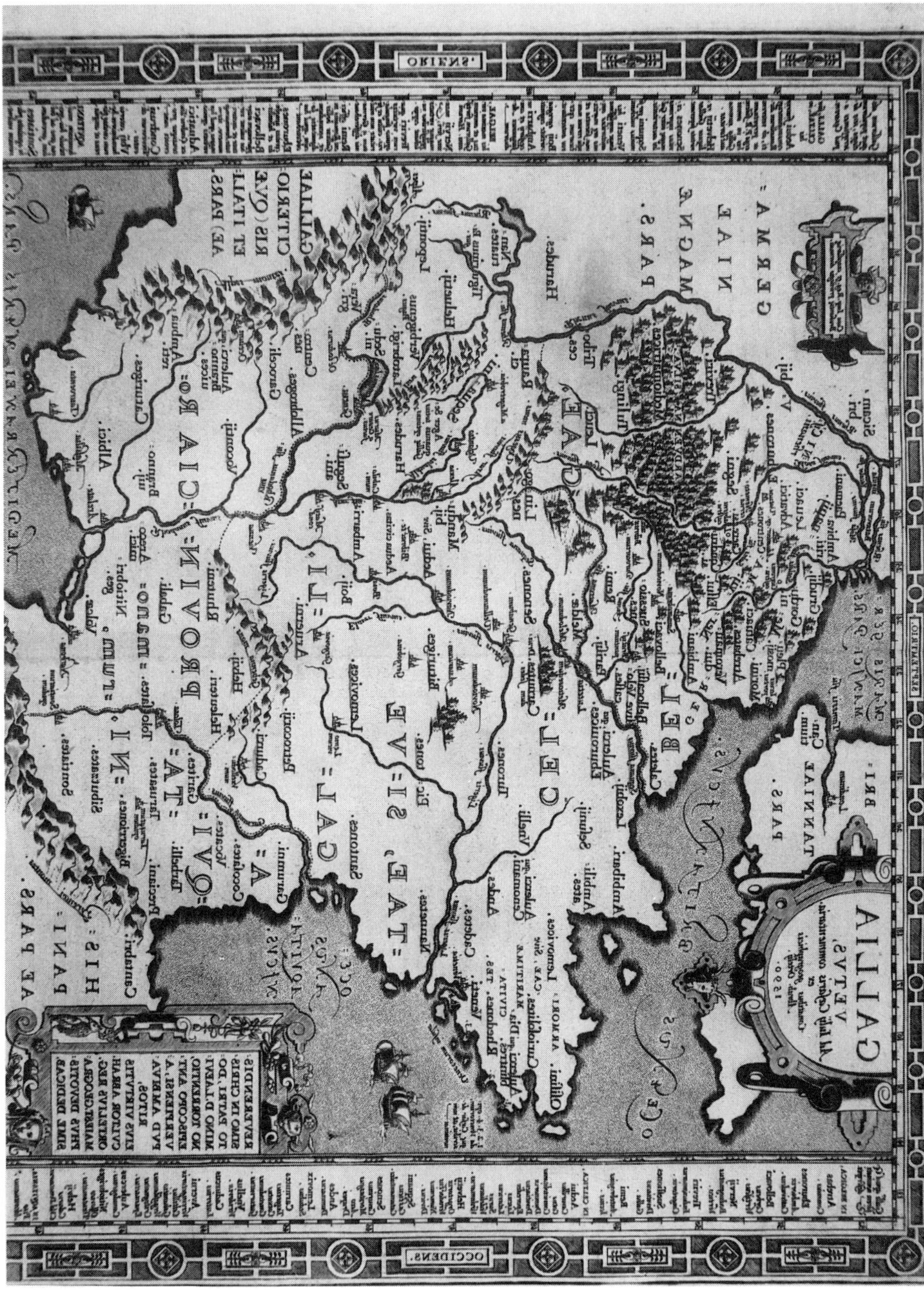

Abb. 175: Die ›Gallia-Karte‹ des Abraham Ortelius, unter Verwendung der Kommentare Caesars verfaßt.

Glossar

Das Glossar enthält Informationen über Ortsnamen, Eigennamen und Sachbegriffe, wie sie im vorliegenden Buchtext auftauchen.

AGMEN EXPEDITUM - kampfbereiter römischer Heereszug, überwiegend in Kolonnenbreite von sechs Legionären in Rüstung mit Schild und Waffen, während der Legionstroß innerhalb der Legion von Kohorten umgeben war.

AGMEN IMPEDITUM - nicht kampfbereiter römischer Heereszug in Reiseformation durch befreundetes Land, wobei die Kolonnenformation sich dem Gelände anpaßte. Die Legionäre trugen Helm und Reisegepäck an einer Stange hoch über dem Kopf, während der Troß jeweils hinter der Legion marschierte.

AGMEN QUADRATUM - quadratische Kampfformationen der römischen Legionen, nahmen den gesamten Troß in die Mitte und konnten durch einfache Wendemanöver auch nach hinten und allen Seiten hin kämpfen. Diese Formation konnte sich nur unmittelbar vor dem Kampf in offenem Gelände bilden.

AGRIPPINA - hier ist die Tochter des M. Vipsanius Agrippa und der Iulia gemeint, die Ehefrau des Germanicus wurde, drei Söhne hatte, von denen zwei ermordet wurden, während der jüngste, Caligula, später Kaiser wurde.

AHENOBARBUS, LUCIUS DOMITIUS - Gemahl der Schwester Oktavia des Augustus, römischer Heerführer in Germanien von 6 v. bis 1 v. Chr., der die Legionen bis über die Elbe führte. Er starb 25 n. Chr.

ALE - (lateinisch ›ala‹, Plural ›alae‹) römischer Reiterverband, bestand zu Beginn des 1. Jahrhunderts n. Chr. aus 500, gegen Ende des Jahrhunderts aus 1000 Reitern. Die Alen bestanden überwiegend aus germanischen Hilfstruppen, während die einer Legion zugeordneten je 120 Reiter Römer, meist junge Adlige, waren.

ALISO - stark befestigtes Kastell an der oberen Lippe gegenüber der Almeeinmündung im heutigen Ort ›Schloß Neuhaus‹. Das Kastell war vermutlich mit Unterbrechungen von 1 v. bis 16 n. Chr. als Depot und Versorgungslager ständig besetzt.

ANGRIVARIERWALL - nach Tacitus ein von den Angrivariern gegen die Cherusker errichteter Grenzwall. Vermutlich wurde dieser Wall jedoch stark durch eine größere Anzahl an Ringwällen für die Schlacht gegen Germanicus mit 8 Legionen und zusätzlichen Hilfstruppen ausgebaut. Er befand sich in der Feldmark von Leese, zwischen dem Sumpfgebiet westlich des Steinhuder Meeres und der Weser.

AQUITANIA - südwestliche römische Provinz in Gallien.

ARBALO - Örtlichkeit im Eggegebirge, an der Drusus mit seinen Legionen beinahe durch die Cherusker vermutlich unter Segimer im Herbst des Jahres 11 v. Chr. vernichtet worden wäre.

ARMINIUS -18/16- v.19/21 n. Chr., Sohn des Segimer, des herrschenden Fürsten der Cherusker, und nach dessen Tod, vermutlich ab 9 n. Chr., deren Anführer. Er hat in mehreren Schlachten, unter anderen der Varusschlacht, römische Heere besiegt, aber auch Niederlagen erlitten. Letztlich war er nach Tacitus der Befreier Germaniens von der römischen Besatzung.

AS - Kupfergeldstück der Soldaten, deren Jahresgehalt zur Zeit des Augustus 3600 Asse betrug.

ASCALINGIUM - vermutlich Römerlager und germanisches Dorf bei Ohsen an der Weser (Asca, as, os, osen, Ohsen).

ASIA - römische Provinz im heutigen westlichen Kleinasien.

ASPRENAS, LUCIUS - Legat unter dem Statthalter Varus, führte die V. und XXI. Legion nach der Varusschlacht vom Oberrhein an den Niederrhein, rettete die Flüchtlinge aus der Varusschlacht, eignete sich mit seinem Heer jedoch den Nachlaß der in der Varusschlacht gefallenen Kameraden an.

ATLANTISBERICHT - Bericht, den nach Platon (im *Timäus* und *Kritias*) ein ägyptischer Priester dem Solon (athenischer Gesetzgeber im 7./6. Jahrhundert v. Chr.) über die untergegangene Insel Atlantis gegeben hat.

AUGUSTUS – ursprünglich Gaius Octavius, geb. 23. Sept. 63 v. Chr., gest. 19. August 14 n. Chr. in Nola, römischer Kaiser. Aufgrund der testamentarischen Adoption durch Caesar nannte er sich seit 44 v. Chr. Gaius Julius Caesar, seit 38 Imperator Caesar Diviifilius. Den Beinamen ›Octavius‹ hat er gemieden. Der Ehrenname ›Augustus‹ wurde ihm 27 v. Chr. vom Senat verliehen. Nach der Ermordung Caesars 44 v. Chr. kämpfte er zunächst gegen Antonius, verband sich aber 43 v. Chr. mit ihm und Lepidus zum zweiten Triumvirat. Zusammen mit Antonius besiegte er 42 v. Chr. bei Philippi in Macedonien Brutus und Cassius. Durch den Brundisischen Vergleich bekam er den Westen, Antonius den Osten des Römischen Reiches. Nach seinem Sieg über Antonius und Kleopatra bei Aktium im Jahre 31 v. Chr. wurde er Alleinherrscher. Seine weitere Politik galt der Grenzsicherung des Reiches. Er versuchte jedoch, Germanien bis zur Elbe zu erobern, was nicht gelang.

AUREUS – goldene römische Münze der Begüterten. 1 Aureus hatte den Wert von 25 Denaren (Silbermünzen) oder von 400 Assen.

AUXILIARTRUPPEN – Hilfstruppen der römischen Armee. In Germanien waren es meist Kohorten und Alen aus den freundschaftlich verbundenen germanischen Stämmen.

BANDEL, ERNST VON – Erbauer des Hermannsdenkmals auf der Grotenburg im Teutoburger Wald, nahe bei Detmold (Einweihung im Jahre 1875).

BATAVER – germanischer Volksstamm im Mündungsgebiet des Rheins, besonders auf der Bataverinsel, die von den Mündungsarmen des Rheins und Waals umflossen wird. Die Bataver waren schon seit den Zeiten des Drusus treue Bundesgenossen der Römer.

BELGICA – seit Augustus die nördlichste gallische Provinz Roms, in die die germanischen Stämme der Nervier, Aduatuker und Eburonen eingewandert waren.

BLUTGERICHT VON VERDEN – Gericht unter Karl dem Großen im Jahre 782 in Verden, nach dessen Urteil 4500 Sachsenführer hingerichtet wurden.

BRUKTERER – germanischer Volksstanun an oberer Ems und Lippe, der in den Jahren 12 v.–16 n. Chr. immer wieder in vorderster Front in Abwehrkämpfen gegen die römische Besatzung stand. Die Seherin Veleda dieses Stammes stachelte zur Teilnahme am Aufstand der Bataver unter Civilis im Jahre 69/70 gegen die Römer auf. Um 97 n. Chr. wurde der Stamm fast vollständig von Chamaven und Angrivariern in einer blutigen Schlacht ausgerottet.

CAECINA – Unterfeldherr unter Germanicus, der die I., V., XX., und XXI. Legion befehligte und selbständig nach den Plänen des Germanicus operierte, vor allem immer wieder Sonderoperationen zur Zersplitterung der germanischen Truppen durchführen mußte. Im Jahre 15 n. Chr. konnte er sein Heer nur unter größten Verlusten aus der Umklammerung durch die Truppen des Arminius an den ›pontes longi‹ in Kalkriese retten. Diese Schlacht wird von den Osnabrücker Kalkriese-Forschern fälschlich als die Varusschlacht ausgegeben.

CAEDICIUS – Lagerpraefekt in Aliso, der nach der Varusschlacht im Jahre 9 n. Chr. zusammen mit den Flüchtlingen aus der Varusschlacht dieses Kastell gegen den Ansturm der Germanen hielt und bei einem nächtlichen heimlichen Ausbruchversuch alle Verteidiger und Flüchtlinge an den Rhein retten konnte.

CAESAREA – der Name mehrerer Städte im römischen Weltreich zu Ehren eines römischen Kaisers. Hier im Buch ist die Stadt in Palästina am Meer gemeint. Sie wurde unter Herodes dem Großen im 1. Jahrhundert v. Chr. erbaut und war im 1. Jahrhundert n. Chr. Sitz der römischen Prokuratoren. Ihre große Bedeutung auch als Hafen von Jerusalem schwand im Mittelalter, bis die Stadt 1265 unter Sultan Bibar völlig zerstört wurde.

CALIGULA GAIUS – römischer Kaiser von 37–41 n. Chr., war der jüngste Germanicus und der Agrippina. Er wurde 12 n. Chr. geboren und war schon als Kind viel in den römischen Heerlagern. Dort wurde er von den Soldaten mit dem Kosenamen Caligula (›Soldatenstiefelchen‹) genannt. Wegen außerordentlicher Grausamkeit war er nach einer kurzen, besseren Anfangsphase sehr verhaßt und wurde 41 n. Chr. ermordet. Tiberius hatte vor Caligula gewarnt.

CASTELLUM - stark befestigtes römisches Standlager mit Festungscharakter.

CASTRA - römisches Heerlager, sowohl als stark befestigtes Standlager als auch als einfaches Marschlager.

CASTRA VETERA - bekanntestes römisches Standlager in Niedergermanien am linken Rheinufer bei Xanten. Es war stets ein Zweilegionenlager, das zur Zeit des Germanicus durch die V. und XXI. Legion besetzt war.

CCAA = COLONIA CLAUDIA ARA AGRIPPINENSIS - Köln, als römische Militärkolonie unter Marcus Agrippa entstanden, der die Ubier von der rechten auf die linke Rheinseite umsiedelte. Im römischen Lager wurde Agrippina, die Gemahlin des Kaisers Claudius, geboren. Sie führte dort 50 n. Chr. eine Veteranenkolonie ein. Diese neue Römer-Ubierstadt hieß seitdem CCAA. Das Lager war seit dieser Zeit ein Zweilegionenlager.

CENTURIO - Legionsoffizier, der die Centurie, eine etwa einer Kompanie vergleichbare Untereinheit einer Kohorte mit 80 Legionären, führte.

CHARIOVALDA - Reiteroberst der batavischen Reiter unter Germanicus, der in der Schlacht an der Weser im Jahre 16 n. Chr. fiel.

CHAUCEN - bildeten einen germanischen Volksstamm zwischen unterer Ems und Elbe, später bis zum Niederrhein, wurden im Jahre 5 n. Chr. von den Römern unterworfen und danach römische Bundesgenossen. Ab dem 4. Jahrhundert nicht mehr erwähnt, wurden sie zum Hauptstamm der späteren Sachsen.

CHERUSKER - stellten einen germanischen Volksstamm beiderseits der Mittelweser im Lipper und Herforder Land dar, wurden von Drusus und Tiberius unterworfen, seit dem Jahre 4 n. Chr. römische Bundesgenossen bis zu ihrem Abfall in der Varusschlacht im Jahre 9 n. Chr. unter Arminius. Die angestrebte Vormachtstellung unter den germanischen Völkern wurde zwar kurzfristig in der Schlacht gegen die Markomannen gewonnen, ging aber durch Rivalitäten und die Ermordung des Arminius im Jahre 21 n. Chr. verloren. Die Cherusker pflegten den Irminsulkult und gingen im späteren Stamm der Sachsen auf.

CORVEY – 822 aus dem westfränkischen Kloster Corbie heraus als Nova Corbeia nördlich von Höxter am linken Weserufer gegründetes Benediktinerkloster. Nach Klabes, Dobbertin u. a. wurde es auf den Resten einer cheruskisch-römischen Civitas aufgebaut.

CUT – Colonia Ulpia Traiana, Xanten, entstand unter Kaiser Traian (98–117 n. Chr.) aus dem Vicus (Dorf) der Cugerner zunächst als Veteranensiedlung. Sie wurde nach CCAA (Köln) zur größten Römerstadt am Rhein.

C14-DATIERUNG – auch Radiocarbondatierung, ist eine wissenschaftliche Methode, mit deren Hilfe das Alter von organischen Materialien z. B. von Holz, Holzkohle, Knochen, Nährstoffen, Pflanzenresten, Muschelschalen ermittelt wird. Dabei wird der Anteil der radioaktiven Atome mit der Atommasse 14 in einem komplizierten Aufbereitungsverfahren gemessen. Da unter Berücksichtigung von Korrekturfaktoren der äußerst geringe Anteil dieser Atomart C14 in der Vergangenheit wie heute in dem atmosphärischen Kohlendioxid konstant ist, haben die Organismen der Vergangenheit wie heute den gleichen Anteil an C14 über den Aufnahmeprozeß der Photosynthese gespeichert. Dieser eingelagerte Anteil an C14 zerfällt nun kontinuierlich. Aus dem noch vorhandenen Anteil an C14 in der zu untersuchenden Probe läßt sich dann das Alter errechnen. Je älter die Probe, desto weniger C14 ist noch vorhanden. Die C14-Datierungen sind mit Hilfe der Baumringmethode (Dendrochronologie) geeicht worden und von großer Genauigkeit.

DALMATIAE – römische Provinz auf dem Boden des heutigen Dalmatien. Besonders bekannt ist der riesige Palast des römischen Kaisers Diokletian im heutigen Split, der zeitweise rund 6000 Menschen Wohnung gab.

DENAR – altrömische Silbermünze. 1 Denar entsprach dem Wert von 16 Assen oder 1/25 eines Aureus.

DIO, CASSIUS – griechischer Geschichtsschreiber, geb. um 155 n. Chr., gest. 235 n. Chr., Proconsul von Africa, unter Alexander Severus Statthalter der Provinzen Dalmatien und Oberpannonien, zweimal Konsul, schrieb eine leider nur zum Teil erhaltene Geschichte Roms in 80 Büchern (erhalten 36–60).

DONAR – germanischer Gott des Donners (auch Thor mit dem Hammer für den Blitz).

DRUSUS GERMANICUS, CLAUDIUS NERO – wurde am 14. Jan. 38 v. Chr. geboren, gest. Sept. 9 v. Chr. auf dem Weg von der Elbe zurück zum Rhein, vermutlich im Sommerlager Aliso an der oberen Lippe, jüngerer Sohn des Tiberius Claudius Nero und der Livia Drusilla, Bruder des späteren Kaisers Tiberius, Vater des späteren Kaisers Claudius, wie Tiberius Stiefsohn des Augustus, führte seit 15 v. Chr. den östlichen römischen Heeresteil, unterwarf die Räter und Vindeliker, im Jahre 13 v. Chr. Statthalter der gallischen Provinzen und Kommandeur der Rheinfront. Drusus bereitete die Großoffensive gegen das Freie Germanien durch militärische Großbauten im Gebiet von Vecht und Ijssel (Drususkanal), bei Herven (Drususdamm) sowie bei Neuß, Basel und Zürich vor.

Im Jahre 12 v. Chr. unternahm Drusus einen Flottenvorstoß bis zur Weser, 11 v. Chr. Landvorstoß zur Weser, 10 v. Chr. Kampf gegen Chatten und Sugambrer, 9 v. Chr. Elbevorstoß, dabei Sturz vom Pferd, der zum Tod führte. Sein Tod unterbrach zunächst den Prozeß der Unterwerfung Germaniens.

DÜSSELBURG – germanische Ringwallanlage auf auslaufendem Geestsporn in der Sumpfsenke des Steinhuder Meerbaches bei Leese an der Weser. Sie war vermutlich Kommandozentrale der Germanen in der Schlacht am Angrivarierwall.

ELEKTRIK – geophysikalische Methode, mit Hilfe von Elektroden durch Stromstöße die unterschiedlichen Widerstände im Boden bis in 5 m Tiefe zu erfassen. Dabei lassen sich sowohl Bodenschichten, Verfestigungen als auch Veränderungen durch den Menschen feststellen. Ursprünglich als Untersuchungsmethode für Steinbruch und Kiesbetriebe gedacht, wird sie auch in der Archäologie eingesetzt.

EPHESUS – antike griechische Stadt großer Bedeutung 60 km südlich von Izmir in Kleinasien, einst wichtigster Handelsplatz in Kleinasien, ausgangs des Mittelalters durch Mongolen und Osmanen restlos zerstört, nachdem bereits früher durch Verlandung des Hafens die Bedeutung von Ephesus zurückgegangen war.

EXTERNSTEINE – bis zu 40 m hohe Felstürme aus Osningsandstein der Unteren Kreidezeit in der Nähe der Stadt Horn im Teutoburger Wald. Vermutlich war dieses Naturdenkmal seit der Jungsteinzeit bis über die Cherusker in die Sachsenzeit immer wieder Kultplatz.

FLACCUS, POMPONIUS – ab 32 v. Chr. römischer Statthalter von Syrien, Vorgesetzter des Pontius Pilatus.

FLAVUS – cheruskischer Fürstensohn, Bruder des Arminius, Auxiliaroffizier in römischen Diensten.

FLEVUM – römisches Kastell im Land der Friesen seit der Unterwerfung durch Drusus im Jahre 12 v. Chr. Als im Jahre 28 n. Chr. die römischen Tributzahlungen aus diesem Kastell heraus überzogen und unerfüllbar wurden, gab es dort einen friesischen Aufstand.

FLORUS, LUCIUS ANNAEUS – verfaßte unter Kaiser Hadrian (117–138 n. Chr.) einen erhaltenen Abriß der römischen Geschichte von der Gründung der Stadt bis Augustus.

FOSITESLAND – nach dem Atlantisbericht Platons untergegangenes Land der Atlantiker, wegen der Bernsteinsäule vermutlich ehemalige Insel östlich Helgolands.

FRONTINUS, SEXTUS IULIUS – römischer Schriftsteller der zweiten Hälfte des 1. nachchristlichen Jahrhunderts, Prätor, Konsul und Feldherr in Britannien, veröffentlichte technische Schriften und vier Bücher über Kriegslisten (*Strategematicon*).

GEOPHYSIK – Wissenschaft von der Erforschung der Zusammensetzung und Struktur der Erdoberfläche mit Hilfe moderner physikalischer Untersuchungsmethoden, wie z. B. der Geoelektrik, der Geomagnetik und des Bodenradars.

GERMANICUS, GAIUS IULIUS CAESAR – 24. Mai 15 v. Chr. in Rom geboren, gest. 10. Okt. 19 n. Chr. bei Antiochia (vermutlich an Gift des römischen Statthalters Piso von Syrier), Sohn des Drusus, 4 n. Chr. von Tiberius adoptiert, verheiratet mit Agrippina d. Älteren, Vater u. a. Agrippinas der Jüngeren und Caligulas, nahm seit 7 n. Chr. erfolgreich an den Kämpfen des Tiberius in Pannonien teil, kämpfte 11–14 n. Chr. in Germanien. Unternahm 14–16 als Feldherr der gesamten Rheinarmee von 8 Legionen Rachefeldzüge gegen die Chatten, Brukterer, Marser und Cherusker, bis Tiberius die Germanienfeldzüge wegen hoher römischer Verluste stoppte. Nach Rückberufung Triumph im Jahre 17, dann Proconsul an der Ostgrenze bis zu seinem Tod 19 n. Chr.

GNITAHEIDE – nach der *Edda* der Ort, wo Sigurd (Siegfried) den Drachen Fafnir erschlug. Nach der Reisebeschreibung des Abtes Nikulas im 12. Jahrhundert von Island über Dänemark, Stade, Minden, Paderborn nach Mainz lag die Gnitaheide an dieser Strecke. Damit ist die heutige Knetterheide bei Bad Salzuflen wahrscheinlich die ehemalige Gnitaheide.

HEL – Hölle, Unterwelt bei den Germanen.

HELLWEG – allgemein alter Heerweg, im besonderen jedoch der berühmteste, der Hellweg von Soest über Paderborn, Horn, Hameln, Elze, Hildesheim bis zur Elbe. Die heutige B1 folgt diesem größten deutschen Hellweg.

HELWEG VOR DEM SANDFORDE – alter Hellweg nördlich des Wiehengebirges, der südlich von Minden an der heutigen Sandfurt die Weser querte, um von dort immer hart nördlich des Mittelgebirges bei Elze auf den großen ›Hellweg‹ Richtung Elbe zu stoßen. Der Helweg vor dem Sandforde war also von jeher die West-Ost-Verbindung aus dem Raum Holland zu den Gebieten östlich der Elbe.

HERKULES griechisch Herakles, Held der griechischen Mythologie, wurde 312 v. Chr. als Gott in den römischen Staatskult aufgenommen und galt als Schutzherr der römischen Händler und Soldaten. Nach Tacitus sammelten sich die Germanen vor der Schlacht von Idistaviso im Jahre 16 n. Chr. am heiligen Herculeshain, vermutlich zu Füßen des Hohensteins im Süntel.

HLIDSGALF – nach einer alten schwedischen Sage der Ort von Walhalla, Sitz der Götter, mitten im Cheruskerland. Vermutlich war es der Hohenstein im Süntel bei Hessisch Oldendorf.

HORAZ, QUINTUS HORATIUS FLACCUS – 65–8 v. Chr., römischer Dichter, wurde von Maecenas (Mäzen) mit dem Landgut Sabinum beschenkt. Sein Werk in Form von neun Büchern ist vollständig erhalten und gibt einen Überblick über hellenistisch-römisches Schaffen und Leben.

HUNEN – germanischer Volksstamm der Völkerwanderungszeit in Westfalen mit Hauptsitz in Soest. Sein König Attala wurde in Zusammenhang mit der *Thidreksaga* und dem Untergang der Niflungen (Nibelungen) in Susat (Soest) bekannt (Hunenweg an der Lippe).

IDISTAVISO – Wiese am Idistafluß, Ort der großen Schlacht zwischen Germanicus und seinen acht Legionen samt Hilfstruppen und den germanischen Stämmen unter der Anführerschaft der Cherusker unter Arminius zwischen Hessisch Oldendorf und Fischbeck.

INGUIOMERUS – Oheim des Arminius, der sich durch Tollkühnheit in den Kämpfen gegen die Römer hervortat, deshalb aber auch taktische Fehler verursachte und später zum Feind von Arminius wurde.

IRMINSUL – Baumsäule, die den Weltenbaum (Weltenesche Yggdrasil der *Edda*) versinnbildlichte und besonders bei den Cheruskern und später auch unter den Sachsen kultischer Mittelpunkt war. Als häufig modifizierte Nachfolgerinnen sind die Torsäulen im ehemaligen cheruskischen Kerngebiet anzusehen.

ISTVÄONEN, ISTÄVONEN – Bezeichnung für die westgermanische Stammesgruppe der Marser, Attuarier, Usipeter, Tenkterer, Tubanten, Brukterer, Chamaven und Ubier. Demgegenüber stehen die Ingväonen als Stammesverband an den Nordseeküsten der Kimbern, Teutonen, Chauken, Angeln, Warnen, Sachsen, Friesen und Ampsivarier und schließlich die Hermionen als Stammesverband der Angrivarier, Chatten, Cherusker und Sueben mit den Hermunduren, Langobarden, Markomannen und Semnonen.

JOSEPHUS, FLAVIUS – 37–100 n. Chr., jüdischer Geschichtsschreiber, der im jüdischen Aufstand 66/70 zu den Römern überging und von dort über die jüdische Geschichte und jüdische Archäologie schrieb.

KLOPSTOCK, FRIEDRICH GOTTLIEB – 1724–1803, deutscher Dichter, versuchte, die klassische Mythologie durch eine germanische, naturalistische Vorstellungswelt zu ersetzen.

KOHORTE – eine von zehn Untereinheiten innerhalb der Legion, umfaßte in der Regel sechs Centurien und damit 480 Legionäre, lediglich die I. Kohorte war als kampfstärkste Elitekohorte mit je 5 Centurien à 120 Legionären besetzt. Der dienstälteste Centurio befehligte jeweils seine Kohorte.

LANGE BRÜCKEN (PONTES LONGI) - Moordämme, die von Lucius Domitius Ahenobarbus mit seinem römischen Heer in der Zeit von 62 v. Chr. erbaut wurden. An ihnen fand die von Tacitus sehr genau beschriebene Schlacht zwischen den Legionären des Caecina-Heeres und den Kriegern des Arminius im Jahre 15 n. Chr. statt. Nach der Topographiebeschreibung durch Tacitus kann es sich nur um den Ort des ergrabenen Schlachtfeldes von Kalkriese gehandelt haben.

LEBUIN - Mönch des 8. Jahrhunderts, schrieb *Vita Lebuini Antiqua,* in der über das Stammesleben der Sachsen berichtet wird.

LEGAT - Befehlshaber der Legion, ursprünglich aber eigener oder fremder Abgesandter in diplomatischer Mission.

LEGION - römische Heereseinheit, die aus 10 Kohorten oder aus 59 Centurionen und 120 Legionsreitern bestand. In augusteischer Zeit gab es 28 römische Legionen insgesamt.

LEPIDUS, AEMILIUS - gehörte zu dem altrömischen Patriziergeschlecht der Aemilier mit dem berühmten Vorfahren Marcus Aemmilius, der als sechsmaliger Konsul 187 v. Chr. die Via Aemilia erbaute, mit dem gleichnamigen Vorfahren, der 77 v. Chr. starb, und mit dem ebenfalls gleichnamigen Triumvirn (zusammen mit Antonius und Augustus). Hier ist der Statthalter von Asia (Kleinasien) zur Zeit des Pontius Pilatus gemeint.

LIMES - ursprünglich befestigte römische Heeresstraße, später stark befestigter Grenzwall, besonders der obergermanisch-rätische Limes in Südwestdeutschland.

LIVIA, DRUSILLA - 58 v. bis 29 n. Chr., in erster Ehe, aus der die Söhne Drusus und Tiberius hervorgingen, verheiratet mit Tiberius Claudius Nero. In zweiter Ehe mit Augustus verheiratet, der sich von seiner ersten Frau Scribonia scheiden ließ.

LOHENSTEIN, DANIEL CASPER VON - 1635–1683, bedeutender deutscher Dramatiker des Spätbarocks, schrieb unter anderem den unvollendeten Roman *Großmütiger Feldherr Arminius oder*

Hermann nebst seiner durchlauchtigsten Thusneslda etc. Darin befinden sich Kupferstiche von Joachim von Sandrart.

LOLLIUS, MARCUS – Befehlshaber der V. Legion, der linksrheinisch eine schmähliche Niederlage gegen die Sugambrer erlitt.

LUGDUNENSIS – südliche römische Provinz in Gallien mit Hauptstadt Lugdunum = Lyon.

MAGNETIK – geophysikalisches Verfahren, in dem die natürliche Erdmagnetstrahlung und die durch menschliches Einwirken verursachten Anomalien gemessen und ausgewertet werden.

MAGNETOMETER – Gerät zum Erfassen der natürlichen und künstlichen magnetischen Erdstrahlung.

MARBOD – Markomannenkönig, in Rom erzogen, führte er sein Volk 86 v. Chr. aus dem Maingebiet nach Böhmen und herrschte von dort aus auch über Langobarden und Semnonen. Nach dem verlorenen Krieg gegen die Cherusker unter Arminius floh er nach Rom. Er starb in Ravenna 37 n. Chr.

MARKOMANNEN – zu den Sueben gehörender germanischer Volksstamm, der zur Zeit Caesars in das Maingebiet und unter Marbod nach Böhmen zog. In den Jahren 166–175 und 177–180 kam es zu den Markomannenkriegen mit Rom. Nach 253 und 357 überschritten die Markomannen erneut die Donau, kamen aber später unter die Herrschaft der Hunnen.

MARSER – kleiner germanischer Volksstamm zwischen Ruhr und Lippe, nahm an der Varusschlacht teil und wurde in den Rachefeldzügen des Germanicus vernichtend geschlagen. Die Orte Nieder, Obermarsberg und Volkmarsen erinnern noch heute an die Marser.

MATTIAKER – von den Chatten abgespaltener germanischer Volksstamm um Aquae Mattiacae (Wiesbaden), der seit den Zeiten des Drusus mit den Römern in Bundesgenossenschaft lebte.

METALLSUCHGERÄT – auch ›Metalldetektor‹ oder ›Metallsonde‹, ermöglicht das getrennte Auffinden von Eisen und Buntmetall, wird außer in der Minenbeseitigung auch in der Archäologie mit Erfolg eingesetzt. Die Metallteile des Bodens verformen die elektrischen Feldlinien des Detektors. Die Verformung wird elektronisch hörbar gemacht. Aus der Art des Tones kann der erfahrene Sondengänger Rückschlüsse auf Tiefe und Größe des Metallstückes ziehen.

MOGONTIACUM – Mainz, das große römische Militärlager für zwei Legionen links des Rheins gegenüber der Einmündung des Mains. Mogontiacum hatte eine vergleichbare Bedeutung für Obergermanien wie castra Vetera für Niedergermanien.

NAGELSTERN – Polarstern bei den Germanen, in dem das ›Weltall angenagelt‹ war.

NIBELUNGEN – seit den Forschungen von Heinz Ritter als germanischer Stamm an der Neffel bei Zülpich (Niflungen) mit Königssitz in Enzen bekannt, der unter seinem König Gunther in Soest in den Tod zog.

NOVAESIUM – römisches Legionslager am Niederrhein, aus dem die heutige Stadt Neuß hervorging.

NUMONIUS, VALA – römischer Reiterführer unter Varus, der in der Schlacht im Teutoburger Wald die Fußtruppen durch Flucht im Stich ließ, dabei aber mit seinen Reitern umkam.

PANNONIEN – römische Provinz auf dem Boden des heutigen Ungarn, in der von 6–9 n. Chr. schwere Unruhen gegen die Römer stattfanden; durch diese Unruhen wurde das gesamte römische Heer des Tiberius gebunden.

PATERCULUS, GAIUS VELLEIUS – um 20 v. bis 30 n. Chr., römischer Reiteroberst unter Tiberius und Geschichtsschreiber, von dessen beiden Büchern das erste größtenteils verloren ist.

PEDO – Reiteroberst unter Germanicus.

PHABIRANUM – vermutlich römisches Kastell im Chaucenland an der Unterweser unter den Mauern des heutigen Bremens, dessen Einrichtung in das Jahr 5 n. Chr. fällt und von dem Tacitus in Zusammenhang mit Aufständen in der römischen Armee im Jahre 14 n. Chr. berichtet.

PILATUS, PONTIUS – römischer Praefekt in Judäa mit Sitz in Caesarea von 26–36 n. Chr. In seine Zeit fällt die Kreuzigung Christi, die aber nach seinem vom 3. Kalifen Mitte des 7. Jahrhunderts gesammelten Briefwechsel nicht stattgefunden haben soll. Auch wird in diesem Briefwechsel ein anderes Bild von Pontius

Pilatus vermittelt, als es die christlichen Kirchen darstellen. In diesem vom Hoffmann und Campe-Verlag herausgegebenen Briefwechsel wird ähnlich wie im Nikodemusevangelium ein günstigeres Bild von Pontius Pilatus abgegeben.

PLATON – 428/427–348/347 v. Chr., griechischer Philosoph, dessen Schriften vollständig erhalten sind, u. a. der Atlantisbericht.

POMPEJI – römische Stadt mit etwa 20 000 Einwohnern am Fuße des Vesuvs, am 5. Februar 62 oder 63 n. Chr. durch Vesuvausbruch völlig verschüttet. Nach Ergraben ist Pompeji die besterhaltene antike römische Stadt.

POMPEJUS – 106–48 v. Chr., römischer Feldherr und Politiker. Wegen seiner großen militärischen Erfolge im östlichen Mittelmeer für Rom erhielt er 61 v. Chr. den Triumph und den Beinamen ›Magnus‹ (der Große). Obgleich verwandtschaftlich mit Caesar verbunden, gab es einen Bürgerkrieg unter der Anführerschaft beider Feldherren, bis Pompejus bei Pharsalus den Legionen Caesars unterlag. Pompejus war neben Sulla der beherrschende Mann der 1. Hälfte des 1. vorchristlichen Jahrhunderts.

PRAETOR – der dem Heer Voranschreitende war zunächst Oberbefehlshaber in der frühen römischen Republik. Ab 241 v. Chr. gab es zwei Praetoren, deren Aufgabe es war, Prozesse zwischen römischen Bürgern und zwischen Fremden und römischen Bürgern zu führen. In der Kaiserzeit wurde die Zahl der Praetoren auf 10 bis 18 erhöht. Varus empfand sich als Praetor in Germanien.

QUÄSTOR – in der frühen Republik zunächst Untersuchungsrichter, später unter Sulla ab 81/80 vom Volk auf ein Jahr zu wählender Verwaltungsbeamter (insgesamt 20), der nach Ablauf seines Beamtenjahres automatisch in den Senat einzog.

SACHSEN – ursprünglich germanischer Stamm, der an der Westküste Schleswig-Holsteins siedelte und sich von dort ab dem 2. und 3. Jahrhundert n. Chr. an der Nordseeküste und nach Süden bis Nordhessen ausdehnte. Dabei kam es zum friedlichen Zusammenschluß mit Chaucen und Angrivariern, wie die altsächsischen Friedhöfe Issendorf und Liebenau zeigen. Seit dem 5. Jahrhundert wanderten Teile der Sachsen nach Britannien aus. Bei der stärkeren Ausdehnung der sächsischen Gebiete nach Süden wurden auch die Reste der cheruskischen Bevölkerung aufgenommen. In der größten Ausdehnung bewohnte der Stammesverband der Sachsen in seinen Gauen das Gebiet zwischen Eider, Elbe und Saale, Werra und Unstrut sowie dem Niederrhein. In den Jahren 772–804 wurden die Sachsen gegen heftigen Widerstand durch die Franken unter Karl dem Großen christianisiert und dem Frankenreich eingegliedert. Die heutige Bevölkerung in diesem Gebiet geht unmittelbar auf diesen sächsischen Volksstamm zurück, was an alten Symbolen und sächsischem Brauchtum (z. B. gekreuzte Pferdeköpfe, Torsäulen, Osterfeuer und Lügder Feuerräder) erkennbar ist.

SCHNORR, JULIUS VON CAROSFELD – 1794–1872, Maler überwiegend romantischer Bilder, Fresken zum Nibelungenlied, aber auch religiöser Werke, z. B. Bibel in Bildern. 1846 Direktor der Gemäldegalerie von Dresden.

SCHWERTMAGEN – nahe Verwandte in direkter Linie in den germanischen Sippen, die zur Blutrache verpflichtet waren. Im römischen Recht identisch mit Agnaten, das sind diejenigen Verwandten, die unter derselben väterlichen Gewalt stehen oder stehen würden, wenn der Stammvater noch lebte.

SEGESTES – cheruskischer, römerfreundlicher Fürst, wahrscheinlich aus dem südlichen Cheruskergebiet, dessen Tochter Thusnelda ohne des Vaters Einwilligung von Arminius geheiratet wurde.

SEGIMER – zur Zeit des Drusus bis zur Varusschlacht Herrscher im Cheruskerstamm, vermutlich Vater des Arminius, wahrscheinlich Anführer der Cherusker in der Schlacht von Arbalo gegen Drusus. Im Gegensatz zu Segestes hat Segimer immer versucht, die römische Besatzung abzuschütteln.

SEMNONEN – Germanenstamm östlich der Elbe, gehörte zum Stammesverband der Hermionen.

SENECA, LUCIUS ANNAEUS, d. Ä. – 55 v. – um 40 n. Chr., römischer Schriftsteller, Rhetoriker. Er besaß einen Sohn gleichen Namens mit dem Namenszusatz ›der Jüngere‹. Dieser hat ein reiches literarisches Werk hinterlassen, aber auch in den Jahren

54–59, den ersten fünf Jahren der Regierungszeit Neros, zusammen mit Burrus die römische Reichspolitik geleitet.

SENTIUS, SATURNIUS – römischer Statthalter und Befehlshaber in Germanien im Jahre 6 n. Chr. Er war der unmittelbare Vorgänger des Varus.

SIEGFRIED (SIGURD) – germanischer König im 5./6. Jahrhundert am Niederrhein, nach der Nibelungensage Drachentöter, Ehemann Kriemhilds, dessen Ermordung schließlich zum Untergang der Nibelungen in Soest in Westfalen führte.

SILIUS ITALICUS, TIBERIUS CATIUS ASCONIUS – 26–101 n.1 Chr., römischer Epiker, sein einziges Werk (17 Bücher) schildert den Krieg Hannibals gegen Rom. Im vorliegenden Buch ist jedoch Gaius Silius, ein Legat des Germanicus, gemeint, der selbständig mit seinen beiden Legionen im Chattenland operierte.

STERTINIUS, LUCIUS – römischer Reiterführer unter Germanicus.

SUEBEN (SWEBEN) – große germanische Stammesgruppe ursprünglich östlich der Elbe, die unter Ariovist erstmalig nach Westen zog und den Truppen Caesars unterlag. Zu den Sueben gehörten die Hermunduren, Langobarden, Markomannen und die Semnonen, die wiederum gemeinsam mit anderen dem größeren Stammesverband der Hermionen zuzuordnen sind.

SUETON, GAIUS TRANQUILLUS – um 70–140 n. Chr., römischer Schriftsteller, von elf Werken sind unter anderen erhalten: *De vita Caesarum,* Kaiserbiographien von Caesar bis Domitian.

SUGAMBRER (SIGAMBRER) – germanisches Volk rechts des Rheins zwischen Lahn und Lippe, nahm 55 v. Chr. die von Caesar verdrängten Usipeter und Tenkterer auf. Sie überquerten den Rhein und schlugen dort den römischen Legaten Lollius mit der V. Legion im Jahre 16 v. Chr. Diese Niederlage sollte weitreichende Entscheidungen bei Augustus hinsichtlich der Bekämpfung germanischer Stämme rechts des Rheins bringen. Tiberius siedelte 8 v. Chr. den größten Teil der Sugambrer zwangsweise auf die linke Rheinseite um.

SÜNTELSCHLACHT – Schlacht zwischen den Sachsen und fränkischen Heeresteilen unter Adalgis, Geilo und Worad im Jahre

782 auf dem Dachtelfeld im Süntel. Das fränkische Heer wurde aufgerieben.

TACITUS, PUBLIUS CORNELIUS - um 55 - nach 115 n. Chr., römischer Geschichtsschreiber und Politiker (97 Konsul). Neben einer Biographie über seinen Schwiegervater Agricola, Feldherr in Britannien, schrieb er ein völkerkundliches Buch über Germanien. In seinen *Annalen* (16 Bücher) und den Historien (14 Bücher) beschreibt er die Zeit seit dem Tod des Augustus (14 n. Chr.) bis zum Ende Domitians (96 n. Chr.). Aus den *Annalen* gehen als einzigem Werk klare Aussagen über die Örtlichkeit der Varusschlacht hervor.

TENKTERER - westgermanisches Volk am Niederrhein, das 58/59 auf die rechte Rheinseite übersetzte, von Caesar 55 an der Mosel- oder Maasmündung besiegt wurde. Im Jahre 16 v. Chr. schlugen sie im Bunde mit den Usipetern und Sugambrern die V. Legion unter Lollius. In den Jahren 12/11 v. Chr. wurden sie von Drusus unterworfen.

TEUTOBURG germanische Volksburg, in deren umgebendem Waldgebiet, dem Teutoburger Wald, die Varusschlacht stattfand. Nach den geographischen Hinweisen durch Tacitus und Bodenfunden, besonders auf dem Winnfeld, zusätzlich abgesichert durch Ortsnamen, war die Teutoburg mit großer Wahrscheinlichkeit die heutige Grotenburg, die vermutlich als größere von zwei Burgen (›grote Burg‹) den ehemaligen Namen ›Teutoburg‹ verlor.

THERMOLUMINESZENZMETHODE - wissenschaftliches Verfahren, um aus erhitztem Gestein (oder entsprechenden Werkstoffen) durch erneutes Erwärmen auf ca. 300° C und die Messung der dabei abgegebenen Lichtwellen dessen Alter zu ermitteln. (Grundlage: höheres sog. Energieband des einstmals erhitzten Materials, das der Bestrahlung durch eine bekannte Konzentration radioaktiver Isotopen und kosmischer Energie ausgesetzt ist.)

THUSNELDA - Tochter des Cheruskerfürsten Segestes, Ehefrau des Arminius, dem sie einen Sohn in römischer Gefangenschaft gebar (Tumelicus).

TIBERIUS, JULIUS CAESAR – eigentlich Claudius Nero, nannte sich jedoch Julius Caesar, 42 v.–37 n. Chr., seit dem Tod des Augustus 14–37 n. Chr. römischer Kaiser, Sohn der Livia Drusilla, ab 38 v. Chr. Stiefsohn von Augustus, 13 und 7 v. Chr. Konsul, 12–9 v. Chr. Züge gegen die Pannonier, Dalmater, Daker, 8–7 v. Chr. Unterwerfung Germaniens bis zur Elbe, 6 v. bis 2 n. Chr. Rückzug in das Privatleben auf Rhodos, nach dem Tod der Enkel des Augustus im Jahre 4 n. Chr. von diesem adoptiert, führte 4–6 und ab 10 n. Chr. in Germanien Krieg, schlug 6–9 n. Chr. den großen Pannonienaufstand nieder, stoppte im Jahre 17 n. Chr. die verlustreichen Feldzüge des Germanicus in Germanien. Tiberius zog sich 21/22 nach Kampanien und 27 nach Capri zurück, wo er 37 n. Chr. starb.

Tacitus, Sueton, Cassius Dio haben vermutlich ein zu düsteres Persönlichkeitsbild überliefert, das wohl nur für den alten Tiberius galt. Er litt unter der aus Staatsräson durchgeführten Scheidung von Vipsania Agrippina und der unglücklichen Ehe mit Julia.

TRIBUN – zunächst der vom Volk gewählte Volkstribun mit einjähriger Amtszeit, der die Aufgabe hatte, über die Rechte des Volkes zu wachen, Volksplebiszite durchzuführen und gegebenenfalls Einsprüche gegen Magistrats- und Senatsentscheidungen zu erheben; dann aber sind die jeweils sechs Militärtribunen in den Legionen gemeint, junge Stabsoffiziere, die nach meist nur einjähriger Militärzeit Karrieren im Ritterstand und im Senat durchliefen.

TUBANTEN – germanischer Volksstamm südwestlich der oberen Ems, war den Chamaven, Tenkterern und Brukterern benachbart.

TULIFURDUM – durch Ptolemäus überlieferter Ortsname an der Mittelweser. Ortelius verlegt ihn in den Raum Minden, andere Forscher sehen in ›Tulifurdum‹ den heutigen Ort Verden.

TULISURGIUM – durch Ptolemäus überlieferter Ortsname an der oberen Weser. Nach einer Hypothese des Verfassers war der richtige Ortsname wahrscheinlich ›Tuliburgium‹ und konnte die zu Cheruskerzeiten benutzte Brunsburg bei Höxter sein, um so mehr, als Ortelius den Ort Tulisurgium in den Raum Höxter an das linke Weserufer ansiedelt. Von daher gesehen, konnte der Vorläufername der wahrscheinlichen Civitas auf dem Boden Corveys ›Tuliburgium‹ gewesen sein.

UBIER – germanischer Volksstamm, der schon zur Drususzeit den Römern in treuer Bundesgenossenschaft verbunden war. Köln war Hauptort der Ubier.

USIPETEN – rechtsrheinischer germanischer Volksstamm zwi schen Lahn und Sieg.

VALERIUS, MAXIMUS – römischer Schriftsteller in der ersten Hälfte des 1. nachchristlichen Jahrhunderts, der eine dem Kaiser Tiberius gewidmete Stoffsammlung der römischen und außerrömischen Geschichte zusammentrug. Er berief sich dabei im wesentlichen auf die Quellen Livius, Cicero und Varro.

VARUS, PUBLIUS QUINCTILIUS – wurde 46 v. Chr. geboren, gest. 9 n. Chr. in der Schlacht im Teutoburger Wald, durch Heirat mit der Familie des Augustus verwandt, 13 v. Chr. Konsul, 7 v. Chr. Proconsul von Africa, 6–4 v. Chr. Statthalter in Syrien, ab 7 n. Chr. Statthalter in Germanien, im Jahre 9 n. Chr. im Teutoburger Wald mit drei Legionen, drei Alen und sechs Kohorten Hilfstruppen von den vereinigten germanischen Stämmen unter Arminius vernichtend geschlagen.

VESPASIAN, TITUS FLAVIUS – 9–79 n. Chr, römischer Kaiser seit 69 n. Chr., war ab 66 n. Chr. Oberbefehlshaber im 1. jüdisch-römischen Krieg. Außenpolitisch verstärkte er die Grenzverteidigung, innenpolitisch führte er eine strenge Spar- und Steuerpolitik durch. Er war Erbauer des Kolosseums.

VICUS – das einem römischen Lager zugeordnete Dorf einheimischer Bevölkerung.

WALHALLA – ›die Halle der Gefallenen‹. Nach germanischen Jenseitsvorstellungen Halle für die in der Schlacht gefallenen Krieger mit Thron für die Götter. Jede der 45 Pforten der Halle ist so breit, daß gleichzeitig 800 Krieger nebeneinander die Halle beschreiten können.

WALKÜREN – Botinnen des germanischen Gottes Wotan (Wodan, Odin), die über die Schlachtfelder reiten und die gefallenen Krieger durch Kuß zum ewigen Leben erwecken.

WOTAN (WODAN, ODIN) – Herr und König der germanischen Götter. Auf seinem achtfüßigen Roß Sleipnir reitet er über die Walstatt und bezeichnet die Todgeweihten. Seine Botinnen, die Walküren, sammeln dann die Gefallenen für Walhalla ein. Seine beiden Raben Hugin und Munin (Gedanke und Gedächtnis) fliegen jeden Morgen aus, um die Welt zu erforschen.

Literaturverzeichnis

Bahlow, Hans, *Deutschlands geographische Namenswelt*, Suhrkamp 1221, Frankfurt 1985.

Bohec, Yann Le, *Die römische Armee*, Franz Steiner-Verlag, Stuttgart 1993.

Bökemeier, Rolf, *Unsere Wiege in der Eiszeit*, KULT-UR-INSTITUT, Bettendorf 1998.

Brandmair, E., *Bibliographische Untersuchungen über Entstehung und Entwicklung des Ortelianischen Kartenwerks*, München 1914.

La Baume, Peter, »Römische Kostbarkeiten in Nordwestdeutschland«, Sonderdruck aus *Die Kunde*, Hannover 1971.

Böcking, Werner, *Die Römer am Niederrhein und in Nordwestdeutschland*, Societät-Verlag, Frankfurt 1974.

Conolly, Peter, *Die römische Armee*, Tesloff-Verlag, Hamburg 1976.

Copei, Friedrich, »Die Straßen der Senne«, in *Mannus*, Bd. 30, 1938, 64–91.

Coq, Le, *Karte in XXII Blättern*, Sect. 13, Potsdam 1805.

Cornell, Timm, u. John Matthews, *Bildatlas der Weltkulturen –Rom*, Bechtermünz-Verlag, Augsburg 1998.

Diwald, Helmut, *Heinrich der Erste*, Gustav Lübbe-Verlag, Bergisch Gladbach 1987.

Dobbertin, Hans, *Selicasal/Corvey*, Shaker-Verlag, Aachen 1996.

Ellmert, Detlef, *Frühmittelalterliche Handelsschiffahrt*, Neumünster 1972.

Francius, Georgia, *Die römischen Funde aus Kalkriese*, Rasch-Verlag, Bramsche 1993.

Gade, Heinrich, *Geschichte des Fleckens Stolzenau*, H. Bösendahl, Nienburg 1871.

Genrich, Albert, u. Alfred Falk, *Liebenau – Ein sächsisches Gräberfeld*, August Lax-Verlag, Hildesheim 1976.

Hamelmann, Hermann, *Genealogien und Familien der angesehensten und edelsten Grafen, Freiherren und Herren*, Lemgo 1582.

Hauke, Jens, »Eisengewinnung im norddeutschen Flachland«, in *Alter Bergbau in Deutschland*, Konrad Theiss-Verlag, Stuttgart 1993.

Henke, O., u. B. Lehmann, *Die neueren Forschungen über die Varusschlacht*, Bertelsmann, Gütersloh 1910.

Höfer, Paul, *Die Varusschlacht,* Duncker und Humblot, Leipzig 1888.
Höfler, Otto, *Siegfried Arminius und die Symbolik,* Carl Winter-Universitätsverlag, Heidelberg 1961.
Hohenschwert, Friedrich, *Lippe. Historische Entwicklung,* Ferdinand Schöningh, Paderborn 1993.
ders., *Ur- und frühgeschichtliche Befestigungen in Lippe,* Wagener, Lemgo 1978.
Hölzermann, Ludwig, *Lokaluntersuchungen, die Kriege der Römer und Franken sowie die Befestigungsmanieren der Germanen, Sachsen und des späten Mittelalters betreffend,* Münster 1878.
Horstmann, Wilfried, *Die Römer an der Weser,* Mitteilungen des Mindener Geschichtsvereins, Jg. 53, Minden 1981.
Jung Erich, *Germanische Götter und Helden in christlicher Zeit,* J. F. Lehmanns Verlag, München–Berlin 1939.
Kahrstedt, Ulrich, *Die politische Geschichte Niedersachsens in der Römerzeit,* WNU, Hannover 1934.
Klabes, Heribert, *Corvey,* Huxarialverlag, Höxter 1997.
Knoke, Friedrich, *Die Kriegszüge des Germanicus in Deutschland,* Berlin 1887.
Knoke, Helga, *Wald und Siedlung im Süntel,* C. Bösendahl, Rinteln 1968.
Koneckis, Ralf (Hg.), *Geheimnis Externstein,* topp und möller, Detmold 1995.
Korzus, Bernard, *Die Fundmünzen der Römischen Zeit in Deutschland,* Bd. 4 u. 6, Gebr. Mann-Verlag, Berlin 1971.
Kühlborn, Johann-Sebastian, *Germaniam Pacavi,* Westfälisches Museum für Archäologie, Münster 1995.
Kuhn, H. »Welschnamen zwischen Weser und Rhein«, in *BNF,* Neue Folge 8, 1973.
Meier, Karl, *Wanderfahrten durch Lippe,* F. L. Wagener, Lemgo 1920.
Meyer, Elard Hugo, *Deutsche Volkskunde,* Trübner-Verlag, Straßburg 1898.
Möller, Leopold, *Stapelage,* Lippischer Heimatbund, Detmold 1988.
Mommsen, Theodor, *Römische Geschichte,* Weidmannsche Buchhandlung, Berlin 1905.
ders., *Die Örtlichkeit der Varusschlacht,* Sitzungsbericht der Königlichen Akademie der Wissenschaften zu Berlin, Berlin 1885.
Neuburger, Albert, *Die Technik des Altertums,* R. Voigtländers-Verlag, Leipzig 1921.
Neubeck, A., u. O. Schaaber, »Metallographische Untersuchungen«, Sonderdruck *H.B.* 111, Freibg. Forsch., Dez. 1965.

Norkus, Johannes, *Die Feldzüge der Römer in Norddeutschland in den Jahren 9–16 n. Chr., von einem Soldaten gesehen*, August Lax-Verlag, Hildesheim 1963.
Ortelius, Abraham, *Theatrum Orbis Terrarum*, Antwerpen, 1570–1612.
Piderit, Johannes, *Chronicon comitatus Lippiae*, Universitätsdruckerei Rinteln 1627.
Pietsch, Martin, »Das augusteische Legionslager Marktbreit«, in Wiegels, Rainer, u. Winfried Woesler, *Arminius und die Varusschlacht*, Ferdinand Schöningh, Paderborn 1995.
Ritter, Heinz (Ritter-Schaumburg), *Dietrich von Bern*, Herbig-Verlag, München 1982.
ders., *Der Cherusker*, Herbig-Verlag, München 1988.
ders., *Die Nibelungen zogen nordwärts*, Herbig-Verlag, München 1981.
Schierenberg, August, *Die Kriege der Römer. . .*, Reitz und Köhler, Frankfurt 1888.
ders., *Römer im Cheruskerland*, Jaeger'sche Buch-, Papier- u. Landkartenhandlung, Frankfurt a.M. 1862.
Schlette, Friedrich, *Germanen zwischen Thorsberg und Ravenna*, Pahl-Rugenstein-Verlag, Köln 1977.
Schlüter, Wolfgang (Hg.), *Kalkriese – Römer im Osnabrücker Land*, Rasch-Verlag, Bramsche 1993.
Schnurbein, Siegmar von, *Untersuchungen zur Geschichte römischer Militärlager an der Lippe*, Westfälisches Museum für Archäologie, Münster 1981.
Schuchhardt, Carl, *Vorgeschichte von Deutschland*, R. Oldenburg-Verlag, München–Berlin 1935.
Schürmann, E. »Die Reduktion des Eisens im Rennfeuer«, in *Stahl und Eisen*, 78, 1958.
Schroller, H., *Niedersachsen treibt Vorgeschichte*, Hannover 1938.
Stamford, Th. v., *Das Schlachtfeld im Teutoburger Walde*, Eigenverlag, Cassel 1892.
Tacitus, *Annalen*, Wilhelm Goldmann-Verlag, München 1979.
Uthmann, Jörg von, *Pontius Pilatus. Briefwechsel*, Hoffmann und Campe, Hamburg 1991.
Verhagen, Britta, *Götter am Morgenhimmel*, Grabert-Verlag, Tübingen 1983.
Wasserbach, E. Casimir, *Dissertatio De Statua Illustri Harminii*, Heinr. Wilhelm Meyer, Lemgo 1698.
Woyte, Curt, *Antike Quellen zur Geschichte der Germanen*, R. Voigtländers-Verlag, Leipzig 1916.

Rolf Bökemeier, Oberstudienrat a. D., verheiratet, drei Kinder, geboren 1932 im Kreis Lippe, dort Schulausbildung, Studium in Göttingen und Wien, ab 1961 sechsjährige Tätigkeit in zwei Landesbehörden in Hannover, trotz offenstehender Beamtenlaufbahn in der Landesverwaltung Niedersachsen freiwillige Rückkehr in den Schuldienst, Unterricht in Chemie und Biologie besonders in der Oberstufe des Ratsgymnasiums Stadthagen, dort mehrere Fachbuchveröffentlichungen und Konzipierung neuer Atommodelle für den Schulunterricht, seit 1983 Hinwendung zu archäologischen Forschungsprojekten der Jugendzeit in Vor- und Frühgeschichte im norddeutschen Umfeld. Intensivforschungen seit 1986 in den beiden Bereichen ›Kiesgrubenforschung – Altsteinzeit‹ und ›Römer in Norddeutschland – Varusschlacht‹.

Veröffentlichungen aus diesen beiden Schwerpunktfeldern in der Schriftreihe »Imago Mundi – Bild der Welt« des KULT-UR-INSTITUTS in Bettendorf: *Tiere und Jäger der Eiszeit* (1993), *Varus starb im Teutoburger Wald* (1996), *Varus und der Weser-Limes* (1997), *Unsere Wiege in der Eiszeit* (1998).

Ute Schall
Hadrian
Ein Kaiser für den Frieden
468 S., geb.
Sonderpreis **DM 25.-**
ISBN 3-87847-084-3

Rolf Hellberg
Kleine deutsche Geschichte
· von den Anfängen bis zur Gegenwart
184 S., Abb. **DM 24.80**
ISBN 3-87847-160-2

Weitere Spitzentitel:

Otto Hantl
Urglaube und Externstein
330 S., geb., 97 Abb. **DM 58.-**
ISBN 3-926650-20-6

Britta Verhagen
Kam Odin-Wotan aus dem Osten?
Zur Religion der germanischen Frühzeit
176 S., Pb., zahlr. Abb. **DM 26.80**
ISBN 3-87847-135-1

Ullrich Crämer (Hg.)
Homer: Ur-Odyssee
230 S., geb., 18 Holzschnitte, 25 Vignetten
Sonderpreis **DM 16.-** ISBN 3-87847-050-9

Irene von Schoen
Der Rabe und der Adler
Ariovist und Caesar
640 S., geb., Abb., Sonderpreis **DM 25.-**
ISBN 3-87847-104-1

Alois Bernt
Die Germanen und Slawen in Böhmen und Mähren
336 S., geb., Abb. **DM 45.-** ISBN 3-87847-099-1

Ein Klassiker in neuer Auflage!

Sigrid Hunke
Europas eigene Religion
Die Überwindung der religiösen Krise
512 S., Ln. Abb., Register **DM 49.80**
ISBN 3-87847-162-9

Das faszinierende Geschehen im Mittelmeerraum im 2. vorchristlichen Jahrtausend!

Jacques de Mahieu
Die Flucht der Trojaner
384 S., geb., Abb.
Sonderpreis DM 20.-
ISBN 3-87847-077-0

Grabert-Verlag-Tübingen